Emily Hancock · Tief unter unserer Haut

Emily Hancock

TIEF UNTER UNSERER HAUT

Das kindliche Selbst als Schlüssel
zur Identität der Frau

Aus dem Amerikanischen
von Maren Klostermann

Kabel

Titel der amerikanischen Originalausgabe:
THE GIRL WITHIN
E. P. Dutton, New York

© 1989 by Emily Hancock
Copyright der deutschen Ausgabe:
© 1991 by Ernst Kabel Verlag GmbH, Hamburg
Umschlag: Theodor Bayer-Eynck
Gesamtherstellung: Clausen & Bosse, Leck
ISBN 3-8225-0156-6

1 3 5 7 9 10 8 6 4 2

Inhalt

Dieses Buch
ist meinem Sohn Tad gewidmet

Danksagung

Dieses Buch wäre niemals entstanden ohne die umfassende theoretische Arbeit von Jean Baker Miller und Carol Gilligan. Sie haben die ursprüngliche Studie inspiriert und mein Interesse an der Psychologie der Frau wachgehalten.* Marcia Westkotts Infragestellung »männlicher« Forschungsmethoden gewährte mir von Anfang an einen guten und fruchtbaren Ansatz für die Interviews, die die Grundlage meiner Dissertation bildeten. In der nicht enden wollenden Zeit nach Fertigstellung meiner Doktorarbeit, als ich an mir selbst zweifelte und das Konzept vom Mädchen im Innern noch keine klare Gestalt angenommen hatte, beharrte Marcia darauf, daß meine Ideen von Bedeutung wären. Ihre kritische Beurteilung verschiedener Versionen des Manuskripts und der Zuspruch, den sie mir immer wieder gab, wenn ich den Mut verlor und meine Arbeit zu erlahmen drohte, hielten dieses Projekt am Leben.

Als dieses Buch allmählich Gestalt annahm, halfen Naomi Lowinsky und Marilyn Steele mir dabei, meine eigene Stimme in seinen Kapiteln zu entdecken und ihr Kraft zu geben. Als es kurz vor seinem Abschluß stand, haben Sally-Ann Bemis und Robert Harris diese Stimme bekräftigt. Das erste Gespräch des Tages führte ich fast immer mit Robert, das letzte häufig mit Sally-Ann. Sie versicherten mir, daß das Buch die Botschaft trug, die ich damit vermitteln wollte. In

* Während meiner Promotionszeit in Harvard wurde ich finanziell gefördert durch zwei Radcliffe-Graduierten-Stipendien, ein Woodrow Wilson-Forschungsstipendium für Women's Studies, ein Peter Livingston-Forschungsstipendium und ein Danforth-Stipendium.

der Zwischenzeit waren Jane und Joe Wheelwright meine Hauptstützen. Ich werde noch lange daran denken, wie Joe eine frühe Version des Manuskripts mit mir gemeinsam durchging. Er hatte den Rand mit Anmerkungen vollgekritzelt und erklärte mir seine Kommentare, wobei er auf der letzten Seite anfing und sich allmählich nach vorn durcharbeitete. Auf diese Weise ein Buch durchzugehen – vom Ende zum Anfang – gibt der Verfasserin ein unvergleichliches Gefühl von Bestätigung!

Viele andere haben Wichtiges zu diesem Buch beigetragen. Dorothy Witts Erfahrungen als Kinderbibliothekarin (in Verbindung mit ihrem außergewöhnlichen Einfühlungsvermögen für meine Nöte als Schreibende) haben zu unschätzbaren Beispielen acht-, neun- und zehnjähriger Mädchengestalten in Kinderbüchern geführt. Dorothy Duff Brown bestärkte mich in meiner ursprünglichen Idee, einzelne Frauenporträts zusammenzustellen und half mir so beim Aufbau dieses Buches. William B. Anhalt, Catherine Wurdack und mein betagter Vater, Theodore M. Hancock, haben Wertvolles beigetragen, wie auch die Frauen aus den Therapiekreisen und Studiengruppen, die sich mit dem Mädchen im Innern beschäftigten.

Felicia Eth unterstützte mich mit ihrem unermüdlichen Interesse und wertvollen Anregungen. Ihre unerschöpfliche Phantasie, ihre Begeisterung und vor allem ihre konstruktive Kritik haben mir durch viele abgeänderte Versionen hindurchgeholfen. Meiner Agentin Carol Mann bin ich zu besonderem Dank verpflichtet, daß sie mein Manuskript in die Hände einer perfekten Verlegerin, nämlich Meg Blackstone, gab. Meg gewann meine Sympathie schon bei unserer ersten Begegnung, als sie mein Buch den »Anti-Christen der Selbsthilfebücher« nannte. Es war eine wundervolle Erfahrung, mit einer Verlegerin zu arbeiten, die von Anfang an meine Sicht des Buches teilte.

Schließlich möchte ich den Frauen, die sich für diese Untersuchung zur Verfügung gestellt haben, danken, daß sie bereit waren, sich so tief ins Innere ihrer Erfahrungen vorzuwagen. Ich bewundere jede einzelne von ihnen für ihren Lebensmut und für die Offenheit, mit der sie über ihre Erfahrungen gesprochen hat. Ihr Anteil an diesem Buch ist wahrhaft unschätzbar, und ich freue mich, daß ihre Lebensgeschichten jetzt in gedruckter Form vorliegen.

1
Die Wiederentdeckung des Mädchens im Innern

Dieses Buch handelt von einem entmutigenden und gleichzeitig hoffnungsvollen Phänomen: dem Verlust und der Wiederentdeckung des »wahren weiblichen Ichs«. Die Entdeckung dieses Phänomens war ein unerwartetes Resultat meiner Dissertation in Harvard. Ich wollte in dieser Arbeit der Frage weiblicher Identität nachgehen und hatte deshalb mehrere Frauen unterschiedlichen Alters und aus verschiedenen Berufen gebeten, mir ihre innere Entwicklung zu schildern. Das Ergebnis war sowohl für mich als auch für die befragten Frauen eine Überraschung.* Im verschütteten Zentrum weiblicher Identität gibt es ein klar erkennbares, eigenständiges Ich, das sich in der Kindheit erstmalig herausbildet, eine Kernidentität, die im Prozeß des Erwachsenwerdens erstickt wird. Erst nachdem die Frauen dieses im Innern verborgene Mädchen freigelegt und zurückgewonnen hatten, waren sie wirklich in der Lage, zu ihrer authentischen Identität zu finden.

Als ich mit dem Studium der Lebensläufe begann, die in diesem Buch vorgestellt werden, wußte ich nichts von diesem Mädchen im Innern, jenem autonomen Kind, das eine Schlüsselbedeutung für die Identität der Frau hat. Auch als ich die Arbeiten an meiner Dissertation abschloß, erkannte ich seine wichtige Rolle nicht.[1] Ich hatte einfach die Absicht gehabt, die Umrisse einer weiblichen Psychologie zu entwerfen, zum Teil als Reaktion auf die Flut von Studien über Männer, zum

---

* Der untersuchte Personenkreis und die Vorgehensweise dieser Studie werden in Kapitel 12 detailliert beschrieben.

Teil, um ein Gegengewicht in der einseitigen Darstellung »menschlicher Entwicklung« zu schaffen, in der man die weibliche Stimme ausgelassen hatte. Ich wollte über das »Was« weiblicher Erfahrung – jene äußerlich wahrnehmbaren Merkmale wie Ehe, Mutterschaft und das sogenannte verlassene Nest – hinaus zum »Wie« weiblicher Entwicklung vordringen. Aus diesem Grund sprach ich zwanzig reife, nachdenkliche Frauen an, die bereit waren, sich intensiv mit ihrer eigenen Geschichte zu befassen.

Durch die Beschäftigung mit ihrer Lebensgeschichte stießen diese Frauen beinah zufällig auf das Mädchen, das sie vor langer Zeit hinter sich gelassen hatten. Für die Frauen selbst war es schmerzlich, diesen Verlust entdecken zu müssen. Es war eine beunruhigende Erkenntnis, die sie häufig unerwartet traf, wenn sie sich plötzlich des künstlichen Ichs bewußt wurden, das unbemerkt an die Stelle dieses Mädchens getreten war. Überrascht mußten sie feststellen, daß die Lebensaufgabe einer Frau darin bestehen kann, die authentische Identität ihrer Mädchenzeit zurückzugewinnen. Wenn die Einzelheiten auch unterschiedlich waren, haben doch alle Frauen, die an dieser Untersuchung teilgenommen und ihre Erlebnisse ausführlich geschildert haben, von diesem eindrucksvollen Phänomen des verlorenen und zurückgeforderten Mädchens im Innern berichtet.

Diese radikale Entdeckung führt zu provozierenden Fragen: Was bewirkt ursprünglich den Verlust bzw. die Verschüttung dieses Mädchens? Worin liegt ihre Bedeutung für die Identität der erwachsenen Frau? Und wie ist es möglich, daß es diesen Frauen scheinbar gelungen war, ein verantwortungsvolles und erfolgreiches Leben zu führen – zu heiraten, Kinder zu bekommen, oftmals Karriere zu machen, also zu leben, als ob sie eine stabile Identität besäßen – bis sie plötzlich erkannten, daß sie ihr »wahres Ich« verloren und statt dessen auf ein verfälschtes Ich vertraut hatten?

Das waren Fragen, die ich den Frauen in meiner Untersuchung nicht stellen konnte, denn erst gut drei Jahre nach Fertigstellung meiner Dissertation stieß ich auf dieses autonome Mädchen und seine Autorität. Damals lud mich eine Kollegin ein, ein Seniorinnenheim für Frauen der gehobenen Gesellschaft zu besuchen und dort mit ihr zusammen einen Vortrag zu halten. Meine Kollegin wußte, daß ich Frauen über ihr Leben befragt hatte und daß ich aus einem alten, etablierten Familienclan stammte. Sie schloß daraus, daß ich die Sprache dieser Frauen sprechen und ihr von Nutzen sein könnte. Allerdings warnte sie mich, daß unsere Zuhörerinnen nicht viel von Psychologie hielten und alles, was sie zwingen könnte, unter die Oberfläche ihres geordneten Oberschichtlebens zu sehen, höchst unwillkommen wäre. Das Glück dieser Frauen hinge davon ab, daß sie sich nicht zu intensiv mit der Frage ihrer inneren Befriedigung oder dem Mangel daran beschäftigten. Angesichts dieser beschränkenden Auflagen zermarterte ich mir den Kopf, wie ich meine Untersuchung vorstellen sollte, ohne das Unternehmen von vornherein zum Scheitern zu verurteilen.

Während ich mich also mit dieser unglückseligen Aufgabe herumschlug, nahm ich mir noch einmal meine gesammelten Lebensläufe vor und staunte wieder über ihre Vielschichtigkeit. In einer der Lebensgeschichten ging es um eine bemerkenswerte Kindheitserfahrung, an die sich eine Frau namens Megan* (siehe Kapitel 5) erinnerte, als ihre Ehe zerbrach. Als ihr Mann kurz nach der Geburt ihres Kindes eine Affaire hatte, wurde ihr schlagartig bewußt, daß sie überhaupt keine eigene Identität besaß. Das war an sich schon merkwürdig, weil die Frauenbewegung deutlich ins Bewußtsein gerückt hat, daß Frauen nicht in die Falle gehen sollten, ihre Identität einzig über weibliche Rollen zu definieren. Megan war mit der Frauenbewegung vetraut. Tatsächlich war sie in ihrer Collegezeit entschlossen gewesen, diese Falle zu vermeiden. Sie wußte, wie wichtig es war, sich als eigenständige Persönlichkeit zu definieren. Und doch hatte sie diese Aufgabe irgendwie aus den Augen verloren und erwartet, daß die Ehe ihr eine Identität verleihen würde. Als sie voll Entsetzen erkennen mußte, daß sie dadurch die Suche nach sich selbst auf-

---

* Um die Privatsphäre der befragten Frauen zu schützen, habe ich die Namen geändert.

gegeben hatte, stand sie vor der schwierigen Aufgabe, eine Identität für sich allein aufzubauen – eine Identität, die mehr umfassen mußte als die Rolle der Ehefrau und Mutter. Das gelang ihr, indem sie Entscheidungen traf, die von einem neuentdeckten Gefühl dafür, wer und was sie war, geleitet wurden.

Die Situation, mit Mitte Zwanzig, mitten in dieser Krise selbstbestimmte Entscheidungen treffen zu müssen, erinnerte Megan an eine wichtige Erfahrung, die sie als Neunjährige gemacht hatte. Damals war ihre Familie aus New York City in einen Vorort gezogen, was den Abbruch von Megans Kommunionsunterricht bedeutete. Megan lag sehr viel an diesem Unterricht und an der Kommunion, deshalb vereinbarte sie mit ihren Lehrern, daß sie ihr die Lektionen per Post schicken sollten, damit sie den Unterricht selbständig abschließen konnte. Sie schaffte es tatsächlich, ohne die Hilfe ihrer Eltern, das Pensum allein zu bewältigen und in ihrer alten Kirche gefirmt zu werden.

Diese Unabhängigkeit war ein Teil von Megans kindlichem Selbstbild: »Ich erinnere mich, daß ich im Alter von neun Jahren auf einem Zaun entlangspazierte, ganz um einen Park herum, und mir überlegte, daß es mir wirklich sehr gut gefiel, neun Jahre alt zu sein, und ich nichts dagegen hätte, niemals älter zu werden. Ich entdeckte gerade die Welt, tat nichts besonders Wichtiges und hing einfach meinen Gedanken nach, als ich auf dem Zaun entlangspazierte. Ich erinnere mich daran, daß ich richtig glücklich war und das zuversichtliche Gefühl hatte, mir die Welt erobern zu können. Das Bild, das ich sehe, zeigt ein Kind, das an der langen Leine gelassen wird, das jede Bewegungsfreiheit, aber auch Halt hat. Ich fühlte mich geborgen und unabhängig zugleich. Ich war überzeugt, daß ›ich in der Welt zurechtkommen kann, sogar wenn das bedeutet, allein zu sein. Ich habe die Möglichkeit dazu. Ich werde es schaffen.‹«

In einer Situation, in der sie durch die gerade erst überstandene Geburt besonders verletzlich und durch die Krise in ihrer Ehe sehr unglücklich war, begann Megan die Spur dieses entscheidigungsfreudigen Mädchens zurückzuverfolgen. Sie gewann die Entschlußkraft ihrer Mädchenzeit zurück und entdeckte aufs neue die vergessene Autonomie und Tatkraft, die sie für ihre erwachsene Unabhängigkeit brauchte. Die Neunjährige hatte dieses Potential, das Megan im Prozeß des Erwachsenwerdens verloren gegangen war, in sich bewahrt. Jetzt wurde dieses Mädchen zum Schlüssel für die Frau, die aus Megan werden sollte. Indem sie ihre Schritte zurückverfolgte und in dem Mädchen das Selbstvertrauen ihrer Kindheit wiederfand, war Megan gleichzeitig zur Quelle ihrer weiblichen Kraft vorgestoßen.

Als ich den Frauen im Seniorenheim von Megans Erfahrungen berichtete, löste meine Schilderung ein lebhaftes Echo aus. Die Frauen verfielen in Tagträumereien, als sie sich daran erinnerten, wie sie selbst als Neunjährige gewesen waren. Eine nach der anderen erzählte aufgeregt von den Erlebnissen ihrer Mädchenzeit: von dem glänzenden blauen Fahrrad zu Weihnachten, von dem kleinen Stoffkoffer, den eine von ihnen immer mit in die Schule genommen hatte, wenn sie bei einer Freundin übernachtete, von der Geheimsprache, die in der vierten Klasse mit einer Freundin ausgetüftelt worden war, von einer Bibliothekarin, die das Tor zu ungeahnten Welten aufstieß, oder einer Klavierlehrerin, die zu besseren Leistungen motivierte. Doch die Fröhlichkeit wich bald einer melancholischen Stimmung, weil die Frauen sich nach und nach voll Trauer und zum Teil weinend bewußt wurden, daß sie dieses Mädchen früh verdrängt und seine Lebendigkeit durch weibliche Unterwürfigkeit ersetzt hatten. Sie konnten nicht genau sagen oder definieren, was es war, aber diese Frauen wußten, daß sie etwas Wertvolles verloren hatten. Die Reaktionen dieser Frauen, als sie sich des Mädchens – und seines Verlustes – bewußt wurden, waren derart beeindruckend, daß ich mich zu fragen begann, ob andere Frauen in meiner Untersuchung ihre Identität auch auf ein solches Kind zurückführten.

Ich raste in Windeseile nach Hause und wühlte mich durch die Aktenordner mit den Schilderungen meiner zwanzig Probandinnen – das autonome, authentische Mädchen tauchte in jedem der Berichte auf. Der Reihe nach hatten die Frauen sich an dieses Mädchen erinnert – und zwar nicht im Zusammenhang mit ihrer Entwicklungsgeschichte, sondern eher, wenn sie auf Identitätsprobleme im Erwachsenenalter zu sprechen kamen. Und plötzlich war »das Mädchen im Innern« mehr als ein bloßer Zufall.

Wer ist dieses Mädchen im Innern? Welche tiefe Wahrheit liegt in ihm verborgen? Obwohl jede Frau ihre Kindheit anders erlebt, gab es erstaunliche Übereinstimmungen, als die Frauen dieses Mädchen beschrieben. Sie sprechen von ihm als einem Mädchen, das sich die Jeans überstreift, sich selbst ein Mittagessen zusammenpackt und sich aufs Fahrrad schwingt, um die beste Freundin zu besuchen, weil die beiden eine Burg oder ein Baumhaus bauen wollen. Sie wird nicht mehr dauernd von den Eltern beaufsichtigt und ist stolz auf ihre neugewonnene Fähigkeit, ihr Leben selbst gestalten und bestimmen zu können. In diesem Alter bekommt ein Mädchen die erste Armbanduhr, stellt sich selbst den Wecker und entscheidet allein, was sie anziehen will. Als erstklassiges Organisationstalent hat sie wahrscheinlich ihre eigene Sammlung von Briefmarken, Steinen, Muscheln oder Schlangenhäuten – oder vielleicht von Käfern oder Vogelnestern. Oft ist sie ein regelrechter Wildfang und fühlt sich als Akrobatin oder Detektivin – oder als Nachwuchswissenschaftlerin, deren kostbarster Besitz ein Mikroskop ist. Welche speziellen Interessen sie auch immer haben mag, dieses unabhängige, abenteuerlustige Mädchen hat viele Begabungen. Ihre Kompetenz zu Hause und in der Schule weitet sich kontinuierlich aus. Je schneller sie läuft, je höher sie springen kann, um so mehr wird sie bewundert. Sie ist in erster Linie daran interessiert, sportlich und Meisterin in Wortspielen[2] zu sein und erst in zweiter Linie daran, ein Mädchen zu sein; sie ist Scharfschützin und Ballerina, Orthographiecrack und Botanikerin, wird für ihre Klugheit und ihre Stärke anerkannt – sie ist ein Allroundtalent.

Sie ist acht bis zehn Jahre alt und befindet sich in jener Entwicklungsphase, die zwischen der Scheinwelt des Vorschulalters und der Leibeigenschaft der Adoleszenz liegt – jenem Freiraum zwischen Phantasie und Realität, in dem sich Kreativität und Autonomie entfalten können.[3] Ein Kind dieses Alters hat ein ganzheitliches Selbstgefühl, es fühlt sich im Einklang mit dem Universum und strahlt eine innere Kraft aus – im Bild des goldenen Balls, den wir aus vielen Märchen kennen, spiegeln sich diese Einheit und dieser strahlende Glanz wider.[4] Natur und Gesellschaft wirken zusammen und gewähren dem Mädchen eine Phase harmonischer und uneingeschränkter Entfaltung. Spielerisch, doch zielstrebig öffnen Mädchen dieser Entwicklungsphase dem Alter der Vernunft die Tore. Was die Schule betrifft, sind sie sozusagen schon alte Hasen, sie können bereits lesen und rechnen, beteiligen sich an Gruppenspielen, trainieren ihre sportlichen Fähigkeiten und nehmen die Regeln ihrer kindlichen Gesellschaftsordnung auf. Kulturen und Religionen auf der ganzen Welt sind sich der rapiden Entwicklung der geistigen Fähigkeiten, der beschleunigten Wissensaneignung und dem Wandel der Denkstrukturen, die ein Mädchen in dieser Entwicklungsphase durchläuft,[5] bewußt. Erinnern wir uns, daß Megan neun Jahre alt war, als ihre Kommunion stattfand. Es wurde von ihr erwartet, daß sie sich nach einer Reihe von Prinzipien richtete, die sie selbst gelernt und gut durchdacht hatte. Wenn ein Mädchen dieses Alters das Glück hat, in einer Familie aufzuwachsen, die seine Unabhängigkeit fördert und Fortschritte seiner Selbständigkeit unterstützt, kann es der Welt ohne Angst begegnen. Ein emporstrebender Geist, das Vertrauen in die eigenen Fähigkeiten und Abenteuerlust spielen zusammen und führen das Mädchen weit von zu Hause fort.

Selbst wenn es viel entbehren muß, kann ein Mädchen dieses Alters in seiner Phantasie – einem inneren Reich, zu dem sonst niemand Zutritt hat – die kühnsten Träume verfolgen. In diesem Reich, wenn nirgends sonst, ist ihr Ehrgeiz grenzenlos; nichts ist unmöglich. Widersprüche schrecken sie nicht: Als zukünftige Archäologin und Rechtsanwältin wird sie im Winter ihre Anwaltspraxis führen und sich im Sommer den Grabungen widmen. Als Nachwuchsastronomin und Viehzüchterin wird sie tagsüber das Vieh hüten und nachts die Sterne beobachten. Der Nachthimmel ist weit und der Horizont grenzenlos. Ob Ozeanographin, Forscherin oder

Astronautin – in ihrer Zukunftsvision ist sie für alles ideal geeignet. Ihre Ziele stoßen selten auf Kritik; ihre Überlegungen und Entscheidungen schließen mögliche Niederlagen noch nicht mit ein; erst später wird eine Wahl eine andere ausschließen. Noch steht ihr alles offen – sie kann denken, planen, handeln!

Zu keinem anderen Zeitpunkt wird den Eltern so bewußt, wie sehr sich ihre Tochter von dem kleinen Mädchen, das sie mit vier und fünf Jahren gewesen ist, unterscheidet. Sie unterstützen ihre Selbständigkeit und ermutigen sie in ihren Plänen. Beeindruckt von dem Selbstvertrauen ihrer Tochter, fesseln sie sie nicht länger ans Haus. Ihre Mutter stößt einen Seufzer der Erleichterung aus, weil die Trotzphase der Vorschulzeit allmählich verebbt – eine Trotzhaltung, der sie noch einmal begegnen wird, wenn ihre Tochter die Adoleszenz erreicht. Ist das Mädchen das jüngste Kind, wird der Vater jetzt vielleicht die Aufmerksamkeit seiner Frau zurückfordern, während diese gerade die langersehnte Atempause von ihren intensiven Mutterpflichten genießt.

Der Vater wird jetzt zum ganz speziellen Verbündeten des Mädchens. Im Idealfall wird er sie mit den Muttern und Bolzen versorgen, die ihr Gefühl stärken, »einer wichtigen Selbstbeschäftigung nachzugehen«.[6] Im Idealfall hilft er ihr dabei, ihre Ziele und Interessen in die Zukunft auszuweiten, indem er ihren Träumen Gestalt gibt und sie ernst nimmt: Wenn sie den Himmel ausmessen möchte, gibt er ihr ein Teleskop; wenn sie sich für Medizin interessiert, leiht er sich ein Anatomiebuch von einem befreundeten Arzt.

Paradoxerweise ist dies die Zeit im Leben einer Frau, in der sie sich ihrem Vater oft am stärksten verbunden fühlt, während sie gleichzeitig dem *geringsten Druck patriarchaler Normen ausgesetzt ist.* Für diese kurze Zeit bleibt das Mädchen von den Weiblichkeitsentwürfen der Kultur verschont. Man überläßt sie vorübergehend ihren eigenen Vorstellungen und eröffnet ihr für kurze Zeit einen Freiraum zwischen den Rüschenhöschen und der Bewußtlosigkeit ihrer frühen Kindheit und dem angemessenen Dekorum, das man fordert, wenn sie älter wird. Befreit von weiblichen Rollenbeschränkungen umschließt ihre Welt Mann und Frau, Arbeit und Spiel, Selbständigkeit und Abhängigkeit – ohne das eine dem anderen unterzuordnen. Im Zentrum eines Universums, das sich in vollkommener Harmonie befindet, ist das Mädchen Herrin über ihr Schicksal. Sie ist mit anderen Worten das Subjekt ihrer Erfahrungen.

Zwar kaum bemerkt in einer Literatur, die von waghalsigen Jungen wie Huckleberry Finn nur so strotzt, haben doch auch einige solcher abenteuerlustigen Mädchen den Weg in unsere Kinderbücher gefunden. Von den fiktiven Mädchen dieses Alters ist Louise Fitzhughs *Harriet the Spy* ganz besonders einfallsreich und erfinderisch.[7] Astrid Lindgrens Pippi Langstrumpf repräsentiert in ihrer Unabhängigkeit von weiblichen Rollenvorschriften ein »Mädchen« im essentiellen Sinn.[8] Claudia Kinkead in *From the Mixed-Up Files of Mrs. Basil E. Frankweiler* ist zwar erheblich unkonventioneller, aber doch gewitzt und selbständig: Sie läuft mit ihrem jüngeren Bruder von zu Hause fort und zieht heimlich ins Metropolitan Museum of Art. Die beiden Kinder gehen dem Geheimnis einer rätselhaften Skulptur im Stil Michelangelos nach und beschließen, den Beweis dafür zu erbringen, daß sie tatsächlich von Michelangelo stammt.[9] Mit bewundernswerter Kompetenz sorgt Claudia dafür, daß sie und ihr Bruder etwas zu essen bekommen, sie entdeckt ein altes Museumsbett, in dem sie schlafen können, und findet einen Weg, dem Nachtwächter auf seinen Runden zu entgehen.

Ruth (siehe Kapitel 8) führte ein inneres Leben dieser Art. Abenteuerlust spielte in ihrem Fall allerdings kaum eine Rolle; vielmehr wurde sie durch die bittere Notwendigkeit, ihrer feindseligen Mutter zu entgehen, gezwungen, sich mit ihrem Bruder zu verbünden und ihre authentische Identität tief in ihrem Innern zu vergraben. »Meine Mutter ist nicht die Frau, bei der man sich verwundbar zeigen möchte. Man konnte sich keine Blöße geben, ohne verletzt zu werden. Wenn man sich beklagte, sprang sie einem an die Kehle. Ich habe meine Verletzlichkeit früh überspielt, weil es einem Selbstmord gleichgekommen wäre, sie in ihrer Gegenwart zu zeigen.« In den verborgenen Tiefen ihrer authentischen Persönlichkeit schuf Ruth sich einen Ort, an dem sie ihre Verwundbarkeit – und Integrität – bewahren und sich so vor der Mutter verstecken konnte wie Claudia vor dem Nachtwächter. Dort erhielt sie sich selbst aufrecht, nährte und hegte sich mit der Hilfe ihres Bruders und ihres wachen Verstandes, bis sie erwachsen werden konnte.

Die zehnjährige Lucinda in Ruth Sawyers *Roller Skates* zieht zu zwei tüchtigen, aber etwas überspannten alleinstehenden Lehrerinnen, während ihre Eltern zur Kur nach Europa fahren.[10] Lucinda knüpft neue Beziehungen mit den Menschen, die sie beim Rollschuhlaufen kennenlernt: dem Chauffeur, einem Polizisten und einem russischen Emigranten, der davon träumt, ein berühmter Geiger zu werden. Sie freundet sich mit ihrem Onkel an, der sie zu Shakespeares Stücken ins Theater einlädt. Ihre Beschützerinnen sehen dem übermütigen und ausgelassenen Treiben des Mädchens etwas ratlos zu und nehmen sich ohne Erfolg vor, sie an der kürzeren Leine zu halten, aber Lucinda hat die Begabung und das Glück, die Welt und sich selbst erforschen zu können. Als ihre Eltern dann zurückkommen, zieht sie sich feine Kleider an und benimmt sich ordentlich – und sehnt sich insgeheim nach dieser wundervollen Zeit zurück. Ihre Geschichte erinnert an diejenige Willas in meiner Untersuchung, die in den 30er Jahren, als auch *Roller Skates* veröffentlicht wurde, ihre ländliche Heimat verließ. Sie war neugierig auf das Leben in den großen Städten und machte sich auf die Reise, als das für alleinstehende Frauen noch den Mut erforderte, mit der Konvention zu brechen.

Carol Brinks hat mit ihrer Mädchenfigur Caddie Woodlawn eine edle Heldin geschaffen, die um 1860 im Grenzergebiet des noch unerschlossenen Wisconsin zur Welt kommt.[11] Ihre Gesundheit ist zart. Der Vater, der bereits eine Tochter verloren hat, ist fest entschlossen, Caddie am Leben zu erhalten, und entreißt sie dem Heim- und Herdleben. Er läßt sie bei jedem Wetter mit ihren robusten Brüdern an der frischen Luft herumtollen. So entwickelt sie nicht nur eine kräftige Konstitution, sondern auch eine ungewöhnliche geistige Unabhängigkeit und einen wachen Verstand. In einer Situation, die Kraft und überlegtes Handeln dringend erfordert, verläßt Caddie sich auf ihr unabhängiges Urteilsvermögen. Die weißen Siedler in der Gegend haben Gerüchten über einen bevorstehenden Indianerüberfall Glauben geschenkt und wollen der drohenden Gefahr mit dem eigenen Angriff zuvorkommen. Caddie hat die Indianer als Freunde kennengelernt. Ihr Anführer John hat ihr zu essen gegeben und ihr die indianische Lebensweise erklärt. Kurz bevor die Siedler angreifen wollen, stiehlt Caddie sich mit einem Pferd von zu Hause fort, reitet durch den Schnee, überquert die gefährlich dünne Eisdecke des Flusses und erreicht schließlich das Indianerlager. Sie warnt John mit Worten und durch Zeichensprache, daß er seine Leute in ein Versteck führen müsse. Er seinerseits begleitet sie zurück nach Haus, was ein ebenso gefährliches Unternehmen ist, und erhält dort von Caddies Vater das Versprechen, daß es keinen Angriff geben wird. Caddie ist zwar schon elf Jahre alt, nach der Definition dieser Studie aber ein Mädchen, weil sie noch nicht von weiblichen Rollenvorschriften eingeschränkt ist.

Wie Caddie hat auch Jillian (siehe Kapitel 7) eine starke Bindung an ihren Vater. Ihre Mutter starb, als sie drei Jahre alt war; als sie acht war, heiratete ihr Vater zum zweitenmal. Die Stiefmutter lehnte das Mädchen ab: Im Morgengrauen wurde Jillian aus dem Haus geworfen, um den Tag über für sich selbst zu sorgen. Doch sie ließ sich von diesen Widrigkeiten nicht kleinkriegen. Mit der Angelrute, die ihr Vater ihr gemacht hatte, ging sie zum Strand hinunter. Dort kletterte sie auf einen großen Felsen mitten in der Lagune und versuchte, Heringe zu fangen. Sie war die einzige Europäerin und das einzige Mädchen an diesem neuseeländischen Strand, doch sie war nicht allein: Die Maori-Fischer hatten sie beobachtet und zeigten ihr, wie sie ihr Ziel erreichen könnte. Doch Jillian lernte mehr, als nur Fische fangen. Sie gewann letztlich einen Einblick in die Kultur der Maoris und fand durch das Fischen auch zu innerer Gelassenheit und Unabhängigkeit. Als sie in der Mitte ihres Lebens für ein Jahr nach China ging, sollte sie diese Eigenschaften wiederentdecken.

Wenn ich diese Beispiele anführe, so will ich damit nicht

behaupten, daß alle Mädchen dieses Alters einem abenteuerlustigen Prototyp entsprechen, denn natürlich sind sie indi-
viduell genauso verschieden wie alle anderen Menschen,
gleichgültig welcher Altersstufe oder welchem Geschlecht sie
angehören. Unsere Kinderbücher jedoch sind voll von hübschen, perfekten, nutzlosen Mädchen. Wir alle kennen diesen
passiven, willenlosen Typ, dessen Kraftlosigkeit das Ergebnis
zahlloser Benachteiligungen in Familie und Gesellschaft ist.
Helen (Kapitel 4) zum Beispiel ging im Alter von 35 Jahren an
ihrer Scheidung praktisch zugrunde. Sie war nicht in der
Lage, das autonome, tatkräftige Kind ihrer Vergangenheit
zum Leben zu erwecken, das ihr vielleicht die Kraft gegeben
hätte, die gegenwärtige Katastrophe zu überwinden – vielleicht weil dieses Kind niemals hatte leben dürfen. In dem
tiefen Pessimismus, der Helens Leben als erwachsene Frau
beherrschte, klang vielleicht die erstickte, hoffnungslose
Stimme ihrer Kindheit wider. Doch Kompetenz, Vorstel-
lungskraft und Charakterstärke können bei einem Mädchen
die Oberhand gewinnen, auch wenn ihre Kindheit, wie bei
vielen Frauen dieses Buches, ungünstig verläuft. Und außer
jenen Mädchen, die einen entweder abenteuerlichen oder
schwierigen Start haben, gibt es noch alle möglichen anderen
Typen: den plappernden, kontaktfreudigen Wirbelwind; die
fügsame, verträumte Introvertierte; die Sportlerin, die olym-
pische Rekorde anstrebt; die mütterliche Kleine, die sich um
jedes verwaiste Küken kümmert. Sie alle sind typisch für unsere Kultur.

Ein ganz anderer Typ ist dagegen die kleine Kokette. Sie
kann es kaum erwarten, Lippenstift zu tragen, hochhackige
Schuhe anzuziehen, ihre Nägel zu lackieren und Jungen zu
verführen. Die Kindheit scheint an ihr verschwendet und
kaum mehr als eine Art Morgenmantel der Adoleszenz zu
sein – jener merkwürdigen und grausigen Entwicklungsphase, in der die kindliche Stimme allmählich verstummt,
während die lärmende Stammesgemeinschaft den Takt klopft,
um das Mädchen auf einen besseren Chorgesang der Konformität einzustimmen. Und doch ist das kokette Mädchen
durchaus klug und kreativ; bei der Zusammenstellung einer

sexy wirkenden kleinen Kostümierung kann sie ebenso phantasievoll sein wie ihre androgynere Altersgenossin bei der Konstruktion eines Baumhauses. Ihren Interessengebieten – Liebesromanzen, Kleidern, Make-up – widmet sie sich mit glühender Begeisterung und einer Gründlichkeit, die jeden Wissenschaftler vor Neid erblassen ließe. Wenn sie jedoch ihre eigenen Bedürfnisse aufgibt und sich allein über ihr Verhältnis zu Männern definiert, ist es leicht möglich, daß ihre Identität von der Rolle der einfühlsamen Frau aufgesogen wird, wie zum Beispiel im Fall Carols (siehe Kapitel 8), die sich immer wieder als verständnisvolle Geliebte schwacher Männer wiederfand. Wenn ein Mädchen dagegen gern kokett sein möchte, ihm aber die Voraussetzungen dazu fehlen, wird es vielleicht auch jeden anderen Versuch, seine Weiblichkeit auszudrücken, aufgeben. So erging es Jo (Kapitel 7), als sie bei ihrer Einschulung begriff, daß sie durch einen Geburtsfehler entstellt war.

Citronella in Elizabeth Enrights *Thimble Summer* ist eine abgeschwächte fiktive Version des koketten Mädchens.[12] Während Citronella völlig im Einklang mit ihrer romantischen Bestimmung lebt, ist ihre Kameradin Garnet ein ganz anderer Typ. Garnet, die beste Freundin Citronellas und zentrale Figur des Romans, arbeitet mit ihrem Vater und ihrem Bruder auf dem Feld. Täglich geht sie zur Schule, in die Bibliothek und häufig auch zu ihrem selbsterrichteten Baumhaus. Dort erfinden sie und Citronella Geschichten. Diejenigen Citronellas handeln von hübschen Mädchen, die von attraktiven Prinzen umschwärmt werden. In Garnets Geschichten geht es um wilde Tiere und um Forscher, die sich ihren Weg durch unbekanntes Gebiet bahnen. Als Garnet von ihrem Bruder aufgefordert wird, die Männerarbeit auf dem Feld aufzugeben, um statt dessen der Mutter in der Küche zu helfen, beschimpft Garnet ihn aufgebracht als: »Blöder Quatschkopf!« So ein spontaner Gefühlsausbruch hätte Sophie (Kapitel 6) vielleicht die Kraft gegeben, sich gegen die Beschränkungen, die man den Frauen zu ihrer Zeit auferlegte, zu wehren. Statt dessen vergingen Jahrzehnte der Stagnation, bevor die Verzweiflung Sophie dazu trieb, sich aus dem

»Schraubstock zu befreien«, in dem sie gefangen gewesen war; erst durch einen Selbstmordversuch entdeckte Sophie ihre »innerste Seele«.

Die lebensechte Birdie in Lois Lenskis *Strawberry Girl* hat es da schon besser getroffen, wenn die Umstände sie zwingen, genau die Dinge zu tun, die ihr Spaß machen, nämlich Erdbeeren pflanzen, sich um ihr Wachstum kümmern, sie ernten und die wundervollen, saftigen Früchte schließlich verkaufen.[13] Sie hat nicht Garnets spielerisches Wesen, weil in diesem Fall die Phantasiewelt der Solidität und Zuverlässigkeit Platz machen mußte. In ihrer Familie ist man zu sehr mit den Mühen des Alltags beschäftigt, als daß Platz für Höhenflüge der Phantasie bliebe. Doch auch Birdie mag die Schule und lernt gern. Katherine (Kapitel 3) war genau so ein Mädchen. Obwohl sie im Gegensatz zu Birdie aus einer privilegierten Familie stammte, aß sie als Mädchen ebenfalls häufig ein Mittagessen direkt aus dem Garten. Als Erwachsene hegte sie ihre Kinder, so wie sie selbst gehegt worden war, und kultivierte deren kindliche Persönlichkeiten mit derselben Sorgfalt, die sie den kleinen Gartenpflänzchen geschenkt hatte.

Andere Mädchen in diesem Alter wirken in sich gekehrt und werden zu regelrechten Bücherwürmern. Sie verbringen diese Phase damit, ihren Verstand zu schärfen, sich ihre Erfahrungen einzuprägen, und schaffen sich damit einen Vorrat an Schätzen, von dem sie als Erwachsene immer wieder zehren können. Eudora Welty muß zu diesem Typ Mädchen gehört haben. In ihrem Buch *Eine Stimme finden* erinnert sie sich an die Unabhängigkeit und die Bewegungsfreiheit, die sie als Viertkläßlerin hatte: »Der Weg zur Bibliothek führte ›durchs Capitol‹. Man konnte mit dem Fahrrad hindurchgleiten oder sogar auf Rollschuhen durchfahren, jedoch ohne Erlaubnis der Eltern. Ich habe nie jemanden gekannt, der in Jackson aufgewachsen war und sich vor Mrs. Calloway, der Bibliothekarin, nicht fürchtete... Meine Mutter fürchtete sich nicht vor Mrs. Calloway. Sie wollte, daß ich eine eigene Leihkarte hatte, damit ich selbst Bücher ausleihen konnte. Sie nahm mich mit und stellte mich vor, und ich sah, daß ich einer Hexe begegnet war. ›Eudora ist neun und hat meine Erlaubnis, jedes Buch, ob für Kinder oder Erwachsene, zu lesen, das sie lesen will.‹ ...So las ich Bücher aus der Bibliothek, immer in Paaren, so schnell ich konnte, indem ich sie eilig im Fahrradkorb nach Haus brachte.« Und später heißt es: »Natürlich besteht das größte Zusammenfließen von allem in dem, was die menschliche Erinnerung – die individuelle menschliche Erinnerung – ausmacht. Meine eigene ist der Schatz, der mir am teuersten ist... Wie Sie gesehen haben, bin ich eine Schriftstellerin, die einem behüteten Leben entstammt. Ein behütetes Leben kann dennoch ein waghalsiges Leben sein. Denn aller ernsthafte Wagemut kommt von Innen heraus.«[12]

Die Autorin Annie Dillard beschreibt die Mädchenzeit in ihren Erinnerungen als eine Phase, die scharf getrennt ist von den davorliegenden unbekümmerten Jahren: »Zehnjährige Kinder wachen plötzlich auf«, schreibt sie in ihrem Buch *An American Childhood*, »und entdecken, daß sie auf der Welt sind, werden sich bewußt, daß sie die ganze Zeit über da waren... Sie erwachen wie kleine Schlafwandler mitten in der Bewegung, ...wie Leute, die nach einem Herzstillstand oder vor dem Ertrinken gerettet worden sind und nun ins Leben zurückkehren, ...sie sind mit den Menschen und Dingen, die sie umgeben, vertraut und verfügen über zahllose Fähigkeiten. Sie kennen sich in ihrer Umgebung aus, sie können lesen und schreiben, die alltäglichen Merkwürdigkeiten sind ihnen wohlbekannt, und doch kommt es ihnen vor, als ob sie gerade von Bord gegangen wären, gerade erst ihren Körper entdeckt hätten, gerade aus einer Trance erwacht wären, um plötzlich ein seltsam vertrautes Leben aufzunehmen, das schon längst begonnen hat.«[15]

Die dreißigjährige Rosabeth war so ein *Renaissance*-Mädchen. Aus dem Erfahrungsschatz ihrer Kindheit hat sie Kraft für ihr ganzes Leben geschöpft. Sie eroberte sich ihre Mädchenzeit zurück, als sie sich eines inneren Dialogs wieder bewußt wurde, den sie als Achtjährige geführt hatte; inhaltlich ist er fast identisch mit den Überlegungen der neunjährigen Megan: »Ich erinnere mich, daß ich eine wundervolle Kindheit hatte. Ich war beliebt und mochte die Menschen, ich liebte die ganze Welt, und ich liebte die Schule – alles war einfach ganz herrlich. Und ich erinnere mich daran, daß ich im dritten Schuljahr aus unserem Klassenraum nach draußen ging und neben einem Birnbaum stand. Es muß Frühling gewesen sein. Ich unterhielt mich mit Gott und erzählte ihm: ›Ich weiß, daß ich mich dafür entscheiden kann, für immer acht Jahre alt zu bleiben.‹ Ich habe wirklich geglaubt, daß ich das könnte. Und ich sagte zu Gott: ›Ich weiß, daß ich nie wieder so glücklich sein werde wie jetzt. Alles ist perfekt, aber ich will mich weiterentwickeln. Ich will erwachsen werden.‹ Ich kann mich noch ganz genau daran erinnern.«

»Glück –, das hieß für mich damals, daß ich in wirklich allem gut war. Ich hatte an beinah jeder Sache, die ich kannte, auch Interesse. Ich war sozusagen eine Art Renaissance-Achtjährige. Es gab kein Fach, in dem ich schlecht gewesen wäre, einschließlich des Sportunterrichts und der Pausen! Das war für mich gleichbedeutend mit Glück. Ich war im Begriff, ein autonomes Selbst zu entwickeln.«

Trotz der Zuversicht ihrer Mädchenzeit verlor Rosabeth sich selbst, als sie erwachsen wurde. Doch auch sie forderte dieses Mädchen im Innern zurück. Von ihrer Identität als Frau sagte sie: »Sie entstand aus dem Kind, das ich gewesen war. Ich bin zwar nicht ganz so glücklich wie als Achtjährige, aber ich bin nahe dran. Und meine Zufriedenheit hat dieselben Ursachen: Es macht mir Spaß, viel zu wissen und zu erfahren, Zusammenhänge zu verstehen, viele Menschen um mich zu haben und beliebt zu sein. Etwas gut zu machen, aktiv zu sein und Kontakt mit der Natur zu haben, macht mich glücklich. Ich muß wirklich sagen, daß ich eine sehr weise Achtjährige gewesen bin.«

Was ist mit Frauen, die nicht auf ein solches *Renaissance*-Mädchen zurückgreifen oder zu ihr zurückkehren können? – Nicht alle acht- oder neunjährigen Mädchen sind übersprudelnd vor Tatkraft, und nicht jedes Mädchen findet in ihrer Familie Unterstützung und Ermutigung. Viele Frauen in meiner Studie hatten eine schwere Kindheit. Aber auch diese Frauen haben festgestellt, daß die Wiederentdeckung der Acht- oder Neunjährigen hilfreich war, um sie zu ihrem wahren Selbst zurückzuführen, denn selbst unter schlechten Bedingungen verfügt ein Mädchen dieses Alters über ein ungewöhnlich klares Urteilsvermögen. Gleichgültig, wie unterdrückt sie sein mag – sie hat die Fähigkeit, aus sich selbst herauszukommen. Sie hat eigene Interessen und Fähigkeiten, Vorlieben und Abneigungen und geht zu Hause, in der Schule und in der Nachbarschaft eigenen Aktivitäten nach. Sie hat gerade die Fähigkeit zur Selbst-Reflektion entwickelt und kann sich selbst zum ersten Mal objektiv betrachten. Sie kann ihre Beobachtungen in einen größeren Zusammenhang setzen, sich selbst und ihre Umgebung mit anderen vergleichen und entsprechend beurteilen. In diesem Alter kristallisiert sich häufig die Richtung heraus, die ihr Leben einschlagen wird. Dieses Mädchen, das jetzt vielleicht seine sozialkritische Ader entdeckt oder das Leben eher von der komischen Seite nimmt, setzt sich mit zerstörerischen Einflüssen auseinander und projiziert sich selbst in die Zukunft, malt sich aus, wie sie sein wird, wenn sie ihr eigenes Leben führen kann. Aus der Rolle der Lehrerin, Richterin oder Rebellin, die sie vielleicht für sich auswählt, kann sie die nötige Kraft schöpfen, um widrigen äußeren Bedingungen zu trotzen. Diese Rolle entscheidet vielleicht auch darüber, welchen Weg sie später einschlagen wird, um zu dem wahren Selbst zurückzufinden, das sie unterdrücken mußte.

Mädchen dieses Alters zeichnen sich durch ein erstaunlich klares Urteilsvermögen aus, auch wenn sie eine entbehrungsreiche Kindheit erleben. Ihre Neugier und ihr wacher Verstand lassen sich nicht belügen. Mary Lennox aus *Der geheime Garten* von Frances Hodgson Burnett liefert ein gutes Beispiel dafür.[16] Die egozentrische und übellaunige Mary wird mit neun Jahren zur Waise. Sie kommt zu ihrem verwitweten Onkel, der sich von seinem einzigen Sohn abgewandt hat. Das Hauspersonal steckt mit dem Patriarchen unter einer Decke und hält den Jungen verborgen. Colin schmachtet im Bett vor sich hin und ist davon überzeugt, ein Krüppel zu sein. Mary macht ihn ausfindig. Sie sieht ihn, wie er wirklich ist, und nimmt die Sache in die Hand. Die verdrießliche Mary treibt ihren Cousin praktisch gewaltsam in die Gesundheit zurück und durchbricht das böse Spiel der Erwachsenen, indem sie die Wahrheit offen ausspricht. Gemeinsam mit Colin erweckt sie den vernachlässigten Garten, in dem seine Mutter einen tödlichen Sturz erlitt, zu neuem Leben. Sie pflegen den Garten, bis er wieder grün und fruchtbar ist – und verscheuchen damit gleichzeitig die Schwäche, die Colin zum Invaliden werden ließ. Marys erbitterter Widerstand rettet sie beide vor der Sterilität einer rauhen patriarchalen Welt, die ohne mütterliche Wärme ist.

Es gibt viele Mädchen, die wie Mary Lennox ohne elterliche Fürsorge auskommen müssen, nicht immer, weil sie, wie Mary, im buchstäblichen Sinn zu Waisen werden, sondern weil die Eltern sie vernachlässigen. So ein Mädchen muß ihr wahres Selbst vielleicht in einem ganz persönlichen Geheimgarten verschließen, wie Ruth und Mary in dieser Studie. Aber wenn die Frau heranwächst, kann sie das Mädchen zu neuem Leben erwecken, so wie Mary den geheimen Garten zu neuem Leben erweckte. Das acht- oder neunjährige Mädchen kann zur Verbündeten der Frau werden, um das vielleicht noch jüngere Mädchen und die Verletzungen, die ihm zugefügt wurden, aufzudecken und zu heilen. Eine Frau, die bereit ist, sich auf das Mädchen zu berufen, das sie mit neun Jahren gewesen ist, wird in ihm ein Mädchen finden, das ›Fähigkeiten für sich allein‹ hat, denn in diesem Alter verfügt ein Mädchen fast immer über Quellen innerer Kraft, wenn vielleicht auch nur im Reich ihrer Phantasie. Eine Frau, die als kleines Kind verletzt wurde, kann die Werkzeuge, die dieses ältere Mädchen geschärft hat, benutzen, um die verschütteten Gefühle der noch Jüngeren freizulegen und kann dann »dieses kleine Kind großziehen«, statt später unter den Verletzungen zu leiden. Wenn eine Frau sich die Erinnerung an dieses Mädchen erschließt und es aufs neue willkommen heißt, kann sie auf das ungetrübte Urteilsvermögen, die Selbst-Reflektion und innere Wahrheit der Neunjährigen zurückgreifen, um erklären und verstehen zu können, was das jüngere Kind noch nicht verstehen konnte. Gleichgültig, in was für Verhältnissen die von mir befragten Frauen aufgewachsen waren, sie alle haben deutlich gemacht, daß sie zu diesem Mädchen, das sie

einmal waren und das ihnen verlorengegangen war, zurückfinden mußten.

Wer lauert dem Mädchen im Innern auf? Wie wird ihre
Autonomie zerstört? Was geschieht mit ihrem Elan? Eine
ganze Weile vor Einsetzen der Pubertät kommt die
Kultur plötzlich mit der Gartenschere und stutzt die Persönlichkeit des Mädchens unbarmherzig zurück. Die Erwachsenen, die das Mädchen seinen eigenen Vorstellungen überlas-
sen hatten, sehen seine erblühende Weiblichkeit voraus und
ersticken jede weitere Persönlichkeitsentfaltung im Keim.
Weil die Kultur zwischen klein und groß, Spiel und Arbeit,
Frau und Mann unterscheidet, fühlen sich auch die Vermittler
dieser Kultur – sich selbst zum Trotz – zum Eingreifen verpflichtet. Die alten Schablonen von der nährenden Bestimmung der Frau halten sich hartnäckig und lassen den unbän-
digen Tatendrang des Mädchens zur Bedrohung werden. Zu
oft warnt jetzt die Lehrerin, die der ehrgeizigen Archäologin
begeistert Beifall spendete, daß man für diesen Beruf fünf
Sprachen beherrschen muß. Die kleine Viehzüchterin, der
man ein Lasso zum Geburtstag schenkte, wird – vielleicht so
behutsam wie möglich – davon in Kenntnis gesetzt, daß Cow-
boy ein reiner Männerberuf sei. Das Anatomiebuch, das ihr
Interesse an der Medizin bestärkte, wird heimlich durch einen
Pulsmesser für Krankenschwestern ersetzt, wenn Eltern die
wissenschaftlichen Ambitionen ihrer Tochter, denen sie gestern noch freien Lauf ließen, plötzlich ausmerzen wollen.
Waren die Pläne, die das kleine Mädchen in die Zukunft proji-
zierte, zunächst als folgenlos toleriert worden, werden sie
jetzt lästig. Die Erwachsenen mokieren sich über ihre »gran-
diosen« Ideen und tun sie als unrealistisch ab. Man findet
zahllose Wege und Möglichkeiten, um das Mädchen einzuschränken und zu formen.

Nach wie vor ist die späte Phase der Mädchenzeit durch
Konformität gekennzeichnet. Sobald das äußere Erschei-
nungsbild des Mädchens sich durch die Pubertät zu verändern beginnt, darf es sein Wildfang-Leben selten fortsetzen.
Auch heute noch wird von ihr erwartet, daß sie sich von nun
an »wie eine junge Dame benimmt«. Sie wird aus ihrem

Baumhaus herausgeholt, man richtet ihre Aufmerksamkeit auf gesellschaftliche Normen und erwartet, daß sie soziale Tugenden entwickelt. Trotz fortschrittlicher Phrasen wird der Frau auch weiterhin das Mandat der Fürsorge für andere erteilt, mit dem man ihren natürlichen Bewegungsdrang, ihren Wunsch zu klettern, zu rennen, Gipfel zu erklimmen – und jede andere Form von Aktivität – erstickt. Die Kompetenz des Kindes war grenzenlos, die der zukünftigen Frau wird, wenn die Pubertät heranrückt, in den Bereich der zwischenmenschlichen Beziehungen kanalisiert. In diesem Bereich, der sich der direkten Kontrolle des Mädchens weitgehend entzieht, wird ihre Klarheit durch ein verworrenes Feedback getrübt. Der wirkliche Sinn ihres Tuns verliert sich in sozialen Nuancen. Während ihr Bruder ermutigt wird, seine Muskeln zu trainieren und seinen Mut zu erproben, soll sie sich in weiblicher Unterwürfigkeit üben. Durfte das jüngere Mädchen sich ungehindert draußen in freier Natur bewegen, muß das ältere Mädchen ins Haus zurückkehren.

Sobald das Mädchen die Jeans gegen ein Kleid eintauscht, wird der Vater, der gestern noch treuer Verbündeter war, sie nicht mehr auf seinem Schoß sitzen lassen und sich vor ihr zurückziehen, damit die Mutter die Führung wieder übernehmen kann. Zurückgeholt in die Welt der Frauen, wird das Mädchen – wie Liz (Kapitel 9) es ausdrückt – in die »Höhle weiblicher Tätigkeiten« gelockt. Auch heute noch wird die Mutter vorsichtig versuchen, die Aktivitäten ihrer Tochter weiblichen Stereotypen anzupassen und ihr dasselbe weibliche Rollenverhalten beibringen, das *sie selbst* zur Ehefrau und Mutter bestimmt hat. Die offizielle Kultur – d. h. patriarchale Strukturen, in denen die Mutter, Tanten, Freundinnen, Lehrerinnen *und* der Vater des Mädchens gefangen sind – definiert sie als Frau statt als Mensch. Die Verbindung zwischen dem, wer sie ist, und dem, was sie tut, reißt ab. Sie hört auf, aktiv zu »handeln«, um statt dessen passiv ein braves Mädchen zu »sein«. Statt sich selbst zu gefallen, versucht sie, ihrer Umgebung zu gefallen. Sie bewertet die Meinung anderer höher als die eigene und formt sich selbst nach dem Entwurf, dem sie offenbar entsprechen soll.

Nachdem das ältere Mädchen gerade erfahren mußte, daß es weniger wichtig ist als der gleichaltrige Junge, wird es von ihm auch noch an Größe und Körperkraft übertroffen; in der Vorpubertät verlangsamt sich das weibliche Längenwachstum; beim Jungen dagegen kommt es zu einem Wachstumsschub. Er holt das Mädchen ein und überrundet es schließlich, was Größe, Gewicht und Muskelkraft angeht, und ist damit zum ersten Mal größer und stärker als sie. Viele Mädchen, die als Neunjährige noch übermütige Athletinnen waren, werden als Elfjährige zu vorsichtigen jungen Damen. Die körperlichen Attribute ihrer Weiblichkeit machen sich in ihrer rein physischen Leistungsfähigkeit bemerkbar: Störende Brüste, breiter werdende Hüften, insgesamt weichere Konturen bringen den straffen, stromlinienförmigen Körper der androgynen Kindheit in Unordnung. Unabhängig davon, wie stolz ein Mädchen darauf sein mag, zur »Frau zu werden«, die körperlichen Veränderungen behindern seine Freiheit und schwächen das Vertrauen, das es früher in seine physische Leistungskraft hatte. Während der Junge stärker, gewitzter und lauter wird, fühlt das Mädchen sich schwächer und weniger selbstsicher. Dieselben Fähigkeiten, die dem Mädchen die Anerkennung seiner Peer-Gruppe gesichert hatten, gefährden jetzt seine Popularität; nur Männer sollen einen sehnigen Körper haben und groß und stark sein.

Die pubertären Veränderungen führen beim Jungen dazu, daß seine Dominanzfähigkeit gefördert wird, beim Mädchen implizieren sie nach wie vor die Verpflichtung auf eine nährende Rolle und das Gebot der Selbstbeschränkung. Jungen erfahren ihre Adoleszenz als eine Phase der Machtzunahme, Mädchen erleben sie als Zeit vermehrter Risiken. Die Freiheiten des Jungen werden erheblich erweitert, die des Mädchens werden eingeschränkt. Ihr Körper bekommt weichere, sein Körper härtere Konturen. Er wird ermutigt, seinem Forschungsdrang nachzugehen; ihr sagt man, sie sei eine schwache Frau, die beschützt werden müsse. Er wird vorangetrieben, sie zurückgedrängt: Klein im Vergleich mit ihren männlichen Altersgenossen, kann sie einen Angriff nicht länger abwehren. Für den Jungen eröffnen sich neue Welten, die es zu erobern gilt; für das Mädchen bietet das Zuhause Sicherheit. Seine Welt ist voll von lockenden Abenteuern, ihre Welt ist voll lauernder Gefahren. So muß die Mädchenwelt der Acht- und Neunjährigen lange vor Einsetzen der Adoleszenz einer nach Geschlechtern getrennten Welt weichen.

Die dreißigjährige Rosabeth erinnerte sich, wie sie lange vor dem Jugendalter all dessen beraubt wurde, was ihr wirklich Spaß machte, weil der aktive Unternehmungsgeist ihrer Mädchenzeit in Widerspruch zu dem als »weiblich« definierten Verhalten geriet. »Als Kind war ich ein richtiger Wildfang. Ich kletterte auf Bäume. Ich sammelte Schlangen und mochte gern Frösche sezieren. In Sport war ich immer gut. Ungefähr vom fünften Schuljahr an galten diese Dinge allmählich als unmädchenhaft, als männlich. Abenteuerlust wurde mit Männlichkeit assoziiert; überhaupt alles, was mir immer Spaß gemacht hatte, war plötzlich den Jungen vorbehalten. Ich schämte mich, nur ein Mädchen zu sein.« Das Mädchen fühlt sich durch die sexuelle Dichotomie gespalten, weil seine Stärken und Interessen als unweiblich etikettiert werden.

Wenn die Spaltung in männlich-weiblich einsetzt, erforscht das Mädchen in seinem Alltag, was es bedeutet, als Frau zu leben, und versucht, seinen gesellschaftlichen Status einzuschätzen. Wenn sie dann zum Beispiel ihre Schulbücher durchblättert, wird sie darin noch immer wenig Frauen finden. Frauen kommen in den Annalen der Wissenschaft, Geschichte, Politik und Kunst praktisch nicht vor und tauchen, abgesehen von ihrer nährenden Funktion und sexuellen Rolle, so gut wie überhaupt nicht auf. Selbst in zeitgenössischen Studien treten Frauen kaum in Erscheinung. Es sind die Männer, die in unserer Welt den Wirtschaftsunternehmen, Hospitälern und Schulen vorstehen. Wo sind die Pilotinnen, Ozeanographinnen, Astronominnen, Gouverneurinnen, Neurochirurginnen und Richterinnen?

Auch wenn ein Mädchen anfangs vielleicht entschlossen ist, all das zu ändern, wird es seine Pläne überdenken, sobald es feststellt, welche Konsequenzen Frauen im Bekanntenkreis für berufliche Ambitionen in Kauf nehmen müssen. Oft genug hat die Ärztin weder Mann noch Kinder, und die berufstätige Tante ist vielleicht ebenfalls alleinstehend. Unabhängige und beruflich erfolgreiche Frauen, die das Mädchen vorher bewundert hat, werden plötzlich als Mängelwesen empfunden, weil in ihrem Leben die spezifisch weibliche Selbsterfüllung zu fehlen scheint. Das Mädchen erkennt, daß Frauen für den Erfolg einen hohen Preis zahlen müssen, und wird in seinem Ehrgeiz verunsichert. Wenn zunehmend deutlich wird, daß das, was sie lernt, offensichtlich sinnlos und ohne praktischen Wert für ihre Zukunft ist, gerät ihre Ausbildung mehr und mehr zur »Pseudo-Ausbildung«[17], und ihre Ziele nehmen einen »Als ob«-Charakter an. Aus der einst harmonischen Übereinstimmung von innerer Entscheidungsfreiheit und äußeren Handlungen wird ein konfliktreicher Gegensatz. Das Mädchen ist bemüht, die eigene Kompetenz zu unterdrücken, weil man ihr nicht länger die Freiheit gewährt, sich die Zukunft mit der für ihr Alter typischen Egozentrik auszumalen. Während ihr Bruder durch Konkurrenz und Wettbewerb zu höheren Leistungen motiviert wird, soll das Mäddchen Kompromißbereitschaft zeigen;[18] ein erfolgreicher Mann wird nach wie vor als besonders männlich angesehen, eine erfolgreiche Frau gilt dagegen als unweiblich.[19]

Je mehr das ältere Mädchen dem kulturell vorgegebenen Frauenbild nachgibt, desto stärker verbirgt es seine kindliche Persönlichkeit – Fähigkeiten, Leistungen, Hoffnungen, Teile seines Selbst –, zuerst vor anderen, um zu gefallen, und schließlich vor sich selbst. Der ganzheitliche Charakter ihres Handelns verliert sich, sobald ihre eigenen Bedürfnisse und Ziele gegen all das, was als weiblich gilt, ausgespielt werden. Weibliche Rollenbilder greifen; Stereotypen setzen sich durch. Ein junges Mädchen, das Zukunftspläne für sein Leben entwirft, muß sich zwangsläufig in widersprüchlichen Imperativen gefangen fühlen: Selbst wenn sie ihre Fußballsachen anzieht, beschwören Deodorantwerbungen sie: »Zeig nie, daß du schwitzt.«[20] Ihr Selbstvertrauen weicht der Selbstbefangenheit, wenn sie sich an dem unerreichbaren weiblichen Idealbild mißt, das von außen an sie herangetragen wird. Um diesem Ideal zu entsprechen, muß sie ihre Persönlichkeit größtenteils verbergen. Sie verliert ihre Autonomie, sie verliert sich selbst als Subjekt ihrer Erfahrungen und spürt, daß sie jetzt »anders« ist und zum Objekt in einer männlichen Welt wird.

Auch heute noch hat ein Mädchen im allgemeinen kaum eine andere Wahl, als den Platz einzunehmen, der ihm als Angehörige des »anderen Geschlechts«, wie Simone de Beauvoir es vor fast vierzig Jahren genannt hat,[21] zugewiesen wird. Was Beauvoir schrieb, hat nichts von seiner Gültigkeit verloren: Obwohl die Frauenbewegung in den letzten Jahren wieder neue Kraft gewonnen hat, werden Frauen jeden Alters nach wie vor zu Objekten gemacht und abgewertet. Durch die Werbung ist die Ausbeutung des weiblichen Körpers ins Unermeßliche gestiegen: Er wird vermarktet, gleichgültig ob es nun um Joghurt, edlen Likör oder die Flugreise an einen erholsamen Inselstrand geht. Tatsächlich werden Frauen zunehmend sexualisiert – und zwar von einem erschreckend jungen Alter an. Neben Vamps in schwarzer Spitzenunterwäsche und knappen Bikinis werben in den Versandhauskatalogen bereits siebenjährige Mädchen, die kleinen Gesichter mit kirschrotem Rouge und Lippenstift befremdlich aufreizend, für seidige Tangas und Miederwaren. Diese kindlichen Sirenen müssen sich fast zwangsläufig zu adoleszenten *femmes fatales* entwickeln. Lange vor Einsetzen der Adoleszenz wird ein Mädchen unterdrückt, angepaßt und sexualisiert, damit es genügend eingeschüchtert und bezähmt ist, wenn ihre natürliche Spontaneität der patriarchalen Weiblichkeitskonstruktion weichen soll. Wenn das adoleszente Mädchen dann die Masken anlegt, die die Kultur für sie bereithält, versperrt die feminine Fassade ihr oft den Blick auf ihre wahre Identität.

Nachdem ich das lebenskräftige Mädchen hinter dieser Fassade entdeckt hatte, konzentrierte ich mich auf die verdrängte Kindheitsidentität und stieß plötzlich überall auf das Phänomen, daß Frauen das Selbstverständnis ihrer Mädchenzeit verloren und wiederentdeckt hatten. Eine ältere Analytikerin aus der Schule C. G. Jungs verfolgte ihre Entwicklung zu der Zeit zurück, als sie acht Jahre alt gewesen war und sich oft um drei Uhr morgens, als es noch ganz dunkel war, durch ihr Kinderzimmerfenster fortgestohlen hatte: Ausgerüstet mit etwas Brot und zwei Eiern in ihrem Rucksack war sie einige Meilen den Fluß hinaufgewandert und hatte Eingeborenenfrau gespielt: Unter Zuhilfenahme einiger Flintsteine entzündete sie ein Feuer, briet die Eier und verzehrte sie dann »wie in einem Ritual«. Die Erinnerung an dieses wiederholte einsame Abenteuer wurde zur zentralen Metapher für ihr Leben und ihre Arbeit.

Eine Altersgenossin dieser Frau hatte ihre Kindheit auf einer weitläufigen Ranch verlebt. Sie erinnerte sich daran, wie sie gemeinsam mit ihrem Zwillingsbruder auf die Jagd nach Klapperschlangen gegangen war. Der chinesische Koch verwandte die Klappern für die Zubereitung bestimmter Gerichte und zahlte den Kindern einen Dollar pro erbeutetem Stück. Mit achtzig Jahren verschrieb diese Autorin und Analytikerin sich der Aufgabe, die Ranch und den Lebensraum aller dort lebenden Tiere zu schützen. Das schloß auch ein, daß eine Menge Klapperschlangen nicht mehr durch Besucher aufgeschreckt werden sollten. Über die 100 Hektar Land, die ihr immer noch gehörten, schrieb sie: »Ich respektiere seine Unberührtheit und Wildnis und sehe mich selbst als Bewahrerin dieses Zustands.«[22]

Eine Wissenschaftlerin vom selben Jahrgang lehnte als junge Frau die Ehe mit der Erklärung ab, daß sie ihr Rollenmodell bereits gefunden habe, als man sie als Neunjährige Hypatia genannt hatte.[23] Hypatia war eine berühmte Mathematikerin im Alexandria der hellenistischen Epoche, die alle Verehrer abwies, weil sie »mit der Wahrheit verheiratet« war. Wie ihre Namensschwester blieb diese Wissenschaftlerin ihrer jungfräulichen Orientierung ein Leben lang treu und verschrieb sich dem Reich des Intellekts.

Als eine Kinderärztin, die an meiner Untersuchung teilgenommen und meiner Dissertation zunächst skeptisch gegenübergestanden hatte, von meiner neuen These hörte, machte sie mich auf Lynne Sharon Schwartz' Buch *Feldstörungen* aufmerksam. In diesem Roman wird die Protagonistin im Traum in die Zeit zurückversetzt, als sie neun Jahre alt ist, und sie kann sich dadurch aus einem kritischen Zustand der

Selbstentfremdung befreien.[24] Ich schrieb einen Artikel, der die Bedeutung des Mädchens im Innern am Beispiel dieses Romans erklärte.[25] Eine Verlagsassistentin, die mit diesem Aufsatz zu tun hatte, rief mich spontan an, um mir zu erzählen, daß das bloße Tippen des Artikels auf einem Textautomaten eine Erinnerung an ihre Mädchenzeit in ihr geweckt und sie zu einem neuen Selbstverständnis geführt habe. Eine Buchhändlerin machte mich darauf aufmerksam, daß die Dichterin Elizabeth Coatsworth einem Reporter, der sie nach dem Älterwerden befragte, geantwortet habe, daß sie mit achtzig derselbe Mensch sei wie mit zehn, doch um diese Kernpersönlichkeit herum hätten sich viele Schichten gebildet, wie bei einem Baum.

Eine Kollegin von mir, die das Konzept des Mädchens im Innern zunächst abgelehnt hatte, ertappte sich dabei, wie sie ihrer heimwehkranken Tochter ein Foto ins College schickte. Der Schnappschuß zeigte die Tochter und eine Freundin, wie sie als Wahrsagerinnen verkleidet auf Passanten warteten, um sie mit ihren magischen Kräften zu erfreuen. Das Bild war aufgenommen worden, als die Tochter acht Jahre alt war. Eine Psychotherapeutin, die meine Theorie als unwesentlich abgetan hatte, wurde unerwartet krank und mußte sechs Wochen lang das Bett hüten. Um sich die Zeit zu vertreiben, griff sie zu Papier und Stift und fing an, ein bißchen zu zeichnen. Erst als ein führendes Modegeschäft eine ganze Kleiderserie kaufte, die sie nach diesen Entwürfen angefertigt hatte, erinnerte sie sich wieder daran, daß sie ihre ersten Modezeichnungen als Drittkläßlerin gemacht hatte.

Eine Soziologieprofessorin, die seit über zwanzig Jahren verheiratet war, ließ mich an Dantes Beatrice denken, als sie mir anvertraute, daß ihr um einige Jahre älterer Ehemann sie zum ersten Mal gesehen und sich von weitem in sie verliebt habe, als sie genau neun Jahre alt gewesen war. Eine neue Nachbarin erzählte mir von ihrer neunjährigen Tochter, die eine Oper mit dem Titel »Mädchen – was ist das?« komponiert habe. Geschiedene Klientinnen von mir berichteten mit spontaner Erleichterung, daß sie durch das Alleinsein zu dem Mädchen ihrer Kindheit zurückgefunden hätten, das ihnen verloren gegangen war, als sie sich in Mann-Frau-Beziehungen verstrickten. Ein Artikel über Marilyn Monroe in der Zeitschrift *Ms.* vertrat die Ansicht, daß Marilyn das Mädchen in sich und damit sich selbst unwiderruflich verloren hätte.[26] In einem Sportverein lernte ich eine Psychologin kennen, die im Alter von vierzig Jahren gerade angefangen hatte, Ski zu laufen und Kanu zu fahren – sie eroberte sich die Sportlerin zurück, die sie als Acht- und Neunjährige gewesen war. Campleiter schwören auf Mädchen dieses Alters und bedauern den Tag, an dem sie in die nächste Altersklasse aufsteigen. Als Neunjährige verließen die Mädchen ihre Mütter, um in den Dienst der Artemis zu treten, der jungfräulichen Jägerin, die stark und wild wie ein Junge war.[27] Von den ägyptischen Pharaonen wird berichtet, daß sie die Gesellschaft neunjähriger Mädchen so interessant und belebend fanden, daß sie sie zu ihren Begleiterinnen machten. Immer wenn ich anderen von dem Mädchen im Innern erzählte, fand ich meine Theorie nach wenigen Sätzen bestätigt. Ich erkannte schließlich, daß ich mit diesem Mädchen ein Stück Wahrheit entdeckt hatte. Die Wiederentdeckung des Mädchens im Innern hat offenbar eine Schlüsselbedeutung für die Identität der Frau.

2

Die Frau auf der Suche nach sich selbst

Da die Rolle der Frau offensichtlich neu bestimmt werden muß, beginnt man in der westlichen Kultur allmählich zu hinterfragen, wer und was die Frau nach eigenständiger Definition sein könnte. Die Frauenbewegung hat deutlich gemacht, daß Frauen durch die traditionelle helfende und mütterliche Rolle ihre eigenen Kräfte den Bedürfnissen und Zielen anderer untergeordnet haben und daß sie dadurch am Entwurf, an der Festigung und am Ausdruck ihrer Persönlichkeit gehindert wurden. Sie hat die selbstbestimmte, auf sich selbst vertrauende Frau propagiert und damit die Aufmerksamkeit der Frauen auf ihr Bedürfnis nach Autonomie, Kompetenz und Verantwortung gelenkt. Doch die Kultur hat sich schwer damit getan, Möglichkeiten aufzuzeigen, wie diese für Frauen neuen Ziele auf authentische Weise zu erreichen sind. Ein Mann kann heute noch immer in die Fußstapfen seines Vaters treten, um die alten »männlichen« Privilegien auszuüben, für die »neue Frau« dagegen ist das Rollenmodell ihrer Mutter wenig hilfreich. Angesichts einer historischen Umbruchssituation wendet sie sich von der scheinbar nutzlosen Vergangenheit ab und betritt unbekanntes Terrain, durch das sie sich ihren eigenen Weg bahnen muß, ohne eine von ihren Vorfahren ererbte Landkarte zur Verfügung zu haben und ganz ohne den Rat und Beistand erfahrener Weggefährten.

Nachdem die Frauen den alten Konventionen abgeschworen haben, die sie ans Haus fesselten, folgen sie heute einem neuen kulturellen Gebot, das besagt, daß sie ihren Weg in der »wirklichen Welt« machen müssen. Gegen die Machtlosigkeit der häuslichen Rolle rebellierend und angelockt von der weltlichen Macht, die Männer innehaben, wenden sie sich von der häuslichen Sphäre ab und stürzen sich in die Berufswelt, entschlossen, ihren Teil an dieser Macht zu erobern. Obwohl sie gezwungen sind, sich in einer Männerwelt zu verwirklichen, erwarten sie ganz offensichtlich, daß sie sich in dieser Domäne ein unabhängiges Selbst erringen können.

Die moderne Gesellschaft scheint ihre Ziele zu unterstützen und der ehrgeizigen neuen Frau die Türen zum Erfolg zu öffnen. Doch unter dieser oberflächlichen Befreiung von alten Rollenklischees gibt es eine ganze Reihe von Faktoren, die die Realisierung weiblicher Ziele sehr unwahrscheinlich machen, weil sie die Authentizität einer Frau zu untergraben drohen und damit genau die Selbstverwirklichung ausschließen, die die Frau erstrebt. Auch wenn eine Frau in die Wirtschaftswelt vorstößt, z. B. weil sie sich die Verhaltensweisen ihres Bruders aneignet oder sich damit rüstet, wird diese Welt ihren Einfluß zu beschneiden wissen. Frauen erhalten nur selten eine Stellung, die ihnen die Möglichkeit geben würde, eigene Ideen zu verwirklichen oder selbstbestimmt zu arbeiten, von ihnen erwartet man vielmehr, daß sie ihre Fähigkeiten für die Karrieren anderer nutzbar machen.

Wie kann die Frau von heute ihr Streben nach Anerkennung und Unabhängigkeit auf diesem für sie neuen Terrain erfüllen? Wie soll sie ohne einen eigenen Weiblichkeitsentwurf auf all den von Männern und als männlich definierten Wegen zu ihrer Identität als Frau finden? Und was fängt sie mit dem Erbe traditioneller weiblicher Rollen in diesem von Männern geprägten Bereich an?

Nach wie vor glauben die meisten Frauen, daß sie eine Antwort auf diese Fragen bekommen, wenn sie sich vom häuslichen Einerlei befreien und sich einen Platz auf dem Arbeitsmarkt erobern. Doch wenn sie nicht gerade als Alibifrau fungiert, wird die Frau in der beruflichen Tätigkeit wahrscheinlich nur eine Reproduktion ihrer häuslichen Rollen finden. Aufgrund der ihr zugeschriebenen nährenden Natur wird die Frau auch bei der Arbeit häufig ausgebeutet: Sie ist diejenige, die losgeschickt wird, um für Kaffee und belegte Brote zu sorgen. Auch ihre häusliche Rolle als Gastgeberin läßt sich in die Berufswelt übertragen: Man schätzt die Frau, wenn sie Konferenzen organisiert, für die entsprechenden Räumlichkeiten sorgt, eine behagliche Atmosphäre schafft, Teilnehmerlisten führt und die hauswirtschaftlichen Einzelheiten regelt, während ihr männlicher Kollege für »wichtigere« Aufgaben verwendet wird. Selbst wenn sie eine Stellung auf der sogenannten professionellen Ebene innehat, was meistens bedeutet, daß sie in den traditionell weiblichen Berufen der Lehrerin oder Krankenschwester arbeitet bzw. eine beratende Tätigkeit ausübt, reproduziert sie die Selbstlosigkeit der Mutterrolle in ihrer Fürsorge für die Schüler, Patienten oder Klienten, statt eigene Zeichen zu setzen.[1]

Arbeit von Frauen, gleichgültig, ob sie in der Geschäftswelt oder im Haushalt angesiedelt ist, hat in der vorgegebenen Hierarchie keinen Stellenwert. Sowohl in der häuslichen wie in der wirtschaftlichen Sphäre werden die Tätigkeiten von Frauen durch andere definiert und abgewertet. Und für beide Sphären gilt auch, daß Frauen noch immer die minderwertigeren Aufgaben zugewiesen bekommen: die dienenden Routinejobs in der Arbeitswelt und die tägliche, öde, nicht meßbare Hausarbeit. Für Frauen heißt das so gut wie immer, daß sie auf der untersten Ebene einer Firma arbeiten: Kunden und Klienten empfangen, Telefondienst verrichten, Diktate aufnehmen und einen endlosen Strom von Briefen tippen. Hinzu kommt, daß eine Frau, die heute erwachsen wird, nicht damit rechnen kann, daß diese Situation sich in absehbarer Zeit ändern wird. Der National Academy of Sciences zufolge werden die von der Reagan-Administration eingeleiteten Rückwärtstrends dafür sorgen, daß Frauen auch in absehbarer Zukunft den zahlenmäßig größten Anteil schlecht bezahlter Arbeitskräfte stellen werden.[2] Als Sekretärin, Buchhalterin, Kellnerin und Telefonistin erfüllt die Frau monotone Routinearbeiten, die ihr von anderen aufgetragen werden – für ein Gehalt, das fast um ein Drittel niedriger liegt als das Durchschnittsgehalt eines Mannes.

Zwar stellen die Frauen einen zahlenmäßig hohen Anteil der Beschäftigten, wodurch der Eindruck erweckt wird, daß die Zeiten sich gewandelt hätten, doch bei näherem Hinsehen erweist diese Veränderung sich als rein quantitativ, nicht qualitativ. Die gegenwärtige Forderung, daß Frauen außerhalb des Hauses arbeiten sollen, ist nichts weiter als die Kehrseite des zuvor geltenden Gebots, sich aus der Berufswelt herauszuhalten. Die Medaille der neuen Frau ist nicht frisch geprägt oder aus einem anderen Material, denn das Diktum des Patriarchats lautet nach wie vor: Nimm dich der niederen Bedürfnisse unserer Kultur an, gleichgültig ob es sich nun um den Haushalt oder den Beruf handelt. Daß sich in Wahrheit nichts geändert hat, zeigt sich an der Unwilligkeit, Frauen in Führungspositionen vordringen zu lassen und an den Vorurteilen, denen Frauen immer noch begegnen, wenn sie verantwortungsvolle Posten anstreben.[3] Die Rebellion der Frauen gegen ihre häusliche Unterwerfung hat an den Begrenzungen dieser Rolle so gut wie nichts geändert.

So weist das Patriarchat den Frauen auch weiterhin ihren Platz zu – war sie vorher barfuß und schwanger, sitzt sie heute in spitzen Pumps an der Schreibmaschine.[4] Die Frau von heute scheint kaum mehr Freiheit zu haben, sich ihren Platz in der wirklichen Welt *nach ihren eigenen Vorstellungen* zu schaffen, als angesichts der erstickenden Restriktionen, die Betty Friedan vor mehr als 25 Jahren zu ihrem Buch *Der Weiblichkeitswahn* veranlaßten. Es ist eine gefährliche Illusion zu glauben, daß wir uns von diesen Restriktionen befreit hätten – gefährlich, weil die regressiven Kräfte, die zur Entstehung der Frauenbewegung führten, sich heute unter dem Deckmantel weiblicher Freiheit verbergen. Unter der fälschlichen Voraussetzung, daß die Dinge sich verändert hätten, stürzt die Frau von heute sich derart überhastet in die wirkliche Welt, daß sie gar nicht bemerkt, wie die Kultur ihre Entscheidung beeinflußt, wenn nicht gar diktiert. Praktisch gezwungen, sich einen Platz in der »wirklichen Welt« zu suchen, glaubt die neue Frau, daß sie sich aus ihrer unterdrückten Rolle befreit, während sie in Wahrheit patriarchalische Bedürfnisse erfüllt.

Verführt von einer Gesellschaft, die sie in die Berufswelt scheucht, wird die Frau gleichzeitig häufig dafür getadelt, nicht zu Hause zu sein. Unsere Gesellschaft bindet die Frau an ihre häusliche Rolle, selbst wenn sie sie daraus vertreibt: Häufig hat eine berufstätige Mutter ihre Arbeit nur unter der Bedingung aufgenommen, daß das Familienleben nicht darunter leiden dürfe. Wenn sie in ihrem Beruf »ernstgenommen« werden will, muß die Superfrau und Supermutter ihre Privatangelegenheiten aus der öffentlichen Sphäre heraushalten. Die Unmöglichkeit, mit der Doppelbelastung fertigzuwerden, wird als ihr persönliches Problem betrachtet: Zutritt zu dem einen Bereich erhält sie nur auf Kosten des anderen. Da sie scheinbar kein Recht haben, sich zu beklagen, machen viele Frauen sich selbst für ihr unbefriedigendes Leben verantwortlich. Nur wenige Frauen können dem gesellschaftlichen Druck widerstehen, der sie *vorwärts*, zum Erfolg, treibt.

Anders als ein »berufstätiger Vater« ist die berufstätige Mutter dazu verdammt, ihr berufliches Engagement einzuschränken, wenn ihr nicht enorme finanzielle Mittel zur Verfügung stehen. Und wenn sie in der Arbeitswelt nicht gerade eine außergewöhnliche Machtposition innehat, kommen ihre familiären Belange ebenfalls zu kurz. Unter diesen Bedingungen hat sie kaum eine andere Wahl, als ihre Kinder der Obhut anderer anzuvertrauen – und folgt damit dem patriarchalen Muster, das die Kindererziehung zuvor auf sie abgewälzt hatte. Die Kultur gaukelt der Frau vor, daß sie alles erreichen könnte, und wartet in Wirklichkeit mit einer Alles-oder-nichts-Alternative auf: Entweder verzichtet die Frau der Karriere zuliebe auf eine Familie, oder sie gibt alle Ziele, die jenseits ihrer häuslichen Sphäre liegen, auf. Viele Frauen, die vor diese unfreiwillige Entscheidung gestellt werden, wählen die Arbeitswelt, weil sie sich davon versprechen, ihre lang unterdrückten Wünsche nach Autonomie und Kompetenz umsetzen zu können.

Doch so sehr sie sich auch anstrengen mag – die Ausübung eines Berufes befreit die Frau noch lange nicht von ihrer Arbeit an Heim und Herd. Häufig bürden die Frauen sich die Verantwortung für diese Arbeit aus alter Gewohnheit auf, ohne daß ihnen die gesellschaftliche Relevanz ihres Tuns bewußt würde.[5] Tatsächlich sind sie sich häufig gar nicht darüber im klaren, daß sie den häuslichen Pflichten durch ihren

Beruf nicht entkommen sind, sondern sie eher noch vermehrt haben. Studie auf Studie kommt zu dem Schluß, daß berufstätige Mütter unter einer Doppelbelastung stehen, weil sie nicht nur die Verantwortung für Haushalt und Kindererziehung übernehmen, sondern auch noch einer bezahlten Arbeit nachgehen. Das neue Bewußtsein hat bisher kaum etwas an der Belastung der Frauen geändert: Berufstätige Ehefrauen verbringen offensichtlich sogar noch mehr Zeit mit Hausarbeit als alleinstehende Frauen – woraus sich die überraschende Schlußfolgerung ergibt, daß ein Ehemann zu einer Zunahme statt zu einer Verringerung von Hausarbeit führt.

Eine Studie aus dem Jahr 1985, für die 651 Angestellte aus allen Bereichen einer in Boston angesiedelten Firma befragt wurden, stellte beispielsweise fest, daß mit der Erledigung der beruflichen Verpflichtungen plus Hausarbeit und Kinderversorgung fast jede wache Stunde der berufstätigen Mütter ausgefüllt ist. Verheiratete Mütter verbringen 85 Stunden die Woche mit diesen Aufgaben, alleinerziehende Mütter 75 Stunden. Im Vergleich dazu verbringen alleinerziehende Väter lediglich 65 Stunden der Woche damit, diesen beiden Verpflichtungen nachzugehen, d. h. volle 20 Stunden weniger als eine verheiratete Mutter. Ähnlich sieht der Vergleich zwischen kinderlosen Männern und alleinerziehenden Müttern aus, wo der Unterschied ebenfalls 20 Stunden die Woche beträgt. Diese und andere Studien kommen zu dem Ergebnis, daß zwar alle berufstätigen Elternteile unter Streß stehen, die verheiratete Mutter jedoch unverhältnismäßig stark belastet ist.[6]

Viele berufstätige Mütter bemühen sich nicht nur um die Erfüllung dieser Erwartungen, sondern verbringen ihre Zeit außerdem noch damit, Joggen zu gehen, ein Abendessen bei Kerzenlicht zu arrangieren und ein verführerisches Negligé auszusuchen, damit sie, zusätzlich zu allem anderen, auch noch sexuell attraktiv und körperlich fit bleiben. Im Gegensatz zu dem von den Medien idealisierten Bild der fröhlichen Integration von Familie und Beruf findet die große Mehrheit der Frauen es unmöglich, beiden Ansprüchen gerecht zu werden. Da sie sowohl in der einen wie in der anderen Sphäre behindert wird, fühlt eine Frau, die versucht, beide zu meistern, sich oft eher betrogen als belohnt. Doch die Frauen rufen nach Freiheit und identifizieren Freiheit mit bezahlter Arbeit. Und in ihrem einseitigen Wunsch nach Freiheit geben sie die nur ihnen offenstehende, einzigartige Möglichkeit, Kinder zu bekommen, auf. Die Rolle der Ehefrau und Mutter ist in Mißkredit geraten, insbesondere bei Frauen, die etwas »Bedeutendes« leisten wollen*, und so verzichten selbst Frauen, die vielleicht sehr gern eine Familie hätten, auf den Reichtum dieser Erfahrung, weil sowohl das Patriarchat als auch der Feminismus diese Lebensweise trivialisiert hat. Einer Frau, die heutzutage zu Hause bleibt, wird häufig unterstellt, daß sie »überhaupt nichts tut«, und auch die Frauen selbst sind durch diese von zwei Seiten wirkende Beeinflussung dazu verleitet worden, ihre familiäre Arbeit gering einzuschätzen. Viele vorbildliche Frauen unserer Zeit sind von der Abwertung der mütterlichen Rolle derart geprägt, daß es ihnen peinlich ist, zuzugeben, daß sie sich eine Familie wünschen. Selbst verheiratete Frauen mit qualifizierter Ausbildung behaupten, daß ihre Schwangerschaft nur ein ›Unfall‹ wäre.[7] Die neue Abwertung des Weiblichen hat großen Einfluß auf die jungen Frauen unserer Zeit: Collegestudentinnen sind einfach entsetzt von der Vorstellung, Berufe zu ergreifen, die mit Fürsorglichkeit verbunden sind, selbst wenn solche Tätigkeiten ihren Interessen und Fähigkeiten entsprechen. Sie schrecken vor Berufen wie Lehrerin, Sozialarbeiterin oder Krankenschwester und sogar vor Bereichen wie Kinderheilkunde oder Psychiatrie zurück, weil das alles den Beigeschmack »typischer Frauenberuf« hat. Während die Frauen vorangegangener Generationen auf Autonomie verzichteten, flieht die heutige Generation vor Fürsorge und Bindung.

Berufstätige Frauen, die trotz der gesellschaftlichen Diskriminierung der Mutterrolle den Mut finden, Kinder zu bekommen, unterliegen selbst bei diesem spezifisch weiblichen

---

* Ironischerweise hat im Englischen das Verb »matter«, dt. *von Bedeutung sein*, dieselben Wurzeln wie das Wort »mother«, dt. *Mutter*.

Unterfangen den Standards der Leistungsgesellschaft. Auch hier werden Frauen von »männlichen« Werten eingezwängt, die das Berufliche über das Private stellen und es fast gänzlich auslöschen. Frauen bei der Verbergung ihrer Schwangerschaft zu helfen, damit sie weiterhin ihren beruflichen »Geschäften« nachgehen können, ist selbst zu einem guten Geschäft geworden.

Konzessionierte Ladenketten mit Namen wie Mothers Work (Mütter arbeiten) haben sich darauf spezialisiert, schwangere Frauen mit der obligatorischen Arbeitsuniform auszustatten. Die Anzeige einer dieser Firmen wirbt mit dem Slogan »Moderne Mutterschaft« und zeigt eine Frau in dunklem Kleid mit steifem weißen Kragen, das durch den für die Geschäftswelt üblichen Schlips am Hals »weicher« gemacht wird.[8] Dieses Design stellt der Frau wahrscheinlich die männliche Uniform zur Verfügung, die sie braucht, um in einer Männerwelt zurechtzukommen, auch wenn sich an ihr – um mit Robert Seidenberg zu sprechen – gerade die nicht weiter reduzierbaren Elemente von Weiblichkeit – Schwangerschaft und Geburt – manifestieren.[9]

Auch wenn es um die rein weibliche Erfahrung des Gebärens selbst geht, gewinnt man den Eindruck, daß die Frau von heute danach strebt, ihr Verhalten patriarchalen Idealen anzupassen, statt aus ihrer eigenen Autorität heraus zu handeln. So geben zum Beispiel unzählige Artikel über die »neue« natürliche Geburt detaillierte Anweisungen, wie Frauen zur höchsten Vollendung finden sollen, indem sie perfekt pressen, einwandfrei entbinden und sich schnell erholen. Nach Meinung einer Journalistin möchten Frauen, die ihr erstes Kind bekommen, »verzweifelt an die Möglichkeit glauben, daß sie lernen könnten, diese einzigartige Erfahrung genauso unter Kontrolle zu bringen, wie sie gelernt haben, ihre persönlichen Beziehungen und ihre berufliche Karriere zu planen«.[10] Diese Journalistin kommt zu dem Schluß, daß Frauen sich vom Mythos der perfekten Geburt wahrscheinlich deshalb so leicht einfangen lassen, weil sie ihrem eigenen Urteil mißtrauen und sich weiterhin – wenn auch unbewußt – auf den Rat von Experten verlassen. Diese Autoritätsgläubigkeit führt schwangere Frauen dazu, der Ideologie der natürlichen Geburt heute mit derselben Ausschließlichkeit anzuhängen wie vorher dem medizinischen Establishment. Die Autorität hat gewechselt, das weibliche Verhalten ist dasselbe geblieben.

Beim Schreiben dieses Buches gewann ich mehr und mehr den Eindruck, daß das Patriarchat sogar diese biologischen Funktionen der Frau heimlich an sich zu reißen versucht. Seit es Leihmütter gibt, wetteifern patriarchale Verträge mit der biologischen Mutter-Kind-Bindung. Und während einerseits Frauen darauf reduziert worden sind, als reines Gefäß für den männlichen Nachwuchs zu dienen, sind sowohl die Kirche als auch der Staat zu einer archaischen Haltung zurückgekehrt und haben intensive Kampagnen gestartet, um die sexuelle Selbstbestimmung der Frau einzuschränken.

Die langwährende Inbesitznahme des Weiblichen durch die Kirche[11] wurde mir bewußt, nachdem ich am Vorabend des Muttertages einen Vortrag über Mutter-Tochter-Beziehungen gehalten hatte; ein anwesender Priester benutzte das Gehörte lediglich dazu, es in seiner Predigt am nächsten Morgen – es war der Sonntag des Guten Hirten – zu entstellen. Er bat die Kinder seiner Gemeinde, einmal zu raten, was sich unter seiner priesterlichen Robe verberge, und zog dann ein lockiges, ausgestopftes Lamm heraus, das zum Aufhänger seiner Predigt werden sollte. Er erzählte seiner Herde, daß es ohne den Schäfer überhaupt keine Lämmchen geben würde: Denn der Schäfer, so behauptete er, wäre derjenige, der für die Paarung sorge. Er würde den Bock vorbereiten, seinen Bauch scheren, ihn in schattiger Kühle vor der Hitze schützen und ihn gut füttern – und dann dafür Sorge tragen, daß der Bock den kurzen Moment, in dem das weibliche Schaf empfängnisbereit wäre, zu nutzen wüßte. Ohne den Schäfer, so behauptete dieser Priester weiterhin, würde das Muttertier es nach der Geburt auch versäumen, sich um ihr Lamm zu kümmern und es zu säugen. Er beendete seine Ausführungen, die zunächst primär auf eine Unzulänglichkeit im männlichen Instinktverhalten zu weisen schienen, indem er zwischen drei Arten der Liebe unterschied: der leidenschaftlichen Liebe, der Mutterliebe und der Hirtenliebe. Er bestand darauf, daß die Hirtenliebe die einzig bewußte Liebe wäre. Diese Form der Liebe, so verkündete er, wäre es, die wir am Muttertag feiern sollten.

Ist uns – als Kultur – nichts weiter gelungen, als die Frauen zu demütigen Schafen im Wolfspelz zu machen? Obwohl die Frauen unzweifelhaft wichtige Erfolge errungen haben, die meine volle Zustimmung finden, sind die Frauen ihrer natürlichen Autorität heute vielleicht stärker entfremdet als jemals zuvor. Obwohl sie scheinbar glücklichen Ehe führen, prächtige Kinder großziehen und erfolgreich ihre Karriere verfolgen, fallen viele Frauen »dem depressiven Schatten des Erfolgs« [12] zum Opfer. Sie kommen kaum auf den Gedanken, daß die Vielzahl der Möglichkeiten, die Frauen heute angeblich offenstehen, eine Illusion sein könnte. Je größer diese Illusion wird, desto weniger wird den Frauen die Kluft bewußt, die zwischen dem, was sie zu sein scheinen und dem, was sie »wirklich« sind, besteht – und das ist das eigentlich Schlimme daran. Das Fehlen wirklicher Wahlmöglichkeiten und die Tatsache, daß über diesen Mangel hinweggetäuscht wird, läßt Frauen auf ihrem Weg zu einem authentischen Selbst einen gefährlichen Kurs einschlagen, auf dem sie orientierungslos um sich selbst kreisen.

Sowohl die historischen als auch die zeitgenössischen Weiblichkeitsentwürfe stoßen die Frau einen Weg entlang, der wenig mit dem zu tun hat, wer und was sie wirklich ist, und der sie einem Schicksal entgegentreibt, das sie kaum selbst gewählt hat. Beide Entwürfe folgen demselben Prinzip, bei dem auf Kosten des Ganzen ein einzelner Aspekt weiblicher Identität in den Vordergrund gestellt wird; das traditionelle Frauenbild hebt allein die dienenden und nährenden Funktionen hervor, der zeitgenössische Entwurf trennt das Öffentliche vom Privaten ab und löscht bis aufs Leistungsprinzip alles andere aus. Jedes dieser Modelle bedroht schon für sich genommen die Entwicklung eines authentischen Ichs. Ihr Zusammenspiel in einer Kultur, die die Frauen, oberflächlich gesehen, in die eine Richtung treibt, während sie sie unterschwellig in die andere zwingt, macht es den Frauen unmöglich, ihr Leben sinnvoll zu gestalten und ihre Persönlichkeit voll zu entfalten. So lebt die Neue Frau in einer Männerwelt, in der sie sich von den weiblichen Stärken, die den Kern ihrer Identität bilden, abwenden muß. Angezogen von der versprochenen Selbstentfaltung ergreift sie die Chance, ihren Weg in einer Männerwelt zu machen, und ist sich darüber im klaren, daß alles Weibliche mit menschlichen Unzulänglichkeiten verbunden wird. Empfänglich für die Verlockungen von Erfolg und Karriere, gibt sie ihre weiblichen Werte auf und paßt sich den Wünschen des Patriarchats an. Nachdem sie in der festen Überzeugung, daß auch Frauen endlich alles *haben* können, eine bezahlte Arbeit angenommen hat, muß die Frau feststellen, daß sie lediglich dazu angehalten wird, alles zu *machen*. Die Grundsätze der Geschäftswelt eröffnen der Frau nur einen einzigen Weg, um sich Geltung zu verschaffen – einen Weg, auf dem sie ihre weiblichen Verhaltensmuster ablegen muß. Die Neue Frau verfolgt ein unerreichbares Ziel und fühlt sich häufig hilflos ausgeliefert, weil sie von einem gesellschaftlichen Schema, das Kompetenz gegen Fürsorge ausspielt, in die Enge getrieben und davon abgehalten wird, ihre unterschiedlichen Bedürfnisse miteinander in Einklang zu bringen.

Ist es aber für Männer nicht genauso schwierig? Auch ihnen wird der Zugang zu sinnvoller Arbeit oft genug verwehrt, und ich möchte den Schaden, der daraus resultiert, keineswegs trivialisieren.[13] Die kulturellen Dichotomien haben dazu geführt, daß Männer ihre Gefühle und ihre Verletzlichkeit nicht offen zeigen dürfen, daß sie natürliche Abhängigkeiten und Bindungen unterdrücken müssen. Hinzu kommt, daß ihnen ein Rollenverhalten aufgezwungen wird, das ihre Möglichkeiten der Selbstentfaltung und Selbsterkenntnis erheblich einschränkt. Die traditionell männliche Rolle des Familienernährers zum Beispiel hat inzwischen derart übertriebene Ausmaße angenommen, daß man den Mann auch noch nach seinem Tod für die finanzielle Situation seiner Familie verantwortlich macht.[14] Die Definition der Arbeitswelt als männlich und funktional schneidet die Männer ebenso vollständig von ihrer eigenen Emotionalität ab, wie die Festschreibung der Gefühlswelt als rein weiblich die Frauen daran hindert, ihre Leistungsfähigkeit unter Beweis zu stellen.[15]

Wie kommt es zu dieser Polarisierung menschlicher Eigenschaften, warum preisen wir die von den Männern geprägte Arbeitswelt, während wir die menschlichen Fähigkeiten zu Bindung, Einfühlsamkeit, zu Intimität und Fürsorge den Frauen zuschreiben und abwerten?

Unsere Ausrichtung an einer Seite der menschlichen Dualität bezieht ihre Kraft zweifellos aus amerikanischen Idealen und nimmt in der sozialen Praxis eine nationale Geschichte auf, in der Unabhängigkeit eine zentrale Rolle spielte.[16]

Die Unabhängigkeitserklärung und die Verfassung markieren historisch die Geburt der Vereinigten Staaten, die ihre Entstehung dem trotzigen Aufbegehren einer Reihe rebellischer Männer verdankt, die sich unter dramatischen Umständen kollektiven Forderungen entschieden widersetzten. Wenn diese Männer sich durch persönliche Beziehungen an ihr Mutterland gebunden gefühlt hätten und nicht bereit gewesen wären, alte Bindungen zu lösen, würde es die Neue Welt nicht geben. Doch sie initiierten den Bruch mit ihrer alten Heimat und schufen sich jenseits des Ozeans, der sie von ihren Ursprüngen trennte, eine neue Existenz. In Anbetracht der Tatsache, daß unser Land durch einen gewaltsamen Bruch entstanden ist, ist es kein Zufall, daß männliche Werte in unserer nationalen Identität vorherrschen. Doch diese geschichtliche Resonanz hat verheerende Folgen für unsere Vorstellungen von menschlicher Reife: Die psychologischen Theorien, mit denen wir uns eingerichtet haben, preisen Unabhängigkeit als höchsten Wert und schließen menschliche Bezogenheit aus. Die Trennung als Zielmarke des Reifungsprozesses bildet den grundlegenden und alleingültigen Maßstab, den man zur Beurteilung des Entwicklungsstandes und der seelischen Gesundheit anlegt – zum Nachteil der Frauen. Gemessen an diesem monolithischen Standard erscheinen Frauen anormal und unreif. Die Diskrepanz zwischen der Bezogenheit von Frauen und der totalen Unabhängigkeit, die dieser Standard vorschreibt, wird – wenn überhaupt – durch das entwicklungsmäßige Defizit der Frau oder ihre Abweichung von der Norm erklärt.[17]

Vielleicht liegen die Ursachen dieser Diskrepanz nicht so sehr in dem entwicklungsmäßigen Defizit von Frauen oder ihrer Abweichung von der Norm begründet, als vielmehr in den unzähligen gesellschaftlichen und kulturellen Einflüssen, die die Autonomie des Individuums in den Mittelpunkt des Amerikabildes rücken und die psychologische Bewertung dieser Diskrepanz einschränken. Die Ereignisse, die zur Entstehung dieses Landes führten – die Trennung vom Mutterland, die Unabhängigkeitserklärung und die Territorialansprüche – haben individualistische Werte wie Initiative, Unabhängigkeit und Selbstgenügsamkeit gefördert, die das nationale Erbe der Vereinigten Staaten durchziehen, die gesellschaftlichen Konventionen prägen und die Sozialwissenschaften beeinflussen. Diese »männlichen« Werte sind jedoch keineswegs universell gültig. So wird zum Beispiel in Japan von frühester Kindheit an eine gegenseitige Abhängigkeit gefördert, ein funktional »weibliches« Ideal, das zu den Strukturmerkmalen der japanischen Kultur gehört und durch das Symbol der Einheit von Mutter und Kind betont wird.[18] Doch die amerikanische Gesellschaft basiert auf »maskulinen« Normen, die eine psychologische Ethik vorschreiben, in der Unabhängigkeit als Endpunkt des Reifeprozesses gilt, statt einfach als eine von vielen Eigenschaften anerkannt zu werden, die für die Persönlichkeitsentwicklung eine Rolle spielen.

Das Problem besteht darin, daß wir die Ideale, die zur Entstehung der Vereinigten Staaten führten und die für die Gründung einer unabhängigen Nation von Bedeutung waren, aus diesem Zusammenhang gelöst und sie zu Werten erhoben haben, mit denen wir die Reife des Individuums bemessen. Unsere Fehleinschätzung hängt zum Teil damit zusammen, daß wir sogenannte »weibliche« Eigenschaften mit Schwächen assoziieren, durch die wahre Autonomie gefährdet wird. Wenn wir Bezogenheit mit Abhängigkeit verwechseln, Fürsorge mit Emotionalität verknüpfen und Emotionalität mit Irrationalität gleichsetzen, vergiften wir positive menschliche Eigenschaften mit solchen, die in der amerikanischen Kultur tabuisiert sind – und werten sie dadurch ab.

Die Polarisierung dieser allgemein menschlichen Eigenschaften verletzt Angehörige beiderlei Geschlechts, doch für Männer – als Gruppe – bedeutet dieser Gegensatz nicht, daß man sie ihrer Wahlmöglichkeiten und -rechte beraubt. Da man von Männern nur selten erwartet, daß sie ihre eigenen Bedürfnisse zugunsten anderer zurückstellen, fördert man ihre Unabhängigkeit in der von beiden Geschlechtern als real anerkannten Welt – in einer Welt, die fast automatisch (autistisch?) von dem gesteuert wird, was ein feministischer Mann einmal »den stillschweigenden Zusammenschluß von Institutionen, die von Männern erschaffen und von Männern beherrscht werden« [19], genannt hat. In dieser Welt versagt man den Frauen »jene Möglichkeiten zur Selbstverwirklichung und Anerkennung, die Männer von jeher als ihre gottgegebenen, ›natürlichen‹ Rechte betrachtet haben« [20]. Während ein Mann sich auf seine Ehefrau verlassen kann, um den sozialen Hintergrund seines Lebens auszufüllen, muß eine Frau für den »Erfolg« häufig auf Freundschaften oder eine Familie verzichten. Ob als Chefin oder als kleine Angestellte – sie versäumt entscheidende Möglichkeiten menschlicher Selbsterfüllung und führt letzten Endes ein »verkürztes Leben« [21].
Auch Männer leiden zum Teil an den Auswirkungen patriarchaler Strukturen und stehen dadurch vielleicht in einem etwas günstigeren Licht da, doch Frauen haben an den Auswirkungen dieser Herrschafts- und Unterdrückungsmechanismen zweifellos am meisten zu leiden. Die Erfüllung patriarchaler Ansprüche fordert in der Tat einen hohen Preis.

Wenn eine Frau also weder durch die Familie noch durch den Beruf zu ihrer wahren Identität finden kann, wohin soll sie sich wenden?

Wenn Frauen sich eine Antwort auf diese Frage von der traditionellen Psychologie versprechen, gehen sie ein ähnliches Risiko ein wie Frauen, die Selbstbestätigung in der Berufswelt zu finden hoffen. Das gilt selbst dann, wenn diese Frauen überdurchschnittlich intelligent, gut verheiratet, beruflich ausgefüllt und mit den Sozialwissenschaften vertraut sind.

Das hängt damit zusammen, daß das männliche Vorurteil, von dem psychologische Normen traditionell bestimmt werden, sich unter sogenannten rationalen, objektiven Daten verbirgt. Ob eine Frau bei der Suche nach ihrer wahren Identität psychologische Abhandlungen liest oder sich der Populärliteratur zuwendet, überall wird sie männliche Erfahrungen dokumentiert finden.[22] Vor allem wenn sie eine gute Ausbildung hat, wird sie vielleicht versuchen, sich den vorgegebenen Modellen anzupassen, und Erfolg und Leistung zu ihren einzigen Zielen machen.* Die ausführliche Literatur über Männer zieht viele Frauen in ihren Bann: Wie ein kleines Mädchen, das seine Anziehpuppen einkleidet, fügt die Frau ihre weibliche Gestalt in das männliche Gewand. Wenn sie herausfindet, daß es nicht besonders gut sitzt, neigt sie dazu, die Form der Puppe zu ändern, statt auf die unpassende Kleidung zu verzichten.

Wenn sie dann nicht mehr weiter weiß, sucht so eine Frau vielleicht Hilfe bei einem Therapeuten. Solange die Psychologie der Frau jedoch eine Art Heimarbeit bleibt, wird dieser Therapeut (gleichgültig ob Mann oder Frau) von den gängigen Theorien durchdrungen und nur mit den anerkannten Modellen vertraut sein. In der Standardliteratur werden Frauen noch immer als abhängiger und weniger zur Individuation fähig als die Männer dargestellt – das heißt, ihre Entwicklung wird als minderwertiger interpretiert. Einige Anhänger dieser Lehre, die eine Patientin mit dem rigiden Bild, das diese männerzentrierte Literatur entwirft, vergleichen, werden sie vielleicht sogar für verrückt erklären.[23]

Wie soll eine Frau auf diesem Terrain, wo Männer über-

---

* Stützt sie sich dagegen auf feministische Schriften, wird ihre Aufmerksamkeit möglicherweise auf den Beziehungsaspekt gelenkt und sie erfährt, daß die Konzentration auf andere das Leben einer Frau kennzeichnen sollte. Das führt dazu, daß sie ihren Ehrgeiz in Frage zu stellen beginnt und vielleicht sogar bezweifelt, eine richtige Frau zu sein, wenn sie eigene Ziele verfolgt und einen Beruf ausübt.

lebensgroß erscheinen und Frauen in den Hintergrund gedrängt werden, wirklich sie selbst werden? Wo soll sie eine feste Grundlage für ihre Identität finden?

Folgt man den Frauen, die ich befragt habe, liegt die Antwort auf diese Fragen bei dem »Mädchen im Innern«, dem aufgeweckten, spielerischen und ausgeglichenen Kind, dem unabhängigen, kompetenten, zielbewußten Mädchen unserer Vergangenheit, das das authentische Selbst der zukünftigen Frau in sich birgt. Seit Generationen werden wir durch restriktive Erfahrungen zu dem geformt, was eine Frau angeblich sein soll, wodurch uns dieses Mädchen verlorenging. Jetzt droht die gegenteilige Variante – die Frau als Mann – das Mädchen ebenfalls aus der Bahn zu werfen. Doch trotz dieser zerstörerischen Gegenkräfte entdecken einige Frauen die ursprüngliche Identität ihrer Kindheit wieder. Diejenigen, die ihren Weg bis zu diesem Mädchen zurückverfolgen, finden in ihm die Quelle ihres Selbstvertrauens und ihrer weiblichen Stärke.

Die von mir befragten Frauen bringen uns dieses Mädchen näher und machen deutlich, wie wichtig es ist, zu ihm zurückzufinden. Sie beschreiben ihre Suche nach einem authentischen Selbst und erzählen davon, wie weibliche Erfahrungszusammenhänge zum Selbstverlust führen.[24] Sie schildern die inneren Kämpfe ihrer Jugend, als sie sich dem gesellschaftlichen Druck, der die Abwendung von diesem sich abzeichnenden Selbst forderte, widersetzten. Sie berichten ausführlich von den Erlebnissen und Erfahrungen, die ein Mädchen gegen sich selbst spalten und sein essentielles Ich in ein inneres Reich verbannen, in dem es – sogar vor der Frau selbst – verborgen bleiben muß. Ihre Schilderungen machen deutlich, daß die Begeisterung, mit der unsere Kultur männliche Werte feiert, ein Mädchen dazu treibt, das eigene Frausein abzulehnen. Und sie berichten von dem Schock, als sie – nachdem sie längst erwachsene Bindungen und Verpflichtungen eingegangen waren – erkennen mußten, daß die Identität, die sie seit ihrer Mädchenzeit angenommen hatten, nicht ihre eigene war, sondern auf männlich definierten Werten gründete, an denen sie keinen Anteil hatten. Sie erzählten von der Krise, die sie aus der Bahn warf und durch sie gezwungen wurden, sich des »falschen Selbst«[25] bewußt zu werden, das heimlich an die Stelle des Mädchens getreten war, einer letztlich positiven Krise, die den Frauen ermöglichte, dieses falsche Selbst zu durchschauen und unschädlich zu machen. Vor allem jedoch berichten die Frauen, wie sie das im Innern verschüttete Mädchen Schicht für Schicht freigelegt und so zu der Authentizität zurückgefunden haben, die ihnen eine erwachsene Identität ermöglichte. Was diese Frauen erlebt und wie sie das Mädchen in ihrem Innern neu entdeckt haben, soll im folgenden erzählt werden.

3

Erwachsen sein heißt, ein Mann sein: Katherine

Die fünfunddreißigjährige Katherine ist Ärztin, Ehefrau und Mutter. Das geräumige, alte Haus, in dem sie lebt, liegt mitten im Grünen, in einem entlegenen Vorort von Boston. Ich folgte den Steinfliesen, die entlang der Rhododendrenbüsche zur Haustür führten, und betätigte den Türklopfer aus Messing. Katherine, gerade aus einem Sommerurlaub zurückgekehrt, sah entspannt, braungebrannt und gut erholt aus, als sie mich begrüßte. Mit ihrer kleinen, stämmigen Gestalt, dem kurzen toffeefarbenen Haar und der Schildpattbrille vor den bernsteinbraunen Augen vermittelte sie den Eindruck einer selbstsicheren Frau mit einem Sinn fürs Praktische.

Sie hatte eine einfache, direkte und ungezwungene Art. Lachend hob sie die Stoffpuppe ihrer fünfjährigen Tochter auf und setzte sie auf einen Miniaturstuhl im Flur, während sie mich ins Wohnzimmer führte; es war sehr gemütlich eingerichtet – dem Kamin gegenüber standen ein Sofa, ein paar Ohrensessel und einige gepolsterte Stühle. Im dahinterliegenden Eßzimmer schmückte eine Blumenschale einen glänzenden Mahagonitisch. Die polierte Platte reflektierte ihr Bild und fing das durch die Nordfenster fallende Licht. Kopf- und Fußende des Tisches wurden durch Queen-Anne-Stühle mit Sitzpolstern aus grünem Brokat begrenzt. Über Eck stand ein Hochstuhl aus der amerikanischen Gründerzeit. Ein langer Wandschrank schützte das Familiensilber und hielt die Tischtücher glatt. Orientteppiche bedeckten den Parkettboden. In ihrer gelben Bluse, dem blauen Wickelrock und den flachen Schuhen schien Katherine selbst irgendwie gar nicht so recht in diese elegante Umgebung zu passen.

Katherine begann zu reden, noch bevor wir Platz genommen hatten, sie in einem Schaukelstuhl mit einem Nähkorb neben sich, ich auf der Couch mit dem Tonbandgerät in der Hand. Sie erzählte mir, daß ihr Mann an einer Ärztetagung außerhalb der Stadt teilnehme. Katherine und Sam hatten beide Medizin studiert, und man hätte also meinen können, daß sie beide gleichermaßen in ihrem Beruf engagiert wären, doch aus Katherines Worten ging klar hervor, daß die Berufsausbildung der typisch männlich-weiblichen Rollenverteilung entsprach und unterschiedlich bewertet wurde. Sam war Neurologe, ein hochqualifizierter Spezialist, der ganz oben auf der ärztlichen Erfolgsleiter stand. Katherine besetzte als Kinderärztin, deren Fachgebiet die Verhaltensforschung war, eine der untersten Sprossen. Sam lehrte in Harvard. Seine ehemalige Kollegin Katherine beriet jetzt Familien mit entwicklungsgestörten Kindern in einer Teilzeitpraxis.

Daß Sam bei einer angesehenen weltlichen Universität angestellt war, während Katherine in einer katholischen Einrichtung arbeitete, unterstrich die Ungleichheit ihrer Positionen. Katherines tägliche Beschäftigung mit entwicklungsgestörten Kindern – einer Randgruppe – ließ ihr Ansehen in Medizinerkreisen noch weiter sinken. Dermaßen praxisbezogene Tätigkeiten haben einen Beigeschmack von Wohltätigkeit und werden von medizinischen Fachblättern ignoriert, während Sams Arbeit mit ihrer heroischen Aura ihn zum Mittelpunkt medizinischen Interesses machte.

Als Katherine davon zu erzählen begann, wie unglücklich Sam mit seiner Arbeit sei und wie ungünstig sie sich auswirke, wurde mir allmählich klar, daß dieser unterschiedliche Wertmaßstab das Leben dieser beiden Menschen aus dem Gleichgewicht brachte. »Er arbeitet mit einem Haufen wirklich aggressiver Männer zusammen. So ist das eben in Harvard. Jeder ist auf seinen eigenen Vorteil bedacht. Es ist sehr unerfreulich. Jetzt, wo ich Harvard verlassen habe, sehe ich, daß man auch auf andere Weise leben und denken kann – indem Menschen menschlich miteinander umgehen und danach handeln – doch das ist in Harvard anders. Dort ist alles so gezwungen, ganz schrecklich.«

Sam fühlte sich durch die Situation dermaßen entmutigt und unbefriedigt, daß er seine Stellung in Boston aufgeben und in Texas eine neue aufnehmen wollte – was eine Herausforderung ihrer bisherigen Überzeugungen und ihrer gegenseitigen Zuneigung bedeutete, denn Katherine war sich sicher, daß sie nicht zu gehen bereit war. Sie suchte nach einer psychologischen Erklärung, um ihre Ablehnung des Umzugs zu rechtfertigen:»Wenn ich überzeugt gewesen wäre, daß ein Ortswechsel die innere Veränderung herbeigeführt hätte, nach der es Sam verlangte, wäre ich voll und ganz für den Umzug gewesen, obwohl ich lieber in Boston geblieben wäre. Doch ich bin der festen Überzeugung, daß die Probleme, vor denen man davonlaufen will, das erste sind, was man in seinen Koffer packt. Sie sind drin, bevor man den Deckel aufgemacht hat.«

Es war klar, daß Katherines Sorge um Sam nicht der einzige Grund war. Sie erzählte davon, wie ihre Beziehungen zu anderen Menschen sie an diesen Ort bänden und daß dieser Umstand sie in dem Gefühl bestärkt hätte, daß ein Umzug die falsche Lösung wäre:»Es wäre wie eine ungeheure Entwurzelung. Ich bin mit der Ostküste wirklich verwachsen. Ich liebe den Osten. Ich mag die Berge, das Meer. Ich habe das Gefühl, daß ich hierher gehöre. Und ich habe gute Freundinnen hier, alte Freundinnen, die ich seit meiner frühesten Kindheit kenne. Meine beste Freundin wohnt zehn Minuten von mir entfernt. Sie ist wie eine Schwester für mich. Ich würde sie alle sehr vermissen. Es ist nämlich gar nicht so leicht, wirklich *gute* Freundinnen zu finden. Ein Umzug würde bedeuten, viele dieser Wurzeln herauszureißen.«

Fest verwurzelt zu sein, war für Katherine von entscheidender Bedeutung. Im Gegensatz zu den meisten Amerikanerinnen ihrer Generation hatte Katherine eine Kindheit erlebt, die durch Kontinuität und enorme Privilegien gekennzeichnet war. Ihre Eltern lebten in New York City, wo ihr Vater nach seinem Jurastudium zu einem Geschäftsmann von Weltformat aufgestiegen war. Ihre Mutter, Vorsitzende zweier Musikergilden, war Pianistin und Komponistin. Katherine wuchs mit drei Brüdern und einer Schwester auf. Nach ihren

Angaben war die Familie glücklich und hielt fest zusammen, wobei sie einem – wie Katherine es formulierte – »traditionellen Muster männlich-weiblicher Rollenverteilung« folgte. Katherines Schilderungen machten deutlich, wie diese spezifischen Rollenfestschreibungen im Zusammenspiel mit ihrer individuellen weiblichen Erfahrungsgeschichte die Identität hervorgebracht hatten, die sie für authentisch hielt.

»Mein Vater war ein sehr erfolgreicher Rechtsanwalt. Sein Anwaltsbüro hatte von Anfang an bedeutende Klienten aus der großen Geschäftswelt, und dann, als ich ungefähr sechzehn war, nahm er eine Stellung bei dem Unternehmen an, das er jetzt leitet. Er ist wirklich ein Macher. Er war auf der Titelseite der *New York Times*, und *Newsweek* hat ihm einen Artikel gewidmet.«

Was sie mit dem »traditionellen Muster männlich-weiblicher Rollenverteilung« meinte, wurde klar, als sie erzählte, wie sich in ihrer Familie alles um diesen Patriarchen gedreht hatte. »Die Lebensaufgabe Moms bestand darin, meinem Vater das Leben zu erleichtern. Er half ihr bei ihrer Musikerlaufbahn, insofern glich es sich wieder etwas aus, doch letztlich wurde der Karriere meines Vaters alles andere untergeordnet. Wir richteten uns nach seinem Terminkalender. Die Konzerte, die meine Mutter gab, wurden so geplant, daß sie mit den Geschäftsreisen meines Vaters übereinstimmten. Für meinen Vater wurde einfach alles getan. Alles drehte sich um ihn und seine Bedürfnisse. Meine Eltern hatten einige grundsätzliche Übereinkünfte getroffen, was bestimmte Lebensregeln anging: Die Wochenenden gehörten der Familie. Doch jene Regeln waren garantiert von meinem Vater bestimmt worden. Er war der Boß.«

Wie um mich zu beruhigen, fügte Katherine eilig hinzu: »Doch wenn Sie meiner Mutter begegnen, wird Ihnen sofort klar, daß sie trotzdem eine starke Persönlichkeit ist. Sie ist sehr selbstbewußt.«

Katherines eigenes Selbstbewußtsein beruhte auf einer Überzeugung, die sie schon als Mädchen entwickelt hatte. Es war eine Überzeugung, die sie zum Teil von ihrer Mutter – und der Mutter ihrer Mutter – übernommen hatte und die noch immer gegenwärtig war: »Ich teile die Einstellung meiner Mutter, daß es sehr wichtig ist, selbstbewußt zu sein und auch seinen Kindern das Gefühl zu vermitteln, daß sie etwas Besonderes und Einmaliges sind. Das hört sich snobistisch an, doch es gab Dinge in meinem Leben, die mich in meinem Gefühl, etwas Bedeutendes zu sein, bestätigt haben – Erlebnisse und Eindrücke, die nichts mit meinem Vater zu tun hatten. Meine Großmutter veranstaltete jeden Dienstagnachmittag einen musikalischen Salon in ihrem New Yorker Haus. Es war einfach, elegant und exklusiv. Überall standen riesige Blumenbouquets, bei meiner Großmutter, aber auch bei uns zu Hause. Wenn man abends zu Bett ging, bekam man ein Tablett mit ein paar Keksen und einem Glas Milch auf einem Spitzendeckchen. Das hatte Stil.«

Der familiäre Lebensstil erweiterte ihren Horizont: »Meine Eltern gaben mir das Gefühl, daß nach oben keine Grenzen gesetzt sind – weder für sie noch für mich und meine Geschwister. Und diese nach oben unbegrenzte Welt unterschied sich von alltäglichen Welten auch durch ihre grenzenlosen Horizonte. Meine Eltern haben viel dafür getan, diese Welt offen zu halten. Wir lernten die unterschiedlichsten Menschen kennen, einige natürlich durch Daddys Geschäftsverbindungen, vor allem und intensiver jedoch die Leute aus der Musikerwelt meiner Mutter. Wirkliche Weltbürger. Wenn wir mit meiner Großmutter verreisten, haben wir bei Pianisten und Dirigenten gewohnt und russische, japanische und alle möglichen anderen Konservatorien kennengelernt.« Mit einer nachlässigen Geste fügte sie hinzu: »Dazu brauchte man natürlich Hauspersonal. Während meine Mutter in ihren Komitees und an ihrer Musik arbeitete, hatten wir eine Gouvernante, eine Wäscherin, eine Putzfrau – und zwar nicht die ganze Zeit, aber eben so oft wie nötig.«

Wieder an das Erbe anknüpfend, das die Frauen ihrer Familie[1] an sie weitergegeben hatten, meinte Katherine nachdenklich: »Meine Großmutter sorgte für die intellektuellen und künstlerischen Einflüsse, von denen meine Mutter geprägt wurde, und beide gemeinsam haben dann später die Entwicklungen ausgebaut, die meine Großmutter eingeleitet hatte. Sie war früh Witwe geworden und blieb es ihr Leben lang. Ihr Mann, der erheblich älter gewesen war, war jung gestorben. Sie wollte nicht wieder heiraten. Männer interessierten sie nicht, und so blieb sie 35 Jahre lang allein. Die Rolle meiner Mutter und die Dinge, die ihr Befriedigung gaben, wurden von den Interessen meiner Großmutter und durch meinen Vater bestimmt.«

Weil ich neugierig war, was Katherine mit diesem widersprüchlichen Erbe – einer Großmutter, die an der Kultur genug hatte und keinen Mann brauchte, und einer Mutter, deren Leben das Kulturelle mit einschloß, die sich sonst aber ganz an ihrem Mann orientierte – angefangen hatte, fragte ich sie, wie sie sich als Mädchen ihre Zukunft als Frau ausgemalt hätte. Katherine beantwortete nicht nur meine insgeheime Frage nach Vereinbarkeit dieser Gegensätze, sondern ging auch auf den äußeren Konflikt ein, der aus den widersprüchlichen Identifikationen mit ihren Eltern resultierte: »Ich habe mich nicht als Ärztin gesehen. Ich wollte so etwas werden wie mein Dad. Wir sind uns sehr ähnlich. Wir sehen sogar ähnlich aus. Mein jüngster Bruder und ich kommen beide nach ihm, die anderen mehr nach meiner Mutter. Und was den Charakter angeht, sind wir wohl auch gleich. Mein Vater hat einmal als Sonderbeauftragter für die UN gearbeitet; er sollte untersuchen, welche Folgen die Einfuhr von Industriegütern für Entwicklungsländer hätte. Meine Brüder begleiteten ihn ins Ausland und lebten dort eine Weile. Daher erinnere ich mich noch gut daran, daß ich mir vorgestellt habe, später einmal etwas Ähnliches zu machen.

Doch dann habe ich mir überlegt, daß so ein Leben nicht zu mir passen würde, weil es viele Reisen mit sich bringen würde und ich doch eine Familie gründen wollte. Ich war mir immer sicher, daß ich eine Familie haben würde, anders habe ich mir meine Zukunft nie vorgestellt. Und ich überlegte, wie ich es wohl anstellen könnte, viel zu reisen und trotzdem Kinder zu haben. Ich erinnere mich, daß mir sehr früh bewußt wurde, daß das nicht zusammenpaßt.

Als ich später aufs College kam, konnte ich fließend Spanisch und Französisch sprechen und hatte in diesen Sprachen schon literaturwissenschaftliche Seminare auf Collegeniveau absolviert. Ich hatte viele Reisen mit meiner Mutter und Großmutter gemacht, mich intensiv mit Geschichte beschäftigt, und mein Vater hatte immer ein bißchen mit Politik zu tun gehabt. Eigentlich hatte ich vor, Linguistik oder politische Wissenschaften zu studieren.«

Gerade begann ich mich zu fragen, wie Katherine auf Medizin verfallen war, da fügte sie hinzu:»Und dann entschloß ich mich, die erforderlichen naturwissenschaftlichen Nachweise gleich im ersten Semester zu erbringen. Ich belegte Naturwissenschaften und war richtig begeistert davon. Ich wechselte augenblicklich von Geschichte und Literatur zu Biologie. Damit habe ich vermutlich die Tür zum Medizinstudium aufgestoßen.«

Daß Katherine im Zusammenhang mit einer so wichtigen beruflichen Entscheidung den Ausdruck »vermutlich« benutzte, kam mir merkwürdig vor. Es paßte so gar nicht zu der edlen Berufung, die man mit Ärzten verbindet. Und tatsächlich war Katherine scheinbar rein zufällig an das Medizinstudium geraten und keineswegs von der Aussicht angezogen worden, zu den zukünftigen Halbgöttern unserer Gesellschaft zu zählen; ihr Entschluß wurde vielmehr von einem einzelnen Professor – und dem Einblick, den er ihr in die menschliche Anatomie gab – motiviert.[2] Im Gegensatz zu ihren Kommilitonen hatte sie an seinem Einführungsseminar ein tiefes, persönliches Interesse. Für sie war dieser Kurs ein Ziel in sich, das sie »zufällig« auch an die medizinische Fakultät führte.»Es war wirklich dieses erste naturwissenschaftliche Seminar, durch das alles weitere ausgelöst wurde. Der Professor hat mein Interesse für Biologie und Biochemie geweckt. Ich fand es faszinierend, zu verstehen, wie der menschliche Körper funktioniert – daß z. B. das ganze Blut durchs Herz strömt und vom Herzen weitergepumpt wird, daß das gesamte Nervensystem vom Gehirn gesteuert wird und mit ihm verbunden ist. Es war wie eine Offenbarung für mich. Und ich habe Sam in diesem Kurs kennengelernt.«

Als ich sie fragte, warum sie ihn geheiratet hätte, antwortete sie stellvertretend für unzählige Frauen ihrer Generation:

»Irgendwie wußte ich ja, daß ich einmal heiraten würde, und Sam gefiel mir, also habe ich ihn genommen. Es schien einfach der nächstfolgende Schritt zu sein. So war das damals eben. Nach dem College wurde geheiratet. Etwa zwei Wochen nach meiner Graduierung war die Hochzeit. Sam hatte die Prüfungen seines einjährigen Vorklinikums an einem Freitag abgeschlossen, und am darauffolgenden Dienstag haben wir geheiratet.«

Statt mit ihrer Karriere einen abstrakten ›Traum‹ zu verfolgen und ihren Weg an den Koordinaten von beruflichem Erfolg und chronologischem Alter zu orientieren, wie die Literatur über Männer es nahelegen würde[3], hatte Katherine sich bei ihrer Berufsplanung von bestimmten Menschen leiten lassen. Auch Ehrgeiz und persönliche Krisen spielten eine große Rolle: »Gegen Ende meines ersten Jahres an der medizinischen Fakultät erkrankte Sam an einer schweren Endokarditis – einer Entzündung der Herzinnenhaut. Er konnte kaum noch Luft bekommen, wollte sich aber nicht behandeln lassen. Ich fühlte mich angesichts dieser Situation hilflos wie ein Kind. Ich brauchte jemanden, der vermittelnd eingreifen konnte. Zu einem meiner Professoren hatte ich ein sehr gutes Verhältnis. Ich nenne ihn mal meinen Förderer, weil mir im Moment nichts besseres einfällt. Ich ging also zu Martin, er ließ seine Arbeit liegen, fuhr mit mir zu Sams Arbeitsstelle, und dann haben wir ihn gemeinsam ins Krankenhaus gebracht. Nach Sams Entlassung verbrachten wir den Sommer bei Martin, solange für Sam Bettruhe angeordnet war. Martin hatte selbst bereits zwei Herzanfälle gehabt, und so saßen er und Sam den ganzen Tag zusammen und tauschten ihre Erfahrungen aus, während seine Frau und ich ausritten, Tennis spielten und eine wundervolle Zeit miteinander verlebten. Wir wurden sehr gute Freundinnen.

Martin war ein großes Tier auf einem Fachgebiet, das mich sehr interessierte, und so fing ich an, für ihn zu arbeiten. Die Jahre mit ihm haben mich der ›ernsten‹ Wissenschaft etwas nähergebracht, während ich die Arbeit mit anderen Menschen ein bißchen vernachlässigt habe. Es hat mir immer Freude gemacht, Kontakt mit Menschen zu haben, ihnen zu helfen. Aber ich wollte in meinem Beruf erst etwas Bedeutendes leisten, nicht auf der Mensch-zu-Mensch-Ebene, auf der ich jetzt arbeite, sondern auf wissenschaftlichem Gebiet, etwas, das von allgemeiner Bedeutung sein würde. Das war mein Traum.«

Katherines ›Traum‹ – eigentlich nur der Wunsch, etwas »Bedeutendes zu leisten« – war praktisch inhaltslos. In seiner formlosen Gestalt konnte er durch Zufallsbeziehungen leicht geprägt werden: »Martin führte ›den Traum‹ für mich fort. Er sagte zu mir: ›Du bist klug, und du bist etwas Besonderes.‹ Es war kaum zu fassen, da stand die berühmteste Persönlichkeit in Yale, und ausgerechnet mich wählte sie aus. Er förderte mich, erzählte mir aber auch dauernd: ›Ich werde dich verlieren, ich werde dich an die Psychiatrie verlieren.‹ Ich hätte auf seinem Fachgebiet weitergemacht, aber als er starb, konnte ich meine Arbeit in diesem Bereich einfach nicht fortsetzen, weil ich ihm so nahegestanden und ihn so sehr geliebt hatte.«

Der Verlust dieses wichtigen Menschen bedeutete das Ende des speziellen Traums, den er mit Leben erfüllt hatte: »Nachdem er gestorben war, studierte ich ein Jahr lang Psychiatrie, und jetzt, als Kinderärztin, beschäftige ich mich mit Pseudopsychiatrie. Für meine Assistenzzeit ging ich nach New York, weil Yale mir nach Martins Tod verhaßt war. In demselben Jahr bekam ich ein Kind.«

Ihr starker Wunsch nach einer Familie machte Katherine die Entscheidung für Medizin, d. h. für einen Beruf, der ein Privatleben praktisch ausschließt, sehr schwer. Das fast völlige Fehlen von Frauen in diesem Bereich verstärkte ihren Konflikt. Die wenigen, die es gab, konzentrierten sich voll und ganz auf ihre berufliche Laufbahn, und Katherine wußte, daß sie diese Einstellung nicht teilen konnte: »Ich war mir immer sicher, daß ich eine Familie haben würde – etwas anderes habe ich mir nie vorgestellt. Aber es gab keine Rollenmodelle, keine Frauen in der medizinischen Forschung, die eine Familie hatten. Da war eine Frau an der Fakultät, die ich sehr bewundert habe, aber sie war nicht verheiratet und hatte auch keine Kinder. Die einzige Frau, die dort außerdem noch fest angestellt war, hatte irgendeinen unbedeutenden Posten. Eine der Assistenzärztinnen bekam in ihrem zweiten Jahr ein Baby, und die hat wirklich eine Menge durchgemacht. Manchmal mußte sie durch den Schichtdienst Nacht für Nacht im Krankenhaus bleiben. Niemand wollte mit ihr tauschen. Wenn ihr Kind krank wurde, ist keiner für sie eingesprungen. Das Jahr hat sie völlig fertiggemacht. Ich hatte mich entschieden, noch zu warten, schon bevor ich erlebt hatte, was dieser Frau passierte. Ich wußte, daß ich dem nicht gewachsen wäre. Da ich keine Vorstellung hatte, wie man alles unter einen Hut kriegen könnte, habe ich meinen Wunsch nach einer Familie bis nach dem Abschluß meiner praktischen Ausbildung aufgeschoben. Ich sah einfach keinen Weg, wie eine Frau Ärztin, verheiratet und Mutter sein könnte.«[4]

Zusätzlich zu diesem Dilemma stand Katherine vor einem weiteren: Sie wußte, daß ein Kind ihre wissenschaftliche Laufbahn gefährden konnte. Um in einem sogenannten Männerberuf, und ganz besonders in diesem Beruf, erfolgreich zu sein, muß eine Frau nach wie vor überdurchschnittliche Leistungen erbringen – und sicherstellen, daß an ihrer Qualifikation auch nicht der leiseste Zweifel bestehen kann: »Ich brauchte hervorragende Zeugnisse. Um dahin zu kommen, wo Sam steht, muß ich bessere Referenzen haben als er, weil ich eine Frau bin. Ich war die Beste in meiner Klasse, eine wirklich gute Internistin und Assistenzärztin. Ich wußte, daß ich diesen Rang wahrscheinlich verlieren würde, wenn ich ein Kind hätte. Als wir heirateten, war ich einundzwanzig, mein erstes Kind habe ich erst mit achtundzwanzig bekommen.«

Mutter zu werden, gab Katherine die Erfüllung, die sie sich davon versprochen hatte, und mehr: »Durch das Baby ist alles anders geworden. Meine Tochter erfüllte das Haus mit Leben. Ohne Kind war es dort wie in einem Schneckenhaus gewesen, durch sie wurde es richtig aufregend. Und ich war wirklich gern Mutter, das Stillen und Wickeln hat mir Spaß gemacht. Ich mochte die Identität, die ich mit ihr hatte, daß sie Fleisch von meinem Fleisch war und daß alles an ihr Teil von mir und Sam war. Sogar ihr Stuhl war meine verdaute Muttermilch! An meinen ‹Traum› habe ich im ersten Jahr meiner Mutterschaft überhaupt nicht mehr gedacht.«

Doch die Freuden der Mutterschaft brachten Katherine nicht ein für allemal von ihren beruflichen Zielen ab. Wieder war es ein berühmter Mann, der Katherines Ideale zum Leben erweckte. Doch als sie erkannte, wie der Ehrgeiz diesen Mann verformt hatte, war das ein solcher Schock für sie, daß sie ›den Traum‹, wieder fallenließ: »Ich arbeitete mit einem Mann zusammen, von dem ich hoffte, daß er den Traum fortführen würde, einem vielversprechenden Mann. Doch dann begriff ich allmählich, was dieser Traum ihm selbst, seiner Familie, seinen Kindern und seiner Seele angetan hatte. So etwas geschieht, wenn man sich einem Traum verpflichtet und ihn zu einem Teil seiner Persönlichkeit macht, nicht mehr zwischen sich selbst und dem Traum unterscheiden kann. Das wollte ich auf keinen Fall. Deshalb habe ich den Traum aufgegeben.«

Nachdem Katherine auf ›den Traum‹ verzichtet hatte, fing sie an, Sams berufliches Engagement übelzunehmen, weil es ihm zu wenig Zeit für die Familie ließ. Doch letztlich respektierte sie ihn dafür, daß er an seinen Zielen festhielt, und lernte es zu schätzen, daß er ‹den Traum› für sie beide weiterführte: »Mein Mann hat den Traum, etwas wirklich Bedeutendes und Wichtiges zu tun, nicht aufgegeben. Ich habe lange dagegen angekämpft. Ich wollte, daß er mit der Familie zusammen ist, wollte, daß er mir bei der Erziehung der Kinder hilft; sie möchten, daß er zu Hause ist, sie lieben ihn. Es ist einsam hier, wenn er da draußen seinen Traum verfolgt. Aber neulich habe ich zwei Leute getroffen, die ich während meines Medizinstudiums bewundert habe, zwei brillante Wissenschaftler, die jetzt ein total langweiliges Leben führen. Das passiert, wenn man den Traum aufgibt. Also respektiere ich Sam jetzt dafür, daß er dagegen gekämpft hat, seinen Horizont einengen zu lassen.«

Ihr Horizont wurde durch weibliche Idealbilder, vor allem durch den für Frauen aufgestellten Imperativ, nicht selbstsüchtig zu sein, sehr wohl eingeengt: »Ich betrachte den Traum als selbstsüchtig. Und weil er so selbstsüchtig ist, möchte ich ihm nicht verpflichtet sein. Ich möchte nicht egoistisch sein. Also habe ich den Traum jetzt wohl aufgegeben. Ich habe meine Welt etwas kleiner gemacht und mir gesagt:

›Es ist in Ordnung, so wie es ist, mit dem, was ich erreicht habe, kann ich zurechtkommen. Nach oben sind jetzt eben doch Grenzen gesetzt.‹«[5]

Katherines Aussage war eine deutliche Anklage gegen ein System, das Kompetenz gegen Fürsorge ausspielt – zum ungeheuren Nachteil für das System selbst, weil es Frauen, die Verantwortung für andere übernommen haben, unmöglich macht, ihren Teil zur medizinischen Lehre und Forschung beizutragen:»Die Arbeit in einer Klinik läßt sich leichter begrenzen. Es gibt kaum Medizinerinnen mit Kindern, die auf einem anderen Gebiet tätig sind. Es ist eine Schande, weil die Klinikarbeit das absolute Stiefkind der Medizin ist. Sie bedeutet geringes Prestige. Katholische Krankenhäuser sind voll mit Frauen wie mir; dort landen sie eben. Sie alle verrichten klinische Arbeit in den zu zweitrangig erklärten Institutionen. In den Hochburgen der Wissenschaft gibt es keine Frauen. Sie sind, wo ich bin. Dabei sind sie sehr klug. Die Frauen, mit denen ich zusammenarbeite, sind sehr klug.«

Das Opfer, das Katherine gebracht hat – die Opferung des ›Traums‹ –, ist kein geringes, und es wäre überflüssig gewesen, wenn sie ihre familiären Verpflichtungen in die Hand einer Ehefrau legen könnte, wie es Männer üblicherweise tun:»Es ist eine sehr eingeschränkte Arbeit in dieser Praxis, aber jede andere Tätigkeit würde mich zu sehr einbinden, mich zu sehr von Hauspersonal abhängig machen. Wenn der Beruf einen stark beansprucht, braucht man eine Ehefrau, die zu Hause bleibt. Und ich habe keine Ehefrau.«

Die Sorge für das Wohlbefinden ihrer Familie einfach an eine Hausangestellte zu delegieren kam für Katherine wegen des großen Werts, den sie emotionalen Bindungen zumaß, nicht in Frage:»Vor kurzem litt meine Haushälterin an Depressionen. Ich unterhielt mich mit ihr, machte ihr meinen Standpunkt klar. Sie erwiderte, daß sie ihre Arbeit nicht vernachlässigt hätte, und ich sagte:›Das haben Sie nicht, aber Sie sind völlig abwesend. Entweder Sie nehmen sich zusammen, oder Sie müssen gehen.‹ Ich kann solche Depressionen, solche emotionale Anspannung, in meinem Haushalt nicht dulden.«

Als Katherine sich noch einmal die »Karriere« ihrer Mutter

vergegenwärtigte, erkannte sie die unsichtbare Unterstützung, die Frauen üblicherweise zur Verfügung stellen, eine Unterstützung, die es der Gesellschaft als ganzer möglich macht, sich die Illusion zu bewahren, daß Männer ihren Erfolg ganz allein erreichen: »Meine Mutter ist der Meinung, daß eine Frau für ihren Mann sorgen muß, weil er ja die ganze Woche über hart arbeitet. Doch in Wahrheit ist meine Mutter diejenige in unserer Familie, die – bei weitem – am härtesten arbeitet. Ich weiß, wie es da draußen in der Männerwelt zugeht. Natürlich wird dort gearbeitet, aber es ist doch auch oft so, daß man einfach nur herumsitzt, sich mit seinen Kollegen unterhält, mit seinen Kumpeln essen geht, die Sekretärin dafür sorgen läßt, daß man ungestört bleibt, und die Angestellten herumkommandiert. In der Frauenwelt mußt du *wirklich* arbeiten. Eine Frau muß die ganze Zeit körperliche Arbeit verrichten. Für meine Mutter wäre es eine unmögliche Vorstellung, daß meine Brüder nach Hause kämen und keine Blumen in ihrem Zimmer vorfinden würden. Sie macht noch immer die Wäsche für sie, wenn sie da sind, dabei ist der eine dreißig Jahre alt.[6] Und ich habe dieses Erbe übernommen. Ich habe ein schlechtes Gewissen, wenn zu Hause für meinen Mann nicht alles reibungslos läuft. Ich fühle mich schuldig, wenn ich Forderungen an ihn stelle. Ich kann mich nicht daran erinnern, daß meine Mutter jemals etwas von meinem Vater gefordert hätte.«

Dem Beispiel der Mutter und Großmutter zu folgen heißt für Katherine, daß sie auf die Realisierung ihrer beruflichen Ambitionen verzichten muß, was wiederum ihre Identifikation mit dem erfolgreichen Vater zuwiderläuft: »Wenn ich keine Kinder hätte, wäre mein beruflicher Ehrgeiz größer, wäre ich stärker motiviert. Ich wäre zäh und würde meine Karriere vorantreiben, wie mein Dad. Mein Dad ist zäh. Um sich in der Geschäftswelt durchzusetzen, muß man zäh – und zielstrebig und selbstsicher – sein. Er hat alle diese Eigenschaften. Er hängt nie durch, und er ist sehr stark. Wenn ich keine Frau wäre, würde ich mich auch in die Schlacht stürzen, mitten ins Getümmel, um mir die Welt da draußen zu erobern.«

Katherine knüpfte wieder an den Konflikt zwischen Familie und Beruf an und äußerte die Vermutung, daß wohl einfach die Tatsache, daß sie eine Frau ist, den vom Vater übernommenen Ehrgeiz aufgehoben hätte: »Das hat sich geändert, weil ich eine Frau bin, weil ich unbedingt Kinder und eine Familie haben wollte. Ich erlaube mir nicht mehr, meine Karriere zäh voranzutreiben. Wenn ich das vorgesehene Pensum erfüllt habe, gehe ich nach Hause. Ich muß meine Arbeit genau abstecken, weil es sonst leicht zuviel wird, weil es so viele interessante Sachen in meinem Beruf gibt, die ich unheimlich gern machen würde. Doch ich will darauf im Moment weder meine Zeit, noch meine Energie und auch nichts von dem ›Kapital‹ meines emotionalen Guthabens verwenden. Die Kinder bringen mir reichlich Dividende. Sie sind gute Investitionen, was mein Glück angeht. Zu beobachten, wie sie heranwachsen, macht mich glücklich. Seit ich Kinder habe, ist mein Leben viel erfüllter geworden. Ich bin überzeugt, daß ich mehr aus meinem Beruf machen könnte, aber ich müßte auch viel mehr investieren, wenn ich mehr herausbekommen wollte.«

Das dynamische Spannungsverhältnis zwischen Liebe und Arbeit, das Katherines Leben strukturierte und ihren beruflichen Ehrgeiz unterdrückte, war in ein für Frauen typisches Wertesystem eingebunden, das nicht die berufliche Laufbahn, sondern zwischenmenschliche Beziehungen zum Hauptkriterium des Erfolgs macht: »Sams Beruf ist sein Leben. Er mißt sein Leben an seiner Arbeit. Mein Wertmaßstab ist nicht die Arbeit, sondern die Familie. Ich beurteile den Grad meines Erfolgs danach, ob das, was zu Hause passiert, mich zufriedenstellt. Ich empfinde es immer als Niederlage, wenn in der Familie etwas nicht in Ordnung ist. Wenn bei der Arbeit etwas danebengeht, habe ich nicht das Gefühl, versagt zu haben.«

Die Prioritäten, die Katherine bei ihren Aufgaben als Ehefrau, Mutter und Kinderärztin setzte, gingen auf Wertvorstellungen zurück, die sich in ihrer Kindheit herausgebildet hatten: »Meine Familie steht an erster Stelle. Schon als Kind habe ich diese Entscheidung getroffen. Meine Mutter und meine

Großmutter waren genauso. Es war ein Muster. Die Zeit und Energie und Anstrengung, die es kosten würde, eine Karriere zu verfolgen, widme ich meiner Familie. Ich habe nie wirklich daran gezweifelt, daß das richtig ist.«

In Anbetracht ihrer Konzentration auf die Familie fragte ich Katherine, warum sie überhaupt arbeitete. Ihre Antwort ließ mich an Freuds These denken, daß die Arbeit den Menschen ans Realitätsprinzip binde.[7] Katherine erklärte, daß die Arbeit ihr einen lebendigen Bezug zur Welt außerhalb des Hauses erhielte:»Meine Arbeit bringt mich mit der Realität in Berührung. Ich will den Puls der Zeit spüren. Ich möchte im Leben stehen und nicht das Gefühl haben, hinterm Mond zu leben. Mein Beruf gibt mir das Gefühl, nicht völlig aus der Welt zu sein. Da mir die Familie so wichtig ist, könnte das sonst leicht geschehen.«

Doch es gab noch einen anderen Aspekt der Arbeit, der für Katherine wichtig war; der Beruf gab ihr die Möglichkeit, ihr Familienleben sowohl zu fördern als auch auszugleichen, und verlieh der Familie eine ganz spezielle Bedeutung:»Und ich komme gern nach Haus. Wenn ich die ganze Zeit über nur bei meiner Familie wäre, könnte ich nicht dorthin zurückkehren. Zu den Dingen, die ein Zuhause zu etwas Besonderem machen, gehört das Weggehen und Zurückkehren. Meine Arbeit gibt mir einen Grund, wegzugehen, damit ich zurückkommen kann. Ich komme gern nach Haus. Ich bin schon immer gern heimgekehrt.« Sie erklärte, was das für ihr tägliches Leben bedeutete:»Es kommt der Familie zugute. Wenn ich jetzt von der Arbeit nach Hause fahre, hören die Kinder mich die Auffahrt hochfahren, und meine drei Mädchen stehen auf der untersten Treppenstufe in der Garage, um mich zu begrüßen. Das ist es, was mir so gefällt. Wenn ich nach Hause komme, bin ich glücklich.«

Dieses gegenwärtige Bild ließ Katherine an den Reichtum ihrer Mädchenzeit denken und führte sie zu jener primären Identität zurück, die ihr Frausein geprägt hatte. Mir wurde plötzlich die Ursache der luxuriösen Einrichtung bewußt, als sie von dieser süßen Erinnerung erzählte:»Als ich noch ein Mädchen war, war es immer sehr schön, nach Hause zu kommen. Meine Mutter spielte meistens auf dem Klavier, Brahms oder Schubert, und es klang wundervoll. Ich kam durch die Tür und ging diesen wundervollen, langen, schönen Flur hinunter, an dem schönen Stuhl vorbei, der jetzt hier in meinem Wohnzimmer steht, und es war einfach ein ästhetischer Genuß, irgendwie idyllisch. Die Türen zum Salon standen immer offen, und meistens ging ich hinein und gab Mama einen Kuß, während sie weiterspielte. Ich ging dann zur Küche zurück, zu dieser wundervollen schwarzen Köchin, einer schwarzen Erdmutter, die dreißig Jahre lang bei uns gewesen ist. Ich hatte all diese wundervollen Mütter, meine eigene Mutter, meine Großmutter und diese Erdmutter, die mir dann eine Schüssel voll Sahnespeise mit frisch geriebener Schokolade darauf gab. Und ich setzte mich hin, ließ es mir schmecken und unterhielt mich mit ihr. Es war schön zu Hause. Und es ist noch immer schön zu Hause.«

Als Katherine ihre Ausführungen fortsetzte, wurde deutlich, welch prägenden Einfluß ihre Kindheitserfahrungen für ihr Leben als Erwachsene gehabt hatten: »Als ich klein war, fuhr ich am Wochenende mit meiner Familie aufs Land. Andere Kinder haben samstags und sonntags mit ihren Freunden gespielt. Ich dagegen hatte mein eigenes Leben – mein Familienleben. Nördlich von New York City hatten wir einen Bauernhof. Die Wochenenden und Sommermonate, die wir an diesem Zufluchtsort verbrachten, waren herrlich. Es war ein altes Haus aus dem 17. Jahrhundert. Wir haben selbst die elektrischen Leitungen und die Rohre verlegt, das Dach gedeckt, wir als Familie. Wir haben einen Gemüsegarten angelegt und einen Obstgarten gepflanzt, und aus einem schrecklichen Loch voller Moskitos haben wir einen See gemacht. Wir haben die Pferde gepflegt, uns um die Pflanzen gekümmert, uns unser Mittagessen aus dem Gemüsegarten zusammengesammelt und Fußball gespielt. Wir haben eine wundervolle Zeit verlebt.

Wir hatten viel Personal auf der Farm. Meine Mutter war die Dame des Hauses, eine vornehme Dame. Sie spielte Klavier, las und arbeitete hin und wieder ein bißchen im Garten, weil sie Spaß an der Gartenarbeit hatte. Wir durften machen, was wir wollten, niemand kommandierte uns herum. Mein Bruder widmete sich dem Reitstall, meine Schwester verließ niemals die Veranda. Vier Monate lang tat sie nichts anderes, als Bücher zu lesen. Ich war unternehmungslustiger. Manchmal kamen ein paar ganz enge Freunde zu Besuch.«

Dieses Muster familiärer Lebensführung war sehr stark und übertraf selbst das in der Adoleszenz übliche Streben nach Unabhängigkeit: »Gegen Ende meiner High School-Zeit hätte ich auch allein in der Stadt bleiben dürfen, wenn ich es gewollt hätte, aber das hat mich nicht gereizt. Wenn man dablieb, war man ganz allein. Es war komisch, nach Hause zu kommen und eine leere Wohnung vorzufinden, wenn man an fünf Kinder, die Köchin, die Gouvernante und eine Unmenge Leute gewöhnt war, die sich um einen kümmerten. Wenn man bleiben wollte, mußte man das schon unbedingt wollen. Es war nicht irgend etwas Nebensächliches. Alle wichtigen Leute waren auf dem Land.«

Das Familienleben setzte auch die Schulroutine außer Kraft: »Freitags morgens machten wir uns auf den Weg zur Farm. Freitags ging ich normalerweise nicht zur Schule, außer wenn es gelegentlich in den Terminplan meines Vaters paßte, aber das war meistens nicht der Fall, weil wir den Wochenendverkehr vermeiden mußten. Und manchmal ging ich auch montag morgens nicht zur Schule. Wenn meine Großmutter mich während der Schulzeit mit nach Europa nehmen wollte, fuhr ich auch mit. Stundenpläne hatten keinen Einfluß auf unser Leben. Unser Leben wurde von der Familie und der Arbeit meines Vaters bestimmt.«

Während ihrer gesamten Collegezeit und auch später noch übernahm Katherine die väterliche Unabhängigkeit – und Arroganz – gegenüber institutionell vorgegebenen Zeitplänen. »Ich schwänzte meinen Einführungskurs für Studienanfänger in Radcliffe, um den Sommer über auf dem Land bleiben zu können. Mein Vater sagte: ›Du brauchst keinen Einführungskurs zu besuchen. Du bist viel zu klug, um so was nötig zu haben.‹ Ich erhielt einen Anruf vom College und teilte ihnen mit: ›Ich komme, wenn ich soweit bin.‹ Das wurde von meiner Familie stillschweigend gebilligt. Sie alle würden nie etwas tun, was ihnen unnötig erscheint, nur weil eine Institution vorschreibt, daß man es tun sollte. Es war Sommer, und wir blieben den ganzen Sommer über weg. Wir taten nie, was alle taten.«

Mit einer amüsanten kleinen Geschichte illustrierte Katherine dann, wie Sam darauf reagierte, daß sie so sehr an ihrer Familie hing: »Auch als ich aufs College ging, verbrachte ich den Sommer weiterhin mit meiner Familie, die mir nach wie vor sehr wichtig war. Ich kann mich daran erinnern, daß ich einmal von dort hierher kam, um mit Sam zu einem Sommerball zu gehen. Ich war kaum angekommen, da hielten er und seine Zimmergenossen mir rohes Steakfleisch und grüne Bohnen unter die Nase – ich sollte für sie kochen! Ich hatte noch nie in meinem Leben eine Mahlzeit zubereitet. Ich hatte keine Ahnung, was ich tun sollte, deshalb ging ich mit dem Telefon aufs Klo und rief meine Mutter an. ›Was soll ich machen?‹ fragte ich sie. Meine Mutter hatte sich auch nie lange in einer Küche aufgehalten, aber sie wußte, wie man Steak und grüne Bohnen zubereitete. Sie gab mir genaue Anweisungen, doch als ich das Zeug wieder vor mir hatte, war ich mir nicht mehr sicher, ob ich alles richtig verstanden hätte. Schließlich erzählte ich den Jungen, daß ich keine Ahnung vom Kochen hätte. Es war wirklich lustig, weil sie ganz selbstverständlich davon ausgegangen waren, daß ich kochen könnte. Sie erwarteten von mir, daß ich mich dieser Aufgabe sofort annehmen würde, weil ich eine Frau war – obwohl einer der drei Schlitzohren in jenem Jahr als Küchenchef arbeitete! Das war das erste Mal, daß Sam so richtig mitbekam, wie nah mir meine Familie stand und wie sehr wir uns von anderen Leuten unterschieden.«

Katherine ist noch immer eine pflichtbewußte Tochter und verbringt ihren Urlaub oft auf dem Familienbesitz. »Zum Teil wird mein Erwachsensein von einem Vater kontrolliert, der noch immer der Boß ist. Jetzt ist er es, der von mir erwartet, daß ich ihn mit den Kindern besuche, offenbar braucht er den Kontakt mit ihnen für sein seelisches Gleichgewicht.«

Leicht verführbar durch die rhapsodische ländliche Idylle, paßt sie sich der weiblichen Rolle ihrer Mutter an und kehrt zu den Freuden ihrer Mädchenzeit zurück.»Wenn ich heute den Sommer über hinfahre, kümmere ich mich um den Haushalt, weil ich mich dabei wohl fühle. Ich möchte meiner Mutter gern etwas Arbeit abnehmen, damit sie sich den Dingen widmen kann, die ihr Freude machen. Und ich sitze immer noch gern im Schutz der Veranda auf diesen kleinen grünen Chaiselongues. Ich hatte immer meinen festen Platz, eine ganz bestimmte Liege, wenn ich dort mit meiner Mutter und Großmutter Siesta hielt. Irgendwie hatte es etwas spezifisch Weibliches, dieses Ausruhen nach dem Mittagessen.

Von dieser Liege aus kann man Eichen und Ahornbäume und einige Tannen sehen – alle möglichen Schattierungen eines grünen Farbenspiels. Dort möchte ich sitzen, einfach nur so dasitzen. Ich möchte nichts hören, mich nicht unterhalten und auch sonst überhaupt nichts tun. Einfach nur ganz still und entspannt dasitzen und den Anblick dieses grünen Farbenspiels genießen.«

Wenn Katherine auf dem Land ist, übernimmt sie auch die Rolle einer Vermittlerin zwischen den Generationen:»Wenn ich heute da bin und meiner Mutter etwas Arbeit abnehme, kann sie sich die Zeit nehmen, meinen Töchtern Klavierunterricht zu geben. Meine Mutter ist eine glänzende Musikerin, und so ergibt sich eine wunderbare Möglichkeit, meinen Kindern die Musik näherzubringen. Ich finde es schön, wenn die Kinder während unseres Aufenthalts täglich diese Zeit mit meiner Mutter verbringen können. Es macht mich glücklich, wenn ich sie üben höre oder wenn ich beobachte, wie mein Bruder ihnen beibringt, zweispännig zu fahren, oder daß mein Vater mit der Dreijährigen Tennis spielt.«

Hat Katherine die Rolle der pflichtbewußten Tochter hinter sich gelassen, um wirklich erwachsen zu werden? In ihrem Fall ist das Erwachsensein praktisch gleichbedeutend mit einer Wiederholung ihrer Kindheit. Doch als ich ihr die Kernfrage meiner Untersuchung stellte, fand ich heraus, daß Katherine daran zweifelt, erwachsen zu sein, weil sie immer noch stark an ihrer elterlichen Familie hängt. Erst nachdem ich bereits einen großen Teil ihrer Geschichte gehört hatte, fing ich an, ihre Unsicherheit etwas besser zu verstehen. Sie hatte gerade an einem Kleid für den Ärzteball genäht, der alljährlich das neue medizinische Jahr einleitet. Da sie pausenlos über diesen Tanz plapperte, blieb mir praktisch nichts anderes übrig, als ihr das Wort abzuschneiden, damit ich das Interview formal beginnen konnte. Als ich es tat, machte ihre Antwort auf meine Frage sehr deutlich, wie gerade die Familienverbundenheit, die so kennzeichnend für Katherines Leben war, dazu führen kann, eine Frau in ihrer erwachsenen Identität zu verunsichern. Katherines Ausführungen zeigen, wie wichtig es ist, den Begriff *erwachsen* genauer zu untersuchen und zu hinterfragen.

Meine Frage lautete: »Wie würden Sie Ihr Erwachsensein beschreiben, wenn wir Ihre Biographie verfassen würden?«

Spontan antwortete sie: »Die Frage ist zu schwer für mich. ›Wie würde ich mein Erwachsensein beschreiben, wenn ich meine Biographie verfassen würde?‹ Ich merke schon, daß ich keinen Stich fertigbekomme, während wir uns unterhalten. Ihre Fragen sind zu schwierig.« Sie legte das Kleid ihrer Großmutter beiseite, an dessen Dekolleté sie ein Stückchen Spitze angenäht hatte. »Ich würde zunächst einmal sagen, daß ich viel Zeit und Energie darauf verwende, dieser Vorstellung aus dem Weg zu gehen, der Vorstellung, tatsächlich erwachsen zu sein. Ich denke oft, daß ich einem Foto von mir gleiche, das aufgenommen wurde, als ich mich fürs College bewarb. Wenn ich in den Spiegel schaue, sehe ich mich so wie auf diesem Bild, obwohl seitdem fast zwanzig Jahre vergangen sind.«

Verblüfft über Katherines Antwort, frage ich mich, wie diese Reaktion zu erklären war. Auf mich wirkte Katherine, die mit allen Symbolen des Erwachsenseins ausgestattet schien, auch selbst völlig erwachsen. Ehefrau und Mutter sind zweifellos erwachsene Rollen, und von ihrem Beruf als Ärztin sollte man annehmen, daß er jeden Zweifel an ihrer Reife ausräumen würde. Und doch vermied sie es, sich mit diesem Begriff zu identifizieren; innerlich sah sie sich als ein Mädchen, das halb so alt war. Dieses Bild mußte dem Eindruck, den ihre Kinder, ihr Mann, Freunde, Arbeitskollegen und Patienten von ihr hatten, zwangsläufig zuwiderlaufen. Was war die Ursache dieser Diskrepanz?

Obwohl sie meine Überraschung bemerkte, benutzte Katherine, als sie fortfuhr, statt des Begriffs *erwachsen* das Wort *groß* – das heißt, die Bezeichnung, die Kinder für Erwachsene verwenden. Während sie die üblichen Verbindungen zwischen Alter, Elternschaft und Reife herstellte, grübelte sie: »Als ich Kind war, habe ich mir beim Anblick meiner Eltern oft gesagt: ›Sie sind groß.‹ Und ich habe mich gefragt, wann ich wohl selbst groß sein würde. Als meine Eltern fünfunddreißig waren, hielt ich das irgendwie für ziemlich alt. Und jetzt bin *ich* fünfunddreißig. Ich fühle mich nicht so groß, wie ich sie damals gesehen habe. Aber vielleicht bin ich es in Wirklichkeit. Denn meine Mutter hatte ihre Mutter bei sich. Und mir war nicht klar, wer sich um wen kümmerte – aber es war wohl gegenseitig.«

Dies war der erste wirkliche Anhaltspunkt für mich, um zu verstehen, warum Katherine Schwierigkeiten mit dem Erwachsensein hatte: Die wechselseitige Fürsorge, die Katherine in der Beziehung zwischen ihrer Mutter und Großmutter beobachtet hatte, paßte nicht zu ihrer Vorstellung vom Erwachsensein. Als Kind war ihr das Erwachsensein tatsächlich leichter vorgekommen als jetzt, im Alter von fünfunddreißig Jahren. Nach einigem Nachdenken kamen ihr Zweifel, ob diejenigen, die sie damals als erwachsen eingestuft hatte, es wirklich gewesen waren. Ihre Unsicherheit, was den Erwachsenenstatus betraf, hing offenbar mit den Frauen in ihrer Familie zusammen – mit ihrer Mutter und Großmutter. Indem sie sich auf deren Verbundenheit konzentrierte, legte sie den Finger auf einen latenten Konflikt, bei dem es um weit mehr ging als um die Besonderheiten ihrer Familiengeschichte. Ihre Ausführungen legten nahe, daß die fürsorgliche Verbundenheit dieser beiden Frauen unvereinbar mit dem Erwachsensein wären.

Ein derartiger Konflikt hat unheilvolle Folgen für eine heranreifende Frau. Wie könnte sie sich sowohl erwachsen als auch verbunden fühlen, wenn sie das Gefühl hatte, sich zwischen weiblicher Verbundenheit und Reife entscheiden zu müssen? Wen Katherines Mutter und Großmutter sich durch ihre Beziehung zueinander offenbar in einem Niemandsland außerhalb der Grenzen des Erwachsenseins befanden, woran sollte Katherine sich halten? Und wenn diese beiden Frauen – oder Katherine – keinen Zugang zur Erwachsenenwelt haben konnten, wer hatte ihn? Durch welche Eigenschaften sollten Erwachsene sich auszeichnen? Als ob sie meine Gedanken lesen würde, antwortete Katherine von sich aus: »Ich betrachte meinen Dad als viel erwachsener als Mom. Er war unabhängig, und er hat etwas Eigenständiges geleistet. Er hat nur auf sich selbst vertraut. Als er geboren wurde, waren seine Eltern schon ziemlich alt. Und er hatte eine sehr ungewöhnliche Kindheit, weil er im finstersten Oregon aufwuchs, wo sein Vater einen Wald bewirtschaftete. Sie lebten vollkommen isoliert. Er ist nie zur Schule gegangen, bevor er aufs College kam; er wurde zu Hause unterrichtet. Seine Eltern waren dagegen, daß er Jura studiert, aber er hat es trotzdem getan. Er hat viele Sachen gemacht, mit denen seine Eltern überhaupt nicht einverstanden waren, er hat sich einfach für etwas entschieden und es ganz allein durchgesetzt. Er hat sich von niemandem in seinen Entscheidungen beeinflussen lassen. Seine Eltern sind früh gestorben, und von da an war er ganz auf sich gestellt. Ich betrachte meinen Dad als erwachsen, weil er eigentlich immer ohne seine Eltern ausgekommen ist. Mein Vater ist für mich der einzige Mensch, der ganz und gar erwachsen ist.«

Hier lag des Rätsels Lösung. Katherines Vater war der einzige Mensch, den sie für »ganz und gar erwachsen« hielt, und zwar, weil er die Trennung von seinen Eltern radikal vollzogen hatte. Seine Selbstgenügsamkeit, Unabhängigkeit und Rationalität waren für sie diejenigen Eigenschaften, die das Erwachsensein kennzeichneten und die im Widerspruch zu ihrem weiblichen Interesse an Fürsorge und Bindung standen – einem Interesse, das nicht nur Katherines persönliche Beziehungen bestimmte, sondern auch die Grundlage ihrer Arbeit in einem helfenden Beruf bildete. Für sie bedeutete Erwachsensein das Gegenteil von Fürsorge und verband sich mit einer Reihe von Assoziationen, die dazu führten, daß sie weder sich selbst noch ihre Mutter, Großmutter oder irgendeine andere Frau als erwachsen definieren mochte.

Angesichts der scheinbaren Unmöglichkeit, sowohl fürsorglich als auch erwachsen zu sein, entschied Katherine, daß sie und die Frauen ihrer Familie bestenfalls Pseudoerwachsene sein könnten. »Ich halte meine Mutter noch immer nicht für erwachsen. Als ihre Mutter gestorben war und sie allein zurückblieb, habe ich sozusagen die Mutterrolle übernommen.« Katherine hatte die Verbundenheit mit der Mutter durch ihre Fürsorge neu bestärkt – fast als ob sie die Mutter vor dem Erwachsensein bewahren wollte. Vielleicht war das der Grund, der Katherine so beharrlich an der Vorstellung festhalten ließ, daß ihre Mutter eine fehlerhafte Erwachsene war.

Es war klar, daß – zumindest für Katherine – Fürsorge und Reife eine Dichotomie bildeten; das eine verband sich mit Kindheit und Weiblichkeit, das andere mit Erwachsensein und Männlichkeit. Für sie schlossen weibliche Verbundenheit und männliches Selbstvertrauen sich gegenseitig aus. Gezwungen, sich *entweder* für Reife *oder* Weiblichkeit zu entscheiden, wählte sie Weiblichkeit.

Katherines Ausführungen veranschaulichten den Widerspruch zwischen Fürsorge und Selbstvertrauen und machten deutlich, wie die mit dem Erwachsensein assoziierte Bindungslosigkeit den Bedürfnissen der Frau zuwiderläuft: »Wenn man von sich sagt, daß man erwachsen ist, meint man damit bestimmte Formen der Trennung, die ausschließen, daß Beziehungen sich langsam und allmählich verändern.« Was sie sagte, machte mir klar, daß – für sie jedenfalls – Erwachsensein nicht nur das Gegenteil von Fürsorglichkeit, sondern auch eine Bedrohung lebenswichtiger Beziehungen bedeutete. Traditionelle Analytiker, die am Trennungs- und Autonomieprinzip festhalten, würden Katherines Neigung zu Fürsorglichkeit und Bindung wahrscheinlich als Weigerung, erwachsen zu werden, interpretieren oder in ihrem Verhalten ein Beispiel pathologischer Abhängigkeit sehen.* Nachfolger Freuds und Eriksons z. B. würden wohl behaupten, daß Katherines starke Konzentration auf familiäre Bezie-

* Siehe Kapitel 12.

hungen einen deutlichen Beweis ihrer latenten Unreife liefere, Grund genug, nicht weiter auf ihre Schilderungen einzugehen oder sie als kindisch abzutun. Doch ihr entfremdetes Verhältnis zum Erwachsensein könnte auch als unbewußte Unterwerfung unter tief verwurzelte kulturelle Werte, deren Einfluß von Sozialwissenschaftlern allmählich erkannt und hinterfragt wird, verstanden werden.

Der schon klassische Broverman-Report über sexuelle Rollenstereotypen belegt die widersprüchlichen Vorstellungen von Reife und Weiblichkeit, wie sie sich in Katherines persönlichem Konflikt widerspiegeln.[8] Die an dieser Studie beteiligten Wissenschaftler fanden heraus, daß die klar umrissenen männlichen und weiblichen Stereotypen die Reifekonzeptionen der verschiedensten Untersuchungsgruppen einschränkten. Unabhängig vom Bildungsgrad und der beruflichen Qualifikation ordneten sowohl Männer als auch Frauen dem idealen Mann bestimmte Eigenschaften wie Unabhängigkeit, Rationalität und Selbstbestimmung zu, während sie die ideale Frau durch Merkmale wie Wärme, Gefühlsbetontheit und Verbundenheit kennzeichneten.

Wie problematisch diese scheinbar positive Unterscheidung ist, wurde deutlich, als die befragten Personen aufgefordert wurden, die Charakteristika zu benennen, die bei »einem typischen Erwachsenen«, unabhängig vom Geschlecht, wünschenswert wären. Vom erfahrenen Berufstätigen bis zum Studienanfänger wurden durchgehend allein solche Eigenschaften angegeben, die mit Männlichkeit assoziiert werden. Während darüber hinaus einem »normalen Mann« zugestanden wurde, einige positiv besetzte feminine Züge zu tragen, sollte eine »normale Frau« keine maskulinen Eigenschaften besitzen. Im Vergleich mit den Männern, deren typische Eigenschaften als positiv und normal betrachtet wurden, wurden Frauen als abhängig, subjektiv, passiv und unlogisch eingeschätzt – ihnen wurden also Merkmale zugeordnet, die sowohl Männer als auch Frauen, unabhängig von ihrem Bildungsgrad, als nicht wünschenswert für seelisch gesunde Erwachsene beiderlei Geschlechts bewerteten.

Die Verfasser der Studie kamen zu dem Schluß, daß die

Konzeption der erwachsenen Frau einen Widerspruch in sich bedeute, und dieses Untersuchungsergebnis steht in direktem Zusammenhang damit, wie Frauen sich selbst und ihre Erfahrungen einschätzen. Die Studie beschreibt den »Zwiespalt, in den Frauen zwangsläufig angesichts der Tatsache geraten, daß für ihr Erwachsensein andere Normen gelten als für ihr Frausein. Wenn eine Frau sich so verhält, wie Erwachsene es tun sollen, läuft sie Gefahr, als unweiblich kritisiert zu werden, wenn sie sich dagegen dem Verhaltensmuster anpaßt, das als weiblich definiert wird, kann sie unmöglich dem allgemeinen Standard erwachsenen Verhaltens genügen.«[9]

So fängt sich die Frau in einem unlösbaren Widerspruch. Sie muß sich entweder als weiblich oder als erwachsen definieren. Und obwohl es sicher richtig ist, daß der Keil, den wir zwischen das Erwachsensein und das Frausein treiben, eher mit der Problematik grundsätzlich verzerrter Konzepte als mit dem entwicklungsmäßigen Defizit von Frauen zusammenhängt[10], zeigt gerade Katherines Beispiel sehr deutlich, daß kompetente, reife Frauen diesen Widerspruch gegen sich selbst kehren und damit genau das untergraben, was die entscheidende Grundlage ihrer Identität bildet. Da eine einzelne Frau nicht in der Lage ist, eine gesellschaftliche Neudefinition des Erwachsenseins zu bewirken, die feminine Eigenschaften miteinbeziehen würde, schließt die Frau sich selbst aus dieser Kategorie aus und negiert ihre Identität als Erwachsene.

Als ich Katherine drängte, mir zu erzählen, was sie als den Beginn ihres Erwachsenseins bezeichnen würde, wies sie statt auf eine Trennung auf den Inbegriff von Bindung, auf die Ehe: »Wenn ich einen bestimmten Zeitpunkt in meinem Leben angeben sollte, an dem ich das Gefühl hatte, jetzt wahrscheinlich erwachsen zu werden, würde ich meine Heirat auswählen. Es war wie ein Initiationsritus. Wir fuhren weg und machten eine Hochzeitsreise. Es war eine schöne Zeit. Danach konnte ich mit meinem Mann in demselben Zimmer schlafen, wenn wir bei meiner Familie waren. Das war schon ein gewaltiger Unterschied. Und nachdem ich verheiratet war, zog ich zum ersten Mal in eine Wohnung, die nicht zur

Universität gehörte und nicht von meinen Eltern bezahlt wurde. Ich sorgte für mich selbst und für meinen Mann. Vorher hatte ich nichts, für das ich Verantwortung trug. Verantwortung hat viel mit dem Erwachsensein zu tun. Und auf sich gestellt zu sein.«

Als Katherine in der Heirat den Initiationsritus sah, der das Erwachsensein einleitet, identifizierte sie die gesellschaftlich· definierte Voraussetzung, um als Frau anerkannt zu werden. Obwohl diese Vorschrift wie die »männliche« Standardnorm für das Erwachsensein ein Element der Unabhängigkeit enthielt, meinte Katherine damit etwas anderes als die Form der Unabhängigkeit, die ihr Vater repräsentierte. Ihr Ausdruck von Unabhängigkeit hatte nichts mit der Isolation von anderen oder der Mißachtung der Eltern zu tun, wie im Fall ihres Vaters. Die Ehe versetzte sie statt dessen mitten in ein Netz von Beziehungen, das von liebevollen Bindungen getragen wurde.[11] Daß gerade das Eingehen einer lebenslangen Bindung Katherine das Gefühl eigener Unabhängigkeit verlieh, ist dabei nicht ohne Ironie.

Als Grenzlinie am äußersten Rande der Kindheit schien die Heirat Katherine doch eine Verbindung zur Ewachsenenwelt zu eröffnen. Doch etwas fehlte – zwar brachte die Heirat Katherine die Anerkennung als Frau, gleichzeitig jedoch schien sie ihren Status als Erwachsene eher auszulöschen als zu bekräftigen. Katherines Schilderung bestätigte anscheinend einen Widerspruch zwischen den Begriffen *Frau* und *erwachsen*.

Indem Katherine Ehe mit Erwachsensein assoziierte, sich selbst jedoch nicht als wirklich erwachsen ansehen konnte, machte sie deutlich, warum die Standard-Erwachsenen-Gleichung bei Frauen nicht aufgeht. Wenn Reife mit einsamer Selbstgenügsamkeit gleichgesetzt wird, der Initiationsritus, der für die Frau das Ende der Kindheit versinnbildlicht, dagegen einen Akt der Bindung darstellt, gibt es für eine Frau praktisch keine Möglichkeit, erwachsen zu werden. Katherine hat sich selbst den Status einer Erwachsenen abgesprochen, weil man Weiblichkeit mit Bindung assoziiert, Männlichkeit mit Trennung gleichsetzt und die Trennungsfähigkeit zum Reifemaßstab deklariert. Unter diesen Voraussetzungen ist das Frausein tatsächlich nicht mit Reife vereinbar.

Alles, was Katherine überhaupt ein Gefühl von Reife gibt, resultiert aus ihrer Ehe mit Sam:»Mein Erwachsensein besteht zu einem großen Teil aus der intimen Verbundenheit mit Sam. Und das bedeutet, daß du Freuden und Ängste erlebst, die einzig euch beide betreffen und niemanden sonst. Mein Mann hat darauf bestanden, daß wir wichtige Entscheidungen gemeinsam treffen. Er hat verlangt, daß wir unseren Weg zusammen bestimmen. In meiner Familie war das anders. Mein Vater traf die Entscheidungen, und jeder richtete sich danach. In meiner Kindheit bestimmte einer für alle. Sam und ich machen das anders.«

Sie war allmählich zu der Erkenntnis gekommen, daß sie nicht in die Fußstapfen ihrer Mutter treten konnte und daß bestimmte Erwartungen sich nicht erfüllen würden:»Das hieß für mich, die Tatsache zu akzeptieren, daß meine Mutter ihre Erfüllung zu einem großen Teil durch meinen Vater findet, während ich mir sagen mußte:›Für mich kommt dieses Lebensmodell überhaupt nicht in Frage‹, weil Sam nicht so ein strahlender Erfolgstyp wie mein Vater ist. Ich kann mich nicht hinter ihm verstecken, weil er es gar nicht zulassen würde.«

Die Auseinandersetzung mit dieser Enttäuschung hat sie zu einer weiblichen Unabhängigkeit gezwungen:»Ich war davon ausgegangen, daß meine Ehe genauso sein würde wie die meiner Eltern. Daß das nicht der Fall war, habe ich erkannt, als Sam wegen der Situation in Harvard depressiv geworden ist. Seine Depressionen machen mir Angst. Sie schaffen eine Distanz zwischen uns, vor der ich mich fürchte.[12] Unsere Verbundenheit wird dadurch zerstört. Seit Sam so niedergeschlagen ist, bin ich unabhängiger geworden. Ich mußte mehr Verantwortung für mich selbst übernehmen, mir sagen›Ich bin ich‹. Auch wenn ich ihn im Moment nicht erreichen kann, bin ich immer noch ich selbst. Ich glaube nicht, daß ich diese Unabhängigkeit entwickelt hätte, wenn ich durch seine Depression nicht dazu gezwungen worden wäre. Ich habe kein Modell für eine unabhängige Beziehung gehabt.

Meine Mutter und mein Vater waren wie zwei Bäume miteinander verwachsen.«

Durch die unfreiwillige Distanz zu Sam wurde Katherine auch wieder mit dem Problem des Egoismus konfrontiert: »Ich kämpfe jetzt damit, herauszufinden, was ich für mich selbst tun muß. Es hat etwas Selbstsüchtiges, eigene Bedürfnisse zu erforschen. Aber die Erkenntnis, daß Sam nicht alle meine Wünsche und Bedürfnisse befriedigen kann, zwingt mich dazu. Vielleicht ist das schon immer so gewesen, aber früher habe ich es nicht wahrhaben wollen.«

Durch diese Akzeptanz ist ihre Unabhängigkeit in noch anderer Hinsicht gewachsen: »Ich bin zunehmend und auf angemessenere Weise unabhängig von Sam. Ich habe früher immer gedacht, daß ich mich umbringen würde, wenn er stürbe. Ich war mir ganz sicher. Dann waren die Kinder da, und ich habe mir gesagt, daß ich weiterleben muß, wenn er stirbt. Ich muß meinem Leben selbst einen Sinn geben. Ich darf mich nicht so völlig von einem anderen Menschen abhängig machen. Ich bin im Begriff, unabhängiger zu werden, als ich es jemals war, indem ich in einem grundsätzlichen Sinn versuche, mir meine Unabhängigkeit zu bewahren, auch wenn ich mich weiterhin in den Grenzen der Welt bewege, die meine Rollen als Ehefrau, Hausfrau, Mutter und Tochter mit sich bringen, aber eben auf unabhängigere Weise.«

Die Unabhängigkeit, der Katherine sich verschrieben hat – unabhängig zu leben, ohne die Grenzen der weiblichen Rollen von Ehefrau, Mutter und Tochter zu überschreiten –, unterscheidet sich zweifellos von dem Konzept totaler Unabhängigkeit, wie es in der männerzentrierten psychologischen Fachliteratur entworfen wird. Die von ihr beschriebene Unabhängigkeit ist eingebunden in ihr Verhältnis zu anderen Menschen – eine Art *in vivo*-Unabhängigkeit, die im Widerspruch zu traditionellen Auslegungen des Begriffs steht. Indem sie Unabhängigkeit und Reife in einem lebendigen, sozialen Kontext verankert, macht Katherine sie zu persönlichen und relativen Eigenschaften, statt daraus abstrakte und absolute Prinzipien werden zu lassen. Ihr Bericht offenbart, welch große Bedeutung unsere Beziehungen zu anderen für den Prozeß der Selbstfindung haben, und stellt den sozialen Charakter menschlichen Lebens in den Vordergrund, den nur Männer derart in den Hintergrund drängen und verleugnen konnten. Katherine hatte von »gemeinsamen Entscheidungen« gesprochen, und auch ihre Unabhängigkeit ist eine Art gemeinsamer Unabhängigkeit, die aus einem in-Beziehung-gesetzten Selbst resultiert.[13]

Als ich sie fragte, wie sie sich selbst in ihrer gegenwärtigen Situation beschreiben würde, kehrte sie zu den Vorstellungen ihrer Mädchenzeit zurück und zu der bleibenden Bedeutung, die sie für ihre Identität gehabt hatten: »Wenn ich mich selbst beschreiben müßte, würde ich sagen, daß ich ein familienorientierter Mensch bin. Ich interessiere mich dafür, wie Menschen fühlen und was in Beziehungen vor sich geht. Ich bin kein besonders geselliger Typ, und ich habe ziemlich feste Vorstellungen, was mein Leben betrifft. Meine Arbeit und mein Beruf sind mir wichtig. Ich mag es gern friedlich und harmonisch, und ich mag Musik. Und man sagt, daß ich schon immer ein sonniges Gemüt hatte. Mom hat über jeden von uns ein kleines Buch geführt. Es ist einfach erstaunlich. Jedes Jahr hat sie etwas hineingeschrieben. Ihre Aufzeichnungen sind wie Schnappschüsse, und sie zeigen immer wieder dasselbe Bild. Immer wieder dieselbe Person, wie sie Jahr für Jahr größer wird. Mom hat eine Menge dafür getan, daß das Bild nicht anders ausfiel, als es sollte.

Ich glaube, daß bestimmte Teile meiner Persönlichkeit, wie zum Beispiel mein Temperament, von Anfang an da waren, und daß es andere gibt, die gefördert wurden, und beides zusammen macht mich zu dem, was ich bin. Die Persönlichkeit ist wie ein Garten. Du hast Blumen, und du hast Unkraut. Meine Aufgabe als Mutter sehe ich darin, die Blumen in der Persönlichkeit eines Kindes zum Blühen zu bringen. Nicht, daß jedes Kind wie eine einzelne Blume wäre. Die Gesamtpersönlichkeit ist wie ein Garten. Und du willst das Potential, das du findest, hegen und pflegen und das Beste daraus machen.« Die Metapher betont ein schöpferisches Prinzip und steht in krassem Gegensatz zu dem monolithischen Standardbild des einsam auf sich gestellten Mannes.

Katherine griff das Thema Fürsorglichkeit wieder auf, das sich wie ein roter Faden durch das Gewebe ihres persönlichen und beruflichen Lebens zieht:»Ich glaube, meine hervorstechendste Eigenschaft ist, daß ich mich emotional auf die Familie und einige enge Freunde einlassen kann. Es ist eine Stärke, wirklich fürsorglich sein zu können. Meine Fürsorglichkeit bedeutet, daß ich Wärme geben und Anteil nehmen kann.«

Als ob sie zum Ausdruck bringen wollte, daß unsere Gespräche ihr viel bedeutet hätten, meinte Katherine nachdenklich:»Es gibt nur wenige Menschen, die wissen, was mir wirklich am Herzen liegt, woher ich komme oder wohin ich gehe. Die meisten sozialen Kontakte sind eher oberflächlich. Wer ich wirklich bin – das Einzigartige daran –, verstehen die Leute nicht: Ich hatte eine ungewöhnliche Kindheit in einer ungewöhnlichen Familie; ich lebte anders als andere Kinder; ich hatte kaum Peer-Kontakte außerhalb der Schule. Das Einzigartige besteht in der starken Verbundenheit meiner Familie, der Exklusivität der Beziehungen, die ich zu meinen Brüdern und meiner Schwester und meiner Großmutter und meinen Eltern hatte. Einzigartig war auch das Gefühl, keinen Regeln und Vorschriften, keinerlei Bürokratie unterworfen zu sein. Dazu gehört zum Beispiel, daß ich nie in meinem Leben freitags nachmittags zur Schule gehen mußte. Ich bekomme jetzt kleine Benachrichtigungen von Elizabeths Schule, die lauten:›Wir möchten Sie darauf aufmerksam machen, daß Ihr Familienurlaub die Schulpflicht Ihrer Kinder nicht aufhebt.‹ Auf derartige Hinweise pflegte mein Vater mit ›Ha-ha, ha-ha‹ zu reagieren. Absurde Gesetze hat er immer verspottet, obwohl er Rechtsanwalt ist.«

Bevor wir unser Gespräch beendeten, mußte Katherine noch etwas loswerden, etwas, das mit dem ganz konkreten Anlaß ihrer Selbstwerdung zu tun hatte. Etwas melancholisch, vor allem jedoch mit einem Unterton ehrlicher, tiefempfundener Wut, meinte sie:»Wer ich bin, hat zum Teil mit dem Tod meiner Großmutter vor vier Jahren zu tun. Es war das erste Mal, daß jemand, der mir nahestand, gestorben ist, und ich stand meiner Großmutter *sehr* nahe. Damals bin ich mir meiner eigenen Sterblichkeit bewußt geworden. Ich hatte vorher nie wirklich über mein Verhältnis zum Tod nachgedacht, obwohl ich durch meinen Beruf als Ärztin dauernd mit dem Tod von Menschen, denen ich zu helfen versuchte, konfrontiert wurde. Es hat mich nie berührt, bis meine Großmutter gestorben ist. Mein Mann erlebt das auch die ganze Zeit. Aber er will sich nicht damit auseinandersetzen. Seine Weigerung macht mich wütend. Damals habe ich mir gesagt: ›Na gut, niemand kann ewig leben. Wir werden alle einmal sterben, und es kann jederzeit geschehen. Hör also auf, für das zu leben, was am Ende des Weges passieren könnte, und lebe jetzt. Hör auf, irgend etwas hinauszuschieben. Dies ist dein Leben, du bist dafür verantwortlich. *Jetzt.* Was du tun willst, tu es jetzt, denn vielleicht bist du nächste Woche schon tot.«

Sich auf die weniger idyllischen Aspekte ihres Lebens einzulassen und sie zu akzeptieren, brachte Katherine dazu, sich als erwachsen zu betrachten und ihre Identität zu definieren. »Es ist mir viel bewußter geworden, daß *wir nur dieses eine Leben haben.* Sam ist schon seit einiger Zeit ziemlich deprimiert. Und ich reagiere ungeduldig auf seine Depressionen. Wie kann er so leben? Wie kann man deprimiert sein? Kurz nach dem Tod meiner Großmutter habe ich angefangen, so zu denken, und ich war sehr wütend. Aus diesem Grund bin ich ich selbst geworden.«[14]

Die Distanz zu Sam, hervorgerufen durch seine Depressionen, und der schmerzliche Verlust der Großmutter haben Katherine dazu gebracht, sich auf ihre eigene Identität zu konzentrieren. Die Auseinandersetzung mit den Schattenseiten erwachsener Realität hat das sonnendurchflutete Bild der Mädchenzeit dunkler getönt. Erst als sie auch ihre verborgene, dunklere Seite freigelegt hatte, konnte Katherine abschließend feststellen: »Und jetzt kennen Sie mein wahres Selbst.«

Katherines Bindungsfähigkeit ist ihr Leitmotiv. Ihre Schilderung offenbart, wie wichtig es ist, die Bedeutung des Begriffes *erwachsen* zu hinterfragen. Für sie und viele andere Frauen ist der menschliche Entwicklungsprozeß im Kontext zwischenmenschlicher Beziehungen angesiedelt. Eingebettet in Katherines Bericht ist ein Konzept erwachsener Identität, das den sozialen Charakter menschlicher Erfahrungen betont, statt ihn zu ignorieren. Ihre Stimme bezeugt eine vielschichtigere Definition von Reife als das Standardkonzept und spricht von einer Verbindung zwischen Zuneigung, Fürsorglichkeit und Verantwortung, die weit mehr meint als die traditionell mit Frauen verbundenen Werte. Die persönlichen und familiären Elemente, die Katherines Bericht zusammenhalten, bieten die Grundlage für eine neue Definition des Erwachsenseins. Im Vergleich mit dieser »weiblichen« Definition verblaßt das abstrakte patriarchale Konzept. Wenn wir die tatsächlichen Lebenserfahrungen von Frauen, und zwar in ihrer Gesamtheit, zur Grundlage der Entwicklungsdefinition machen würden, könnten wir das Erwachsensein vielleicht aus einem zweigeteilten Raster befreien und erkennen, wie Identität sich wahrhaft entwickelt – nämlich nach allen Richtungen.[15]

4

Die Ehe – Feuerprobe
der erwachsenen Frau:
Wendy und Helen

Die Frauen, mit denen ich mich unterhalten habe, gingen bei
der Schilderung ihrer Lebensgeschichten fast ausnahmslos
von der Ehe aus. Wie bei Katherine erfolgte der Bruch mit der
Kindheit, indem die Frauen Bindungen und Verpflichtungen
eingingen: »In derselben Minute, in der ich das Haus meiner
Eltern verließ, wurde ich erwachsen: Das war, als ich heiratete«, berichtete Miriam, eine Erziehungsberaterin Mitte
Fünfzig. Während Männer ihre Selbstbestimmung überwie-
gend von Erfahrungen abhängig machen, die sie allein bewältigt haben[1], halten Frauen das Eingehen einer Partnerschaft
für das entscheidende Ereignis. »Ich hatte damals das Gefühl,
daß ich meinen Weg in der Welt machen könnte«, erklärte
Miriam. »Ich habe nicht geglaubt, daß ich es allein schaffen
würde, aber wir beide, mein Mann und ich, *wir* würden unseren Weg machen. Darauf habe ich fest vertraut. Zusammen
würden wir alles erreichen, was wir wollten. Und so war es
auch!«

Während das Subjekt der männlichen Aussage offensichtlich *Ich* ist, lautet es in Schilderungen von Frauen durchgehend *Wir*. Während Männer das Trennungsprinzip betonen,
heben Frauen ihre Bindungen hervor. Der Zustand der Bezogenheit bildete den Kern der weiblichen Erfahrungsberichte,
die in diesem Buch vorgestellt werden. Immer wieder klang
bei den Frauen Miriams Überzeugung an, daß erwachsen zu
sein bedeutet, seinen »Weg in der Welt zu machen« – und
zwar gemeinsam mit einem Ehemann. Sie erstrebten mit der
Ehe keine einsame Unabhängigkeit, sondern die Art »ge-

meinsamer Unabhängigkeit«, die Katherine beschrieben hatte. Den meisten Frauen in dieser Untersuchung ist es kaum je in den Sinn gekommen, daß sie irgendwann – freiwillig oder unfreiwillig – allein sein könnten. »Es wurde von dir erwartet, daß du heiratest«, lautete die übereinstimmende Aussage. »Man tat es einfach.« Dieses seit Jahrhunderten gültige Muster unserer Zivilisation hatte sich in ihr Denken eingeschlichen, lange bevor sie alt genug waren, um danach zu handeln. Als Bräute hatten die Frauen dann das Gefühl, über eine unsichtbare Schwelle von der Kindheit in die Erwachsenenwelt getragen worden zu sein.

Diejenigen, die nicht heirateten, blieben aufgrund ihres unverheirateten Status in einem Niemandsland. Eine Freundin von mir, die ich besuchte, als ich gerade mit diesen Interviews begonnen hatte, mochte sich selbst nicht als erwachsen bezeichnen. Mit ihren siebenundvierzig Jahren leitete sie eine eigene Agentur in New York City, besaß ein eigenes Haus auf dem Land und erklärte nichtsdestotrotz: »Ich hätte an einer Untersuchung wie der deinen nicht teilnehmen können. Ich bin eine unqualifizierte Erwachsene: Ich habe nie gelernt, Auto zu fahren, und ich habe nie geheiratet.« Mit ihrem Kommentar benannte sie unsere kulturellen Symbole für Bindung und Autonomie – für die geforderten Bestandteile des Erwachsenseins. Ihre Aussage wies darauf hin, daß eine alleinstehende Frau – im Gegensatz zu ihrem männlichen Gegenstück – sich in gewisser Weise weniger erwachsen fühlt.

Der symbolische Wert, den die Ehe als Emblem erwachsenen Frauseins innehält, ist so gewaltig, daß einige Frauen dieser Untersuchung vor allem aus dem bewußten Versuch heraus, erwachsen zu werden, geheiratet hatten. Wendy, eine neununddreißigjährige Hausfrau, die Musik studiert hat, war als Collegeanfängerin zu dem Schluß gekommen, daß sie sich endgültig von ihrer Kindheit befreien müßte. Vor das Problem gestellt, wie sie am besten erwachsen werden könnte, griff sie nach der für Frauen typischen Lösung: »Die Ehe, meine erste Ehe, bildet wohl den Anfang meines Erwachsenseins«, erzählte sie, nachdem sie auf dem Sofa in meinem Wohnzimmer Platz genommen hatte. »Der Wunsch erwachsen zu werden spielte bei dem Entschluß zur Heirat eine große Rolle. Das war mir sehr deutlich bewußt. Die Heirat sollte den Prozeß des Erwachsenwerdens für mich vollenden und endgültig abschließen. Ich sah mich selbst eine neue Familie wählen, die Ansichten meines Mannes und so weiter. Mit wem ich zusammenlebte, entschied sozusagen darüber, was für eine Art erwachsener Mensch ich werden würde. Ich sollte unbedingt von meinen Eltern loskommen, und das College allein reichte dafür nicht aus.«

Wendy war nur ein paar Jahre älter als Katherine und in einer typischen Mittelschichtsfamilie aufgewachsen, die so anonym war wie Katherines ungewöhnlich. Wendy fehlte die Arroganz, die durch Privilegien erzeugt wird; sie hatte keine bestimmten beruflichen Ambitionen. Sie lebte mit ihrem zweiten Ehemann und ihren Kindern in einem alten Haus, ganz in der Nähe meines eigenen. Vor unserem ersten Gespräch war sie schon einmal mit dem Fahrrad herübergekommen, um mir kurz den Fragebogen hereinzureichen. Aus den Eintragungen ging hervor, daß sie das älteste von vier Kindern war, die einzige Tochter einer Neuengland-Familie, die selbstverständlich erwartete, daß ihre Tochter sich standesgemäß verheiraten würde. Über ihre Familie hatte sie notiert: »Klugheit und Heiterkeit waren hochgeschätzte Eigenschaften, knapp gefolgt von Konformität.« Wendy wollte offensichtlich heraus aus dieser Familie: Ihre Geschichte schien von dem Wunsch durchzogen, der Konventionalität ihrer Familie zu entgehen. Doch ihre Möglichkeiten beschränkten sich auf die in unserer Kultur gesellschaftlich sanktionierten Bindungsformen: die Bindungen zwischen Eltern und Kind und zwischen Mann und Frau. Wie unzählige andere Frauen benutzte sie die eine, um sich aus der anderen zu lösen. Aber sie wartete nicht bis nach dem College, wie man vielleicht annehmen könnte, um diesen Handel mit elterlichem Segen zu vollziehen. Sie entschloß sich statt dessen schon zu Beginn ihrer Collegezeit zur Flucht.

Wendy erkannte bereits als Neunzehnjährige, daß das, was

sie in der Ehe suchte, ein Gegenmittel für die Kindheit war. Und obwohl sie heimlich heiratete, erreichte sie ihr Ziel: »Als ich das erste Mal – heimlich – heiratete, wußte ich innerlich, daß sich etwas verändert hatte; ich wußte, daß ich aus der Kindheit entlassen war.«

Das Bemerkenswerte an Wendys Heirat ist der Mangel an öffentlicher Bestätigung. Trotz der Tatsache, daß sich ihr tägliches Leben in keiner Weise veränderte – sie besuchte weiterhin Seminare, lebte zusammen mit einer Kommilitonin im Studentenwohnheim und verbrachte die Ferien mit ihren Eltern –, war die Ehe für Wendy gleichbedeutend mit »von zu Hause wegkommen«. Da sie eine formelle Heirat eineinhalb Jahre lang aufschob, war Wendy nur vor sich selbst aus der Kindheit entlassen. Die Einzigartigkeit ihrer Situation besteht darin, daß ihre Heirat praktisch überhaupt keine Auswirkungen auf ihr soziales Leben hatte; für die anderen war sie in jeder Beziehung dieselbe geblieben. Was sich jedoch änderte, war Wendys eigenes Selbstverständnis. Ihr Entschluß zur Heirat war derart einschneidend, daß Wendy ihn als »das Ereignis, das mich von meinem Zuhause befreite«, beschrieb.

Fast zwanzig Jahre später sieht sie diese Entscheidung noch immer als diejenige Handlung, die ihren kindlichen Status aufhob: »Ich komme wirklich immer wieder auf die erste Entscheidung zurück, die für mich so etwas wie ein radikaler, wenn auch geheimgehaltener Fluchtakt gewesen ist. Es war eine Willenserklärung, ein Versprechen, das ich mir selbst stillschweigend gegeben habe: ›Ja, du kannst diese Entscheidung ganz allein treffen, niemand sonst hat Anteil daran, nur du ganz allein.‹«

Obwohl Wendy von der Entscheidung, auf der sie ihr Leben als Erwachsene gründete, behauptete, daß »niemand sonst Anteil daran« hatte, war es eine Entscheidung, die Bindung und Verpflichtung bedeutete. Die Entscheidung zu heiraten konnte schlecht von ihr allein getroffen werden. Das, was sie als radikalen Akt der Unabhängigkeit bezeichnete, umfaßte die intimste Form der Bindung an einen anderen Menschen. »Meine Heirat bot mir die Möglichkeit, mir eine unauslöschliche erwachsene Identität zu schaffen. Es ist fast so, als würde man sich selbst großziehen. Ich denke, die Ehe ist wie die Neu-Schöpfung eines Kokons, während man gleichzeitig bereits ein voll ausgewachsener Schmetterling ist. Die Metapher stimmt nicht ganz, aber sie klingt trotzdem recht gut.«

Die Heirat half ihr außerdem bei der schwierigen Aufgabe, der Rolle der pflichtbewußten Tochter zu entfliehen. Für Wendy trug diese Rolle eine schmerzliche Doppelbedeutung: »Bevor ich heiratete, hatte ich zwei Persönlichkeiten. Eine war die pflichtbewußte Tochter, die Briefe nach Hause schrieb. Und dann gab es die andere, die eine leidenschaftliche Affäre mit Philip hatte, einem Mann, den ich im ersten Studienjahr kennengelernt hatte.«

So wie Katherine nicht mit Sam in einem Zimmer schlafen durfte, solange sie nicht verheiratet war – obwohl ihre Brüder regelmäßig Mädchen bei sich übernachten ließen –, mußte Wendy sich ebenfalls mit der für Frauen geltenden Doppelmoral auseinandersetzen und nach einer Möglichkeit suchen, auch ihre sexuelle Identität zu etablieren. Erst die Ehe im angemessenen Alter legitimiert sexuelle Bedürfnisse. Ohne dieses Schiff ins gelobte Land waren – und sind – Frauen Forderungen einer permanenten Asexualität ausgesetzt. Um sich ihr Frausein in einer Kultur zu beweisen, die gerade erst zu akzeptieren beginnt, daß Frauen überhaupt von der Ehe unabhängige sexuelle Bedürfnisse haben, und um nicht ihr Leben lang als unreif zu gelten, haben Frauen im Regelfall versucht, den goldenen Vogel – die Ehe – abzuschießen.

»Meine erste Ehe war der Versuch, die beiden Hälften meiner Persönlichkeit zusammenzubringen, nicht mehr so gespalten zu sein. Der Konflikt hing einerseits damit zusammen, daß ich mich schuldig fühlte, weil ich eine sexuelle Beziehung hatte, ohne verheiratet zu sein. Zum anderen wußte ich, daß die eine Hälfte meiner Persönlichkeit sehr kindlich war, und diese Seite wollte ich überwinden. Die Ehe verhieß die Lösung dieser Probleme. Sie sollte die Kluft überbrücken.

Es war unerträglich für mich gewesen, weil die beiden Rollen sich gegenseitig auszuschließen schienen, die pflichtbewußte Tochter auf der einen, die erwachsene Frau auf der

anderen Seite. Und das Bedürfnis, die Rolle der pflichtbewußten Tochter weiterzuspielen, war immer noch so stark,
daß ich mich unwohl fühlte. Dieses Doppelspiel überforderte
mich. Die Ehe gab mir die Möglichkeit, mich für eine der
beiden Personen entscheiden zu können – ich konnte die beiden nicht miteinander in Einklang bringen, aber eine ausschließen.«
Merkwürdigerweise schien es zu genügen, die Angelegen-
heit heimlich zu regeln:»Durch die Heimlichkeit habe ich es
für mich selbst in Ordnung gebracht, obwohl ich für meine
Familie weiterhin die Naive und die Tochter spielen mußte,
die tat, was man von ihr erwartete. Mit der formellen Hochzeit fast zwei Jahre später konnte ich einen endgültigen
Schlußstrich unter die scheußlichen Aspekte der pflichtbewußten Tochter ziehen. Ich habe dann im wörtlichen Sinn
mein Elternhaus verlassen, hatte meine eigene Wohnung und
konnte selbst bestimmen, inwieweit ich die Rolle der pflichtbewußten Tochter erfüllen oder einschränken wollte.«
    Der Drang, ihre Kindheitsidentität auszulöschen, erwies
sich als so gewaltig, daß er Wendy auch noch nach ihrer offiziellen Heirat beherrschte.»Sogar nachdem wir ›offiziell‹ verheiratet waren, wollte ich jene Identität, diese ersten zwanzig
Jahre, auslöschen. Ich erinnere mich daran, daß ich den An-
trag für die Abschlußprüfung im College ausfüllte. Man sollte
angeben, in welcher Form der Name auf dem Programmheft
erscheinen sollte. Die Frage, ob ich meinen Mädchennamen
zwischen die anderen beiden setzen sollte oder nicht, erschien
mir als eine willkommene und wichtige Entscheidungsmög-
lichkeit. Ich wußte, daß es eigentlich erwartet wurde, aber ich
wollte es nicht. Ich wollte ihn auslöschen – so als ob man mit
einem Federstrich ausdrücken könnte: ›Dies ist deine erwachsene Identität‹, und die Kindheitsidentität wäre ausra-
diert.«
    Das Bedürfnis, diese Kindheitsspur auszuradieren, hing
zum Teil damit zusammen, daß Wendy das Gefühl hatte, ihr
Wunsch nach Unabhängigkeit ließe sich nicht mit der Tatsache, ein unverheiratetes junges Mädchen zu sein, in Einklang
bringen. Die Ehe hatte nicht nur die Rolle der pflichtbewuß-

ten Tochter ersetzt, sondern auch ihr Bedürfnis nach Unabhängigkeit legitimiert, indem sie Wendy den Status einer Erwachsenen verliehen hatte. Sich als alleinstehende Frau ihre Unabhängigkeit zu erringen, schien Wendy unmöglich; sie war überzeugt, daß es nicht genügte, einfach älter zu werden. Um ihre Unabhängigkeit zu gewinnen und dem Leben ihren eigenen Stempel aufzudrücken, mußte sie sich zur Erwachsenen machen. Und um als erwachsen zu gelten, mußte sie heiraten. Wendy drückte es folgendermaßen aus:»Ich hatte einen instinktiven Drang nach Unabhängigkeit, der mir schwer zu schaffen machte, solange ich nicht verheiratet war. Ich wollte schnell erwachsen werden. Ich hatte das Gefühl, daß es von einer Minute zur anderen passieren müßte, so wie ein plötzlicher Umsturz. Ich versuchte, mich erwachsen zu *machen*. Ich denke nach wie vor, daß der Entschluß zu meiner Ehe meine erste erwachsene Entscheidung war.«

Der Kontext der elterlichen Familie schien Wendy merkwürdig unfähig gemacht zu haben, irgendeine andere Entscheidung zu treffen. Sie mußte sich einen davon unabhängigen Lebenszusammenhang schaffen, um für sich selbst entscheiden zu können. Ihr Bericht zeigte wie derjenige Katherines, daß das Eingehen von Bindung und Verpflichtung die eigene Unabhängigkeit eher erleichtert, als daß es damit in Konflikt geriete.»Solange ich in die Erwartungen meiner Familie eingebunden war, sah ich keine Möglichkeit, selbst zu entscheiden, wie ich mein Leben gestalten oder welchen Beruf ich wählen sollte. Tatsächlich erwies sich die Berufswahl dann als wesentlich leichtere Entscheidung. Doch diese Beziehung zu einem anderen Menschen, unabhängig von meiner Familie, war der entscheidende Schritt zur Unabhängigkeit. Es war die erste wirklich selbständige Handlung meines Lebens, durch die dann viele andere Entwicklungen ausgelöst wurden.« Die Heirat – ein Akt der Bindung – brachte ihr die Unabhängigkeit, weil sie Wendy von dem Einfluß ihrer Familie befreite. Paradoxerweise schienen nachfolgende Entscheidungen, die sie im Rahmen ihrer Ehe fällte, selbständig zu sein. Aber daß sie überhaupt selbständig gehandelt hatte, losgelöst von der elterlichen Familie, war etwas Radikales in sich.»Ich mußte etwas derart Radikales tun. Wahrscheinlich wäre es radikaler gewesen, überhaupt nicht zu heiraten. Es wäre die radikalste Entscheidung gewesen, aber das habe ich überhaupt nicht erwogen. Ich habe mir nie vorgestellt, eine unverheiratete Frau zu bleiben. Man heiratete einfach, das stand außer Frage.«

Obwohl die Ehe selbst »außer Frage« gestanden haben mag, hatte Wendy früh erkannt, daß sie nicht alles für sie sein könnte. Sie erinnerte sich daran, wie sie als Zehnjährige auf einem Bordstein gesessen und sich mit einer Freundin darüber unterhalten hatte, wie glücklich sie in dieser Stadt und mit ihren Eltern wäre. Wenn sie selbst erwachsen wäre, wollte sie ganz genauso leben. Doch diese Ansicht sollte sich ändern. Ihre Unabhängigkeit als Frau beruhte auf der Korrektur dieser Einstellung: »Als Jugendliche habe ich erkannt, daß ich in vielerlei Hinsicht anders leben wollte als meine Eltern. Ich träumte davon, an einem irgendwie interessanten und aufregenden Ort zu leben. Ich wollte unbedingt aus meiner Heimatstadt wegziehen.«

Damals beschloß sie, auf keinen Fall in die häuslichen Fußstapfen ihrer Mutter zu treten. Wie Katherine hielt auch Wendy die Männerwelt für aufregender, schon weil sie so viel mehr umfaßte als der eingeschränkte Wirkungsbereich der traditionellen Frauenrolle.»Ich wollte nicht so spießig werden wie meine Mutter. Ihre Welt als Hausfrau war so eng. Sie nutzte weder ihre Ausbildung noch ihr musikalisches Talent. Ich wollte ein produktiveres, kosmopolitischeres Leben führen, so wie mein Vater.«

In der Adoleszenz machte Wendy sich vor allem Gedanken über ihre zukünftige Rolle als Frau: »Die Frauen in meiner Familie arbeiteten normalerweise nicht; sie blieben zu Hause, machten irgend etwas Ehrenamtliches und kümmerten sich um die Kinder. In meiner Jugend begann ich, das kritischer zu sehen. Ich erinnere mich, daß ich lebhaft mit meinen Freundinnen diskutierte, wie man sein Leben gestalten sollte und wie wir uns unsere Zukunft als Erwachsene vorstellten. Und ich weiß noch, daß ich mir ausmalte, ganz anders zu leben als die Frauen in meiner Familie. Ich wollte heiraten und Kinder bekommen, aber ich wollte auch einen Beruf ausüben, wahrscheinlich als Lehrerin.« Diese Überlegungen, die viel mit weiblichen Rollenmodellen zu tun hatten, drangen nie nach außen. »Ich habe mich darüber nie mit meinen Eltern unterhalten, aber ich erinnere mich, daß meine Mutter einmal fragte: ›Gibt es Frauen, die du bewunderst?‹ Es gab eine, meine vier Jahre ältere Cousine. Sie hatte auf ihre Weise das getan, was ich eines Tages auf meine Art tun sollte. Sie hatte auch während ihrer Collegezeit geheiratet und danach weiterstudiert.

Meine Tante, eine Schwester meiner Mutter, war die zweite Frau, die ich bewunderte; die Familie war gegen ihre Ehe gewesen, weil sie einen Cousin ersten Grades geheiratet hatte. Ich sah, was für einen Aufruhr diese Heirat verursachte – und dachte, daß es wirklich von alles entscheidender Bedeutung wäre, *wen man wählte*. Das klingt wie achtzehntes oder neunzehntes Jahrhundert, wenn ich jetzt daran zurückdenke, aber damals erschien mir das nicht so. Ich war der Meinung, daß diese beiden Frauen auf radikale Weise ihre eigenen Ansichten durchgesetzt hatten.«

Wendy schien eine sanfte, besonnene Frau zu sein, nicht der Typ, der gegen seine Eltern rebelliert. Auf die in ihre Mädchenzeit zurückgehende Indentifikation mit ihrer unkonventionellen Tante stützte sie sich nun, um mit der weiblichen Familientradition zu brechen. »Ich hatte eine sehr enge Beziehung zu dieser Tante. Während meiner Grundschulzeit lebte sie ganz in unserer Nähe. Ich habe oft bei ihr zu Mittag gegessen und hatte bei ihr fast so etwas wie ein zweites Zuhause. Sie war ein reizender Mensch, witzig und verständnisvoll. Äußerlich hatte sie zwar eine rauhe Schale, aber innerlich war sie wirklich süß und lieb. Ich habe mich stark mit ihr identifiziert. Sie war ein wichtiges, alternatives Rollenmodell für mich, weil sie ihre Entscheidungen ganz unabhängig von ihrer Familie zu treffen schien. Diesen Cousin zu heiraten und ein Kind mit ihm zu haben, war zweifellos ein sehr mutiger Entschluß von beiden. Sie stellte mir ein Muster zur Verfügung, wie man sich als junge Frau gegen eine gewisse schikanöse Einmischung in sein Leben wehren kann.«

Wendy unterstrich die Bedeutung völliger weiblicher Unabhängigkeit und bezog sich auf die Abwendung von der Rolle der pflichtbewußten Tochter. »Was es bedeutet, eigenständige Entscheidungen zu treffen, so wie diese Tante, ist mir zum ersten Mal richtig bewußt geworden, als ich den Entschluß faßte, die Rolle der pflichtbewußten Tochter nicht mehr länger zu spielen. Das war der Anfang meiner Unabhängigkeit. Nachdem ich diesen Entschluß umgesetzt und geheiratet hatte, sollte es zwar noch einige Jahre dauern, bis sie sich wirklich gefestigt hatte, aber das ist etwas anderes.«

Um zu einer wahrhaft unabhängigen Identität zu finden, war mehr nötig als eine Ehe: »Ich weiß, daß ich untergegangen wäre und eine genauso abhängige Beziehung zu meinem Mann entwickelt hätte wie als Kind zu meinen Eltern, wenn ich es versäumt hätte, mir meine eigene Identität zu schaffen. Ich fand diese Vorstellung früher sehr verführerisch – ein Gespräch auf dem Sofa, den Mann die Entscheidungen treffen zu lassen und dann mit seiner Entscheidung glücklich zu sein. Ich hätte leicht eine äußere Identität für eine andere eintauschen können. Ich mußte meine eigene noch festigen.«

Ein Ziel außerhalb der Ehe, ein eigenständiges Band mit der Welt jenseits der ehelichen Couch war für eine wahre, erwachsene Identität unabdingbar. »Ich habe meine eigene Identität gefestigt, indem ich mein Studium aufgenommen habe, Lehrerin wurde und mein eigenes Geld verdiente – was bei anstehenden Entscheidungen oftmals ausschlaggebend war.« In einer Bemerkung, die an Katherines Kommentar über gemeinsame Entscheidungen erinnerte, fügte Wendy hinzu: »Bestimmte Entscheidungen haben wir als Paar getroffen, aber ich wollte meinen eigenen Anteil daran nicht aufgeben. Das alles habe ich in den fünf Jahren, bevor wir unser erstes Kind bekamen, erreicht... Wenn ich nicht zuerst meinen Beruf ausgeübt hätte, wäre es mir schwergefallen, wirklich unabhängig zu werden. Die berufliche Entfaltung hat einen sehr fördernden Einfluß. Es ist die einfachste Art, erwachsener zu werden; und es macht zufrieden, wenn man bestimmte Aufgaben hat.«

Doch nicht jede Arbeit hätte Wendy zu einer eigenständigen Identität verholfen. Wendy arbeitete unter einzigartigen Bedingungen, die sich als wahre Brutstätte individueller Entwicklung erwiesen:»Die Schule, in der ich unterrichtete, bot einen enormen Freiraum. Du mußtest einige Pflichtveranstaltungen abhalten, aber davon abgesehen, konntest du sehr viel selbst gestalten. Und wenn du einer Sache überdrüssig warst, konntest du das Material neu variieren und dadurch andere Perspektiven eröffnen oder dir einfach einen neuen Kurs ausdenken.«

Wie bei Katherine war viel von dem, was Wendy tat, von bestimmten Menschen abhängig:»Der Direktor war ein wunderbarer Vorgesetzter. Er hatte einige ungewöhnliche Ideen, aber vor allem hatte er das Wohl der Kinder im Auge. Er verbrachte viel Zeit mit ihnen. Sie hielten sich endlos in seinem Büro auf, und meistens redete er. Es hörte sich immer wie ein ganz normales Gespräch an, aber er hat ihnen wirklich etwas beigebracht.

Er tat oft etwas, dessen Sinn ich erst viel später verstand. Einmal griff er sich einen schwachen Schüler heraus und lenkte die Aufmerksamkeit der gesamten Schule auf ihn. Auf Lehrerkonferenzen und bei der morgendlichen Versammlung erklärte er jedem, daß dieser junge Mann aus einem Entwicklungsland stammte und aufgrund seiner Körpergröße wahrscheinlich zum Staatsoberhaupt ernannt werden würde, wir sollten also angesichts dieser Verantwortung dafür Sorge tragen, daß wir ihm etwas beibrächten, ihm unsere spezielle Aufmerksamkeit schenkten und ihn in gewisser Hinsicht unterstützten. Ich hatte noch nie erlebt, daß jemand *so* über irgend etwas gesprochen hat. Er hat dem Jungen wirklich geholfen, und er ist tatsächlich Staatsoberhaupt in seinem Land geworden. Vielleicht wäre er das ohnehin geworden, ich weiß es nicht. Aber ich habe daraus gelernt, *daß dieser Direktor sich für andere einsetzte.* Wenn er sah, daß ein Kind in Schwierigkeiten war, hat er etwas *getan*, auch wenn er sich dadurch lächerlich machte.«

Das aktive Beispiel des Direktors, seine unabhängigen und unkonventionellen Ansichten, haben Wendy auch entscheidend dabei geholfen, Familie und Beruf in Einklang zu bringen. »Auch mir hat er sehr geholfen. Als ich schwanger wurde, sagte er: ›Sie denken doch wohl nicht daran aufzuhören, oder?‹ Ich verneinte und erzählte ihm, daß ich einfach so lange weiterarbeiten wollte, wie es für alle von Vorteil wäre, woraufhin er erwiderte: ›Ich würde es großartig finden, wenn Sie bis ganz zuletzt arbeiten würden – solange es geht. Es ist gut für Sie, und es ist gut für die Schüler. Und ich glaube, es ist besonders gut für die Mädchen, wenn sie sehen, wie eine hochschwangere Frau weitermacht, ohne sich einschränken zu lassen.‹ Genau dasselbe habe ich zweifellos auch gedacht, aber er sprach es ganz offen und direkt aus.«

Dieser Zuspruch des Direktors war Teil einer umfassenderen Lebensphilosophie, der er durch konkrete Handlungen Ausdruck verlieh. »Damals arbeitete auch gerade vorübergehend ein junger Lehrer bei uns, der einige Schafe hielt. Er ließ sie frei herumlaufen, sie fraßen den Rasen ab, und ihm gefiel das. Dieser Direktor schaute aus dem Fenster seines Büros, zündete seine Pfeife an und meinte: ›Jeder sollte von seiner Klasse aus auf eine Landschaft mit Schafen sehen können. Und auf eine hochschwangere Frau.‹ Im letzten Monat, in dem ich unterrichtete, war mein Kurs glücklicherweise nur zur Hälfte besetzt, und es klappte gut. Ich bekam das Kind, und alles lief so problemlos, wie er es vorausgesagt hatte. Dann fing ich an, halbtags zu unterrichten, morgens, und auch das funktionierte.«

Ihre Zusammenarbeit mit diesem speziellen Direktor hatte viel mit Wendys Selbstdefinition zu tun: »Mein Beruf hat mir viel Selbstbestätigung gegeben. Ohne ihn wäre es mir kaum gelungen, für mich selbst einzustehen. Der Beruf war wirklich eine Art Matrix für mein Erwachsenwerden – wobei Matrix übrigens ein sehr weibliches Wort ist, nicht nur, weil es für *Gebärmutter* steht, sondern auch, weil es aus *mater*, dem lateinischen Wort für ›Mutter‹, abgeleitet ist.« Tatsächlich hat sich die Schule – unter der Leitung dieses Direktors – als ein fruchtbarer Schoß für Wendys Entwicklung erwiesen.

Der sanfte Prozeß allmählichen Erwachsenwerdens wurde jäh unterbrochen, als Wendys Mann, der als Journalist in Afrika arbeitete, bei einem schrecklichen Unfall ums Leben kam. Er hatte über den Bürgerkrieg in Nigeria und Biafra berichtet, und sein Aufenthalt war beinah abgelaufen, als sein Jeep von einer Brücke abkam und sich überschlug. Wendy war zu jung und zu sensibel, um unter diesem Schicksalsschlag nicht zusammenzubrechen. Sie war im wahrsten Sinn des Wortes sprachlos vor Entsetzen. »In der ersten Zeit nach diesem Verlust habe ich nur versucht, mich selbst wieder unter Kontrolle zu bringen. Von den ersten sechs Wochen danach weiß ich so gut wie nichts mehr, außer, daß ich stumm war. Ich habe nur mühsam geantwortet, ich konnte kaum noch sprechen. Wahrscheinlich habe ich das Baby versorgt und alle möglichen Dinge erledigt, aber meine Erinnerung an diese Zeit ist sehr undeutlich. Es ist nichts haften geblieben. Ich war einfach völlig am Ende.«

Doch die Auseinandersetzung mit diesem Verlust hat Wendy auch dazu gebracht, den Schleier ihrer heilen, behüteten Kindheitswelt zu zerreißen. So wie Katherine durch den Tod ihrer Großmutter, stürzte auch Wendy durch den Tod ihres Mannes aus einer Scheinwelt in eine neue Wirklichkeit: »Der Tod meines Mannes hat mich zum ersten Mal erkennen lassen, daß Dinge geschehen, die nicht geschehen sollten. Er hätte etwas Ruhiges, Ungefährliches wählen können, über ein gutbürgerliches, typisch amerikanisches Thema schreiben können. Aber wir waren sehr idealistisch. Daß er über den Krieg in Afrika berichtete, hatten wir gemeinsam entschieden, aus ethischen und humanitären Überlegungen heraus, die ich teilte. Letzten Endes habe ich wohl vor allem seine Illusion geteilt – es ist schon so, daß junge Männer einfach nicht glauben, daß sie sterben könnten. Sie halten sich für unverwundbar. So ging er also, und zwei Tage bevor er zurückkommen sollte, wurde er bei dem Unfall getötet. Es war ein Schock für mich. Ich war zornig; ich fühlte mich im Stich gelassen und betrogen.

Nach seinem Tod stand ich vor unzähligen Entscheidungen. Ich beschloß, daß ich lieber wieder arbeiten wollte, ich brauchte diese Selbstbestätigung. Ich wollte in meinen alten Beruf zurück. Ich bekam eine Stelle und unterrichtete Staatsbürgerkunde, obwohl das nicht mein Fach war. Außerdem hatte ich das Kind, das eine wichtige Kontinuität für mich bedeutete, und mir wurde klar, daß ich dafür verantwortlich war, ihm eine gute Erziehung zu geben. Ich war glücklich, daß ich einige Entscheidungen treffen konnte, aber es war so unglaublich schwer.«

Wendy litt nicht nur unter dem Verlust, der sie getroffen hatte, hinzu kam, daß sie an ihrem Erwachsenenstatus zu zweifeln begann, nachdem sie ihre Rolle als Ehefrau verloren hatte. Ihre Lebensgeschichte illustriert, welch unsichere Grundlage die Ehe für die erwachsene Identität einer Frau ist, denn wenn die Ehe diesen Status verleiht, folgt aus dem Ende der Ehe konsequenterweise auch die Aufhebung dieses Status. Mit sechsundzwanzig Jahren und als Mutter eines zweijährigen Sohnes völlig unerwartet in einen vor-erwachsenen Zustand zurückversetzt zu werden, bedeutete eine zusätzliche Belastung bei dem Versuch, den Verlust des geliebten Mannes – und den Schlag für das eigene Selbstgefühl – zu verarbeiten: »Nach dem Tod meines Mannes fühlte ich mich in die Adoleszenz zurückgeworfen. Ich weiß noch, daß ich mir wieder wie ein kleines Collegemädchen vorkam. Meine Eltern erwarteten, daß ich wieder bei ihnen leben würde. Nachdem mein Mann gestorben war, wäre es in gewisser Weise natürlich gewesen, zurückzukehren und noch mal ganz von vorn anzufangen, am Ausgangspunkt sozusagen. Doch ich war mir damals einfach nicht mehr sicher, wer ich überhaupt war. Ich meine, ich konnte mich zwar auf das Kind und auf den Beruf stützen, in den ich zurückkehren wollte. Aber ich mußte unbedingt eine feste Grundlage in mir selbst finden.«

Um sich diese erstrebte Identität zu schaffen, mußte Wendy erneut aus der Rolle der pflichtbewußten Tochter entfliehen und ihr Zuhause verlassen. Das wohlwollende Verhalten der Eltern drohte Wendys Anstrengungen, erwachsen zu bleiben und sich selbst zu finden, zu untergraben. Wie gut gemeint die elterlichen Absichten auch sein mochten, Wendy konnte es nicht ertragen, »zu Hause« mit ihnen zu leben. Selbst in den wenigen Wochen, in denen sie es versuchte, setzten sich alte Verhaltensmuster durch. »Ich war überzeugt, daß ich mir überhaupt keine eigenständige Identität mehr bewahren könnte, wenn ich auf zu engem Raum mit der Kritik und der Einmischung meiner Eltern leben müßte. Ich brauchte eine gewisse Distanz.«

Die Ehe war der Keil gewesen, den Wendy zwischen sich und die Tochterrolle getrieben hatte, um die nötige Distanz zu schaffen, und die Ehe hatte ihr auch die nötige Kraft gegeben, um sich zu der unabhängigen Frau zu machen, die sie sich selbst versprochen hatte. Der Verlust der Ehe drohte die harterkämpfte Individuation wieder aufzuheben. Die Rückkehr zur Tochterrolle trieb Wendy in die Unreife zurück. Um die pflichtbewußte Tochter in sich zu besiegen, mußte sie die direkte Konfrontation mit ihrer Mutter suchen – ohne den Schutz, den die Ehe in ihrer konkreten und ideellen Bedeutung gewährt hatte: »Was ich meine, ist, daß meine Mutter mich dauernd anderen Männern vorstellen wollte, mir vorschrieb, wie ich mein Haar kämmen und welchen Lippenstift ich tragen sollte und all solche Sachen. Ich wußte, daß der Punkt kommen würde, an dem ich ihr einfach klarmachen mußte, daß ich mir diese albernen Forderungen nicht mehr gefallen lassen würde. Ich mußte meiner Mutter offen gegenübertreten und ihr sagen: ›Hör auf damit! Überleg dir, wie alt ich bin, und behandle mich nicht länger wie eine Dreizehnjährige!‹«

Obwohl die Konfrontation mit der Mutter durch banale Anlässe ausgelöst wurde, erwies sie sich als entscheidende Schlacht in Wendys zweiter Anstrengung, erwachsen zu werden. Wendy bestätigte, wie schwierig – und wie bedeutsam – dieses Aufeinandertreffen gewesen war: »Es war schwerer für mich und hat mich mehr Zeit gekostet, als mich gut zu verheiraten oder eine Kind zu bekommen. Diese Konfrontation hat etwas Abschließendes in meinem Erwachsenwerden bewirkt. Sie bedeutete einen entscheidenden Wendepunkt und gab mir das Gefühl: ›Du hast zu dir selbst gefunden und weißt, wer du bist.‹« Wendys Selbstreflexion und ihre Selbsterkenntnis drückten sich nicht nur in einem Durchbruch, was die Beziehung zu ihrer Mutter betraf, aus, sondern führten auch zum Bruch mit der Kindheitswelt: »Meine Erziehung war nicht dazu angetan, mich automatisch dahin zu führen.«

Indem Wendy ihre Reife mit genau diesem Ereignis verknüpfte, verband sie den Tod ihres Ehemannes mit der ge-
wandelten Beziehung zur Mutter. »Der Tod meines ersten
Mannes brachte eine entscheidende Wende. Damals ist mir
klargeworden, daß diese Auseinandersetzung mit dem Tod
eine sehr wichtige Erfahrung für mich bedeutet hatte, die
meine Mutter nicht verstehen konnte, weil sie sich zu sehr
davor fürchtete. Ich fühlte mich reifer, erfahrener und irgendwie weiser als sie. Es wurde mir plötzlich klar, daß ich alle
möglichen Erfahrungen gemacht hatte, die meine Eltern nicht
nachvollziehen konnten.«

In dem bewußten Versuch, noch einmal von vorn anzufangen und sich ein neues Leben aufzubauen, heiratete sie ein
zweites Mal: »Meine zweite Ehe hat mir eine zweite Chance
gegeben. Ich wünschte mir einfach eine größere Familie. Ich
wollte wieder ganz ich selbst werden, und das war ein Teil
davon. Wir wollten zwei Kinder haben, um die Vergangenheit zu besiegen. In meiner zweiten Ehe habe ich mehr von
meinen Möglichkeiten verwirklicht als in der ersten, als ich
noch zu unerfahren war. Wenn man sich seiner selbst stärker
bewußt ist, weil man lange Zeit am Boden gelegen hat, kann
man sein Potential besser nutzen. Man formt es klarer, wie
eine Skulptur.«

Sie entwarf eine Metapher für ihre Entwicklung und verglich die Anfänge mit einer formlosen Masse: »Wenn ich
meine Entwicklung bildlich darstellen sollte, würde ich sie
mit einer dreidimensionalen Skulptur vergleichen. Man fängt
mit einem riesigen Klumpen Rohmaterial an und weiß nicht,
welche genaue Form er einmal annehmen wird. Mit der Zeit
entwickelt er ganz von allein klarere Konturen, aber man muß
den Stoff auch bearbeiten, um zu wissen, was die festen Bestandteile sind. Und man muß hier und da etwas hinzufügen,
wenn es nötig ist. Für mich hat diese Skulptur heute ihre natürliche weibliche Gestalt angenommen. Sie ist nicht einfach
mein Ebenbild. Sie ist mehr und zeugt von vielen Generationen. Das ist die bildliche Vorstellung, die ich von meiner Entwicklung habe, sie ist wie eine plastische Mischung aus meiner Mutter, meiner Tante und einer Freundin. Und auch alle

anderen wichtigen Personen sind irgendwie damit verschmolzen. Nicht nur Frauengestalten, auch meine Kinder, mein Vater, meine Ehemänner, Schwiegermütter, jeder Mensch, der mir etwas bedeutet hat.«

Sie überlegte, worum es beim Erwachsensein eigentlich geht: »Ich glaube, es geht bei diesem Reifungsprozeß vor allem darum, daß man zu unterscheiden lernt, wie viele und welche Dinge man allein machen muß und welche Dinge man wirklich mit anderen teilen kann.« Und wie Katherine definiert auch Wendy Unabhängigkeit auf »weibliche« Art: »Früher habe ich mir Unabhängigkeit immer nur als eine Art Schwarzweißbild vorstellen können. Heute weiß ich, daß sie ein viel bunteres Geschöpf ist. Und ich sehe Unabhängigkeit nicht länger als klar abgesteckte geometrische Figur mit symmetrischen Formen. Sie ist viel künstlerischer.«

Durch die Frage nach den grundlegenden und elementaren Bestandteilen ihrer Identität kam Wendy auch auf die unterschiedlichen Rollen von Kindern und Erwachsenen zu sprechen: »Ich wurde zu dem Menschen, der ich heute bin, weil ich bestimmte Rollen wahrnahm, die der Ehefrau, der Mutter, der berufstätigen Frau – sie alle ersetzten die eher vorübergehende Rolle der Schülerin, Tochter, Freundin.«

Wendy verfolgte bestimmte Verhaltensmuster, die sich mit der Zeit aus diesen Bestandteilen ergeben hatten, in ihre Mädchenzeit zurück und betonte die Rolle ihres Vaters für die Entwicklung ihrer Identität. »Ein Teil meiner Persönlichkeit war nur schwach ausgeprägt – das war die spielerische Seite. Mein Vater hat diesen Teil in mir auf wundervolle Weise gefördert. Ich weiß noch, wie ich als Mädchen mit ihm gespielt habe und wie er mir dabei immer das Gefühl gab, kompetent zu sein. Er brachte mir Tennis bei, zeigte mir, wie man einen Ball richtig wirft. Er lehrte mich Skilaufen. Unsere Beziehung war natürlich und unkompliziert. Es war eine ausgelassene Zeit, in der ich viel gespielt habe, nicht nur mit ihm, sondern mit ganz vielen Leuten. Die Flexibilität, die man sich im Sport und beim Spielen erwirbt, hat viele Vorteile: Man übt die verschiedensten Rollen, und man lernt, Regeln zu beachten. Man fühlt sich lebendig, erhält einen Bezug zur Welt, wird offen für Neues, und daraus entwickeln sich Tatkraft und Initiative. Die Erinnerung an jene Zeit hat mir in einer kritischen Phase meines Lebens neue Kraft gegeben.«

Nicht jede Frau hat die Kraft, ihre Persönlichkeit wachsen zu lassen, indem sie ihre Beziehungen miteinander verschmelzen läßt und sich aus dem Stoff all dieser Lebenserfahrungen eine neue weibliche Gestalt formt, wenn ihre Ehe endet. Die neunundvierzigjährige Helen war völlig gelähmt, seitdem ihr Mann die Scheidung eingereicht hatte, als sie fünfunddreißig gewesen war. Weil sie nicht in der Lage gewesen war, nach dem Scheitern ihrer Ehe »die nötige Kraft zu sammeln«, um auf sich selbst zu vertrauen, war ihr Leben seit fast fünfzehn Jahren zum Stillstand gekommen. Im Gegensatz zu Wendy sah Helen sich als ein Opfer der Umstände, ihr fehlten die Tatkraft und Initiative, deren Schlüsselbedeutung Wendy erkannt hatte – vielleicht deshalb, weil Helen kein selbstbewußtes Mädchen in sich wachrufen konnte, das die Welt für sich ausgemessen und ihr Leben in die Hände genommen hatte, sondern nur ein Kind, das sich immer unerwünscht gefühlt hatte. Helens Geschichte illustriert auf traurige Weise, welchen Preis eine Frau zahlen muß, wenn sie ihre Identität allein auf die Ehe gründet, ohne sich der Bewahrung ihrer Individualität und eines eigenen Ichs zu verpflichten. Ihre Geschichte wirft viele Fragen nach der Leere auf, die entsteht, wenn ein Mädchen keine Autonomie entwickeln durfte.

Helen arbeitete als Lektorin und sah genauso aus, wie man sich eine solche Frau vorstellt, sie hatte graue Haare, adlerhafte Züge und durchdringende blaue Augen. Sie war bekannt und gefürchtet für ihre gnadenlose Kritik an Manuskripten und für ihren bissigen Humor. Sie reagierte ungeduldig auf jede Form von Ausschmückungen oder Umschweifen und hatte diese verlegerische Grundhaltung auf alle übrigen Bereiche ihres Lebens übertragen. Diese kritische Einstellung, die auch ihre persönlichen Beziehungen prägte, ließ sie äußerlich stark und unabhängig erscheinen. Doch unter dieser rauhen Schale verbarg sich etwas Zartes und Liebenswertes. Und sie selbst hatte im Rahmen der Untersuchung ihre

Verletzlichkeit eingestanden, wenn sie später auch bemüht war, dieses Eingeständnis zu kaschieren und zu leugnen. Auf einem Fragebogen, bei dem es um ihre gegenwärtige Lebenssituation ging, hatte sie das folgende eingetippt und es hinterher wieder ausgeixt: »Ich komme einigermaßen zurecht, am besten mit praktischen Dingen, aber wenn mein Kind nicht wäre und wahrscheinlich meine Feigheit, wär mir alles egal. Das hört sich melodramatisch an, ist aber nicht so gemeint.« Sie ließ dann stehen: »Ich glaube, darüber denke ich lieber nicht nach.« Obwohl auch andere Frauen, die an dieser Studie teilgenommen haben, an Depressionen litten, wirkte diese ambivalente Botschaft im Zusammenhang mit Helens Verhalten besonders unheilvoll.

Helen zergliederte ihr Leben wie ein grammatisches Satzgefüge. Sie saß mir gegenüber an dem verchromten Glastisch in ihrem Büro und schilderte ihre Erfahrungen. Heirat und Scheidung bildeten die Eckpfeiler der einzigen Zeit ihres Lebens, in der sie voller Lebenskraft gesteckt hatte. »Mein Leben ist durch zwei große Wendepunkte markiert«, berichtete sie. »Einer dieser Wendepunkte war, als ich mit ungefähr siebzehn oder achtzehn in jene gesellschaftliche Gruppe eintrat, der ich auch nach meiner Heirat angehörte, der andere war die Scheidung mit fünfunddreißig.«

Helen hatte von Kindheit an unter »pathologisch geringem Selbstvertrauen« gelitten und war zu der Überzeugung gelangt, daß sie nur durch die Ausnutzung ihrer intellektuellen Gaben auf dem College überhaupt irgend etwas leisten könnte. Sie war glücklich und erleichtert, als sie ihre Stellung in einer gleichgesinnten Wissenschaftlergruppe dadurch festigen konnte, daß sie einen Professor heiratete. »Er war so etwas wie ein jungenhaftes Genie und zog die Aufmerksamkeit der wissenschaftlichen Welt auf sich. In dieses strahlende Akademikerleben einzutauchen machte es leichter, das Kind, das ich damals war, zu verdrängen.«

Obwohl Helen den Einfluß weiblicher Rollenbilder als eher nebensächlich und nicht als entscheidend für ihr Leben betrachtete, machte sie ihr Gefühl von Kompetenz allmählich völlig von den Strukturen der Intellektuellengruppe um ihren

Ehemann abhängig. Sie verglich ihre Selbstachtung mit »einem Gebäude«, das auf seiner Welt aufgebaut war. Im Gegensatz zu Wendys Gleichnis einer fließenden, lebendigen Gestalt, der sie eigenhändig Form gegeben hatte, zeigte dieses Bild ein starres, unbewegliches, von anderen errichtetes Bauwerk, in dem Helen nichts anderes als eine Mieterin war: »Mein Selbstwertgefühl hatte keine eigene Grundlage. Es stützte sich auf meinen Mann. Er sammelte außergewöhnliche Leute um sich. Mit fünfundzwanzig hatte ich bereits alle möglichen interessanten Leute kennengelernt. Je mehr Zeit verstrich, desto abhängiger wurde ich von dieser Lebensweise, diesem Gebäude, dessen Fundament meine Ehe bildete. Es war ein Gebäude, das ich niemals selbst hätte errichten können. Ich konnte es nur instandhalten.«

Allmählich gab es keinen Unterschied mehr für sie zwischen ihrer Identität und diesem Gebäude, und als mit dem Zusammenbruch ihrer Ehe auch das Gebäude zusammenstürzte, empfand sie sich selbst als etwas ausgesprochen Unvollständiges: »Innerhalb dieses Bauwerkes habe ich perfekt funktioniert. Aber ich war mir bewußt, daß ich keine eigenständige Persönlichkeit hatte und niemals haben würde. Ich war ein halber Mensch, und ich brauchte die andere Hälfte, das Gebäude, um weiter funktionieren zu können.«

Als der Professor sich zur Scheidung entschloß, lebte das Paar in einem Haus, das die Universität zur Verfügung gestellt hatte. Da er zum Lehrkörper gehörte und Helen »lediglich eine Lehrkörperehefrau« war, war sie diejenige, die alles aufgeben mußte – Ehe, Haus, Gemeinschaft, alles. Obwohl sie nur vier oder fünf Häuserblocks weiter wegzog, war das Gebäude, das ihre Lebenskraft beherbergt hatte, in unerreichbare Ferne gerückt. Die brillante Wissenschaftlerwelt wollte zum größtenTeil nichts mehr mit ihr zu tun haben.

»Ich fuhr mit meiner Tochter, dem einzigen Lichtblick in meinem Leben, für einige Tage aufs Land. Sie war erst drei Jahre alt, und ich wollte ihr ein allzu großes Trauma in dieser Umzugssituation ersparen. Als wir zurückkamen, empfing uns im Wohnzimmer ein Meer von Blumen. Sie stammten von einigen treuen Freunden und sollten uns in unserem neuen Heim willkommen heißen.« Obwohl die Blumen offensichtlich als eine nette Geste gemeint gewesen waren, sah Helen in der Pracht nur eine Art Mahnmal für den Zusammenbruch ihrer Ehe, mit dem all ihre Hoffnungen auf die Zukunft zu Grabe getragen worden waren: »Der Anblick dieser Blumen hat mich fast umgebracht. Es war, als ob mein totes Leben in all diesen Lilien vor mir ausgebreitet läge. Ich hatte das Gefühl, an meiner eigenen Beerdigung teilzunehmen.«

Helen wurde sofort von einer Unmenge praktischer Probleme »untergepflügt«, von denen ein fehlendes Einkommen nicht das geringste war. Ihre Eltern boten ihr nicht an, sie wieder bei sich aufzunehmen, und trösteten sie auch nicht, so wie Wendys Eltern es getan hatten. Die Einsamkeit und eine verzweifelte finanzielle Situation überwältigten Helen. »Und in der ersten Woche brach ich mir den Arm. Ich konnte weder eine Dose öffnen, um den Hund zu füttern, noch meiner Tochter morgens die Schuhbänder zusammenbinden. Jede Kleinigkeit wurde zu einem so riesigen Problem, daß ich kaum wußte, wie ich den Tag überstehen sollte.«

Als sie ihr Leben allmählich wieder in den Griff bekam, plante Helen anfangs, eine akademische Laufbahn einzuschlagen, denn im Gegensatz zu Wendy wollte sie nicht wieder heiraten und ging davon aus, daß sie allein bleiben würde.

Sie hatte klassische Philologie studiert und kurz vor der Promotion gestanden. Alles, was ihr fehlte, war die Doktorarbeit. Aber sie entschied, daß fünfzehn Jahre eine zu lange Unterbrechung bedeuteten, als daß sie den Drang nach selbständiger wissenschaftlicher Forschung derart wiederbeleben könnte, wie es für die Beendigung ihres Studiums nötig gewesen wäre. Sie überlegte, ob sie ein anderes Fach studieren sollte, »aber in meinem Alter schien das reiner Blödsinn zu sein«. Später zog sie nach Boston, wurde jedoch weiter von bürokratischen Vorschriften eingeengt. In der Zeit, die vergangen war, seit sie die Graduate School verlassen hatte, hatte der Doktortitel seinen Wert als Lehrberechtigung verloren; als Helen vor der Notwendigkeit stand, sich ihren Lebensunterhalt zu verdienen, war er kaum noch eine Essensmarke wert. Ohne Promotion steckte sie – jedenfalls, was die akademische Welt betraf – in »reinen Frauenjobs« fest.

Helen hatte kein familiäres Vorbild weiblicher Durchsetzungskraft, das sie zu eigenen Zielen inspiriert hätte: Ihre Mutter hatte geheiratet, um nicht mehr arbeiten zu müssen. »Erst als sie fünfundsechzig wurde, hat sie zugegeben, daß sie immer gern Ingenieurin für Wasserwirtschaft geworden wäre. Es stellte sich heraus, daß sie seit Jahren Bücher über Bewässerungssysteme und Staudämme gelesen hatte.« Doch dieser Wunsch paßte nicht in die Zeit. Die Mutter übte Helen in häuslichen Aufgaben: »Als ich fünf Jahre alt war, lernte ich, wie man Taschentücher bügelt, und mit sechs, wie man Geschirr spült. Das waren die Aufgaben einer zukünftigen Hausfrau.«

Auch ihr Vater, ein Wissenschaftler, hatte Helen keine Kraft geben können. Als sie »ohne Abschluß« geheiratet hatte, hatte er zu ihr gesagt: »Du wirst genauso unfertig bleiben wie deine Mutter.« – »Er hielt sich für einen Versager, weil es ihm nicht gelungen war, seinem Namen die magischen Buchstaben akademischer Würde anzuhängen, deshalb sollte ich das für ihn nachholen. Er war entschlossen, mich zu einem Mitglied der Phi Beta Kappa zu machen, der Vereinigung der wissenschaftlich hervorragendsten Studenten eines College. Ich war ein pflichtbewußtes Kind und wurde schon im ersten Semester aufgenommen.«

Vielleicht hat Helen sich immer wie ein Kind gefühlt, weil ihre Eltern sie eher als Trägerin eigener unerfüllter Hoffnungen sahen statt als eigenrechtliche Persönlichkeit. Sie hatte keine wirklich eigenen Interessen. »Das Gymnasium war ein Fluchtort für mich. Ich schleppte mich auch mit Fieber und Ausschlag zur Schule, schlich aus dem Haus, bevor meine Mutter aufwachte, damit sie nicht merkte, daß ich krank war.« Doch die Schule konnte eine in der Familie verkümmernde Identität nicht ausgleichen. Erdrückt von den häuslichen Aufgaben, die bei der Mutter an die Stelle eigener Ziele getreten waren, und der Last, den Traum des Vaters erfüllen zu müssen, blieb Helen einfach kein Raum, um eine eigene

Vorstellung von ihrer Persönlichkeit zu entwickeln – weder was die Gegenwart noch was die Zukunft betraf. »Ich wußte nie, was ich sagen sollte, wenn mich jemand fragte, was ich werden wollte.«

Dieser Mangel an Perspektiven wurde erneut deutlich, nachdem »das Gebäude« zusammengestürzt war. Unfähig, ein lebensfähiges Bild von sich selbst zu entwerfen, übernahm Helen eine Reihe von Aushilfsjobs, durch die sie mehr und mehr ins Abseits geriet. Nachdem sie sowohl mit der mütterlichen wie der väterlichen Mission gescheitert war, erschien die Welt ihr als unwirtlicher Ort, an dem sie fortwährend daran erinnert wurde, daß sie ohne die Ehe und den Status, den sie ihr verliehen hatte, unvollständig war.

Sie machte ihre eigene Passivität dafür verantwortlich, daß sie ihre Lebenskraft nicht zurückgewinnen konnte: »Sicherheit bedeutet in gewisser Weise, daß man von vertrauten Menschen umgeben ist, ein warmes Nest hat oder zumindest weiß, daß man immer dahin zurückkehren kann. Ich sehne mich so sehr danach, aber ich bin unfähig, es mir selbst zu bauen. Ich kann mir diese wärmende Umgebung nicht selbst schaffen. Ich bin einfach unglaublich passiv in dieser Beziehung.« Das Zerbrechen ihrer Ehe weckte das alte Gefühl der Sinnlosigkeit angesichts »der Unbarmherzigkeit des Schicksals«, das ihr schon als Kind jede Lebenskraft genommen hatte.

In Anbetracht ihres fünfzigsten Geburtstags, der mit Windeseile näherrückte, meinte Helen abschließend: »Sie fragen mich, wie ich als erwachsene Frau gelebt habe? Ich habe in einem Vakuum gelebt, das war alles. Mit fünfunddreißig war ich eine lebende Tote. Und jetzt bin ich fast fünfzig und weiß nicht einmal, welchen Sinn diese letzten fünfzehn Jahre gehabt haben. Ich habe mein Kind großgezogen, aber ich habe jedes Zeitgefühl verloren.« Tatsächlich gab es seit der Scheidung kaum etwas über ihr Leben zu erzählen. Für Helen war die Zeit stehengeblieben, so wie nach dem Tod. Die Lebenskraft, die in »dem Gebäude« gesteckt hatte, war unter seinen Trümmern begraben worden.

Helens Erfahrungen folgten einem Muster, das sich graphisch fast wie eine Sinuskurve darstellen ließe: »Den Höhepunkt hatte ich mit siebzehn oder achtzehn erreicht, als ich zu einer Gruppe von Leuten stieß, die mein Gebäude mit Leben erfüllten, bis ich fünfunddreißig wurde. Vorher war ich ein sehr einsames Kind gewesen, und nachher war ich eine sehr einsame Erwachsene.« Der Zusammenbruch von Helens Gebäude bestätigte eine tiefsitzende Überzeugung, die an den Ecken ihres Lebens gelauert hatte, seit sie ein Mädchen gewesen war. Die Rückkehr zum Kindheitsich bedeutete die Rückkehr zu einem Mädchen, das man besiegt hatte. Wenn Helen in der Isolation die einzige Lösung sah, so vielleicht deshalb, weil man dieses Kind nie ermutigt hatte, vielleicht auch, weil sie nie darüber nachgedacht hatte, welchen Einfluß ihre Mädchenzeit auf ihr erwachsenes Leben hatte.

Helen hatte das Gefühl, sich in einem Leben festgefahren zu haben, das ihr »leer und öde« erschien. Sie hatte die abhängige Lebensweise, die sie in Verbindung mit »dem Gebäude« entwickelt hatte, in einem Bereich fortgesetzt, den man nicht ganz zutreffend als soziales Leben bezeichnen könnte. Sie hatte nur wenige Freunde und fürchtete, daß es keinem von ihnen auffallen würde, wenn sie krank würde und sogar stürbe. Ihr Selbstwertgefühl und ihr Optimismus waren auf die Jahre beschränkt gewesen, in denen sie das Gebäude aufrechterhalten hatte; ihr fehlte jede Tatkraft und Initiative. Statt ihr Leben eingenständig zu gestalten, hatte sie sich weiterhin »auf das Unendliche zutreiben lassen«. Zu einem eintönigen Dasein »gezwungen«, hatte sie ihre ganze intellektuelle Kraft darauf verwandt, andere auf den Boden der Tatsachen zurückzuholen. Sie war weder zum Subjekt ihrer eigenen Erfahrungen noch zum Objekt ihrer eigenen Fürsorglichkeit geworden.

In Anbetracht der Bedeutung, die Beziehungen und Bindungen für die sich herausbildende Identität einer Frau haben, ist es nicht überraschend, daß Helens Selbstverständnis zerstört wurde, als ihre Ehe scheiterte. Wenn eine stabile Identität sich über Beziehungen strukturiert, ist die logische Konsequenz, daß die Gefährdung oder Zerstörung einer intimen Bindung eine radikale Bedrohung für das eigene Selbst bedeutet. Aber Helens Verzweiflung war grenzenlos und tief erschütternd. Ihre Geschichte ließ den Wert der Ehe überhaupt zweifelhaft erscheinen und warf die Frage auf, wodurch eine verheiratete Frau ihre eigene Identität stärken könnte. Die Antwort sollte ich im Gespräch mit anderen Frauen finden: Sie hatte mit der Entscheidung zu tun, die das Mädchen im Innern traf.

5

Eine Wahl für sich allein: Megan

Megan lebte in einer bescheidenen Wohnung im zweiten Stock eines dreigeschössigen Hauses im Norden von Cambridge. Als sie die Treppe herunterkam, um mir an einem kalten Februarmorgen die Tür zu öffnen, war ich verblüfft, wie irisch sie aussah. Ihr schwarzes Haar, die schneeweiße Haut, die kleinen dunklen Augen und das ausgeprägte Gesicht verliehen ihr eine Intensität, die von ihrer drahtigen Gestalt und ihren flinken Bewegungen noch unterstrichen wurde. Winterlich gekleidet in Wollweste, Kordsamthose, Kniestrümpfen und Klogs führte sie mich in das Vorderzimmer, das im Stil der frühen zwanziger Jahre eingerichtet war. Sie setzte sich in einen Schaukelstuhl mit feingedrechselter Rückenlehne und überließ mir das Sofa. Megan war geschieden und lebte »allein« mit ihrem sechsjährigen Sohn; das Sorgerecht für ihn teilte sie mit seinem Vater. Sie erzählte mir, daß sie seit der Trennung von ihrem Mann vor drei Jahren mehr sie selbst geworden wäre, zu einem tieferen Selbstverständnis gefunden und es zur Richtschnur ihres Handelns gemacht hätte.

Und tatsächlich handelte Megans Geschichte hauptsächlich von ihrer Selbstwerdung. Wie ihr das im einzelnen gelungen war, war genau das, was mich interessierte – ich wollte wissen, wie sie die Blumen aus der Asche gezogen hatte, nachdem ihre Ehe gescheitert war, statt wie Helen durch die Scheidung aus der Bahn geworfen zu werden.

Als Megan von ihren Erfahrungen berichtete, verstärkte sich allmählich der Eindruck, daß die Herausforderung eines eigenständigen Selbst inmitten von Verwirrung und Verletzlichkeit davon abhängig gewesen war, daß Megan Entscheidungen getroffen hatte – nicht die übers Knie gebrochenen Entscheidungen der Adoleszenz, sondern bewußte, genau durchdachte, erwachsene Entscheidungen. Für sich allein Entscheidungen zu treffen war für Megans erwachsene Identität offenbar genauso wichtig – und genauso schwierig – gewesen wie die Bewahrung eines Zimmers für sich allein für Virginia Woolf.

Megans Schilderung machte deutlich, wie spezifisch weibliche Erfahrungen eine Frau daran hindern können, eigenständige Entscheidungen zu treffen und ihrer persönlichen Überzeugung zu folgen. Ihre Geschichte zeigte auch, daß Krisensituationen eine innere Autorität hervorbringen können, die zu entschlossenem, zielstrebigem Handeln führt. Vor allem jedoch legte Megan ganz unbeabsichtigt die Quelle solch natürlicher Autorität frei: Das Mädchen im Innern.

Megan half mir zu erkennen, inwiefern auch moderne Frauen, die in der Lage zu sein scheinen, jede gewünschte Entscheidung zu treffen, dem Einfluß verborgener Kräfte unterliegen, die speziell Frauen betreffen und jene Autorität ersetzen – Kräfte, die wir nicht mehr wahrnehmen, weil wir so versessen darauf sind, unseren Weg zu machen. Die Harvardabsolventin Megan verkörperte – von Kindheit an – den Inbegriff von Unabhängigkeit, Kompetenz und Selbstbehauptung. Doch mit einunddreißig war sie von dem, was sie »Weiblichkeitsmuster« nannte, ebensowenig frei wie ihre ans Haus gefesselte Schwester einer früheren Generation.

Als Megan heranwuchs, war sie beispielsweise immer davon überzeugt, daß sie eines Tages heiraten würde. Davon abgesehen hatte sie keine bestimmten Vorstellungen, wer und was sie persönlich einmal sein könnte. Obwohl sie die Ehe kaum als alleiniges Lebensziel oder einzigen Lebenszweck betrachtete, erwartete sie doch, daß die Heirat den Hintergrund für ihre Entwicklung liefern würde, und ging davon aus, daß ihre Zukunft durch die Wahl eines Ehemanns gesichert sein würde. Wenn dieses Ziel erst mal erreicht wäre, würde alles andere sich von allein ergeben. Soviel wußte sie, als sie ein Schulmädchen war. Erst viel später – als die Bindung zwischen ihr und ihrem Ehemann gefährdet war – kam sie zu der überraschenden Erkenntnis, daß sie von der Ehe auch die Lösung unzähliger Fragen erwartet hatte, die darum kreisten, wer sie war und wo sie hingehörte. Sie hatte mit anderen Worten erwartet, daß die Ehe ihr eine Identität geben würde – so wie viele Frauen ihrer eigenen und vorangegangener Generationen es ebenfalls getan haben:»Als Jugendliche hatte ich vorgefaßte Meinungen, bestimmte Vorstellungen von meinem Leben«, sagte sie.»Ich dachte, daß die Dinge sich alle ganz von allein ergeben würden, daß du zwar zwangsläufig Entscheidungen treffen müßtests, aber daß sie eigentlich schon vorher feststünden. Ich ging davon aus, daß ich heiraten würde«, erklärte sie.»Ich mußte vielleicht den Mann wählen, den ich heiraten wollte, aber das war eine Bedingung, eine vorbestimmte Entscheidung.«

Mit fünfundzwanzig entschloß sie sich zur Heirat – und erwartete von der Ehe, daß sie ihre jugendliche Vorstellung vom Erwachsensein als etwas, das sich »ganz von allein entfaltet«, verwirklichen würde. Daß diese unproblematische Auffassung von Entscheidungsfreiheit zwangsläufig zum Scheitern verurteilt war, deutete Megan an, als sie eilig hinzufügte:»Ich war mir damals zweifellos nicht bewußt, daß die Dinge so schwierig oder so schmerzlich, daß Entscheidungen so schwer sein könnten, wie sie es dann tatsächlich waren.«

Auf die schwierigen Entscheidungen, vor denen sie im Laufe ihres Lebens stehen sollte, war sie kaum in irgendeiner Form vorbereitet gewesen. Megan, eine ungewöhnlich kluge und attraktive junge Frau, war in der Gegend von New York City aufgewachsen, in einer Familie, die sie als liebevoll und fürsorglich beschrieb. Die Interessen ihrer Mutter waren durchaus nicht auf die vier Wände ihres Haushalts beschränkt. Sie hatte das College abgeschlossen, bevor sie geheiratet hatte, und nahm ihr Studium wieder auf, um ihren Magister zu machen, als Megan, ihr jüngerer Bruder und ihre Schwester in die Schule kamen. Ihr Vater, ein Absolvent der Universität von Annapolis, hatte einen höheren Abschluß in Politischen Wissenschaften.

Megan selbst hatte nicht die Absicht, ihr Leben in konventionellen Bahnen verlaufen zu lassen. Sie erwarb sich ein gewisses Maß an Unabhängigkeit, als sie nach dem College einige Jahre in New York verbrachte und sich in Gesang und Schauspielerei versuchte. Aber sie verfolgte damit kein bestimmtes Ziel. Als sie schließlich ihre eigene Ziellosigkeit satt hatte, folgte sie einem Freund nach Kalifornien, und »suchte bei ihm die Antworten«, doch schon bald bedauerte sie dieses typisch weibliche Manöver. Wütend auf sich selbst, weil »ich einen Mann über mein Leben bestimmen ließ«, ging sie in den Osten zurück. »Daß ich fortging und zurückkam, bedeutete, daß ich mein Leben selbst in die Hand nahm und eine autonome Entscheidung traf. Ich hatte damals das Gefühl, daß ich selbst über mein Leben bestimmen müßte. Also ging ich weg und kam zurück und war gerade im Begriff, genau diese Selbstbestimmung zu üben – als ich Mark kennenlernte und ihn heiratete. Statt mein eigenes Leben zu gestalten – außerhalb der vorgeschriebenen Bahn –, wurde ich mir selbst untreu.«

Durch ihre Heirat wich Megan der Herausforderung, sich selbst zu bestimmen, aus und stumpfte ihren Drang nach Autonomie durch die weibliche Standardentscheidung ab. Reuevoll stellte sie sich der Wahrheit: »Meine Heirat hing mit dem unartikulierbaren Gefühl zusammen, keine Selbstdefinition gefunden zu haben. Es war, als ob ich mir gesagt hätte: ›Es ist einfach zu schwer, ich laß das lieber aus.‹«

Als sie Mark heiratete, bestätigte sie nur, was sie schon längst als gegeben akzeptiert hatte: daß sie sich gut verheiraten und prächtige Kinder großziehen würde, daß sie Ehe und Mutterschaft zu den zentralen Aufgaben ihres Lebens machen würde – ganz im Sinn des »Weiblichen Lebensplans«[1]. Sie hatte keinen Grund anzunehmen, daß die Ehe ihre Möglichkeiten der Selbstentfaltung einschränken würde, und tatsächlich behinderte die Ehe als solche sie nicht in ihrer Entwicklung. Ihre Erfahrungen als Ehefrau und Mutter waren – letzten Endes – ausschlaggebend dafür, daß sie zu ihrer wahren Identität fand. Das Problem lag vielmehr darin, daß sie anfangs ihre eigene Identität aufgab, weil sie davon ausging, daß die Ehe an sich ihr kindliches Selbst ersetzen würde. Als sie die eheliche Schwelle überschritt, verzichtete sie zugunsten dieser einen gesellschaftlich vorprogrammierten Entscheidung auf zahllose individuelle Wahlmöglichkeiten. Die erste Schwierigkeit, was den Weiblichen Lebensplan anging, war Megans Schwangerschaft. Megan wurde schlagartig bewußt, daß es bei dieser Entscheidung, anders als bei anderen, kein Zurück gab. Die Schwangerschaft ließ sich nicht rückgängig machen, indem man noch mal darüber nachdachte oder weil man in eine andere Stimmung geriet. Die gleichbleibende Beziehung zu dem Fötus entschied über das Leben des zukünftigen Kindes und hatte auch für sie selbst etwas Unwiderrufliches. Die Tatsache, daß die Schwangerschaft auf deutlich sichtbare und meßbare Weise voranschreiten würde, obwohl ihre gefühlsmäßige Einstellung dazu schwanken könnte, unterschied diesen Entschluß von den relativ freien Entscheidungen der Adoleszenz – zu der auch die scheinbar feststehende Wahl eines Ehemannes gehört hatte. Die Schwangerschaft komplizierte die Einfachheit, die Megan dem »Plan« und dem geordneten Lebensablauf zugeschrieben hatte, weil dieser Zustand weder veränderbar noch aufhebbar war.

Megan erläuterte, inwiefern das Leben einer Frau durch eine Schwangerschaft bleibend verändert wird: »Während meiner Schwangerschaft wurde mir bewußt, daß ich diese Situation nicht einfach beenden konnte. Der Zustand hat etwas Unausweichliches. Ich glaube nicht, daß Männer jemals eine ähnliche Erfahrung machen, daß sie jemals das Gefühl kennenlernen, etwas anzufangen, das sich dann durch nichts mehr aufhalten läßt. Du kannst natürlich bis zu einem gewissen Zeitpunkt abtreiben lassen. Aber wenn du dich dafür entschieden hast, ein Kind zu bekommen und im sechsten Monat schwanger bist, kannst du nicht einfach wieder damit aufhören; und du weißt nicht, was passieren wird. Plötzlich dämmert es dir, daß es vielleicht auch schiefgehen könnte, daß du ein gesundheitliches Risiko laufen und vielleicht sogar sterben könntest.«

Neues Leben zu schenken, erwies sich für Megan tatsächlich als eine lebensbedrohende Erfahrung – als ein wirklicher Schlag für die feste Überzeugung ihrer Adoleszenz, daß alle

Dinge sich ganz von allein und ohne große Mühe ergeben würden. »Es war eine sehr schwere Geburt«, erklärte sie. »Ich lag über 48 Stunden in den Wehen, und schließlich holte man meinen Sohn durch einen Kaiserschnitt. Niemand wußte genau, was eigentlich los war. Die Schwierigkeiten kamen völlig unerwartet.« Unser Gespräch verstummte für einen Moment, als Megan sich noch einmal die extreme Situation vergegenwärtigte – die Situation einer Frau, die glaubt, einen ganz einfachen Entwurf zu verwirklichen, und doch nicht in der Lage ist, einer Gefahr auszuweichen. Der Verlauf der Schwangerschaft hatte ihr bewußt gemacht, daß Entscheidungen zweischneidig sein können: Ein Geschehen, das ihre Zukunft zu sichern schien, hatte sie gleichzeitig bedroht.

Die Vergegenwärtigung der Gefahr, in die dieser biologische Prozeß sie gebracht hatte, ließ Megan an die Überzeugungen ihrer Adoleszenz denken: »Ich kann mich nicht erinnern, daß ich Angst gehabt hätte, weil ich immer noch dachte, ›irgend jemand wird sich schon darum kümmern‹.« Megan machte deutlich, welches Gefühl von Sicherheit so eine Überzeugung gewährt – und welches Ausmaß an Angst ihr Verlust nach sich zieht: »Ich ging noch immer von der Voraussetzung aus, daß alles reibungslos funktionieren, daß alles gutgehen würde, weil ich das einfach für den normalen Gang der Dinge hielt.« Es war bewegend, wie Megan sich voller Bestürzung wieder wachrief, wie diese Überzeugung zusammengebrochen war, als sie in einer Situation, in der sie neues Leben schenken wollte, plötzlich mit dem Tod konfrontiert wurde: »Aber als die Geburt überhaupt nicht glattlief, war ich entsetzt. Ich erkannte in dem Moment, daß ich keine wirkliche Kontrolle über den Gang der Ereignisse hatte.«

Nicht nur Megans Überzeugungen waren schwer erschüttert worden, sie war durch die Operation auch physisch stark angegriffen – es war ein wirklich doppelter Schlag. Als ob das noch nicht genug gewesen wäre, befand sie sich mit ihrem Mann auch noch in einer Übergangssituation. Sie waren vor kurzem umgezogen; Marks Arbeitsstelle lag weit von zu Hause entfernt. Innerhalb der größeren Gemeinschaft waren sie isoliert und als Paar voneinander getrennt. Die Idealisierung der neuen Mutterrolle brach unter dem enormen Druck der von Megan zu tragenden Verantwortung jäh zusammen. Wie alle Neugeborenen hatte auch ihr Baby Bedürfnisse, die sofort und unverzüglich erfüllt werden mußten. Megan blieb keine andere Wahl, als seinen beharrlichen Forderungen nachzukommen: »Ich konnte nicht einfach damit aufhören, wenn ich keine Lust mehr hatte, ich konnte vor den Konsequenzen dieser Entscheidung nicht davonlaufen. Deinen Ehepartner kannst du verlassen, dein Baby nicht. Du mußt ihm deine Aufmerksamkeit schenken, einfach damit es am Leben bleibt. Es ist ganz simpel: Das Kind ist einfach da.«

Der obligatorische Atruismus der Mutterrolle löschte jeden verbliebenen Rest des egoistischen Allmachtsgefühls aus, das kennzeichnend für die konventionelle Adoleszenz ist. »In diesem Ausmaß auf jemand anderen Rücksicht nehmen zu müssen, heißt, daß man nicht mehr in der Lage ist, egoistisch zu sein. Ich konnte mich einfach nicht dafür entscheiden, irgend etwas anderes zu sein, als die Bedürfnisse dieses Babys es verlangten, gleichgültig, ob ich müde oder krank oder einsam war. Ich opferte andere Dinge und schenkte dieser Sache meine ganze Aufmerksamkeit. Die vom Leben festgelegten Prioritäten forderten, daß ich sein Wohlergehen allem anderen überordnete.«

Die paradoxe Situation, daß die Wahlmöglichkeiten einer Mutter durch ihre Verantwortung für das reine Überleben eines anderen immer fest mit fehlenden Wahlmöglichkeiten verknüpft sind, wurde auch deutlich, als Megan beschrieb, wie der plötzliche Mangel an Freiheit, den diese »freie« Entscheidung nach sich gezogen hatte, sie wie die sprichwörtliche Zentnerlast traf. Das ungeheure Ausmaß an Verantwortung veränderte nicht nur ihren Alltag, sondern auch ihr Selbstbild und katapultierte sie in die Erwachsenenwelt: »Für dieses Kind sorgen zu müssen, war eine Erfahrung, die einem bewußten ›Ich bin erwachsen‹ gleichkam. Ich hatte mir das vorher nie bewußt gesagt. Es hing mit der Verantwortung zusammen, die ich für ihn trug. Ich war von dem alles beherrschenden Gefühl durchdrungen, daß erwachsen zu sein mit Verantwortung verbunden ist, mit dem Gefühl, keine Fluchtmöglichkeit zu haben.«

Die Konsequenzen dieser Entscheidung waren von Dauer. »Ein Kind ist eine Realität, die man nicht ungeschehen machen kann. Ich hatte eine selbstgewählte Verantwortung übernommen. Ich mußte mir selbst sagen: ›Es ist ganz allein deine Sache, du hast es dir so ausgesucht, und es läßt sich nie wieder ungeschehen machen.‹« Die Erkenntnis, die Mutterschaft selbst gewählt zu haben, machte Megan die völlige Ausweglosigkeit der Situation nur um so schmerzlicher bewußt; der adoleszente Wunsch, die Welt nach einem »Wir und die anderen«-Prinzip aufteilen zu können, mußte erwachsenen Erfahrungen weichen. »Ich mußte dafür geradestehen, dieses Kind bekommen zu haben. Ich konnte nicht zu ›den anderen‹ gehen und sagen: ›Alles ist so schrecklich – ich hasse dieses Kind. Ich wünschte, es wäre wieder weg.‹«

Abgesehen von den allesverzehrenden Anforderungen, die die Mutterschaft ohnehin schon stellt, hatte Megan noch ganz spezielle Gründe, die Geburt ihres Babys übelzunehmen. Sie erzählte, wie »ein Kind zu haben, Eheprobleme verschlimmert«, und berührte damit eine tiefe Krise in ihrer Ehe. Diese Krise löste eine Auseinandersetzung aus, die von zentraler Bedeutung war und letztlich einen langverdrängten und bitternötigen Prozeß der Selbstdefinition einleitete. Allerdings führte Megan die entscheidende Auseinandersetzung nicht mit ihrem Mann, sondern mit sich selbst.

»Ich glaube, das wirklich Ausschlaggebende für den Prozeß meiner Identitätsfindung war die Ehekrise, die sich durch Jonahs Geburt zuspitzte. Die Reaktion meines Mannes auf das Kind war sehr verwirrend. Er war eifersüchtig, und er benahm sich unreif. Ich erinnere mich, daß er – mit Nachdruck – sagte: ›Du schenkst meinem Sohn mehr Aufmerksamkeit als mir, ich mag das nicht.‹ Was ich damals fühlte, war: ›Kannst du eigentlich nicht begreifen, daß ich gar keine andere Wahl habe? Ich halte mich mit Müh und Not am Leben, ich hänge praktisch am Abgrund.‹«

Die Isolation in der für sie neuen Mutterrolle, die Erschöpfung durch Schwangerschaft, Wehen und Kaiserschnitt, der

Schlafentzug in den ersten Lebensmonaten ihres Babys und die Verzweiflung über die angespannte finanzielle Situation klangen in Megans Stimme durch, als sie die Krise beschrieb, die sie beinah zugrunde gerichtet hätte, die Krise, durch die der wichtige Entwicklungsprozeß ausgelöst wurde, der mit dem Verzicht auf adoleszente Überzeugungen begann und mit einer selbstbestimmten Identität endete. Als Megan mir die Einzelheiten anvertraute, wirkte sie plötzlich sehr verletzlich: »Als Jonah ungefähr sechs Monate alt war, hatte Mark eine Affäre, eine ganz kurze, und er erzählte mir davon. Das hat meine Vorstellung davon, wie das Leben sein würde, endgültig zerstört. Ich war davon ausgegangen, daß mein Mann mich niemals verletzen, mir immer beistehen und gut zu mir sein würde. Und plötzlich war das alles nicht mehr wahr. Ich war von falschen Voraussetzungen ausgegangen. Meine Vorstellungen vom Leben galten nichts mehr.«

»...daß mein Mann mich niemals verletzen, mir immer beistehen und gut zu mir sein würde« – in dieser einfachen, kindlichen Klage, eingebettet in überlegenes Erwachsenendenken, drückte sich das Spannungsfeld zwischen dem kleinen Mädchen in Megan und der Frau, die aus ihr werden sollte, aus. Diese Spannung zog sie erneut in ihren Bann, als sie schilderte, wie die Bedrohung das Vertrauen zu ihrem Mann zerstört und ihre Vorstellungen von dem, was Ehe und Mutterschaft bedeuten sollten, auf eine schwere Probe gestellt hatte. Als die Voraussetzung, auf die sie gebaut hatte, nämlich die unbewußte Annahme, daß die Wahl eines Partners ihre Identität sichern würde, durch seine Affäre als Illusion entlarvt wurde und zusammenbrach, rief diese Enttäuschung den Vertrauensverlust wieder wach, den Megan während der Wehen erlitten hatte. Megan hatte das Gefühl, ihr Leben nicht länger unter Kontrolle zu haben, ihr Vertrauen auf die Ehe als Grundlage ihres Lebens und als sicheren Schutzraum war erschüttert.

Zurückgeworfen auf »absolut nichts, auf das sie bauen konnte«, überfiel Megan ein Gefühl schmerzlicher Einsamkeit – was paradox scheinen mag, da sie angesichts der weiteren Anwesenheit ihres Mannes, ganz zu schweigen von den unaufhörlichen Forderungen ihres kleinen Sohnes, kaum in irgendeinem konkreten Sinn allein war. Aber sie war in einem umfassenderen Sinn allein, weil sie den Schutz ihrer Überzeugungen verloren hatte. Die Voraussetzungen, auf die sie vertraut hatte, hatten ihr eine gewisse Sicherheit gewährt – und zwar von der Sorte, die man gar nicht bemerkt, bis sie plötzlich zerbröckelt. Die Krise in der Beziehung zu Mark versetzte Megan in einen Zustand existentieller Einsamkeit.

Selbst sechs Jahre später, als Megan sich in unserem Gespräch an diese Einsamkeit erinnerte, wirkte sie noch immer hilflos:»Ich fühlte mich allein, völlig allein. Es spielte gar keine Rolle, daß ich verheiratet war, ich war trotzdem allein. Ich erkannte, daß mein Mann mich nicht glücklich machen konnte. Tatsächlich machte er mich sehr unglücklich. Ich fragte mich:›Wem kann ich jetzt noch vertrauen? Ich muß auf mich selbst vertrauen und selbst für mein Glück sorgen. Ich muß!‹ Und das war der Punkt, an dem ich mir sagte:›Okay, was will *ich* eigentlich?‹«

Die Krise hatte Megans unbewußte Überzeugungen zerstört und sie gezwungen, sich mit der Diskrepanz zwischen ihrer Vorstellung vom Leben und der Realität auseinanderzusetzen, was schließlich dazu führte, daß Megan sich eine eigene Identität schaffen konnte. Als sie sich diesen dialektischen Prozeß wieder wachrief, stellte sie *man* und *ich* auffallend kontrapunktisch nebeneinander:»Während jener Krise begann ich mich selbst und meinen Platz in der Welt einzuschätzen. Ich erkannte allmählich, daß man eine eigenständige Persönlichkeit entwickeln muß, daß es eine irrige Ansicht war, davon auszugehen, daß man seinem Leben einen Sinn geben könnte, nur weil man Teil eines Paares war. Ich begann, mir wirklich bewußt zu werden, daß ich mich selbst bestimmen mußte. Ich war verheiratet, aber ich war nicht *ich*. Irgendwie hatte ich es versäumt, ich selbst zu werden.«

Ihr Leben selbst gestalten zu müssen, war etwas, mit dem sie nicht gerechnet hatte. Die Notwendigkeit machte ihr klar, was ihr gefehlt hatte: eine eigene Identität. In einer Aussage, von der Helen viel hätte lernen können, beschrieb Megan, wie die Krise in ihrer Ehe sie dazu zwang, sich ein eigenes Selbst zu formen – im Rahmen und auf der Grundlage erwachsener Beziehungen: »Diese Krise zeigte mir, daß ich keine Identität besaß. Ich habe die Identitätskrise nicht wie vorgeschrieben in der Adoleszenz bewältigt. Jonahs Geburt und Marks Affäre waren die auslösenden Momente, die mich gezwungen haben, die Sache nicht länger vor mir herzuschieben. Durch diese Erfahrungen habe ich mich dem Problem wirklich gestellt. Durch sie habe ich herausgefunden, daß man sich ein eigenes Leben innerhalb der Ehe schaffen muß.«

Megan deckte einen bedeutsamen Widerspruch auf, als sie darüber nachsann, inwiefern auch die Mutterschaft ihre Identitätsentwicklung beeinflußt hätte. Als sie die Auswirkungen dieser Rolle auf ihr Selbst untersuchte, kam sie zu dem Schluß, daß Mutterschaft zwar einerseits ein eigenes Selbst erfordere, andererseits jedoch Selbstlosigkeit – ein im wörtlichen Sinn fehlendes Selbst – verlange. Erst als sie sich diese Problematik bewußt machte, wurde Megan klar, daß sie die Mutterschaft als Lebensziel betrachtet hatte. Sie mußte statt dessen feststellen, daß »ein Kind zu haben dem Leben keinen Sinn geben kann. Sinnfindung heißt Selbstfindung. Elternschaft erfordert Reife. Es ist eine Erfahrung, die mit dem Selbst zu tun hat, aber damit zu tun zu haben ist nicht genug. Man muß ein Selbst besitzen.«

Sie beschrieb, wie gerade die Fürsorge für ein Baby, die ihr ein eigenes Selbst zu verleihen schien, sie von sich selbst entfremdete: »Ein Kind zu haben ließ mich beschäftigt sein und hielt mich davon ab, über diese Sache nachzudenken, aber es konnte mir kein Selbst verleihen. Es konnte nicht die Fragen aus der Welt schaffen, die darum kreisten, was ich tun sollte, wie ich meinem Leben einen Sinn geben, wie ich Richtung und Ziele erkennen sollte – anders ausgedrückt, wie ich leben sollte. Erwachsen zu sein bedeutet, daß man auf sich selbst schaut, um sein Leben zu gestalten, um schwierige Entscheidungen bewußt zu treffen. Nur dadurch, daß man ein Kind hat, kann man das nicht erreichen.«

Megan war tief enttäuscht, als sie feststellen mußte, daß ihr Leben nicht dadurch einen Sinn bekommen würde, daß sie ein Baby hatte. Auch die Erfüllung weiblicher Rollen und die häusliche Sphäre würden dazu nicht ausreichen. Es war ein gewaltiger Unterschied, ob sie ihre Identität auf diese Rollen gründete – wie sie es vorher getan hatte – oder ob sie ihre Selbstbestimmung zur obersten Autorität machte.

Doch schon allein der Umstand, daß sie sich das ungeheure Ausmaß ihrer Enttäuschung eingestand und die daraus resultierenden Schwierigkeiten akzeptierte, half ihr offenbar, eine gewisse Passivität, die ihre Erwartungen vorher gekennzeichnet hatte, abzulegen und neue Kraft zu gewinnen. Und eben diese Verdrängung aus einer passiven Rolle wurde zum auslösenden Moment für den entscheidenden Prozeß der Selbstdefinition: »Die Identität, die ich mir erwarb, entwickelte sich aus dem Gefühl, daß ich die Verantwortung dafür übernehmen mußte, mir ein eigenes Leben zu schaffen. Es würde sich nicht von allein entwickeln. Ich mußte es aufbauen. Ich wußte, daß ich über mein Glück und die Richtung, die mein Leben nehmen sollte, selbst entscheiden und die Verantwortung dafür übernehmen mußte. Und ich mußte mir Ziele setzen, ich mußte meinem Leben einen Sinn geben, der nur mit mir zu tun hatte und aus mir selbst kam, einen Sinn, der nicht darin bestand, die Bedürfnisse eines anderen Menschen zu erfüllen. Als ich damit anfing, stand ich vor dem Nichts.«

Ironischerweise war es der Widerspruch zwischen Entscheidungsfreiheit und dem Mangel daran, durch den Megan gezwungen wurde, sich im Kontext bestehender Beziehungen Wahlmöglichkeiten zu schaffen: »Vorher hatte ich die Möglichkeit, wegzulaufen, zu rationalisieren und immer wieder Entschuldigungen zu finden, um mich nicht ändern zu müssen. Doch in dieser Situation hatte ich keine Fluchtmöglichkeit. Ich konnte mir meinen Unterhalt nicht selbst verdienen, ich hatte ein sechs Monate altes Baby, das ich nicht verlassen konnte. In solch einem Moment erscheint alles völlig aussichtslos. Es bleiben nur sehr eingeschränkte Handlungsmöglichkeiten, aber wenn ich überhaupt irgend etwas machen wollte, mußte ich zumindest eine Entscheidung treffen, an irgend etwas arbeiten. Es gab keine andere Möglichkeit.«

Doch die Enttäuschung darüber, daß die Mutterschaft

nicht die erhoffte Erfüllung brachte, hatte auch etwas Befreiendes. Indem Megan sich bewußt mit ihrer Situation auseinandersetzte und ihre Fürsorgepflichten dem Kind gegenüber verantwortlich erfüllte, erprobte sie ihre innere Kraft – und schlug damit eine dringend benötigte Brücke zu ihrer eigenen Identität. Diese Brücke entstand durch eine neue Art von Entscheidungsfreiheit, die auf Selbsterkenntnis und Selbstkritik basierte: »Ich lernte mich selbst allmählich besser kennen, indem ich mich um Jonah kümmerte«, sagte sie. »Ich dachte: ›Dies ist etwas, das ich kann, in dem ich gut bin. Es ist meine Entscheidung, daß ich für dieses Kind sorgen will. Es ist schwer, aber ich kann damit fertigwerden.‹ Ich habe diese Aufgabe bewältigt, und ich hatte das Gefühl, sie erfolgreich zu bewältigen. Das hat mein Selbstverständnis erweitert, und ich konnte mir zum ersten Mal sagen: ›Ich bin ein Mensch mit ganz bestimmten Eigenschaften, und diese Erfahrung beweist mir, daß sie etwas wert sind.‹«

Als Megan sich selbst quasi von außen betrachten und als »Mensch mit ganz bestimmten Eigenschaften« charakterisieren konnte, also zum Wesen der Selbstreflexion vorgestoßen war, hatte sie den Schlüssel für ihre weitere Entwicklung gefunden. Es war diese Fähigkeit – artikulieren zu können, wer und was sie im Grunde ihres Wesens war –, die Megan das vergessene Mädchen in ihrem Innern erschließen sollte, jenes Kind, das authentische Entscheidungen ermöglichen würde. In der Zwischenzeit erkannte Megan, »daß sie ihr Leben gestalten«, ihre Kompetenz über die häusliche Sphäre hinaus unter Beweis stellen wollte. »Zu Hause zu sitzen und verheiratet zu sein war nicht genug. Du mußt in die Welt hinaus und etwas erreichen. Ich wollte meine Kompetenz beweisen, mit etwas Erfolg haben, eine meßbare Leistung vollbringen, irgend etwas, von dem ich sagen konnte: ›Das habe ich gelernt, ich habe Erfahrung damit, ich kann das.‹ Ich mußte mein Potential nutzen und es formen.«

Doch um ein Leben zu gestalten, ist der Wunsch allein nicht ausreichend. Megan mußte auch ihre eigene Trägheit überwinden. Sie hörte sich entschlossen an, als sie beschrieb, wie sie innerlich gegen etwas gekämpft hatte, das sie für adoleszente Kraftlosigkeit hielt:»Ich mußte Entscheidungen treffen und an diesen Entscheidungen arbeiten, auch wenn ich keine Lust hatte. Ich mußte sie konsequent verfolgen, mir ein Ziel setzen und es erreichen. Ich mußte mich hinsetzen und entscheiden: ›Worin bin ich gut? Was möchte ich machen? Und welcher Beruf entspricht am ehesten diesen Kriterien?‹ Damals habe ich mich entschlossen, wieder zu studieren – und es durchzuhalten.«

Merkwürdigerweise hatte die bezahlte Arbeit, die sie vor ihrer Heirat »draußen in der wirklichen Welt« geleistet hatte, kaum eine Bedeutung für Megans Streben nach aktiver Autonomie und Kompetenz. Megan mußte ihren Weg selbst bestimmen und aktiv nach einer Lösung ihrer Wahl suchen, um sich wirklich kompetent zu fühlen:»Ich hatte gearbeitet, seit ich achtzehn war, aber dies war etwas anderes. Ich ging zur Schauspielschule, und der Gesangslehrer sagte mir, daß ich eine gute Stimme hätte, das Potential, um wirklich gut zu werden. Und das gab mir Auftrieb. Ich habe dann einige Jahre lang Musik studiert. Ich komponierte Lieder, war Straßensängerin. Ich trat hier und da in Clubs auf. Es ergab sich alles irgendwie von allein, ohne mein Zutun. Aber ich habe mich nie bewußt dafür entschieden. Ich habe mir niemals gesagt: ›Ich will Opernsängerin werden und mich dafür anstrengen.‹ Ich hatte kein bestimmtes Ziel.«

Offenbar zählten für Megan nicht einmal außergewöhnliche Begabungen, solange sie nicht zielstrebig, selbstbestimmt und planmäßig verfolgt wurden. Erfahrungen, die mit ihrem Talent zu tun hatten, konnten Megan bei der Herausbildung ihrer Identität nicht helfen, weil sie diese Bedingungen nicht erfüllten. Wenn sie sich zufällig ergaben, empfand Megan sie als nicht authentisch:»Das Singen hat mir keine Selbstbestätigung gegeben, weil ich es mir nicht selbst ausgesucht hatte. Es war etwas, für das ich zufällig begabt war. Durch einen glücklichen Umstand hat mich jemand darin ermutigt. Aber es war irgendwie unecht. Weil ich es nicht aus mir selbst heraus erschaffen hatte, war es zum Scheitern verurteilt.«

Sie betonte die Verbindung von Kompetenz und Entscheidungsfreiheit und sah Passivität als größte Bedrohung für die

Selbstbestimmung: »Daß ich mich nicht selbst dafür entschieden hatte, bedeutete, daß mir der Antrieb fehlte, um damit weiterzumachen. Ich war völlig passiv. Es war nichts
Selbstbestimmtes dabei. Mein Selbst war wohl zuwenig ausgeprägt, als daß ich eine eigene Entscheidung hätte fällen können. Man muß eine eigene Identität haben, um eine Wahl treffen zu können.«

»Wodurch haben Sie Ihrer Meinung nach ein eigenes Selbst
bekommen?« fragte ich sie; ihre Antwort machte mir klar,
welch große Rolle eine Krise für die Selbsterkenntnis spielen
kann. »In dem einen Jahr nach Jonahs Geburt kam alles zusammen. Die Enttäuschung, die Verletzung, das Gefühl,
allein zu sein und daß ich mich selbst kritisch betrachten
mußte; ich mußte mir eingestehen, daß ich zum Teil mitver-
antwortlich war für das, was geschehen war, ich mußte mich
meiner eigenen Schuld stellen.« Als sie fortfuhr, nickte sie in
Richtung der Tür, als ob gleich jemand hereinkommen
würde: »Mein Mann war kein Ungeheuer. Ich mußte herausfinden, inwiefern mein eigenes Verhalten zu dieser Situation
geführt hatte und mir sagen: ›Also gut, wodurch konnte es
soweit kommen? Und was willst *du* sein?‹«

Es war rätselhaft, wie Megan diese verheerende Krise
durchsteuern und sich dabei überhaupt so etwas wie ein eigenes Selbst hatte bewahren können. Sie sann über die Gründe
nach, warum das alles nicht zum völligen Selbstverlust, sondern vielmehr zur Schaffung einer eigenen Identität beigetragen hatte. Nachdenklich machte sie sich noch einmal bewußt,
wie ihre Identität sich entwickelt hatte: »Ich glaube, daß es
immer einen losen Zusammenhang gab, eine gewisse Kontinuität, was mich selbst betrifft. Aber es war eben auch nicht
mehr als ein nur lose zusammenhängendes, identitätsloses
Selbst, es reichte aus, um mit dieser Krise fertigzuwerden,
aber nicht, um dieses Selbst zu bestimmen und zu formen.
Jedenfalls war ich mir meiner selbst vorher nicht bewußt.«

Sie schien noch etwas anderes im Sinn zu haben, als sie diese
Entwicklung weiter erläuterte: »Es war ein unbewußtes
Selbst, bis es – oder *ich* – mir schlagartig bewußt wurde, daß
ich bestimmte Eigenschaften hatte, die ich aktiv und eigenver-

antwortlich nutzen mußte. Ich mußte die Mythen, die ich um mich selbst gewoben hatte, kritisch untersuchen. Mich selbst kritisch zu betrachten war ein wichtiger Bestandteil dieser Entwicklung; was ich sah, gefiel mir nicht, und dadurch habe ich erkannt, daß ich dieses sich herausbildende, bewußte Selbst würde ändern müssen. Das war das Wichtigste.«

Nachdem Megan diese Krise in ihrer jungen Ehe überstanden hatte, beschloß sie einige Jahre später, sich von Mark zu trennen. Ihre Gefühle bei dieser Entscheidung waren zwiespältig. Ihr Zögern, die Ehe aufzugeben, wurde zum Teil dadurch verursacht, daß es bedeutete,»den Mann zu verlassen, der mich so gekannt hatte, wie ich gewesen war, bevor ich erwachsen wurde«. Es war die Kindheitswelt, die an Megan zerrte und sie zögern ließ, die Ehe hinter sich zu lassen. Als sie dieses Widerstreben beschrieb, stieß sie auf eine Erinnerung, die mir einen Eindruck von dem grundlegenden Prozeß gab, der bei der weiblichen Identitätsbildung abläuft.

In einer Schilderung, die sich zwischen Vergangenheit und Gegenwart hin- und herbewegte, legte Megan allmählich die Bedeutung des Mädchens als Mutter der Frau frei.»Eine gute Mutter lernt früh, daß sie in der Lage sein muß, loszulassen.« Das hatte Megan in dem Fragebogen angegeben, den ich ihr vor Beginn der Untersuchung zugeschickt hatte. In unserem Gespräch ging sie näher auf diesen Satz ein.»Und man muß den Menschen loslassen, der man gewesen ist, die Kindheit und die Zeit des Wachsens, das Elternhaus. Loslassen ist ein schmerzhafter Prozeß«, fügte sie bedauernd hinzu.»Man muß es immer wieder.«

Die Schlüsselbedeutung des Mädchens für die erwachsene Identität wurde mir zum ersten Mal bewußt, als Megan diesen Bogen zu ihrer Kindheit schlug – als sie auf das Mädchen anspielte, das sie gewesen wäre, und davon sprach, welch bleibende Bedeutung es für sie hätte. Ihre Kraft als Frau war offenbar mit der Wiedergewinnung jenes Mädchens verbunden – auch wenn das bedeutete, daß sie das Mädchen losließ. Als sie fortfuhr, verschwand das Leuchten aus ihren Augen und ihre Stimme bekam einen wehmütigen Klang.»Reife heißt, daß du das Kind, das du gewesen bist, erkennst und die Ver-

antwortung für dich selbst übernimmst.« Ihre Hand malte
eine imaginäre Acht in die Luft, als sie hinzufügte: »Je deutlicher es einem vor Augen tritt, desto weiter entfernt es sich.«
Die in der Kindheit liegenden Wurzeln der erwachsenen
Frau, zu der Megan sich entwickelt hatte, traten deutlich hervor, als sie ihre Erinnerungen an dieses Mädchen zusammen-
trug: »Als ich neun Jahre alt war, zogen wir in einen Vorort
von New York City. Ich war auf eine kleine Privatschule gegangen und hatte den Kommunionsunterricht in der ihr ange-
schlossenen Kirche besucht; doch dann zogen wir um, bevor
ich ihn beendet hatte. Ich wollte unbedingt dort gefirmt werden und drängte darauf. So schickten mir die Nonnen in der
Kirche meine Aufgaben mit der Post. Ich habe jeweils eine
Lektion durchgearbeitet und sie ihnen dann zurückgeschickt,
ich schaffte es, in jener Kirche gefirmt zu werden, was mir
sehr viel bedeutete.« Das Mädchen erwies sich als hartnäckig
und entschlossen. »Obwohl ich erst neun Jahre alt war,
konnte ich sagen: ›Dies ist etwas, das ich unbedingt will und
das mir wichtig ist, ein äußeres Ziel, für das ich bereit bin,
mich anzustrengen.‹«
   Die Entscheidung, sich trotz des Umzugs ihrer Familie firmen zu lassen, gab Megan zum ersten Mal das Gefühl, »in der
Welt eine Rolle zu spielen, eine eigenständige Persönlichkeit
zu sein. Ich war bereit, für etwas zu arbeiten, das nur für mich
eine Bedeutung hatte. Es war, als ob ich sagen würde: ›Ich bin
ich, weil ich die Person bin, die diese Sache machen möchte.‹
Es war ein Stück Identität. Ich konnte ein bißchen von mir
selbst erkennen, ich konnte eine gewisse Vorstellung davon
gewinnen, wer ich war.«
   Als sie ihre Kindheitserfahrungen wachrief, machte das
schwer faßbare Mädchen im Innern sich auf den Weg: »Ich
erinnere mich, daß ich als Neunjährige auf einem Zaun entlangspazierte, ganz um einen Park herum, und mir überlegte,
daß es mir wirklich sehr gut gefiel, neun Jahre alt zu sein, und
ich nichts dagegen hätte, niemals älter zu werden. Ich entdeckte gerade die Welt, tat nichts besonders Wichtiges und
hing einfach meinen Gedanken nach, als ich auf dem Zaun
entlangspazierte. Ich erinnere mich daran, daß ich richtig

glücklich war und das zuversichtliche Gefühl hatte, mir die Welt erobern zu können. Das Bild, das ich sehe, zeigt ein Kind, das an der langen Leine gelassen wird, das jede Bewegungsfreiheit, aber auch Halt hat. Ich fühlte mich geborgen und unabhängig zugleich. Ich war überzeugt, daß ›ich in der Welt zurechtkommen kann, sogar wenn das bedeutet, allein zu sein. Ich habe die Möglichkeit dazu. Ich werde es schaffen.‹«

Es war dieses selbstbewußte Mädchen, ein Kind im Einklang mit der Welt, verspielt, aufgeweckt und sowohl autonom als auch auf andere Menschen bezogen, das Megan sich zurückeroberte und in den Vordergrund stellte, um ihre Identität als erwachsene Frau zu begründen und das Steuer ihres Lebens fest in die eigene Hand zu nehmen.

Die Beschreibung dieses Mädchens ließ Megan an ein inneres Zwiegespräch denken, einen Versuch der Selbstbehauptung in ihrer Adoleszenz, bei dem sie sich auf die Tatkraft und Energie dieses Mädchens gestützt hatte: »Dabei fällt mir ein, daß ich die High School durch eigene Initiative ein Jahr früher abgeschlossen habe. Es war, als ob ich mir gesagt hätte: ›Ich bin jemand, der vorankommen will. Ich will mich nicht aufhalten lassen.‹ Um mein Ziel zu erreichen, mußte ich meine Eltern und den Schulvorsteher überzeugen. Ich mußte aus mir herauskommen, was mir nicht leichtfiel. Es bedeutete, bei Leuten an die Tür zu klopfen und ihnen deutlich zu sagen: ›Ich will das!‹«

Beide Entscheidungen erforderten ein erhebliches Maß an Initiative – ganz zu schweigen von der Fähigkeit, sich selbst objektiv und kritisch betrachten zu können. Als ich Megan fragte, wodurch diese beiden gleichartigen und doch gegensätzlichen Ereignisse ausgelöst worden waren, klang in ihrer Antwort die selbstbestimmte Sprache der tatkräftigen Neunjährigen wieder an, die auch den Selbstbehauptungsanspruch der Jugendlichen gekennzeichnet hatte. »Durch diese Veränderungen konnte ich eine Aussage darüber machen, wer ich zu jenem Zeitpunkt war. Auf der High School war es eine Möglichkeit, mich selbst zu definieren: ›Ich bin der Mensch, der diese Sache machen will. Ich werde die High School ein

Jahr früher beenden.‹ Das sagte etwas über mich aus, weil die Gründe dafür *meine* Gründe waren. Dadurch, daß ich diesen Entschluß durchsetzte, statt mich einfach treiben zu lassen, konnte ich mich neu sehen. Meine Bereitschaft, Entscheidungen zu treffen, gab mir die Möglichkeit, mich selbst zu erkennen.«

Dieses Kind war in der Lage, sich selbst zu bestätigen, *bevor* es seine Rolle von Beziehungen definieren ließ, und konnte daher zum Maßstab für Megans wahre Identität werden. Es war dieses Kind, das der adoleszenten Megan die Initiative – und die Stimme – gab, um eine Entscheidung für sich allein zu treffen. In der Überzeugung der Neunjährigen, daß sie »in der Welt zurechtkommen kann, auch wenn das bedeutet, allein zu sein«, war die Selbstbehauptung der Sechzehnjährigen »Dies ist etwas, das ich unbedingt will und das mir wichtig ist« im Keim enthalten. Die Erkenntnis der High School-Schülerin »Ich bin jemand, der vorankommen will« und die Überzeugung der Mutter »Dies ist etwas, das ich kann, in dem ich gut bin« hatten sich schon in der Zuversicht der Neunjährigen angekündigt: »Ich habe die Möglichkeit dazu. Ich werde es schaffen.«

Megan erläuterte, wie wichtig es ist, dieses autonome Mädchen zurückzugewinnen, wobei sie die Kontinuität und den Wandel der Kindheitsidentität gleichermaßen betonte: »Das Bild, das ich von diesem Kind habe, wie es sich die Lektionen für seine Firmung selbst beibringt und an jener langen Leine, die ihm Halt gibt, um den Park spaziert, ist für mich ein Bestandteil der erwachsenen Frau, die aus mir geworden ist. Ich empfinde eine große Zärtlichkeit für jenes Kind, das ich war und in gewissem Sinn noch immer bin. Das Kind trägt den Kern der Persönlichkeit, zu der man geworden ist, in sich, es verkörpert deine Ursprünge. Es ist Teil einer Vergangenheit, die begann, bevor du auf der Welt warst und die dich zu diesem Kind gemacht hat.« Obwohl sicher nicht unberührt von späteren Erfahrungen, beendete Megan ihre Schilderung, indem sie über sich selbst als Einunddreißigjährige sagte: »In wesentlichen Zügen bin ich jene Neunjährige in Gestalt einer Erwachsenen.«

Erst nachdem ihre Ehe in Gefahr geraten war, legte Megan die kompetente, autonome Entscheidungskraft dieser Neunjährigen frei. Erst als sie im Kontext verantwortlicher weiblicher Rollen ihr Selbst artikulierte, wurde ihr wirklich bewußt, daß sie ihre eigene Entscheidungsfreiheit aufgegeben hatte, weil sie ihr Selbstverständnis und die Richtung, die ihr Leben nehmen sollte, von der Ehe abhängig gemacht hatte. Eine schwere Krise war nötig gewesen, damit ihr klarwurde, wie gefährlich die unter Frauen weitverbreitete Annahme ist, daß »irgend jemand sich schon darum kümmern wird« – sich um *sie* kümmern wird –, wenn das »Leben sich allmählich entfaltet«. Im Glauben, daß liebevolle Beziehungen Sicherheit und Schutz garantierten, Identität verliehen und ihr einen festen Platz in der Welt sichern würden, hatte Megan es versäumt, sich eine eigene Identität zu schaffen. Die Zerstörung dieser falschen Voraussetzungen hatte eine ausgewachsene Lebens- und Erkenntniskrise ausgelöst.

Sie nahm einen positiven Ausgang: Megan war in der Lage gewesen, sich aus den Trümmern zerbrochener Illusionen eine Identität aufzubauen. Nicht weniger liebevoll und nicht weniger auf andere Menschen bezogen, Ehe und Mutterschaft noch immer verpflichtet, setzte sie doch die Fürsorge für sich selbst und die Sorge um andere allmählich in ein ausgewogenes Verhältnis zueinander und machte sich nach und nach zum Subjekt ihrer Erfahrungen, weil sie die Fähigkeit zurückgewann, Entscheidungen für sich allein zu treffen. Diese Entwicklung, die für Frauen generell von ungeheurer Wichtigkeit ist, wurde möglich, weil Megan ihre eigene passive Haltung zunächst kritisch hinterfragte und sich schließlich daraus löste.

Doch was war in der Zwischenzeit mit der autonomen Neunjährigen geschehen? Wodurch war sie Megan verloren gegangen?

Megan machte die »Weiblichkeitsmuster« für diesen Verlust verantwortlich und äußerte die Ansicht, daß Frauen durch gesellschaftliche Normen dazu verleitet werden, vorgefertigte Rollen zu übernehmen, statt sich selbst zu definieren und selbstbestimmte Entscheidungen zu treffen – und zwar auch Frauen, die heute erwachsen werden. »Es ist schwieriger, zu sich selbst zu finden, wenn du eine Frau bist«, meinte sie. »Die Kultur gewährt Ausweichmöglichkeiten: die Weiblichkeitsmuster. Frauen werden noch immer über ihre Ehe, die man mit einer Zuckerglasur überzieht, definiert. Niemand sagt dir, daß du dir auch in der Ehe eine eigene Identität schaffen mußt.

Obwohl ich klug, erfolgreich und kreativ war, habe ich mich nicht als autonom begriffen. Ich hatte das Gefühl, daß ich heiraten, ein Kind bekommen und all das tun müßte. Es war schwer, überhaupt irgendwelche von diesem Muster abweichenden Entscheidungsmöglichkeiten zu erkennen. Ich folgte dieser vorgegebenen Bahn, bis das Bild zerbrach. Erst als mein Mann diese Affäre hatte, habe ich die Voraussetzungen, die diesem Bild zugrunde lagen, genauer betrachtet.«

Und doch war Megan zweifellos eine Frau ganz eigener Prägung, vielleicht um so mehr, weil sie so hart darum gekämpft hatte, ihrem Leben einen eigenen Stempel aufzudrücken. Angesichts einer schweren Krise hatte sie sich eine stabile, eigenständige Identität geschaffen – ohne ihre Beziehungen zu anderen Menschen aufzugeben.

Welche Schlüsse läßt ihre Lebensgeschichte zu, was diesen konstruktiven Prozeß betrifft? Offenbar hatte das Gefühl existentieller Einsamkeit, von dem Megan überwältigt wurde, als sie praktisch am Boden zerstört war, viel damit zu tun, daß sie ein fest begründetes Selbst entwickeln konnte. Megan hatte die Grundlage für die Errichtung einer eigenständigen Identität geschaffen, als ihre adoleszenten Träume von der Realität eingeholt wurden und sie erkennen mußte, daß das, was sie für ihre Identität gehalten hatte, nichts weiter als eine bunt bemalte, leere Attrappe war. Das neugeschaffene Selbst erhielt einen festen Stand, als Megan sich zu der Diskrepanz vortastete, die zwischen ihren Vorstellungen vom Leben und ihren tatsächlichen Erfahrungen bestand. Und die Preisgabe langgehegter Überzeugungen, die eine Frau mit dem Gefühl zurückläßt, sich selbst preisgegeben zu haben, schuf Raum für die neue Identität. Das Gefühl, allein zu sein, hatte Megan offenbar tatsächlich die nötige Vorbereitung für den Wiederaufbau einer Identität gegeben, die nur ihren eigenen Maßstäben entsprechen und genügen sollte.

Genauso wichtig war das zeitweilig ausgesetzte Zwiegespräch mit sich selbst, denn es schuf ein Gerüst von neuen Voraussetzungen – angepaßt an jene harte Realität, die Megan ins Straucheln gebracht[2] und offenbart hatte, wie falsch es gewesen war, auf eine eigene Wahl zu verzichten und auf Beziehungen zu bauen, um ihr Leben abzustützen. Doch der Grundpfeiler beim Aufbau einer Identität bestand in Megans selbstbestimmten Entscheidungen. Die Kraft für diese Entscheidungen gewährte das neunjährige Mädchen, das sich unabhängig von seiner Familie zur Firmung, zur Selbstbestimmung, entschloß.

Megans Worte klangen mir noch in den Ohren, als ich die bescheidene Wohnung nach unserem abschließenden Treffen verließ: »Es ist schwerer, zu sich selbst zu finden, wenn du eine Frau bist. Die Kultur gewährt Ausweichmöglichkeiten: die Weiblichkeitsmuster.« Vorgefertigte Weiblichkeitsmuster hatten Megan tatsächlich von ihrem authentischen Selbst entfremdet. Verbauten solche Weiblichkeitsmuster auch anderen Frauen die notwendige Chance, Entscheidungen für sich allein zu treffen und selbstbestimmt zu leben? Welche Schlüsse lassen Megans Ausführungen zu, was die Bedeutung der Ehe für die Identität der Frau angeht? Wie wurden andere Frauen durch die »typischen Bahnen« der Ehe von ihrem Weg abgebracht? Und was ist es, das die Entschlußkraft der jungen Jahre überdeckt, die primäre Identität einer Frau untergräbt, so daß das Mädchen im Innern verschüttet wird und selbst der potentiellen Frau, die aus ihr entstehen könnte, verborgen bleibt? Megan hatte diese Fragen mit einem Hinweis auf die Weiblichkeitsmuster beantwortet, und ich begann mich zu fragen, inwiefern die Identität anderer Frauen von allgemeinen kulturellen, sozialen und geschlechtsspezifischen Erwartungen geformt – oder verformt – würde.

Ich wandte mich den Lebensgeschichten zweier älterer Frauen zu, beide alt genug, um Megans Mutter oder sogar Großmutter sein zu können, um herauszufinden, welche Rolle solche Erwartungen – oder ihre Ablehnung – in ihrer

Entwicklung gespielt hatten. Beide waren in einer Zeit großgeworden, als die Entscheidungsmöglichkeiten von Frauen in
eklatanter Weise eingeschränkt waren, einer Zeit, als eine
Frau sich den vorgegebenen Weiblichkeitsmustern entweder
unterwarf oder Gefahr lief, von der Gesellschaft geächtet zu
werden. Die beiden Frauen hatten unterschiedliche Wege ein-
geschlagen. Die eine, trotz der Erwartungen ihrer Zeit zur
Unabhängigkeit entschlossen, hatte die Weiblichkeitsmuster
abgelehnt – aber dennoch jahrzehntelang das Gefühl dafür
verloren, »wer ich wirklich war«. Die andere unterwarf sich
dem Weiblichen Lebensplan und machte ihre Energien für die
Ziele ihres Mannes nutzbar. Für sie hätte dieser Lebensplan
einen beinah tödlichen Ausgang genommen.

6

Eigene Ziele versus selbstlose Fürsorge: Sophie und Willa

Sophie – beinah alt genug, um Megans Großmutter sein zu können – war in einer ganz anderen Zeit großgeworden. Von einer Frau ihrer Generation wurde alles andere erwartet, als eigene Entscheidungen zu treffen oder ein unabhängiges Leben zu führen. Von ihr wurde im Gegenteil erwartet, daß sie heiratete. Während Megan all die Vorteile eines Mittelschichtskinds der fünfziger Jahre genossen hatte – das nachbarschaftliche Leben in einer Vorstadt, ausgewählte Freundinnen und eine Privatschule –, hatte Sophie, ein Kind der Weltwirtschaftskrise, schon als Mädchen am Rande der Gesellschaft gelebt. Ihre Eltern waren polnische Einwanderer; ihr Vater war Schneider von Beruf, ihre Mutter war froh, nicht außerhalb des Hauses arbeiten zu müssen. Wie sollte Sophie aus dieser unterprivilegierten Situation entkommen? Ihr ging es einzig darum zu überleben, und sie wußte, daß ihr Überleben von der Ehe abhing. Sie wußte, daß sie als ältliche Lehrerin oder Krankenschwester, vielleicht auch als Nonne, enden würde, wenn sie nicht das Glück hätte, von einem Mann erwählt zu werden. Es gab nur einen Ausweg: den Weiblichen Lebensplan.[1] Der Plan bestand einfach darin, sich gut zu verheiraten, prächtige Kinder zu bekommen und großzuziehen und die Karriere ihres Mannes voranzutreiben. Sie hatte nur eine Wahl: den Plan zu begrüßen und ihn zu ihrem eigenen zu machen.

Abgesehen davon, daß sie das reine Überleben sicherte, hatte die Ehe einen gewissen Reiz, weil sie eine bestimmte Rolle gewährte und dem Leben einen Sinn gab. Sie bot der Frau eine gesellschaftliche Stellung und wehrte den Eindruck trostlosen Außenseitertums ab, der ledigen Frauen anhaftete. Sophie war zweifellos überzeugt, nichts dabei verlieren zu können. Nach einer flüchtigen Romanze mit Anfang Zwanzig machte sie schließlich, was man eine »gute Partie« nennt, als sie einen vielversprechenden jungen Arzt heiratete. Nachdem sie sich zu diesem Schritt entschlossen hatte, wurde aus ihr »Frau Doktor«: Sie half ihrem Mann beim Aufbau der Praxis, indem sie Telefongespräche entgegennahm, Termine vereinbarte, die Bücher führte und die Büroarbeit erledigte. Schnell hintereinander schenkte sie ihm drei gesunde Kinder – alles Jungen. Sophie war sich nicht bewußt, daß der Plan die Unterordnung der Frau voraussetzte – und daß diese Unterordnung weibliche Selbstbestimmung von vornherein unmöglich machen würde. Selbstbestimmung war letzten Endes eine viel zu abstrakte Idee für ihre Zeit. Sie merkte kaum, daß ihre Authentizität ihr entglitt, während sie sich den Befürfnissen von Mann und Kindern widmete.

Als Sophie sich klarmachte, daß das, was sie als ihre Persönlichkeit betrachtet hatte, nichts als Ballast war, und sie einen verzweifelten Versuch unternahm, die Weiblichkeitsattrappen umzustoßen, kostete dieser Versuch sie beinah das Leben.

Doch als ich die inzwischen achtundsechzigjährige Sophie traf, wirkte sie wie der Inbegriff der Stabilität. Die ruhige Gelassenheit der ungebeugten alten Dame ließ nichts von dieser Krise ahnen. Ihre Kinder, alle in den Dreißigern, hatten eigene Familien gegründet. Ihr Mann litt an der Alzheimerschen Krankheit; schwach und zur Kommunikation nicht mehr fähig, war er in ein Pflegeheim eingewiesen worden. Sophie lebte allein auf einem herrschaftlichen Besitz.

Als sie den Tee auftrug und ihn aus dem Silbergeschirr auf der Eßzimmeranrichte einschenkte, hörte ich eine Standuhr in der Halle vier Uhr schlagen. Eine leichte Brise von der Veranda sorgte für willkommene Kühlung an diesem späten Sommernachmittag, während Sophie eine lose Haarsträhne mit einem Kamm feststeckte und durch ihre Lebensgeschichte zur Klärung der Fragen beitrug, die Megan in Hinsicht auf die Weiblichkeitsmuster aufgeworfen hatte. Ihr Bericht machte nur zu deutlich, auf welche Weise eben diese Weiblichkeitsmuster das Mädchen im Innern auslöschen können, und zwar nicht unbedingt durch die Ehe selbst, sondern durch etwas viel Gravierenderes: Durch die Befolgung des vorgegebenen Plans werden Frauen ihren eigenen Zielen entfremdet.

Als Sophie sich an die Hoffnungen und Wünsche ihrer Mädchenzeit erinnerte, begann ich zu begreifen, wie die selbstlose Fürsorge, die das Rückgrat dieses Plans bildet, eine Frau von ihren eigenen Zielen abbringen mußte. Sophies Lebensgeschichte ließ deutlich hervortreten, welche Folgen es für Frauen hat, daß die Welt geschlechtsspezifisch aufgeteilt ist, daß allgemein menschliche Werte wie Arbeit und Liebe, Zielstrebigkeit und Fürsorge, Kompetenz und Feminität, Egoismus und Hingabe, Intellekt und Gefühl zu polaren Gegensätzen gemacht worden sind. Mir wurde klar, daß sich hinter Sophies gefaßter Haltung eine tiefe Verzweiflung verbarg, deren Ursachen damit zusammenhingen, daß ein Mädchen seiner eigenen Hoffnungen beraubt worden war, um sie durch die Ehe zu ersetzen. Die mit so vielen Hoffnungen besetzte Aussteuertruhe ihrer Generation wirkte plötzlich eher wie ein Sarg, als Sophie schilderte, wie sie ihre eigenen Ziele allmählich begraben und sich statt zu einer eigenen Persönlichkeit zur Frau eines anderen entwickelt hatte.

Sophies Augen schienen hinter der Brille in weite Fernen zu wandern, während sie an ihrem Saphirring drehte und an das Mädchen zurückdachte, das sie vor langer Zeit gewesen war. Als Kind hatte sie ein »nützliches Leben führen wollen«, aber »keine Modelle dafür gefunden«. Sie war entschlossen, nicht so zu werden wie ihre Mutter, die, wie Sophie sehr wohl bemerkte, keinen eigenen Standpunkt hatte. Schon als kleines Mädchen wollte sie mehr vom Leben, als eine enge Häuslichkeit ihr bieten konnte. Sie war aufgeweckt und ehrgeizig - doch ihre Hoffnungen und Ziele gerieten in Konflikt mit den gesellschaftlichen Erwartungen über das, was eine Frau sein und tun sollte. Früh lernte sie, daß berufliche Ambitionen sich für ein Mädchen nicht schickten. Nur Jungen sollten studieren, Mädchen sollten heiraten.

»Ich wurde in den Jahren der Depression groß, unsere wirtschaftlichen Verhältnisse waren beengt. Trotzdem wurde mein Bruder ermutigt, ein Studium aufzunehmen, ich nicht. Wie der Zufall es wollte, hatte er keine besondere Lust, weiter zu studieren. Doch das bedeutete nicht, daß man mich statt dessen aufgefordert hätte. Niemand kam je auf die Idee zu sagen:›Na gut, dann studiere du doch.‹ Weder meine Mutter noch meine ältere Schwester haben je an so etwas gedacht. Ich hatte einen Onkel, der mir sehr nahe stand, aber auch er lachte über meinen Wunsch, Rechtsanwältin zu werden, weil ich ein Mädchen war. Es wäre gar nicht viel nötig gewesen, aber niemand hat sich für mich eingesetzt. Es war eben nicht üblich.«

Wenn ein Mädchen aus Sophies Generation den Wunsch hatte, Rechtsanwältin zu werden, machte man sich über sie lustig:»Man gab mir das Gefühl, daß mein Wunsch, etwas Eigenständiges tun zu wollen, merkwürdig und sonderbar wäre«, erklärte Sophie.»Weil ich ein Mädchen war, erwartete man, daß ich heiraten würde. Und wenn die ganze Welt dir etwas einredet, glaubst du es allmählich selbst.« Der Einfluß »der ganzen Welt« und ihrer Überzeugungen war stark.

Als Sophie schließlich ihren jungen Mann heiratete, hatte sie ihren Ehrgeiz längst aufgegeben. Sie war froh, aus der Atmosphäre der engen, ärmlichen Mietshäuser herauszukommen, die ihre Kindheit in den Jahren der Weltwirtschaftskrise geprägt hatten. Ein Haus für sich allein zu haben, verlieh ihr einen neuen Status und ermöglichte ein ungestörtes Privatleben. Doch statt die Erfüllung zu finden, die sie sich davon erhofft hatte, daß sie ihren Mann beim Aufbau seiner Praxis unterstützte und prächtige Kinder großzog, fühlte sie sich isoliert – und befand sich damit in derselben paradoxen Situation wie Megan, denn wie Megan war auch Sophie ständig von ihren Kindern umgeben. Obwohl es ihr Freude machte, sich ihnen zu widmen, beschlich sie das unangenehme Gefühl, daß etwas ungeheuer Wichtiges fehlte. Sie konnte nicht genau sagen, was es war, aber sie wußte, daß sie unzufrieden war.

Weil Sophie die Ursachen für das, was falschlief, nicht ausmachen konnte, konzentrierte sie sich darauf, nicht mehr länger nachdenken zu müssen. Um diesen Mangel auszugleichen, machte sie sich einen häuslichen Lektüreplan, nach dem sie die Klassiker systematisch studieren wollte. Doch das erwies sich als vergebliche Mühe, weil sie, wie Megan, von einer essentiellen Einsamkeit befallen war, deren eigentliche Ursache der Selbstverlust war – ein Verlust, der nicht nur ihre intellektuellen Ziele ausgelöscht, sondern darüber hinaus die Entschlossenheit, die sie als Mädchen verkörpert hatte, weggespült hatte.

Rückblickend konnte Sophie erklären, wie ihre Beziehung zu ihrem Mann und den Kindern ihre eigene Entwicklung eingeschränkt hatte. Sie erkannte, daß sie die Bedürfnisse ihrer Familie als weit wichtiger betrachtet hatte als diejenigen, die sie als ihre eigenen hätte definieren können. Weil sie ihr Leben in den Dienst der Familie gestellt hatte – ohne eigene Ziele zu verfolgen –, waren ihre Bedürfnisse in einem bedrohlichen Ausmaß verschüttet worden, was selbst die echten Freuden der Mutterschaft überschattete. Sie hatte sich voll auf die häusliche Rolle konzentriert und dadurch die Frage, was sie mit sich selbst tun sollte, beiseite geschoben: »Ich habe mich meinen Kindern voll und ganz gewidmet und insgeheim zwar auch eigene Wünsche gehegt, aber meine Bedürfnisse waren nicht so wichtig. Meine Interessen und die der Familie waren nie in Einklang zu bringen. Mein Mann beteiligte sich nicht an der Kindererziehung – das war allein meine Sache. Ich habe mich selbst, meine eigene Entwicklung, gar nicht richtig ernst genommen.«

Diese Vernachlässigung ihrer Entwicklung führte zum Selbstverlust. Jede Individualität, die sie als Mädchen gehabt hatte, wurde von der Mutterrolle erstickt. Ihre Hingabe an die Familie löschte die natürliche Autonomie ihrer Kindheit – und die authentische Autorität des eigenen Selbst – fast vollständig aus. Fürsorge und Einfühlung, die auf Selbstlosigkeit beruhten, konnten eine eigene Identität kaum ersetzen: »Es war nicht nur so, daß meine Entwicklung verkümmerte, weil meine Persönlichkeit nur noch ein Spiegel der Erfolge und der Entwicklung meiner Kinder war – es war noch schlimmer: Ich verlor meine eigene Identität. Ich war Mutter. Ich wollte einen Beruf daraus machen. Niemand hatte jemals gesagt:

›Sophie, was willst du eigentlich mit deinem Leben anfangen? Was willst *du* – im Innersten deiner Seele?‹«
Erst als Sophies Söhne fast erwachsen waren, erkannte sie, daß »Muttersein kein Beruf ist«. Sie hatte das Gefühl, keine eigenen Erfahrungen zu haben und wollte ihre Unabhängigkeit erproben. Nachdem sich ihr ursprüngliches Berufsziel scheinbar nicht realisieren ließ, begann sie, weiterführende Collegekurse zu belegen und erhielt einen Teilzeitjob als Lehrerin – solche Möglichkeiten zu nutzen, war vorher durch die häuslichen Pflichten ausgeschlossen gewesen. »Ich bekam schließlich einen eigenen kleinen Job. Das war vorher nicht möglich gewesen, weil mein Mann sich daran gewöhnt hatte, daß ich immer für ihn da war. Aber ich wollte für mich selbst die Erfahrung machen, wie ich allein in der Welt zurechtkomme. Ich wollte den Dingen unvoreingenommen begegnen, für mich allein, und mir meine eigene Meinung darüber bilden. Ich mußte ins Leben hinaus, um wieder zu mir selbst zu finden. Ich konnte für mich selbst einstehen. Ich war von niemandem abhängig. Ich konnte auf eigenen Füßen stehen, weil ich selbst etwas wert war, ich mußte mich sozusagen für meine Selbstachtung nicht mehr auf andere stützen. Ich traf meine eigenen Entscheidungen.«

Doch die Stelle, die Sophie übernahm, war nur befristet, und als der Vertrag auslief, fiel sie nur zu leicht in die selbstlose Rolle zurück, die sie ein Vierteljahrhundert lang gespielt hatte – eine Rolle, die einfach aufgrund ihrer Vertrautheit verführerisch für Sophie war. Das weibliche Rollenmodell, dem sie sich so lange angepaßt hatte, war sowohl leer als auch allgegenwärtig, ein Vakuum, das sie zurück ins Haus zog: »Es war schwierig, sich meinem Mann und seinem Wunsch, daß ich zu Hause bleiben sollte, zu widersetzen – schwierig, mich aus dem Kokon zu befreien, in den man mich gedrängt hatte, um glücklich darin zu hocken.«

Was dann geschah, zeigt, wie gefährlich es ist, die Psychologie einer Frau aus ihrer Biologie ableiten zu wollen: »Als dann die Wechseljahre einsetzten, verfiel ich in eine Depression. Jeder schob meine Gefühle auf die Wechseljahre und erzählte mir dauernd: ›Das geht schon vorüber.‹«

Die Passivität, die sich in Sophies Sprache widerspiegelte, ihre statischen Metaphern, wiesen darauf hin, daß sie ihre Willenskraft verloren hatte. In eine geistige und seelische Verfassung »gedrängt«, die sie handlungsunfähig machte, konnte sie nur in eine Depression »verfallen«. Doch ein Teil von Sophie wußte, daß das, was mit ihr geschah, sich nicht durch die Wechseljahre erklären ließ. Ihre Depression hatte tiefere Ursachen. »Ich hatte das Gefühl, daß mein Leben zu Ende wäre. Ich glaubte nicht, daß es sich um etwas Vorübergehendes handelte. Ich war überzeugt, daß diese Depression das Ende bedeutete, daß alles vorbei wäre.« Fast, als ob sie mich dadurch beeindrucken wollte, wie ernst es gewesen war, fügte sie nachdrücklich hinzu: »Es war eine schwere Depression.«

Der Weibliche Lebensplan war an die Stelle von Sophies Leben getreten und hatte dadurch Sophie selbst ausgelöscht. Gefangen an einem Haken selbstloser Hingabe, hing sie in der Schwebe, losgelöst von ihrer eigenen Lebenskraft, hoch über der realen Welt, die ihrem Mann und ihren Kindern eine feste Lebensgrundlage gab. Derart daran gewöhnt, die Bedürfnisse anderer zu erfüllen, während sie ihre eigenen vernachlässigte, war es ihr unmöglich, sich ein Leben vorzustellen, das nicht durch die Mutterrolle strukturiert würde, war aber auch außerstande, in diesen Strukturen zu leben.

Unfähig, den Plan zu akzeptieren, doch gleichzeitig unfähig, ohne ihn auszukommen – was blieb ihr anderes übrig, als das ganze Dilemma ein für allemal zu beenden? Durch die Unterwerfung unter den häuslichen Druck entfremdete Sophie sich dermaßen von ihren eigenen Zielen, daß sie sich selbst nicht mehr zu kennen glaubte: Sie unternahm einen ernsthaften Selbstmordversuch. »Ich mußte mich aus dem Schraubstock, in dem ich steckte, befreien«, erklärte sie. »Ich hatte das Gefühl, mir selbst völlig fremd zu sein, ein schreckliches Gefühl. Ich riskierte den Selbstmordversuch, weil ich von dem Leben, das ich führte, befreit, erlöst werden wollte. Ich wollte aus dieser Stagnation ausbrechen.«

Zufällig klingelte frühmorgens das Telefon, weil ein Patient ärztliche Hilfe brauchte; Sophies Mann wurde davon geweckt, und es kam ihm merkwürdig vor, daß seine Frau so ruhig weiterschlief; hätte es diesen Anruf nicht gegeben, Sophie wäre zweifellos an den Tabletten, die sie abends zuvor geschluckt hatte, gestorben. Als ihr Mann vergeblich versuchte, sie aus ihrem unnatürlichen Schlaf zu wecken, wurde ihm klar, daß sie in tödlicher Gefahr schwebte. Er rief einen Krankenwagen; man holte sie ins Leben zurück und brachte sie auf dem schnellsten Weg in Krankenhaus. Obwohl ihr Mann dagegen war, kam sie in die psychiatrische Abteilung und wurde psychotherapeutisch behandelt.

Auch heute noch wäre es leicht möglich, daß eine psychiatrische Diagnose den Grund für den fast geglückten Selbstmordversuch der neunundvierzigjährigen Sophie auf eine klimakterische Depression zurückführen würde. Glücklicherweise verzichtete der mit ihrem Fall beauftragte Psychologe darauf, in diese leichte Falle zu stolpern. Er widerstand der üblichen Verfahrensweise, ihren Zustand als »Involutionsmelancholie« zu etikettieren, eine häufig über Frauen verhängte Diagnose, mit der eine Depression gemeint ist, die entsteht, weil man den Höhepunkt seines Lebens überschritten hat und nun vor dem unausweichlichen Abstieg steht.[2] Er verzichtete auch auf die sich anbietende Erklärung des »verlassenen Nestes«, die in Anbetracht der Tatsache, daß sie ihre Kinder an das Erwachsensein »verloren« hatte, nur natürlich gewesen wäre. Hätte er seine Therapie auf diese Standarderklärungen gestützt, wäre Sophie zweifellos untergegangen.

Doch dieser junge Psychologe erkannte in Sophie eine verlorene Seele. Vielleicht »die innerste Seele«, die sie angesprochen hatte, als sie ihre Mädchenzeit beschrieb – die innerste Seele, die in den Jahrzehnten, die seit damals vergangen waren, brachgelegen hatte. Statt einfach eine Krankheit zu behandeln, behandelte dieser Psychologe Sophie, indem er ihr auf ihrem eigenen unsicheren Boden begegnete.[3] Er näherte sich nicht der Mutter, der Frau Doktor oder der alternden Matrone in ihr, sondern Sophie, nur Sophie – einem Menschen, den er nicht kannte und den er verstehen lernen wollte.

Als die Therapie voranschritt, entdeckte Sophie die Ziele ihrer Mädchenzeit aufs neue und nahm sie wieder in Besitz, indem sie das ursprüngliche Selbst freilegte, das von den weiblichen Rollenbildern überdeckt worden war. Durch die Beziehung zum Therapeuten eroberte Sophie sich nicht nur die Ambitionen zurück, die sie als Kind verloren hatte, sondern entdeckte auch aufs neue die Gefühle und die Lebenskraft, die das tief vergrabene Mädchen in sich bewahrt hatte. Die Wiederentdeckung des Mädchens und ihrer Ambitionen war eine so überwältigende Erfahrung, daß Sophie sie mit einer Wiedergeburt verglich: »Die alten kindlichen Ambitionen auf mein Leben, die Ziele meiner Mädchenzeit, erweckten mich zu neuem Leben. Ich wollte nicht einfach nur die Ausbildung, ich wollte auch Unabhängigkeit. Ich wollte meine geistigen Interessen, die ich seit der Grundschule gehabt hatte, weiterentwickeln.«

An diesem Punkt begann Sophie, sich ein Leben aufzubauen, das ganz ohne Zweifel aus einem authentischen Selbst erwuchs. Statt ihre Identität entsprechend dem Rollengehäuse, in dem sie gesteckt hatte, zu formen, wandte sie sich ihrer inneren Kraft zu. Sie arbeitete in der Galerie einer Frauenvereinigung und schrieb sich für ein Fortbildungsprogramm an der Universität ein. »Die Tatsache, daß ich meine eigenen inneren Gaben weiterentwickeln konnte, entzückte mich. Und meine eigenen Interessen verfolgen zu können, gab mir eine Identität, die mir niemand nehmen konnte. Jene anderen Identitäten waren aufhebbar: Wenn du eine Mutter bist und deine Kinder nach Australien gehen, bist du geliefert. Was bleibt dir dann?«

Für Sophie war eine gute Ausbildung etwas, das niemand ihr wieder nehmen konnte: »Wenn man sich geistig entwickelt, sein Wissen und seine Fähigkeiten, kann einem das niemand wieder wegnehmen. Ich wollte nicht irgendein festgesetztes Ziel verfolgen, sondern einen Weg gehen, der mich für immer neue Entwicklungen offen ließ.« Sophie strebte gerade einen weiteren akademischen Titel an, als wir uns unterhielten, und wies auf die Urkunde über der Anrichte, die sie bereits als Magister der Philosophie auswies.

Sophie konnte sich ihre ursprüngliche Identität zurückerobern und sie wieder in Besitz nehmen, weil sie ihre jugendlichen Ambitionen neu entdeckt und es zugelassen hatte, daß sie in ihrem Leben an erster Stelle standen. Indem Sophie die vernachlässigten Ziele dieses Mädchens in ihrem Innern wieder zu ihren eigenen machte, konnte sie zu der Sinngebung und Integrität zurückfinden, die dieses Mädchen verkörpert hatte. Sophie besiegte die Einsamkeit, indem sie ein festes Band zu sich selbst knüpfte – indem sie das Mädchen, das zugunsten weiblicher Stereotype verdrängt worden war, zurückgewann. Jetzt wurde Sophies Lebensweise von dem Mädchen und dem klaren Selbstbild, das sie eröffnet hatte, bestimmt.

Im angenehmen Dämmerlicht des Spätnachmittags waren mir die zahlreichen Skulpturen im Haus gar nicht aufgefallen, bis Sophie eine Lampe in der Ecke des Eßzimmers anknipste. In der Ecke bemerkte ich eine Porzellanfigur auf dunklem Holzfuß. Die Frauenskulptur war heruntergefallen und zerbrochen, kurz bevor Sophie ins Krankenhaus gebracht worden war. Sie erzählte mir, daß sie während der ambulanten Behandlungsphase versucht hätte, die Figur zu reparieren. In ihrer Genesungszeit hatte sie sich selbst das Versprechen gegeben, daß sie auch sich selbst in Ordnung bringen könnte, wenn es ihr gelänge, die Figur zu reparieren. Stolz zeigte sie mir, daß alle Teile erhalten geblieben waren; sie hatte die Figur völlig wiederhergestellt. In der Restaurierung dieser Skulptur spiegelte sich Sophies Fähigkeit, ihre ursprüngliche Identität, die unter der Last der häuslichen Rolle zerbrochen war, wieder zusammenzusetzen und die einzelnen Teile durch authentische Ziele fest miteinander zu verbinden.

Sophies Lebensmodell war an der fürsorglichen Rolle traditioneller Weiblichkeit ausgerichtet gewesen und hatte sie von eigenen Zielen und Wünschen abgelenkt. Die Hoffnung ihrer Kindheit auf beruflichen Erfolg wich dem Druck konventioneller Häuslichkeit; ihre Ziele waren unvereinbar mit der selbstlosen Hingabe, die die häusliche Rolle verlangte. Wie die meisten Frauen der Vorkriegsgeneration mußte sie sich den Bereichen Liebe und Arbeit gesondert und in einem zeitlichen Nacheinander zuwenden. Sophie widmete sich zuerst der Familie und gefährdete damit die Verwirklichung eigener Ziele. Erst in der Mitte ihres Lebens kehrte sie zu den Ambitionen ihrer Mädchenzeit zurück und entwickelte ihre eigene Kompetenz.

Willa, eine Zeitgenossin Sophies, kehrte das traditionelle Weiblichkeitsmuster um und widmete sich zunächst ihrer Karriere. Obwohl sie die häusliche Falle mied, kam auch sie in der Mitte ihres Lebens zu der Erkenntnis, daß sie in ihrer Entwicklung gehemmt war und den Kampf um ein eigenes Selbst zu verlieren drohte. Auch für sie waren die Bereiche Liebe und Arbeit voneinander getrennt – und zwar nicht nur in ihren konkreten Lebenserfahrungen als Erwachsene, sondern auch in den Vorstellungen ihrer Mädchenzeit. Sie erinnerte sich im Alter von zweiundsiebzig Jahren daran, daß sie sich als Kind sowohl als zukünftige Schriftstellerin als auch als Ehefrau und Mutter gesehen hatte. Die unvereinbaren Hälften dieses zweigeteilten Bildes waren unabhängig voneinander.

»Als Mädchen dachte ich immer, daß es eine ideale Situation wäre, verheiratet zu sein und zwei Kinder zu haben«, sagte sie von dem Fenstersitz ihres Arbeitszimmers aus. »Aber ich hatte keine Ahnung, wo die Kinder herkommen. Und was den Mann betraf – wo sollte ich ihn finden? Es war einfach eine Art Traumwelt. Natürlich wußte ich immer, daß ich Schriftstellerin werden würde. Ich wollte Sätze zu Papier bringen, Geschichten erzählen. Aber es gab keine Verbindung zwischen diesem Bild und demjenigen der Frau und Mutter. Das eine war eine Art Umkehrbild des anderen.«

Willa war im Süden der USA aufgewachsen. Sie war das späte Kind und die einzige Tochter eines Elternpaares, das einen eigenwilligen Lebensweg hinter sich hatte. Ihre Mutter, »eine Frau, die ihrer Zeit voraus war«, war um die Jahrhundertwende gegen den Willen ihres Vaters von zu Hause fortgegangen. Sie wollte nach St. Louis, um Fotografin zu werden. Willas Vater, der aus New York stammte, war in den Süden gegangen, um ein Geschäft zu eröffnen, und lernte ihre Mutter kennen, als er eine Portraitaufnahme von sich machen ließ. Obwohl Willa sich früh entschloß, einen eigenen Beruf auszuüben, und sehr erfolgreich war, unterstrich sie bei der Schilderung ihrer Lebensgeschichte eher die Entwicklung familiärer Beziehungen als ihre beruflichen Erfolge. Es war ganz selbstverständlich für sie, ihr »Leben in Kapitel einzuteilen, so als ob ich ein Buch schreiben würde. Und ich wollte es nach Hüten gliedern, nach vier Hüten.«

Das erste Kapitel trug den Titel »Der Hut mit den blaßroten Rosen«. Es fing mit der Romanze ihrer Eltern an und handelte von der Enttäuschung darüber, daß die Dinge anders sind, als sie zu sein scheinen – was Willa durch die Erfahrungen, die ihre Mutter als junge Frau gemacht hatte, erstmalig bewußt geworden war. »Als meine Mutter sich verlobte«, begann sie ihre Geschichte, »war das eine traditionell viktorianische Verlobung – ein Jahr lang säumte sie leinene Geschirrhandtücher, blieb zu Hause und bereitete sich auf die Ehe vor. Als sie meinen Vater heiratete, führte sein Beruf ihn nach Ohio, und wenn sie davon erzählte, hörte es sich immer sehr romantisch an. Sie mieteten sich Pferd und Wagen und machten sich auf den Weg, nur die zwei, von Stadt zu Stadt und stiegen in kleinen Hotels ab. Sie war glücklich dabei. Und wie es sich für eine viktorianische Braut gehörte, fühlte sie sich sehr behütet.«

Mit einem wehmütigen Lächeln setzte Willa ihre Ausführungen fort: »Aber ihr Gefühl trog. Als sie eines Abends nach dem Essen einen Spaziergang machten, kamen sie an dem Geschäft einer Putzmacherin vorbei, und im Schaufenster lag ein wunderschöner Hut mit blaßroten Rosen. Meine Mutter stand vor dem Schaufenster und bewunderte ihn. Mein Vater sagte: ›Warum kommst du nicht morgen früh, wenn der Laden öffnet, her und kaufst ihn dir.‹ Sie hat sich so gefreut, daß er ihr den Hut schenken wollte. Doch dann geschah etwas Schreckliches. Während sie ihn freudestrahlend ansah, meinte er: ›Ich bin sicher, du hast genug Geld, um ihn zu bezahlen!‹ Im selben Moment brach alles für sie zusammen.

Am nächsten Morgen ging sie in das Geschäft und erfuhr, daß mein Vater den Hut bereits bezahlt hatte. Warum quälte er sie? Wollte er, daß sie sich seiner nicht zu sicher fühlte?

Nun, dieser Hut war wie eine Art symbolische Vorausschau auf den Rest der Ehe – so große Erwartungen aus ihrer Sicht, und alles kam ganz anders, als sie es sich vorgestellt hatte. Die ersten zehn Jahre meines Lebens waren davon geprägt, daß das wieder und wieder geschah – in der Ehe meiner Mutter und damit in meiner Kindheit und der meines Bruders: Immer wieder waren die Dinge anders, als sie zu sein schienen.«

Willas Kindheit war eine Abfolge enttäuschter Erwartungen gewesen und folgte in dieser Beziehung den Erfahrungen der Mutter, wie sie sich in dem quälenden Hutkauf spiegelten, der ihr den Boden unter den Füßen entzogen hatte. Auch für Willa verband sich die Enttäuschung mit dem Vater: »In meinem Fall bedeutete es, daß ich mir wünschte, mein Vater wäre zu Hause, und daß ich immer auf ihn wartete. Ich liebte ihn über alles. Er versprach, zu einer bestimmten Zeit zu Hause zu sein, aber er kam nicht. Oft verschwand er mit irgendeiner Frau, die ihm gerade gefiel. Er blieb eine Stunde, eine Woche, manchmal auch einen Monat weg. Er hatte immer Erklärungen und Gründe parat, aber es waren nie die wahren Gründe. Wenn er zu Hause war, trank er, und meine Mutter pflegte zu sagen: ›Euer Vater nimmt seine Medizin‹, und mein Bruder und ich wußten genau, daß es keine Medizin war. Von klein auf habe ich durch das Verhalten meines Vaters gelernt, daß man Männern nicht trauen darf.«

Eine von Willas frühesten Erinnerungen betraf einen überstürzten Umzug, der sie als Kind sehr verwirrt hatte. Was sie damals erlebte, ließ sie zu dem Schluß kommen, daß Gefühle verborgen werden müssen wie unter einem modischen Hut: »Als ich vier Jahre alt war, kaufte mein Großvater ein Stück Land am Rio Grande in Texas, und er bat meine Mutter, alles stehen und liegen zu lassen und ihm da unten zu helfen. Mein Bruder war gerade sechs Wochen alt, und ohne ein Wort verließen meine Mutter, mein Bruder und ich unser Zuhause, fuhren in den Süden von Texas und zogen bei meinen Großeltern ein.

Ich wunderte mich, warum mein Vater nicht mitkam. Und warum kein Wort darüber verloren wurde. Es war ja ganz offensichtlich, daß irgend etwas nicht in Ordnung war.

Meine Mutter muß ihrem autokratischen Vater erzählt haben, was los war, aber wir haben unsere Eltern nie streiten oder diskutieren hören, wir haben unsere Mutter nie weinen sehen. Die Familie war plötzlich auseinandergebrochen, und sogar ich konnte fühlen, daß mein Großvater meinen Vater für jemanden hielt, der keinen Respekt verdiente. Aber«, fügte sie eilig hinzu, »äußerlich war es ruhig und glatt, die Sache wurde verdeckt und vertuscht.« Damit weiterhin alles glatt lief, mußte Willa das, was offensichtlich war, ignorieren und ihre Enttäuschung verbergen.

Das nächste Kapitel in Willas Leben war mit »Der schwarze Hut« überschrieben. Es wurde durch den Tod ihres Vaters, der starb, als Willa zehn Jahre alt war, eingeleitet und dauerte bis zu ihrem sechsundzwanzigsten Lebensjahr, als sie von zu Hause fortzog. Das durch den Verlust geprägte Bild symbolisiert die Trauer, die sie empfand – nicht nur die Trauer um ihren Vater, sondern auch um den Verlust der Familie, wie sie gewesen war. Ihre Mutter zog mit den Kindern in den Haushalt einer Tante. Sie lebten in angespannten finanziellen Verhältnissen, und das Zusammenleben so vieler Menschen auf engem Raum führte zu Spannungen. »Mein Bruder und ich mußten uns einfach anpassen«, erinnerte Willa sich. »Es gab keine Möglichkeit für mich, ich selbst zu sein.«

Obwohl auch ihr Bruder sich den eingeschränkten Verhältnissen beugen mußte, war er in seinem Fühlen und Handeln nicht so eingegrenzt wie Willa. Ihre Persönlichkeitsentfaltung wurde durch das Gebot weiblicher Fügsamkeit unterdrückt. »Wenn mein Bruder einen Wutanfall hatte, pflegte meine Mutter ihm eine kleine Reitgerte zu geben. ›Verhau den Teufel‹, sagte sie dann. ›Prügle Satan aus dem Haus.‹ Wie mein kleiner Bruder sich freute, diese fiktive Gestalt verdreschen zu können!« Willa jedoch mußte auf das Privileg, ihre Wut herauslassen zu können, verzichten, sie durfte ihre Aggressionen nicht zeigen oder ausleben – weil sie ein Mädchen war. Der Widerspruch zwischen femininer Fügsamkeit und ihren wahren Empfindungen – ein Widerspruch, der sie weit von dem Menschen, der sie eigentlich war, entfernte – war etwas, mit dem ihr Bruder sich nicht auseinandersetzen mußte. »›Das wäre erledigt – er ist weg‹, pflegte meine Mutter zu sagen, wenn sie sah, daß der Zorn meines Bruders verraucht war. Daß ich diese Szenen miterlebte, gab mir das Gefühl, daß ich wirklich eine große Verantwortung trug. Ich *mußte* brav sein – brav, brav, brav. Mir hat man die Reitgerte nie gegeben!«

Erst als Willa ihre Familie verließ, um aufs College zu gehen, konnte sie sich allmählich auch als jemand betrachten, der nicht fügsam sein und seine wahren Gefühle verbergen mußte. Dieser Wandel hing zum Teil mit Willas latenter Identifikation mit ihrem Vater zusammen. Als ihr Vater im Alter von sechzehn Jahren zu Hause ausgezogen war, um nach New York zu gehen, hatte er seine Erlebnisse in einem Tagebuch festgehalten. Willa hatte die Aufzeichnungen nach seinem Tod gelesen. Viel von dem, was er geschrieben hatte, handelte von seinen innersten Gedanken. Er hoffte zum Beispiel, daß sein älterer Bruder und dessen Frau ihn auffordern würden, bei ihnen in New York zu leben – was sie niemals taten. Schließlich schickte ein anderer Bruder ihn in die Südstaaten, um eine Zweigstelle des Familienunternehmens zu gründen. Willas Identifikation mit der Abenteuerlust ihres Vates brachte eine völlig neue Seite ihrer Persönlichkeit hervor, als ihr soziales Milieu sich änderte.

»Als ich aufs College ging, war ich zum ersten Mal von zu Hause fort, fort von Mutter, und ich entdeckte, daß ich sehr amüsant sein konnte. Ich konnte die Leute zum Lachen bringen, und ich dachte, daß ich wohl wie mein Vater wäre. Er hatte eine Menge attraktiver Eigenschaften, und ich dachte, daß ich genauso wäre.« Sie hatte endlich die Möglichkeit, aus sich herauszukommen, und konnte allmählich erforschen und ausdrücken, wer und was sie – jenseits der femininen Fügsamkeit – wirklich war; das Selbstbild ihrer Mädchenzeit, die zukünftige Schriftstellerin, wurde wieder zum Leben erweckt. Sie verzichtete auf das andere Bild, das sie in sich getragen hatte – das der Frau und Mutter. Doch trotz der sich abzeichnenden Unabhängigkeit wurde Willa – wie Sophie – in die Ehe hineingedrängt. Sie heiratete einen Mann, den sie nicht besonders gut kannte, um dann zu entdecken, daß er einen üblen Plan verfolgt hatte: Als Homosexueller in einer Zeit, die Homosexualität nicht tolerierte, wollte er sich durch eine Ehefrau tarnen. Wieder wurde Willa unfreiwillig mit der Erfahrung konfrontiert, die ihr Leben früh geprägt hatte: Daß die Dinge anders sind, als sie zu sein scheinen, und verborgen werden müssen.

In einem Kapitel, das den Titel »Der Hut mit der steifen Krempe« trug, beschrieb Willa, wie sie der Ehe entkam und zu dem Traum ihrer Mädchenzeit, Schriftstellerin zu werden, zurückkehrte. Ihre Karriere als professionelle Schriftstellerin erforderte eine konzentrierte Anstrengung: »Der steifkrempige Hut war eine zielstrebige Phase voller Elan.« Willa entschied, diese Absicht »zu verwirklichen oder zu sterben«.

»Erst nachdem ich das erste Mal geheiratet hatte und sofort wieder geschieden wurde, fing ich an, etwas für dieses andere Selbstbild zu tun. Und zwar, als ich mein Zuhause verließ und den wirklich ernsthaften Versuch unternahm, erwachsen zu werden, zu tun, was ich tun wollte – und dieses andere Bild hinter mir zu lassen.« Willa nahm einen Bus nach New York, der Stadt ihres Vaters, in der Hoffnung, ihren Weg in der Verlagswelt zu machen. Doch sie verlor den Boden unter den Füßen, und innerhalb weniger Wochen war Willa wieder zu Hause. Nachdem sie den Mut und die finanziellen Mittel für eine weitere Reise gesammelt hatte, zog es sie erneut in den Norden, diesmal nach Boston, das ihr für ihre Pläne weit günstiger schien. Sie wußte, daß eine schriftstellerische Karriere keinen festgesetzten Regeln folgte, und sieben Jahre lang »saß sie ihre Zeit ab«, schrieb anfangs Werbetexte ins Reine und erzählte jedem: »Ich werde Schriftstellerin!« – bis eine Freundin eines Tages entgegnete: »Warum zum Teufel fängst du dann nicht damit an?« Diese schockierende Frage war genau das, was Willa brauchte. An zehn Abenden schrieb sie nach der Arbeit die zehn Kapitel ihres ersten Buches *Susan Be Smooth* herunter, »ein Ratgeber für junge Frauen über Charakterbildung und gute Manieren … darüber, wie man sich in der Öffentlichkeit von seiner besten Seite zeigt«. Es wurde ein sensationeller Erfolg: Warenhäuser brachten Susan-Kollektionen heraus, das Buch erschien als Fortsetzungsserie in Zeitungen des ganzen Landes. Willa wurde zu einer begehrten Schriftstellerin und Vortragsrednerin. Andere Bücher folgten. Dann Kurzgeschichten und Zeitschriftenartikel.

In ihrer Entschlossenheit, das zu erreichen, was sie sich als berufliches Ziel gesetzt hatte, unterschied Willa sich nicht sehr von den Frauen, die heute erwachsen werden, Frauen um die zwanzig oder dreißig, die auch glauben, daß sie sich durch nichts von ihrem Ziel abbringen lassen dürfen, damit sie in unserer modernen Kultur – einer Kultur, die den Beruf ins Rampenlicht stellt und die Liebe in den Schatten drängt – eine Überlebenschance haben. Es sind Frauen, die mit der Abwertung von Bindung und Fürsorge großgeworden sind, Frauen, die Beziehungen mißtrauisch gegenüberstehen und die dem Schaden zu entgehen suchen, der sich für sie mit dem Begriff der Hingabe verbindet; sie verfolgen ihre Karriere heute mit derselben eisernen Entschlossenheit, die Willa an den Tag legte. Diese Frauen erleben denselben Widerspruch, der sich in Willas gespaltenem Selbstbild zeigt.

Rosabeth zum Beispiel, die Renaissance-Achtjährige aus dem ersten Kapitel, beschrieb sich mit dreißig als reine Karrierefrau. Sie behauptete, von männlich-weiblichen Stereotypen frei zu sein und versicherte, daß ihre Arbeit für sie an erster Stelle stünde. Doch als ich sie fragte, was sie als die Meilensteine ihrer Entwicklung bezeichnen würde, hob sie, wie Willa, Veränderungen in ihren sozialen Bindungen hervor und konzentrierte sich in ihrer Antwort auf zwischenmenschliche Beziehungen. Wie Willa und Sophie trennte sie strikt zwischen beruflichem Erfolg und persönlichen Beziehungen – sogar vor sich selbst. In einer Bemerkung, die den Keil widerspiegelt, den unsere Kultur zwischen Bindung und Erfolg treibt, beschrieb sie ihre Erfahrungen folgendermaßen: »Die Meilensteine sind mein Collegeabschluß, die Heirat, meine Kinder, der Tod meiner Eltern. Mein Beruf gehört nicht dazu. Ich glaube nicht, daß er ein Meilenstein ist.«

Im Verlauf der Interviewzeit gab Rosabeth Heiratspläne auf, weil sich ihr eine einmalige Karrierechance bot. Zuerst war ich von ihrer Entscheidung schockiert. Ich konnte nicht verstehen, warum sie nicht versucht hatte, die Heirat und den

Karrieresprung unter einen Hut zu bekommen. Doch als ich den in unserer Kultur aufgestellten Gegensatz von Bindung und Autonomie besser verstand, kam ich zu dem Schluß, daß Rosabeth richtig gehandelt hatte: Sie hatte richtig erkannt, daß die Kultur einer Frau nicht die Möglichkeit gewährt, eine neue Ehe einzugehen und gleichzeitig die beruflichen Verpflichtungen einer Karriere zu erfüllen. Als ich den »neuen« Kontext näher analysierte, in dem Frauen heute stehen, wurde mir klar, daß ich diejenige war, die die Situation falsch eingeschätzt hatte. Rosabeth war mir voraus, weil sie die erzwungene Entscheidung erkannt hatte: Wahrscheinlich hatte sie sich beide Wege offengehalten, als sie ihre Heirat bis zur Erreichung des beruflichen Ziels verschoben hatte. Sie hätte vielleicht beide Möglichkeiten verloren, wenn sie sie beide auf einmal hätte wahrnehmen wollen.

Willas Geschichte läßt uns verstehen, warum es falsch ist, auf Bindung zu verzichten und sich allein einer Karriere zu widmen. Ihre Erfahrungen machen deutlich, daß es nicht genügt, den Weiblichen Lebensplan einfach abzulehnen und sich ausschließlich auf eine Karriere zu konzentrieren. Ihre Entschlossenheit, sich den Beruf zu erobern, den sie sich wünschte, war sowohl notwendig als auch bewundernswert und bewahrte Willa vor dem Zusammenbruch, den Sophie erlitt. Doch die Ausschließlichkeit des Anspruchs verhinderte ihre emotionale Reifung. Das Selbstverständnis des Mädchens, das Willa ursprünglich gewesen war, hatte sowohl den Bereich der Arbeit als auch den der Liebe umfaßt. Dieses Mädchen wurde durch die völlige Unterdrückung der Bedürfnisse nach Liebe und Bindung ersetzt, so wie Sophies Selbst ausgelöscht worden war, weil sie sich ihren Wunsch nach beruflichem Erfolg versagte. Beide Frauen konnten ihre Persönlichkeit nicht voll entfalten, weil Arbeit und Liebe nur auf sich ausschließenden Wegen erreichbar schienen.

Solange Willa in den Dreißigern war, trennte sie weiterhin strikt zwischen beruflicher und privater Sphäre. Sie erläuterte, wie der steifkrempige Hut sie ihren Gefühlen entfremdet hatte, wie die ausschließliche Konzentration auf ihre Arbeit ihre emotionale Entwicklung in Schach gehalten hatte.

Solange sie ihren Beruf auf einer Schiene und Beziehungen auf einer anderen verfolgte, konnte sie nicht erwachsen werden: »Soweit es darum ging, eine Arbeit zu bekommen, eine Arbeit zu behalten, eine bessere Arbeit zu bekommen und schließlich den routinemäßigen Achtstundentag überhaupt aufzugeben und den Punkt zu erreichen, von dem an ich eine selbständige Autorin sein konnte, war ich zweifellos nicht unreif«, versicherte Willa. »Doch bei allem, was Beziehungen zu anderen Menschen, vor allem zu Männern, betraf, zeigte ich eine enorme Unreife. Ich ließ mich leicht von anderen beeinflussen und war unfähig, meine eigenen Entscheidungen zu treffen. Ich war einfach nicht selbstbestimmt.

Ich war aufgebrochen, um Schriftstellerin zu werden, und ich wurde Schriftstellerin«, erklärt sie. »In meinem Beruf war ich erfolgreich. Aber gefühlsmäßig lernte ich nichts dazu. Während eine Seite von mir sehr weitsichtig war und den richtigen Weg einschlug, tat die andere Seite alles, um zu gefallen. Ich habe also sozusagen mein Ziel ›erreicht‹, doch all diese Konflikte blieben ungelöst. Es ist ein Wunder, daß ich keinen Nervenzusammenbruch erlitt, denn ich war immer noch ein total verwirrter Mensch.«

Willas emotionale Entwicklung stand still, bis sie beide Seiten des gespaltenen Bildes miteinander verbinden konnte. Obwohl sie Freundschaften, auch mit Männern, geschlossen hatte, während sie ihre Karriere verfolgte, hatte ihre Arbeit immer Vorrang vor Beziehungen gehabt. Willa hatte ihren Teil an Liebesaffären, auch wenn das Schreiben für sie an erster Stelle stand. Aber sie war nie versucht gewesen, mehr aus diesen Beziehungen zu machen als etwas Sekundäres, vielleicht deshalb, weil man sie als Mensch nicht ernstgenommen hatte. »Ehrlich gesagt habe auch ich keinen Mann wirklich ernstgenommen, als Mensch.« Die Trennung von Liebe und Arbeit setzte sich fort, bis sie eine emotionale Bindung einging, durch die die Welt der Fürsorge mit der Welt der Zielstrebigkeit verknüpft wurde.

Willa behauptete, daß sie »erst durch die Ehe wirklich erwachsen wurde«. »Meine emotionale Reifung begann, als ich fast vierzig war und mich entschloß, John zu heiraten«, erzählt sie. »John und ich waren zuerst Freunde gewesen. Das war der Unterschied. Wir sprachen über Sachen, die mir wichtig waren und die ihm wichtig waren. Uns verband eine feste, gute Freundschaft, bevor wir jemals an Liebe oder Heirat gedacht hatten. Ich hatte endlich eine Beziehung gefunden, in der ich ein gleichberechtigter Partner war. Das war der Anfang meiner emotionalen Gesundung.

Männer sind wirklich begehrenswerte Geschöpfe, aber ich hatte so früh gelernt, ihnen nicht zu vertrauen. Bei John erkannte ich zum ersten Mal, daß ich eine Beziehung zu einem Mann haben konnte und sie nicht unbedingt sexuell sein mußte. Sie konnte auch auf Gleichberechtigung und gegenseitigem Respekt basieren. Ich bin eine Frau, er ist ein Mann. Wir haben beide einen Verstand, wir haben beide Interessen. Aber ich muß kein Sexualobjekt sein, ich kann einfach ich selbst sein. John war der eine Mensch, der eine Mann, der sich als verläßlicher Freund und nicht als Aggressor erwies.«

Durch diese Beziehung begann Willa allmählich zu erkennen, daß ihr Leben als Karrierefrau nicht ohne eine gewisse Sterilität war. Trotz der Einsicht, daß die Arbeit allein ihr nicht genügte, hatte sie dennoch gemischte Gefühle bei der Vorstellung, die straff organisierte Lebensweise des steifkrempigen Hutes für die Ehe aufzugeben: »Es war eine so total zielstrebige, spannende und glückliche Zeit. Ich hatte Spaß an dem, was ich machte, am Schreiben und an dem Erfolg, den meine Bücher hatten. Meine Mutter hatte mir immer erzählt, daß man als Schriftstellerin alles andere aufgeben müßte – und sie hat recht gehabt. Aber das ist kein ausreichender Grund. Jedenfalls nicht für mich.«

Noch immer konnte sie sich nicht vorstellen, wie sie die zwei Seiten ihres Selbstbilds, die sie seit ihrer Mädchenzeit in sich getragen hatte, in Einklang miteinander bringen sollte. Als sie John heiratete, ging sie davon aus, daß sie das Schreiben für die Rolle der Ehefrau und Mutter eintauschen würde und daß der Bezug zur literarischen Welt durch ihren Mann, der als Journalist arbeitete, bestehen bliebe. Doch als sich herausstellte, daß sie keine Kinder bekommen konnte, begannen die Voraussetzungen, die die Hausfrauenseite ihres mädchenhaften Selbstbilds zusammenhielten, sich aufzulösen. Als das Ehefrau- und Mutterbild das der Schriftstellerin nicht ersetzen konnte, stellte Willa entsetzt fest, daß sie durch den Verzicht auf den steifkrempigen Hut Enttäuschungen und Zweifeln schutzlos ausgesetzt war, die sie vorher nicht gekannt hatte. Sie vermißte die Konzentration auf ihre Arbeit und den Trost, den sie gewährte: »Am Anfang habe ich viel geweint, viel darüber nachgedacht, daß es vielleicht besser gewesen wäre, nicht zu heiraten. Ich vermißte die gute, alte, sichere Überzeugung, daß ich nichts anderes sein wollte als eine Schriftstellerin. Aber eigentlich habe ich geweint, weil ich noch nicht erwachsen geworden war.«

In einem vierten und letzten Kapitel, das Willa »Den selbstgemachten Hut« nannte, fügte sie Zielstrebigkeit und Fürsorge allmählich zusammen. Mit diesem Hut »kam ich auf die zwei Dinge zurück, die ich mir immer gewünscht hatte: ein Heim, das ich mir durch die Heirat schuf, und eine Karriere, die ich durch das Schreiben hatte«. Diesen selbstgemachten Hut herzustellen bedeutete, daß Teile von beiden frühen Bildern zusammengeheftet und mit Stückchen und Resten aus den anderen drei Hüten an das Gewebe ihrer Ehe genäht werden mußten. Den Hut zeitgemäß zu überarbeiten, hieß auch, das mütterliche Teil herauszutrennen und nichts mit Kindern am Hut zu haben. Willa fand allmählich einen Weg, ihre Beziehung mit dem Schreiben zu vereinbaren und die zwei Seiten ihres Selbstbildes zu integrieren. Das gelang ihr, indem sie die beiden Seiten in ein ausgewogenes Gleichgewicht brachte.

»John ermutigte mich, weiter zu schreiben. Ich setzte eine bestimmte Zeit fest, in der ich diszipliniert arbeitete. Aber ich entschied, daß ich mich meiner Arbeit nicht mit Haut und Haaren verschreiben wollte. Als John pensioniert wurde, hörte ich auch auf. Ich arbeite noch hin und wieder an speziellen Projekten, aber der Zeitpunkt, an dem ich es aufgeben konnte, meinen eigenen Weg weiterzuverfolgen, war gekommen. Es schien mir einfach sinnvoller, mein Leben mit John gemeinsam zu gestalten.«

Willa schätzte Bindungsfähigkeit neu ein und sah darin eine große Leistung: »Ich würde mich selbst als einen Menschen

beschreiben, der eine sehr erfolgreiche und glückliche Ehe
führt. Das ist eine große Leistung. Ich denke, daß ich diese
Leistung ganz oben auf die Liste setzen würde, obwohl ich
schnell hinzufügen muß, daß ich glücklich bin, auf diese Ehe
zurückblicken und mir gleichzeitig sagen zu können, daß es
in meinem Leben noch mehr, nämlich das Schreiben, gegeben
hat.«

Mit einer Bemerkung, die an die »gemeinsame Unabhängigkeit« und die »gemeinsamen Entscheidungen« erinnerte,
die Katherine beschrieben hatte, kommentierte Willa ihre Zu-
kunftsziele: »Was ich will, ist mehr, als einfach nur Erfolg mit
meiner Arbeit zu haben. Ich will mit mir selbst erfolgreich
sein. Ich möchte, gemeinsam mit John, die richtigen Entscheidungen treffen.«

Zum Schluß unseres Gespräches erweiterte Willa die Metapher, die sie auf ihr Leben angewandt hatte: »Trotz des Sump-
fes, in dem meine Gefühle zeitweilig gesteckt haben, hatte ich
immer eine feste Grundüberzeugung: Ich möchte mein Leben zu so etwas wie wahrer Kunst entwickeln. Wahre Kunst
besteht in Arbeit und Disziplin und Hingabe. Wahre Kunst
ist etwas, das die Leute sich ansehen und dann sagen: ›Das hat
eine tiefere Bedeutung, ich kann viel darin erkennen, was ich
für mich selbst nutzen kann. Es regt mich zu neuen Ideen an
und läßt mich ein nützlicherer, erfüllterer Mensch sein.‹ Genau so sollte das Leben einer Frau sein, für sie selbst und für
andere.«

Sie führte ihre Schilderung weiter aus und erläuterte,
warum wahre Kunst das zielbewußte Streben nach menschlicher Bindung umfassen und weit über ein einseitiges Karrie-
restreben hinausgehen sollte. Arbeit gehört dazu, aber wahre
Kunst manifestiert sich über die Beziehungen zu anderen:
»Ich habe einmal gelesen, daß man sich einer Idee verpflichten
muß, die größer und besser ist als man selbst, um ein wahrer
Künstler zu werden. Für mich ist das Leben selbst diese Idee
gewesen: die Ehe, meine Arbeit, meine Freunde, die Entscheidungen, vor denen ich stand, und daß ich ohne Selbst-
mitleid die Tatsache akzeptieren muß, keine Kinder zu haben.
Ich wollte mein Leben zu etwas Wertvollem machen, diese

Absicht hat sich wie ein roter Faden durch meine Erfahrungen gezogen. Das bedeutet viel mehr, als einfach *glücklich* zu sein. Es ist vielmehr ein Gefühl tiefer Befriedigung darüber, dort anzulangen, wo man hinwill, ohne daß andere darunter leiden müssen, sondern indem man im Gegenteil anderen hilft und dadurch auch sich selbst hilft. Es heißt, ein lohnendes Leben zu führen.« Wie eine wahre Künstlerin hatte Willa die einzelnen Teile ihres Lebens eigenhändig geformt und zu einem ausgewogenen Ganzen zusammengefügt.

Willas Geschichte illustriert, wie mächtig die Mauern sind, die unsere Kultur zwischen dem familiären und dem beruflichen Bereich errichtet hat. Obwohl die Wünsche und Ziele der Mädchenzeit in beiden Sphären beheimatet sind, werden sie auf scheinbar unvereinbare Erfahrungswege verteilt, so daß die Frau diese Bedürfnisse nicht gleichzeitig, sondern nur im zeitlichen Nacheinander ausleben kann. Willas Hutmetapher versinnbildlicht den tiefgreifenden Unterschied zwischen einem Leben, in dem emotionale Bedürfnisse von beruflichem Erfolg überdeckt werden, und einem Leben, das Arbeit und Liebe harmonisch miteinander verbindet: Der selbstgemachte Hut war viel komplexer – und viel mehr ihr eigener – als der Hut mit der steifen Krempe. Sie festigte ihre Identität, indem sie eigenhändig die Elemente der Zielgerichtetheit und der Fürsorge zu einem wunderschönen und einmaligen Muster zusammenwob. Auf dem Gobelin des Erwachsenseins zeichnete sich zunächst nur die Figur der Arbeit ab. Später stand die Liebe im Vordergrund. Als Willa die verschiedenen Teile ihres Lebens miteinander verknüpfte, haben sich die klaren Konturen ihrer eigenen Gestalt durchaus nicht verwischt. Willa hatte im Gegenteil eine Möglichkeit gefunden, sich anderen hinzugeben, ohne sich selbst zu verlieren.

7

Die Macht der Weiblichkeitsideale: Jillian und Jo

Was ist mit den Frauen, die gegen den kulturellen Strich gingen und mit der Tradition brachen, weil sie weibliche Konventionen ablehnten? Einige haben den geringeren Status, der Frauen anhaftet, früh erkannt und sich gegen traditionelle Rollen gewandt, um sich selbst im Gegensatz dazu zu definieren, lange bevor sie erwachsen wurden. Sie haben die mit den weiblichen Rollen verbundene Unterwerfung und Abhängigkeit durchschaut und verabscheut. Schon als Mädchen faßten sie den Entschluß, sich nicht in das übliche Weiblichkeitsmuster zu fügen. Mit acht oder neun Jahren kristallisierte sich bei ihnen ein Selbst heraus, das auf Freiheit und Unabhängigkeit basierte – auf Werten, die im Widerspruch zu den Stereotypen einer nährenden Weiblichkeit stehen. Häufig haben sie sich von der häuslichen Sphäre abgewandt und ihre Aufmerksamkeit auf die äußere Welt gerichtet, weil sie ein besonders enges Verhältnis zu ihren Vätern hatten. Doch so entschlossen diese Frauen gewesen sein mögen, den traditionellen weiblichen Weg zu verlassen, auch sie haben sich in konventionelle Geschlechterrollen verstrickt. Zumindest während der Adoleszenz, wenn die in unserer Kultur wuchernden Weiblichkeitsideale jede Selbstbestimmung unterdrücken, sind auch sie von den Konventionen eingeholt und sich selbst entfremdet worden. Als erwachsene Frauen versuchten sie, in einem komplexen Gewebe aus Selbstreflektion und Lebenserfahrung den Faden der authentischen Mädchenidentität wieder aufzunehmen.

Jillian, eine fünfzigjährige Sprachlehrerin, bietet ein gutes Beispiel. Sie wirkte frei und ungezwungen, als sie ihre Brille auf die Nasenspitze schob und mit viel Ironie und Humor von ihrer Situation als lesbischer Frau in einer heterosexuellen Welt erzählte. Wir führten unser Gespräch in ihrer hellen, luftigen Eigentumswohnung, deren geschmackvolles Dekor eine irgendwie japanische Atmosphäre verbreitete. Sie war in Neuseeland geboren, »wo es überhaupt keine lesbischen Frauen gab«. Nachdem sie eine Zeitlang in Australien und Europa gelebt hatte, war sie mit dreißig in die USA gekommen und hatte als Auslandstelefonistin gearbeitet, um sich das Geld für ihre Ausbildung zu verdienen. Obwohl sie hin und wieder eine Stelle als Englischlehrerin an einer Universität fand und Fortbildungskurse für Erwachsene abhielt, bestritt sie ihren Lebensunterhalt in erster Linie durch einen Treuhandfonds, den sie von ihrer Mutter geerbt hatte und der durch Gelder aus der Schaffarm ihres achtzigjährigen Vaters aufgestockt wurde. Sie war vor kurzem von einem einjährigen Aufenthalt aus China zurückgekehrt, wo sie im Rahmen eines internationalen englischen Sprachlehrprogramms gearbeitet hatte.

Jillian ging auf die Umstände ein, die sie zu einer Frau werden ließen, deren Selbstdefinition dem üblichen Weiblichkeitsmodell widerspricht und meinte: »Viel davon habe ich wohl schon sehr früh abgelehnt. Ich kann mich an schreckliche Weihnachtsfeste bei uns zu Hause erinnern. Wahre Alpträume, die ich gefürchtet habe. Zu den Dingen, die ich besonders daran haßte, gehörten die ganzen Vorbereitungen, all die häuslichen Aufgaben, die ich erledigen mußte, weil ich ein Mädchen war. Da wir auf dem Land lebten, umfaßte das auch die Pflicht, aufs Feld zu gehen, um stundenlang Erbsen und Bohnen zu pflücken. Meine Stiefmutter pflegte zu sagen: ›Geh Erbsen für vierzehn Leute pflücken.‹ Es war eine elende Schinderei! Mit all diesen Männern, die einfach faul herumsaßen, während ich die zermürbende Tortur auf mich nehmen mußte, diese gottverdammten Abendessen vorzubereiten.

Als ich ungefähr zwölf Jahre alt war, gab es ein Weihnachtsfest, das ich besonders übelgenommen habe. Ich hatte Tage damit verbracht, Erbsen und Bohnen zu pflücken, und Stunden damit, alles vorzubereiten und den Tisch zu decken.

Und dann war das Abendessen vorbei, und die Männer saßen rülpsend herum und tranken Brandy. Ich hatte Cousins in meinem Alter, die nach dem Essen nach draußen gehen und spielen durften, ich dagegen mußte die Essensreste von den Tellern kratzen und das ganze Geschirr abtrocknen. Und dann mußten wir mit dem Saubermachen anfangen. Die Männer hielten ein Nickerchen in demselben Zimmer, in dem wir aufräumten, lagen auf den Sofas herum und schnarchten vor sich hin. Und ich weiß noch, daß ich vor Wut kochte! Schon als Mädchen habe ich gedacht: ›Ich will verdammt sein, wenn ich das später mache.‹ Jedenfalls hat ein Teil von mir das gedacht. Ein anderer Teil von mir hatte das Gefühl, daß ich zwangsläufig als Sklave von irgend jemand anders enden würde. Ich glaube, damals habe ich angefangen, eine Feministin zu sein.

Wenn ich heute nach Hause komme, ist es noch immer so, daß die Männer herumsitzen und von vorne bis hinten bedient werden wollen, während sie abfällige Bemerkungen über Frauen machen. Sie würden selbstverständlich bestreiten, sexistisch zu sein, doch Neuseeland ist wie Australien ein reines ›Männerland‹. Frauen sind in unserer Gesellschaft nie etwas anderes als Hauswirtschafterinnen gewesen – und daran hat sich nichts geändert. Mein Vater hat keine Ahnung, wie seine eigene Küche aussieht. Diese wirklich privilegierte Stellung der Männer ist mir bereits als kleines Mädchen bewußt geworden. Es hat mich schon sehr früh sehr wütend gemacht – und weißt du was, Schwester«, fügte sie lachend hinzu, »es macht mich noch immer wütend!«

Als Jillian an noch frühere Erinnerungen zurückdachte, wich ihre fröhliche Stimmung: »Als ich drei Jahre alt war und meine Mutter starb, blieben meine ältere Schwester und ich mit einem Vater zurück, der unfähig war, uns ein Zuhause zu geben. Er wäre niemals in der Lage gewesen, sich allein um ein Haus zu kümmern, wie eine Frau es getan hätte. Er war unfähig, für uns zu sorgen – er konnte uns morgens nicht einmal die Schuhe anziehen. Er konnte nicht einmal für sich selbst sorgen! Irgendeine Frau mußte sich immer um uns kümmern, zuerst ein Dienstmädchen, dann eine ältere Schwester von ihm, dann meine Stiefmutter. Er konnte ohne eine Frau, die sich um alles kümmerte, nicht zurechtkommen. Für mich waren Frauen immer diejenigen, durch die alles zusammengehalten wurde – und so war es auch. Ich habe das immer als typisch für Frauen gesehen.«

Jillian hatte keine glückliche Kindheit, nachdem ihre Mutter gestorben war – »abgesehen von dem kurzen zeitlichen Lichtblick zwischen meinem fünften und achten Lebensjahr, als mein Vater, meine Schwester und ich bei meiner Tante lebten. Das waren glückliche, heitere, frohe und lustige Jahre, sie stecken voller Erinnerungen, die mich heute noch zum Kichern bringen. Es gab einen Onkel, und auch noch zwei Kusinen. Mein Vater hatte seine eigene Wohnung, die ans Haus angebaut worden war. Er war für sich, aber er war da. Jeden Sonntagmorgen rief ich ihn vom Telefon des Haupthauses aus an. Er pflegte mich dann zu sich einzuladen; jeden Sonntagmorgen besuchte ich ihn und kroch zu ihm ins Bett. Das war unsere Zeit. Sie endete, als ich acht war, weil er heiratete. Danach konnten wir das nie wieder tun.«

Acht war ein kritisches Alter für Jillian; nach drei Jahren voller Wärme und Liebe brach eine bittere Zeit für sie an. Als ihr Vater wieder heiratete, wurde sie aus der Sonderstellung, die sie bei ihm eingenommen hatte, verdrängt und allein in die Kälte geschickt. Zu diesem Schmerz kam noch hinzu, daß sie unter der Feindseligkeit ihrer Stiefmutter zu leiden hatte. »Als Achtjährige war ich wirklich sehr unglücklich, weil es das Jahr war, in dem mein Vater wieder heiratete. Und ich mußte meine Tante verlassen, die... es war wirklich, als ob ich meine zweite Mutter verlieren würde. Ich bekam also diese junge und hübsche Stiefmutter. Mein Tantchen Pearl war viel älter gewesen, und ich hatte mir immer eine junge Mutter gewünscht. Ich war so aufgeregt, weil ich jetzt tatsächlich eine junge und hübsche Mutter bekommen sollte.

Aber sie hat mich regelrecht gehaßt, meine Gegenwart war ihr zuwider. Sie wollte mich nicht dahaben. Und die beiden haben ziemlich viel getrunken. Meistens waren sie um sechs Uhr abends betrunken und haben mich zu Bett geschickt. Ich bin immer von der Türschwelle mit einem einzigen großen

Satz ins Bett gesprungen, weil ich Angst vor Ungeheuern hatte! Oft hat meine Stiefmutter mich stundenlang ins Badezimmer gesperrt, um sich über meine natürlichen Bedürfnisse lustig zu machen. Mein Vater war so ausgehungert nach dem, was sie ihm gab, was immer das gewesen sein mag, daß er es gar nicht bemerkte. Und meine Schwester, der einzige Halt, den ich sonst noch hatte, war ins Internat gekommen. Sie war schon als Achtjährige in ein Internat geschickt worden, aber das hatte viel näher gelegen. Als mein Vater heiratete, kam sie auf eine Schule, die weit von zu Haus entfernt war. In jenem Jahr habe ich alles verloren.«

Abgeschnitten von ihrer Familie, machte Jillian aus der aufgezwungenen Unabhängigkeit ein Werkzeug, mit dem sie ihre Selbstwahrnehmung schärfte. Sie nutzte dieses Werkzeug, um sich eine eigene kleine Nische zu bauen, und wandelte damit ungünstige Bedingungen in entwicklungsfördernde Einflüsse um. Ihre Kindheitsidentität, die zur Grundlage von Jillians Selbstverständnis werden sollte, wurde entscheidend von einer wiederholten, einsamen Erfahrung geprägt: »Als Achtjährige habe ich mir ganz allein das Fischen beigebracht. Ich stand immer ganz früh auf machte mich mit meiner kleinen Angelrute auf den Weg. Meine Stiefmutter wäre froh gewesen, wenn ich von einer Klippe gespült worden wäre. Sie war schwanger und freute sich, daß ich frühmorgens aufstand und verschwand, um den Tag am Strand zu verbringen. Meistens machte ich mich bei Sonnenaufgang auf den Weg und kletterte barfuß mit meinen kleinen Storchenbeinen, die in kurzen Shorts steckten, über die Felsen zum Stand hinunter, die Sandalen und die Angelrute in der Hand. Ich steuerte immer direkt auf den größten Felsen in der Mitte der Lagune zu und versuchte, Heringe zu fangen.«

Ihr Vater billigte ihre frühmorgendlichen Streifzüge: »Jeden Sommer machte mein Vater mir eine neue, meiner Größe angepaßte Angelrute. Er kaufte mir meinen Fang für einen Penny pro Fisch ab, er nahm sie als Köder für größere Fische. Ich verschaffte ihm die Köder für die großen Brocken.«

Ähnlich wie viele heterosexuelle Heldinnen hatte auch Jillian eine sehr enge Beziehung zu ihrem Vater. Das Fischen war etwas Besonderes zwischen ihr und ihm, etwas, das nur sie beide betraf und in dem sich Jillians bevorzugte Stellung spiegelte. »Ich wußte, daß ich das Lieblingskind meines Vaters war. Einmal besuchte ich mit ihm ein Maori-*Whare*. Die Maoris lieben Schweinefleisch, und er tauschte Schweinekoteletts gegen seltenen Weißfisch oder andere Fische, die sie gefangen hatten. Oft riefen sie ihn zu Hause an und fragten: ›Hey, ich habe ein Stück Weißfisch, wollen Sie es gegen ein paar Schweineknochen tauschen?‹ Ich habe viel Zeit mit ihm verbracht. Ich ersetzte ihm den Sohn. Irgendwie ist das auch schmerzlich, weil meine einzige Möglichkeit, ihn wirklich glücklich zu machen, darin bestanden hätte, ein Junge zu sein, und er machte auch kein Geheimnis aus seinem Wunsch nach einem Sohn. Ich nehme ihm das heute sehr übel. Es ist einfach gemein und ein wirkliches Unrecht, einem Kind so etwas anzutun. Ja«, seufzte sie traurig, »ich war sein Sohn. Ich hatte Schneid und Mumm, all die Eigenschaften, die er sich von einem Sohn wünschte.

Doch das Fischen hat mir etwas Eigenes gegeben«, fuhr sie nachdenklich fort. »Ich hielt meine Köder in einer kleinen Dose, die ich beim Fischen an meinem Gürtel befestigte. Um die Köder zu fangen, nahm ich eine nasse Matte und ließ sie die Nacht über draußen liegen. Wenn ich mich dann morgens davor hockte und die Matte hochhob, hatte die Feuchtigkeit die Würmer aus der Erde gelockt. Ich pflückte dann einige saftige Exemplare ab und stopfte sie, vermischt mit etwas Erde, in die Dose, steckte sie an meinem Gürtel fest und schlich bei Tagesanbruch in meinen kleinen Shorts und mit nackten Füßen, mit meiner Angelrute und einem Messer im Gürtel davon. Das Messer benutzte ich für meine Köder und die Fische, oder um notfalls die Leine zu durchschneiden. Der Strand war immer ganz leer, nur ab und zu tauchten mal ein oder zwei Weiße auf. Doch diese Männer fischten nicht mit einer Angel wie ich, sie hatten Harpunen, mit denen sie größere Fische jagten, oder sie kamen in Booten.

Und die Maoris waren auch immer zum Fischen da. Ich erinnere mich genau an den Morgen, an dem dieser Maori-Fischer zu mir herüberkam. Er hatte mich dabei beobachtet, wie ich jeden Tag über die Felsen stieg und meine Angel ins Wasser warf, und kam schließlich herüber, um mir zu zeigen, wie man diese kleinen Fische fängt. Er zerkrümelte ein Stückchen Brot auf dem Wasser, und die Fische fingen an, hochzuspringen. Und er zeigte mir, wie ich meine Angelschnur auswerfen und sie die ganze Zeit in Bewegung halten mußte; er lehrte mich, die Angelrute locker zu halten, damit ich den Druck in meiner Handfläche richtig fühlen konnte. Er brachte mir bei, wie man *paua* – eine Schneckenart wie Abalone – von den Felsen abbekommt, indem man in einem bestimmten Winkel mit dem Messer darunterfährt. Er zeigte mir auch, wie man Fische schnell und schmerzlos tötet, indem man die Finger in die Kiemen bohrt. Und ich werde nie vergessen, wie einer der Maori-Fischer, nachdem ich all das gelernt hatte, zu mir sagte: ›Du bist der beste *pakeha*-Fischer, den ich kenne‹ – *pakeha* heißt ›weiß‹. Ich wußte, daß es ein großes Kompliment war.

Als Achtjährige hatte ich angefangen, jeden Morgen bei Tagesanbruch fischen zu gehen, und das ging so weiter, bis ich mit elf ins Internat kam. Es war eine ungeheuer glückliche Zeit für mich.«

Obwohl sie ihre Mutter, ihre Tante und die spezielle Beziehung zu ihrem Vater verloren hatte und der Feindseligkeit ihrer Stiefmutter ausgesetzt war, gelang es Jillian, dieser Erfahrung einen zentralen Wert abzugewinnen. »Ich hatte ein ungewöhnliches Maß an Freiheit, um meinem Forschungsdrang nachzugehen und diese Erfahrungen zu machen. Es gab keine anderen kleinen Mädchen am Strand, die ganz allein um sechs Uhr morgens, im Dunkeln oder bei Tagesanbruch mit ihren Sandalen in der Hand und einer kleinen Angelrute unterm Arm durch den Sand liefen. Es erscheint mir heute ganz unwahrscheinlich, daß ich als Achtjährige die Erlaubnis hatte, völlig unbeaufsichtigt zum Strand hinunterzugehen, über diese Felsen zu klettern. Es gab Ebbe und Flut – ich hätte ertrinken können. Tatsächlich wäre meine Stiefmutter wohl hocherfreut gewesen, wenn ich ins Meer hinausgespült worden wäre. Ich würde einer Achtjährigen das nie erlauben! Ich könnte es einfach nicht! Es erstaunt mich, daß ich diese Erfahrung machen konnte, aber ich bin wirklich äußerst dankbar dafür. Es war ein Privileg. Ich war glücklich: Es hat mir eine gewisses Maß an Freiheit gegeben.«

Eine fehlende Mutter, ein anderweitig beschäftigter Vater und eine böswillige Stiefmutter, diese Einflüsse wirkten zusammen und zwangen Jillian, sich auf ihre eigene Kraft zu besinnen – womit sie das Schicksal vieler Frauen teilt, die in jüngster Vergangenheit zu spätem Ruhm gekommen sind. Jillian verglich ihre Situation mit den Bedingungen anderer europäischer Mädchen, die in fremden Boden verpflanzt wurden, Mädchen, deren mutterlose Kindheit man dem Geschick überließ. Wie Jillian setzte man sie quasi in der Wildnis aus, übergab sie den Eingeborenen und ermöglichte ihnen Erfahrungen, die sie nie gemacht hätten, wenn ihre eigenen Mütter sich um sie gekümmert hätten. Aus ihren zivilisierten Heimatländern herausgerissen, lernten sie die Welt der Natur kennen und entwickelten ihre Fähigkeiten durch Erfahrungen, die ihre ahnungslosen Väter zuließen.

»Nehmen Sie zum Beispiel die ungewöhnlichen, unabhängigen Frauen, die in Kenya Ungewöhnliches geleistet haben, Beryl Markham oder Karen Blixen. Sie haben Zugang zu Erfahrungen erhalten, die für Mädchen außergewöhnlich waren, und zwar durch ihre Väter, meistens aus einer wohlwollenden Vernachlässigung heraus oder dadurch, daß sie etwas Besonderes in einer fremden Kultur waren. Sie erhielten gewisse Privilegien, die man Frauen normalerweise nicht gewährt hätte, die man aber Ausländern zugestand, weil sie einen anderen Status genossen.

Meine Kindheitsbedingungen waren den ihren sehr ähnlich: Ich war ein kleines europäisches Mädchen von acht Jahren, dem die Maoris das Fischen beibrachten. Sie lehrten mich Fähigkeiten, die weiße Kinder nicht lernen. Darüber war ich mir durchaus im klaren. Es gab weder andere Europäer noch Frauen an dem Strand. Ich war klug genug, um zu wissen, daß hier etwas Ungewöhnliches geschah, daß andere Leute nicht erlebten, was ich hier erlebte. Ich hatte eine wirklich außergewöhnliche Kindheit. Es war eine schicksalhafte Mischung von Kränkung und Bevorzugung, die mir diese Dinge ermöglicht hat. Ich war mir über meinen speziellen Status im klaren. Und ich habe in letzter Zeit sehr viel darüber nachgedacht… Diese Erfahrungen haben mir eine wirkliche Grundlage gegeben.«

Doch im Alter von elf Jahren wurde Jillian ins Internat geschickt. Im Gegensatz zu ihrer älteren Schwester machte das Lernen ihr keinen Spaß. Ihre Stiefmutter hatte ihr Selbstvertrauen untergraben; sie hatte Jillian zur Zielscheibe ihres grausamen Spotts gemacht und sie oft als Familientrottel abgestempelt. Die Schule war wie ein aufgezwungenes Exil für sie. »Ich haßte das Internat. Es war unglaublich streng, wie ein Gefängnis. Es *war* ein Gefängnis. Ein schreckliches, blutleeres Gefängnis. Eine Elfjährige in dieser kalten Umgebung – mit einer Menge alter Jungfern aus England, die uns junge Mädchen wirklich bösartig behandelten.«

Auf dieser Schule wurde Jillian erstmalig bewußt, daß sie lesbisch war – obwohl sie in dieser repressiven Kultur kaum wußte, was ihre Gefühle bedeuteten und wie sie damit umgehen sollte: »Ich kann mich noch genau an den Tag erinnern, an dem mir klar wurde, daß ich lesbisch war. Ich war vierzehn und besuchte das britische Internat. Alle drei Wochen erhielten wir Ausgang, um ins Kino zu gehen. Den Film *Carmen Jones* durften wir nur deshalb sehen, weil er auf einer Oper basierte und die Verantwortlichen nicht die geringste Ahnung hatten, daß es sich um diesen aufregenden Film mit Dorothy Dandridge und Harry Belafonte handelte. Ich war zusammen mit all meinen kleinen Freundinnen da, und wir waren so ausgehungert nach irgend etwas Aufregendem, daß wir den Film hinterher noch einmal Stück für Stück durchgingen. Wir unterhielten uns also über *Carmen Jones*, und mir wurde bewußt, daß alle Mädchen in meiner Gruppe sich vorstellten, Harry Belafonte zu küssen, während ich mir vorstellte, Dorothy Dandridge zu küssen! In dem Moment habe ich es gewußt. Der Groschen war gefallen. *Boïng!* Ganz laut. Die Erkenntnis machte mir große Angst. Ich ging nach oben in die Bibliothek und schlug den Begriff *lesbisch* nach. Ich hatte keine Ahnung, wie ich damit umgehen sollte. Ich kannte keine einzige andere Frau, die lesbisch war.

Um zu wissen, was die Hölle wirklich bedeutet, mußt du nur in einem Land wie Neuseeland leben und mit vierzehn Jahren erkennen, daß du lesbisch bist. Ich kann mir nicht vorstellen, daß irgendeine Frau, die diese Entdeckung macht, von einer noch feindlicheren Welt umgeben sein könnte, als ich es war. Es war ein absolutes Tabu. Es gab niemanden, mit dem ich auch nur darüber hätte reden können. So etwas wie freie Persönlichkeitsentfaltung gab es eben nicht. Als ich letztes Jahr in China war, gab es dort keine lesbischen Frauen. Es gab auch keine Linkshänder in China. Die Frau, die die Kontakte für uns herstellte, war erstaunt über die vielen Linkshänder in unserer Gruppe. Sie meinte: ›Wissen Sie, in China gibt es keine Linkshänder.‹ Ich erwiderte: ›Man bekommt in China nicht die Möglichkeit, Linkshänder zu sein.‹ Sie hat mich nicht verstanden. Mit dem Lesbischsein ist es genauso.«

Doch als Teenager gab Jillian dem sozialen und gesellschaftlichen Druck nach und verlor ihre Identität an einen heterosexuellen Wahn. Sie traf die üblichen Verabredungen mit jungen Männern, und mit Anfang Zwanzig verlobte sie sich sogar. »Ich hatte immer irgendeinen Freund, Jungen fanden mich attraktiv. In den Ferien machte ich sexuelle Erfahrungen mit zahllosen Jungen. Ich nahm einfach an, daß es mir um so besser gefallen würde, je öfter ich es machte. Ich versuchte, vom Lesbischsein loszukommen. Es war nicht so, daß ich Heterosexualität verabscheute oder nicht darauf reagierte. Meine sexuellen Erfahrungen mit Jungen waren sehr aufregend. Aber ich habe immer genau *gewußt*, daß es nicht das war, was ich wollte. Es war etwas, was ich haben konnte, und es hat Spaß gemacht, aber es war nicht das, was ich wirklich wollte.« Jillians Unterwerfung unter die Norm und ihre Anpassung an das Gebot der Heterosexualität bedeutete, daß sie das Gefühl dafür verlor, wer und was sie wirklich war. »Es war nicht nur, daß ich etwas anderes wollte«, erklärte sie, »ich *war* etwas anderes.«

Dieser weite Umweg hat dazu geführt, daß Jillian sich erst im Alter von achtundzwanzig Jahren zu ihrer sexuellen Neigung bekannte. »Damals ging ich nach Australien und verkaufte Bücher an der Haustür. Eine unserer Gruppenleiterinnen wohnte in Sydney und vermietete Zimmer. Sie erzählte uns, daß sie ein Zimmer an eine lesbische Frau vermietet hätte. Ich war wie besessen davon und wollte diese Frau unbedingt kennenlernen. Ich traf mich mit ihr, und wir gingen miteinander ins Bett. Das war vor vielen Jahren, als Lesbierinnen sich noch entweder als beherrschende oder als feminine Partnerin definierten, und jene Frau war ein absolut und in jeder Beziehung maskuliner Typ – eine richtige Machofrau. Doch so schlimm es war, kam es mir trotzdem natürlich vor. Ich habe mich viel wohler dabei gefühlt als bei all den Erfahrungen, die ich mit Männern gemacht hatte.«

Dennoch war es ein langsamer und schmerzlicher Prozeß für Jillian, ihre lesbische Neigung zu akzeptieren: »Als ich sehr jung war, haben Frauen mir emotional immer weit mehr bedeutet, und ab vierzehn hatte ich starke sexuelle Gefühle für Frauen. Aber ich habe es so lange unterdrückt. Diese eine Begegnung mit diesem Mannweib war eine wirkliche Probe aufs Exempel für mich. Es war meine erste bewußte Erfahrung als lesbische Frau. Ich habe sie bewußt gesucht und selbst initiiert. Und so erbärmlich es war, habe ich es doch als sauberer empfunden als alles, was ich davor gemacht hatte. Es war eine Bestätigung für das, was mir selbstverständlich und natürlich vorkam.« Vor allem jedoch hat diese Erfahrung Jillian wieder zu sich selbst finden lassen: »Obwohl diese Begegnung so schrecklich war, *fühlte sie sich mehr nach mir selbst an.*«

Jillian entdeckte ihre sexuelle Neigung in einer repressiven Kultur in einer restriktiven Zeit. Es gab keine Frauenbewegung, die ihr Halt gegeben hätte, keinen politischen Kontext für ihre gegen die Norm verstoßende Identifikation. Frauen, die in unserer heutigen Gesellschaft erwachsen werden, können sich kaum noch vorstellen, wie hart Jillian um ihre Selbstbestimmung kämpfen mußte. Sie berichtete von einem Vorfall, der den Schmerz ihrer isolierten Selbstverwirklichung wieder wachgerufen hatte: »Vor einigen Jahren besuchte ich mit dem Bruder einer Freundin ein Restaurant. Er war zufällig schwul. Man setzte uns neben diese zwei jungen Lesbierinnen, die annahmen, daß wir ein heterosexuelles Pärchen wären. Sie fingen an, sich über uns lustig zu machen, abfällige Bemerkungen fallenzulassen. Ich hätte sie umbringen können. Ich dachte, wenn diese Grünschnäbel das durchgemacht hätten, was ich erlebt habe – wie können sie es *wagen!*«

Mit dreißig verliebte Jillian sich in eine Frau, mit der sie in die USA ging. Nachdem sie bei der Abschlußprüfung in dem britischen Internat durchgefallen war, besaß sie nicht einmal ein High-School-Diplom. Doch diese Frau war eine Akademikerin, und sie motivierte Jillian, aufs College zu gehen. »Sie hat mir sehr geholfen, das nötige Selbstvertrauen zu entwickkeln. Sie sagte mir immer, daß ich klug wäre. Daß sie klug war, wußte ich, und ich dachte: ›Sie ist klug, und wenn sie meint, daß ich auch klug bin, kann ich nicht ganz so dumm sein, wie ich die ganze Zeit angenommen habe.‹ Sie sorgte auch in einem ganz praktischen Sinn für gute Bedingungen. Wenn wir einen Tag frei hatten und ich eine Seminararbeit fertigstellen mußte, ging sie weg, um die Wäsche zu erledigen, damit ich das Haus ganz für mich allein hatte.« Zu ihrer eigenen Überraschung schloß Jillian das College mit *summa cum laude* ab.

Der Collegeabschluß erwies sich als Sprungbrett für einen neuen Beruf: »Ich bestand mein Examen und endete als Managerin in der Telefongesellschaft, in der ich nachts als Telefonistin gearbeitet hatte, um meine Ausbildung zu finanzieren. Ich verdiente eine Menge Geld, mein Gehalt kam mir wie ein Vermögen vor. Und ich kaufte diese kleine Eigentumswohnung. Aber ich haßte den Job und fühlte mich sehr unglücklich dabei. Irgendwann suchte die Gesellschaft dann eine Englischlehrerin für einen Kurs, und der Computer spuckte mich aus, weil ich einen Abschluß in Englisch und Lehrerfahrung hatte. Ich habe also den Kursus geleitet und wußte sofort, daß es etwas war, in dem ich gut war und das mir Spaß machte. Es führte dazu, daß ich mich für meine Schüler und ihren sprachlichen Hintergrund zu interessieren begann. Einige der Sprachen hatten keine grammatischen Zeiten, einige kannten keine Pluralformen! Das faszinierte mich. Damals habe ich nach vielen Jahren bei der Gesellschaft gekündigt und angefangen, Englisch für Ausländer zu unterrichten.«

Doch Jillian mußte feststellen, daß es schwierig war, ihre Interessen zu einem Beruf zu erweitern. Sie hatte eine Reihe von Teilzeitjobs und unterrichtete ausländische Schüler an High-Schools. Sie wurde ruhelos und unzufrieden. Eine enge Freundin von ihr starb; ihr fehlte eine seelenverwandte Partnerin. Fortzugehen, die USA für immer zu verlassen, erschien ihr als die einzige Lösung. Eine räumliche Veränderung sollte sie von ihrem Kummer befreien: »Hier ging es mir schlecht. Ich hatte unter einer enormen Anspannung gestanden, um zu überleben, finanziell zu überleben. Die Zeit der Arbeitssuche war schrecklich. Schließlich hatte ich einen Job gefunden, aber sie bezahlten irgendwas bei zwölf Dollar die Stunde. Ich hatte einen Treuhandfonds, aber ich hatte mein Studium finanzieren müssen und einen Haufen Schulden gemacht. Ich hatte eine Reihe zerrütteter Beziehungen. Ich war dieser Leute müde. Ich drehte mich im Kreis. Ich war in niemanden verliebt, und das amerikanische Leben ging mir auf die Nerven, insbesondere mein eigenes. Ich war reif für eine Veränderung. Als mir die Gelegenheit in den Schoß fiel, nach China zu gehen, kam es mir vor, als ob das Schicksal mir eine Chance böte, die ich nutzen sollte. Ich wollte mich in die Arbeit stürzen und herausfinden, ob es mir gelingen würde, etwas durchzustehen, das so schwierig war. Es war eine Art Test meiner eigenen Überlebensfähigkeit. Ich entschloß mich, sofort damit anzufangen.«

China war ein merkwürdiger Fluchtort für eine Feministin wie Jillian: »Für eine Frau gibt es kein Land, das repressiver sein könnte als China«, meinte Jillian. »Es ist mir einfach unbegreiflich, wie chinesische Frauen ihr Leben ertragen können. Wenn man sich allein vorstellt, daß einem die Füße zerquetscht werden, damit sie nie größer werden als die einer Vierjährigen. Und das ist nur ein Aspekt. Heute wird es nicht mehr gemacht, aber ich habe noch Frauen gesehen, deren Füße bandagiert waren. Sie sind jetzt um die siebzig, aber das ist für uns immer noch erschreckend nah. Und chinesische Frauen sind unzähligen anderen Repressionen ausgesetzt. In

China wird eine Frau beispielsweise so lange als Kind betrachtet, bis sie heiratet. Wenn ich eine Chinesin wäre, hätte ich also praktisch überhaupt keinen Status.«

Doch so wie in ihrer Kindheit, als Jillian als einzige Europäerin eine privilegierte Stellung bei den Maoris innegehabt hatte, genoß sie auch jetzt in Asien den speziellen Status einer Ausländerin. Dieser Status in Verbindung mit ihrer Stellung als Lehrerin hob – jedenfalls was die Chinesen betraf – den geschlechtsspezifischen Nachteil auf; sie führte ein für Frauen in jener Gesellschaft einzigartig privilegiertes und unabhängiges Leben: »Die unübersehbare Tatsache, daß ich Ausländerin war, die als Lehrerin ein Ansehen genoß, von dem man bei uns nur träumen kann, bedeutete, daß man mich praktisch wie einen Mann und nicht wie eine Frau behandelte. Ich gehörte sozusagen keiner bestimmten Gruppe an. Ich war einfach eine sehr erfolgreiche Lehrerin. Ich wurde total respektiert und erhielt jedes nur denkbare Privileg. Auf festlichen Veranstaltungen boten chinesische Männer mir Zigaretten und Drinks an, alles mögliche, was sie ihren eigenen Frauen nicht im Traum gestattet hätten. Ich stand außerhalb der normalen Frauenwelt und ihrer unglaublichen Restriktionen.«

Die praktischen Einschränkungen des chinesischen Lebensalltags führten zur Wiederherstellung eines Teils von Jillian, der seit ihrer Kindheit verlorengegangen war. »Das einfache Leben in China, ohne die Errungenschaften der Zivilisation, führt einen auf eine elementare Stufe zurück. Ich entdeckte, welch ungeheures Vergnügen ich daran habe, ganz einfache, grundlegende Dinge zu tun: ein Bad zu nehmen, meinen Körper zu pflegen. Ich ließ mich auf die andere Kultur ein; ich konzentrierte mich auf diese Stufe einfachen Überlebens, auf diese grundlegenden menschlichen Bedürfnisse. Mich mit den elementarsten Formen menschlicher Existenz auseinandersetzen zu müssen, übte eine ungeheure Faszination auf mich aus und hat irgendwie wieder Ordnung in mein Leben gebracht – ich fühlte mich sehr lebendig und sehr wirklich.«

Als sie diesen Prozeß beschrieb, der sie »sehr lebendig und

sehr wirklich« werden ließ, wurde Jillian bewußt, daß es Parallelen zwischen ihrer einsamen Reise nach China und den Exkursionen gab, die sie als Achtjährige zum Strand unternommen hatte. Die Erlebnisse stimmten in grundsätzlichen Elementen überein: In beiden Fällen hatte sie ihre gewohnte Umgebung verlassen, um mit einfachster Ausrüstung in unbekanntes Gebiet aufzubrechen. In beiden Fällen fand sie sich als europäische Ausländerin in einer fremden Kultur wieder. In beiden Fällen gewährte man ihr bestimmte Privilegien und behandelte sie nicht wie eine Frau, sondern eher wie einen Mann. In beiden Fällen mußte sie auf ihre eigenen Fähigkeiten zurückgreifen, um die Situation zu bewältigen. Und das vielleicht Wichtigste – in beiden Fällen entdeckte sie einen zentralen Wert: Freiheit.

»Die Reise nach China war ein verzweifelter Entschluß gewesen. Aber ich wußte, daß sie mich zwangsläufig dazu führen würde, vieles ganz anders zu sehen, daß sie mich aus der Falle befreien würde, in die ich mich selbst gebracht hatte – und so war es auch, wenn auch ganz anders, als ich es mir vorgestellt hatte. Die Erfahrung machte mir einen kostbaren Besitz bewußt – meine Freiheit. Die Freiheit, eine Frau zu sein. Die Freiheit, mein Leben selbst gestalten zu können. Sie lag direkt vor meiner gottverdammten Nase. Ich hatte hier in diesem Land gelebt, in dem ich frei war. Ich mußte ein Jahr in Beijing verbringen und diese Freiheit verlieren, um zu wissen, was sie bedeutete, um mir bewußt zu werden, daß ich eine Frau war und daß ich als Frau wirklich frei war. Diese Erfahrung hat mir die Freiheit wiedergegeben, die ich als Achtjährige besessen hatte.«

Nachdenklich machte sie sich die Gefühle wieder bewußt, die die Chinareise in ihr geweckt hatte: »Das Jahr in China hat mich wirklich verändert, wenn ich auch nicht genau sagen kann, wodurch. Es begann mit Verzweiflung. Ich hatte das Gefühl, völlig am Ende zu sein. Auf dem Weg nach Asien reiste ich über Neuseeland. Ich hatte einen derartigen Tiefpunkt erreicht, daß ich mir wünschte, mein Vater und meine Stiefmutter würden sich meiner annehmen. Einmal, als ich mich sehr niedergeschlagen fühlte, ging ich zum Friedhof und setzte mich ans Grab meiner Mutter. Auf dem Grabstein stand, wie alt meine Mutter bei ihrem Tod gewesen war: achtundzwanzig Jahre. Und ich war achtundvierzig. Sie war beinah noch ein Kind gewesen. Jetzt bin ich die Mutter, und sie ist das Kind. Und ich erkannte, daß ich aus mir selbst entstehen mußte, so als ob ich meine eigene Mutter wäre. Ich wußte plötzlich ganz genau, daß ich nicht nach Hause zurückkehren konnte. Niemand kann das. Die Vorstellung, daß man zu einer romantisch verklärten, toten Mutter oder in die Arme eines liebevollen Vaters zurückkehren kann, war nichts als eine Illusion. Mein Vater ist ein liebenswerter Mensch, aber er ist sehr schwach. Er kann wohl nichts dafür – er war das zwölfte Kind seiner Eltern und wurde von seinen herrschsüchtigen älteren Schwestern großgezogen. Und so hat er eine herrschsüchtige alte Hexe geheiratet, die ihm die Hosen ausgezogen hat. Für ihn ist das Liebe. Er ist kein starker Mann. Er ist ein sehr liebevoller Mensch, aber er kann mich nicht beschützen. Er konnte es nicht, als ich ein Kind war, und er kann es jetzt nicht. Durch diese Erkenntnis fing ich an, erwachsen zu werden.«

In der Verzweiflung der Achtundvierzigjährigen auf ihrem Weg nach China spiegelte sich die der Achtjährigen auf ihrem Weg zum Strand, spiegelte sich das Mädchen, deren Erfahrung sowohl das Potential zur Selbsterkenntnis wie zur Selbstzerstörung in sich barg – den gleichzeitigen Zenith und Nadir des authentischen Selbst. In der grundlegenden Erfahrung, die sie beim Fischen auf den Klippen gemacht hatte, sah Jillian – abgesehen von dem besonderen gesellschaftlichen Status – die Hauptursache für die Wiederentdeckung ihrer authentischen Identität in China. Auch in China waren es die einfachen Dinge, durch die ihr Leben wieder einen Sinn erhielt. Sie entdeckte ihre tiefe Verbundenheit mit der Natur. Als sie darüber nachdachte, wurde ihr klar, daß die Welt der Felsen, die Welt des Fischens und ihre Erlebnisse in China eng miteinander verbunden waren.

Das Jahr in China gab Jillian ein festbegründetes Gefühl von Identität zurück, das sich herausgebildet hatte, als sie acht Jahre alt war: »Wenn es mir schlecht geht, greife ich darauf zurück – dann möchte ich wieder auf den größten Felsen in der Lagune klettern und ausprobieren, ob ich der Strömung standhalte oder weggespült werde und ob ich noch einen Fisch fangen kann. Ich erinnere mich an die Zeit, in der ich fischen ging, weil sie mir wertvolle Erfahrungen gewährte, weil ich etwas für mein Leben gelernt habe. Es waren prägende Erfahrungen in einer Zeit, in der es mir sehr schlecht ging. So schlecht wie damals, als ich nach China aufbrach.«

Sie erklärte, was sie als Achtjährige durch das Fischen gelernt hat: »Ich glaube, daß das Fischen dir so etwas wie innere Gelassenheit schenkt. Man muß eine bestimmte Geduld entwickeln, wenn man fischt, eine Art aufmerksamer Geduld, durch die ich etwas Wichtiges gelernt habe. Etwas, das auch für meine Arbeit als Lehrerin von zentraler Bedeutung ist. Für meine Beziehungen zu anderen Menschen überhaupt. Ich habe einen Einblick in die Kultur der Maoris gewonnen, der anderen für immer versperrt bleibt. Das hat mir eine andere, spezielle Art von Wissen vermittelt. Irgendwie kannte ich etwas, das anderen Menschen fremd war.«

Der Einblick in eine fremde Kultur, den die Maoris dem achtjährigen europäischen Mädchen mit der Angelrute gewährt hatten, kam Jillian immer wieder zugute, als sie in den unterschiedlichsten Kulturen Europas, Amerikas und Asiens lebte. Die frühen Erlebnisse hatten sie für neue Erfahrungen offen gemacht, was sie in China nutzen konnte, und sie hatten ihr etwas vermittelt, auf das sie wiederholt zurückgriff, wenn sie als Sprachlehrerin Menschen unterschiedlichster Nationalitäten unterrichtete.

»Was es genau ist, kann ich nicht sagen. Ich bin irgendwie zu der tiefen Überzeugung gelangt, daß ich mich mit Menschen, die ganz anders sind als ich, gut verstehen kann. Es ist eine Art Vorurteilsfreiheit. Als ich in China war, konnte ich ganz zwanglos neue Beziehungen knüpfen. Das läßt sich alles auf die Erfahrung, die ich als Achtjährige machte, zurückführen.« In Anbetracht des Selbstvertrauens, das sie in der Mitte ihres Lebens aus der Erfahrung der Achtjährigen gezogen hatte, fügte sie hinzu: »Irgendwie bin ich damals auf meine eigene innere Kraft gestoßen. Und Jahre später, mit achtundvierzig, bin ich erneut darauf gestoßen. Es hat mit bestimmten äußeren Umständen zu tun, daß ich diese Kraft entdecken und daß ich überleben konnte. Und ich bin wirklich *gut* damit fertig geworden. Es fiel mir leicht. Es war schön, wieder mit diesem Teil von mir selbst in Berührung zu kommen.«

Nachdem Jillian die elementaren Erfahrungen der Achtjährigen in den Erfahrungen der Achtundvierzigjährigen wiederentdeckt hatte, fühlte sie sich als Fünfzigjährige glücklich und im Frieden mit sich selbst. Gerade von einer Fotosafari aus Kenya zurückgekehrt, sagte sie von sich und ihrer gegenwärtigen Situation:»Ich führe jetzt ein fantastisches Leben, und ich weiß es zu schätzen. Zum ersten Mal in meinem Leben, mit fünfzig, fühle ich mich wirklich zufrieden. Ich habe es genossen, nach Afrika zu reisen, ich finde es aufregend, nächsten Monat zum Großen Barrier Riff zu fahren und meine Liebste auf Hawaii zu treffen. Gerade habe ich ein großartiges Seminar mit meiner Kollegin abgehalten. Ich fühle mich, als ob ich all die Jahre über geschuftet und geackert, mich total abgemüht hätte. Und die ganze Zeit habe ich mir immer wieder gesagt, daß ich einmal diesen Punkt erreichen würde, aber manchmal hatte ich das Gefühl, daß es sinnlos wäre, und ich fühlte mich elend. Jetzt stehe ich an einem glücklichen Punkt, an dem ich mein Leben in vollen Zügen genieße. Ich habe es nicht für möglich gehalten, daß ich so glücklich sein könnte.«

Daß sie sich mit fünfzig wieder in einem Maß als sie selbst fühlte, wie sie es zuletzt als Achtjährige erlebt hatte, führte Jillian zum Thema Freiheit zurück:»Als Kind habe ich um die Liebe meiner Stiefmutter gebettelt, die keine Neigung verspürte, mir Liebe zu geben. Ich war so leicht von der Meinung anderer zu beeinflussen und jetzt... Es ist nicht so, daß es mir völlig egal ist, was andere denken, aber ich bin nicht davon abhängig. Es ist befreiend, aber es hat mich fünfzig Jahre gekostet, diesen Punkt zu erreichen. Ich denke daran, nächsten Monat meine Familie zu besuchen, ich werde all jene Leute und ihre Ansichten über mich wiedertreffen, aber ich glaube, ich bin inzwischen so stark, daß es mir völlig schnurz ist, was sie denken. Ich werde mich nicht fein anziehen, ich werde mich nicht so benehmen, wie es sich für eine Frau schickt, ich werde einfach ich selbst sein. Entweder sie akzeptieren mich, wie ich bin, oder sie lassen es bleiben. Ich fühle mich ihnen ebenbürtig. Das ist ein wundervolles Gefühl.«

In der Beschreibung ihres heutigen Lebensgefühls tauchte der Fels in der Lagune wieder auf: »Ich habe nicht mehr das Gefühl, daß ich irgendwelche geheimnisvollen Rätsel, was mich selbst oder das Leben überhaupt betrifft, lösen müßte. Die Dinge sind, wie sie sind, und ich bin, wie ich bin. Und nachdem ich eine Zeitlang in Afrika und Asien gelebt habe und auch diesen Kontinenten nähergekommen bin, scheint mir sogar die Welt als Ganzes nicht mehr so rätselhaft, sondern irgendwie begreiflich. Ich habe einen realen Bezug zur Welt und zu mir selbst. Ich habe nicht mehr das Gefühl, daß ich einen großen Felsbrocken in mir aus dem Weg räumen muß und plötzlich etwas Schreckliches darunter hervorkriechen könnte. Ich fühle mich mir selbst *vertraut*.«

Als ich sie fragte, wie sie ihr Leben bildlich darstellen würde, griff sie die Themen Freiheit und Geduld wieder auf und verglich sich selbst mit einem Vogel und einer Schildkröte: »Ich würde mich als Vogel zeichnen, weil in all meinen wichtigen Träumen Vögel vorkommen. Vögel in freiem Flug. Freiheit. Und als Schildkröte, weil es eine lange, mühselige Reise für mich gewesen ist, die Ähnlichkeit mit der langsamen, aber geduldigen Bewegung einer Schildkröte gehabt hat.«

Jillian hat weibliche Stereotypen abgelehnt. Jo hatte das Gefühl, daß die weiblichen Stereotypen sie ablehnten. Weil sie sich für häßlich hielt, glaubte sie, auf das Glück verzichten zu müssen, das sich ihrer Meinung nach mit der Erfüllung bestimmter weiblicher Rollenbilder verband. Sie litt von Geburt an am sogenannten Marfanschen Syndrom, einer Erbkrankheit, die ihr Äußeres entstellte und es ihr unmöglich machte, weiblichen Schönheitsidealen auch nur annähernd zu entsprechen. Diese Erbkrankheit drückte sich bei ihr in einem schweren Augenfehler, einem außerordentlich knochigen

Körperbau und einer extremen Größe aus. Wenn sie auch von dem für diese Krankheit ebenfalls typischen Herzfehler verschont geblieben war, war sie doch über 1,80 m groß und sehr dünn; ihre Schultern und Hüftknochen traten hervor und gaben ihr ein eckiges, linkisches Aussehen. Sie hatte glatte, weiße Haare, die zu einer kurzen Pagenfrisur geschnitten waren. Ihre Brillengläser waren so dick wie Colaflaschenglas. Obwohl sie gerade so viel sehen konnte, um sich zurechtzufinden, galt sie rechtlich als blind.

Während sie heranwuchs, bekam Jo das Gefühl, als Frau nicht begehrenswert zu sein. Weil sie davon überzeugt war, von den Vorteilen des Frauseins für immer ausgeschlossen zu sein, verlor sie das natürliche Verhältnis zu ihrer Weiblichkeit, das sie als Mädchen besessen hatte. Obwohl sie schließlich heiratete und ein Kind bekam, hatte sie weiterhin das Gefühl, keine richtige Frau zu sein. Es bedurfte einer ungewöhnlichen, platonischen Beziehung zu einem ihrer Arbeitgeber, bis Jo letzten Endes zu dem vernachlässigten Mädchen in ihrem Innern und damit zu ihrem weiblichen Selbstvertrauen zurückfand.

Die achtundfünfzigjährige Jo arbeitete als Teilzeitsekretärin für einen Akademiker und stellte ihr Leben voll Stolz unter das Motto: »Wie ich allmählich eine Frau wurde.« Sie schilderte die Einzelheiten ihrer schmerzlichen Geschichte mit großer Offenheit, fast, als ob überhaupt nichts Besonderes dabei gewesen wäre. Sie ging zunächst auf ihren familiären Hintergrund ein. Ihre Mutter, die an derselben Krankheit litt, war nahezu eine Invalidin. Ihr Vater arbeitete als Anstreicher. Wie Sophie und Willa wurde auch Jo in den Jahren der Weltwirtschaftskrise geboren. Auch ihre Familie lebte in verzweifelter Armut. »Wir waren sehr arm. Als wir einmal ausgehen wollten, hatte ich schwarze Schuhe und weiße Söckchen an. Mein Vater schwärzte die Zehen der Strümpfe, damit sie nicht mehr so auffällig aus den Löchern in den schwarzen Schuhen herausguckten. Später machte er dann Kappen für die Schuhe.«

Trotz dieses Hintergrunds hatte Jo das Gefühl, eine »normale Kindheit« zu erleben, und hielt sich für ein völlig normales Mädchen, bis sie zur Schule kam – und zu einer sozialen Außenseiterin wurde: »Als ich eingeschult wurde, machten die anderen Kinder sich über mich lustig und verspotteten mich. Bis zu dem Zeitpunkt hatte ich keine Ahnung gehabt, wie ich aussah. Ich wußte nicht, daß ich nicht attraktiv, sondern im Gegenteil total häßlich, viel zu groß und kurzsichtig war. Ich wußte nur, daß ich offenbar irgendwie anders war. Ich war allein. Niemand wollte mit mir befreundet sein. Ich wollte normal leben, aber das normale Leben wollte mit mir nichts zu tun haben. Es gab einfach so viele Dinge, die mir klarmachten: ›Schau dich an, du bist häßlich, du kannst nicht genauso leben wie alle anderen. Du bist einfach anders.‹«

Bis zu diesem Zeitpunkt war Jo sich nicht bewußt gewesen, daß sie an einer Krankheit litt. Doch nachdem sie in der ersten Klasse abgelehnt und gedemütigt worden war, kam sie zu dem Schluß, daß alles, was eine Frau erreichen konnte, von ihrer physischen Attraktivität abhängig war. »Als Kind hatte ich das Gefühl, daß es das Wichtigste auf der Welt wäre, hübsch zu sein. Ich dachte, daß eine Frau attraktiv sein müßte, um von einem Mann geheiratet zu werden, anderenfalls würde sie als alte Jungfer enden und ein graues, freudloses Leben ohne jeden Reiz fristen müssen. Ich war davon überzeugt, daß selbst Dummheit durch Attraktivität ausgeglichen würde. Und da ich keine körperliche Anziehungskraft besaß, dachte ich, daß ich nichts von der Welt zu erwarten hätte.«

Da sie weiblichen Schönheitsidealen nicht entsprechen konnte, unterdrückte Jo ihren Wunsch nach weiblicher Selbstbestätigung. Weil sie scheinbar keine weiblichen Vorzüge hatte, versuchte sie, ihr Frausein zu ignorieren. »Als kleines Kind wollte ich immer gern eine Frau sein. Aber ich war so groß und linkisch, ich konnte keine richtige Frau werden – ich konnte einfach nicht – ich hatte Angst, *daß niemand mich je würde heiraten wollen.* Ich war überzeugt, daß ich eine alte Jungfer werden würde.«

Andere Erfahrungen bestärkten sie in der Überzeugung, daß ein herkömmliches Frauenleben ihr für immer verwehrt bleiben würde. »Irgendwann, als ich ungefähr zehn oder elf war, ging eine befreundete ältere Frau mit mir zu einem Optometriker, und er untersuchte mein Augen. Dann sah er mich an und meinte: ›Die schlimmste Sünde, die du in deinem Leben begehen könntest, wäre, ein Kind zu bekommen.‹ Damit stand die Sache endgültig fest. Ich war ohnehin schon überzeugt, daß niemand, der noch bei einigermaßen klarem Verstand war, mich heiraten würde. Und ich wußte, daß meine Krankheit unter Umständen erblich war. Doch gesagt zu bekommen, daß es die schlimmste Sünde wäre...

Sie wissen, wie ganz kleine Dinge das Leben beeinflussen können. Einmal besuchte ich meine Cousine, und wir probierten Badeanzüge an; sie wollte nett zu mir sein und sagte: ›Mach dir nichts draus, daß du in einem Badeanzug nicht gut aussiehst. Du hast genausoviel Recht, schwimmen zu gehen, wie alle anderen.‹ Diese Erfahrungen zeigten allmählich ihre Wirkung in mir. Ich war immer fester davon überzeugt, daß ich niemals heiraten und Kinder haben würde, was mir eigentlich als ideales Leben erschien. Dann kam ich auf die Idee, daß ich vielleicht lesbisch werden sollte.«

Nachdem sie zu der Überzeugung gelangt war, daß sie niemals wie eine normale Frau leben könnte, begann Jo, sich eine Identität zu schaffen, die mit physischer Perfektion nichts zu tun haben sollte. Problematisch an dieser neuen Identität war, daß es nicht ihre eigene war: »Ich fing also an, Hosen, Hemden und einen Schlips zu tragen und versuchte, mich maskulin zu geben, was mir eigentlich völlig widersprach.«

Sie kämpfte mit ihrem Frausein in einer Kultur, deren Definition von Weiblichkeit dermaßen eng ist, daß Jo ihr unmöglich entsprechen konnte: »Trotz alledem fühlte ich mich ganz entschieden als Frau. Aber ich wollte es nicht, weil ich überzeugt war, daß es nur Nachteile für mich hätte. Weil ich so groß war, erzählte meine Mutter mir immer: ›Es ist ein Jammer, daß du kein Junge geworden bist.‹ Für einen Jungen wäre meine Größe gerade richtig gewesen. Deshalb glaubte ich allmählich, daß ich mich maskulin geben müßte.«

Weil sie weiblichen Idealbildern nicht entsprechen konnte, rebellierte Jo gegen alle möglichen Normen, als sie im Alter von sieben bis vierzehn Jahren eine Blindenschule besuchte. Die Rebellion dieser Jahre, die sie selbst als eine »verworrene, unglückliche Zeit« bezeichnete, führte dazu, daß sie von der Schule flog. »Nachdem man mich schließlich hinausgeworfen hatte, ging ich für eine Zeitlang zu einer Psychiaterin, bis wir beide von dieser Idee genug hatten. Sie war der Typ, bei dem man sich auf die Couch legen muß, während sie sich hinter dich setzt. Dann, urplötzlich, erklärte sie die Sitzung für beendet – es hat zu nichts geführt.«

In den nächsten vier Jahren blieb Jo zu Hause. »Die meiste Zeit verbrachte ich allein auf dem Dachboden«, erzählte sie. »Es war irgendwie beruhigend dort. Ab und zu ging ich zur Kirche, und die alten Frauen waren nett zu mir. Es war wie ein dumpfer Schlaf.« Ihr Leben wurde nicht nur durch ihre körperliche Benachteiligung, sondern auch durch ihre Überzeugung, keine Zukunft zu haben, eingeschränkt. »Ich trug eine Brille und war flach wie ein Plättbrett. Ich konnte es also von vornherein an den Nagel hängen.«

Die gesellschaftliche Stellung, die Frauen durch die Anpassung an weibliche Konventionen erhalten, stand Jo nicht offen: »Damals kam meine Cousine für eine Zeitlang zu uns, weil ihre Mutter gestorben war. Da war dieser Typ, nach dem wir beide ganz verrückt waren, ein Freund meines Bruders. Er war verheiratet, aber mein Bruder brachte ihn oft mit zu uns nach Haus. Meine Cousine fing eine Affäre mit ihm an. Es machte mich fertig, weil ich selbst gern eine Affäre mit ihm gehabt hätte. Aber ich war eben die Flachbrüstige, ich war häßlich; meine Cousine hatte eine hübsche Figur, und sie war keck. Sie bekam, was sie wollte. Mich wollte niemand.

Es passierten so viele Sachen, die mein Selbstvertrauen erschütterten. Einmal, als ich ungefähr sechzehn war, war meine Mutter nicht zu Hause. Ich wollte für sie saubermachen, aber ich hatte keine Ahnung von Hausarbeit. Wir hatten natürlich keinen Staubsauger, ich machte also das, was ich bei meiner Mutter gesehen hatte – ich nahm einige Zeitungen, feuchtete sie an und legte sie auf dem Teppich aus. Der Staub sammelt sich darin und man legt sie dann einfach zusammen. Nun, kurzsichtig wie ich war, habe ich es nicht besonders gut gemacht. Aber als meine Tante meine Mutter nach Hause brachte, lobte sie mich und sagte, daß es sehr sauber aussähe, und ich fühlte mich richtig gut. Dann kam mein Vater von der Arbeit und kriegte einen Anfall, als er den ganzen Schmutz auf den Fußleisten sah. Er tobte vor Wut. Was ich auch versuchte, ich schien alles falsch zu machen.«

Nach dieser »langen, trostlosen Phase« sah es so aus, als ob die Dinge sich zum Guten wenden würden, als Jo mit achtzehn eine Anstellung fand. In den folgenden sieben Jahren arbeitete sie als Kissennäherin in einer Blindenwerkstatt. »Es war stumpfsinnig, aber es war etwas, mit dem ich zurechtkam. Ich konnte besser sehen als einige der anderen, meine Sehkraft betrug ungefähr sieben oder acht Prozent. Bis zu ihrem Tod hat meine Mutter immer wieder betont, daß ich seit meinem achtzehnten Lebensjahr jede Woche mein eigenes Geld nach Hause gebracht hätte.

Und ich lernte allmählich ein paar Leute kennen und trat in Vereine ein. Damals traf ich einen Mann, der mich heiraten wollte. Ich wollte gern heiraten, weil ich zur Arbeit keine Lust mehr hatte. Es kann ziemlich langweilig werden, wenn man sieben Jahre lang immer nur näht. Aber er hatte Multiple Sklerose, so daß der gesunde Menschenverstand dagegen sprach. Und dann erhielt ich eine weitere Gelegenheit, einen Italiener. Er war auch sehbehindert. Aber man kann nicht jemanden einfach deshalb heiraten, weil er einen guten Ehemann abgeben würde.«

Später lernte Jo einen Mann aus der Nachbarschaft kennen, der eine ähnliche Außenseiterposition hatte wie sie selbst. Als sie feststellte, daß sie schwanger war, war sie fast glücklich. Doch gleichzeitig hatte sie Angst, daß das Kind ein Mädchen werden könnte. »Ich dachte, ich würde es nicht ertragen können, jemanden wie mich selbst anschauen zu müssen«, erzählte sie. »Als der Arzt zu mir sagte: ›Öffnen Sie die Augen, Sie haben einen wunderhübschen Jungen geboren‹, war es fast zu schön, um wahr zu sein, denn da wußte ich, daß mein Kind nicht das würde durchmachen müssen, was ich erlebt hatte.«

Jo lebte mit ihrem Mann bei der Mutter, in dem Haus ihrer

Kindheit. Doch ein Baby zu haben, erdrückte sie, und die Ehe »ging über ihre Kräfte«. »Als wir heirateten, waren wir beide noch nicht erwachsen, und ich war sehr abhängig von meiner Mutter. Ich bekam Wutanfälle, weil mein Mann losging und unser Geld verschwendete, so daß nichts übrigblieb. So etwas kannte ich nicht. Ich war daran gewöhnt, wenig Geld zu haben, aber mit dem bißchen, was ich hatte, ging ich sparsam um. Er nahm das Geld und sagte, daß er Schulden davon bezahlen würde, aber statt dessen verspielte er es. Und ich tobte vor Wut und schrie und heulte. Und meine Mutter versuchte mich zu beruhigen. Sie pflegte dann zu sagen: ›Warum gehst du nicht ins Kino?‹ Ich ließ das Baby einfach bei ihr. Sie wohnte hier. Es war ihre Familie.«

Erst mit Mitte Dreißig, nachdem ihre Mutter und ihr Mann beide innerhalb eines Zeitraums von sechs Monaten gestorben waren, übernahm Jo die Verantwortung für sich selbst und ihren tapsigen Sohn. »Ich hatte immer Angst gehabt, wenn meine Mutter einmal nicht da war. Ich weiß noch, wie sie ins Krankenhaus kam, als ich ungefähr drei oder vier Jahre alt war. Mein Bruder und ich mußten bei einer Tante bleiben. Und das einzige, was ich davon noch in Erinnerung habe, ist, daß mein Bruder sich hinsetzen und mir Rotkäppchen vorlesen mußte, immer wieder von vorn.«

An ihren Vater hatte Jo zunächst kaum eine Erinnerung: »Die Beziehung zu meinem Vater war nicht besonders gut. Ich hatte immer Angst vor ihm. Ich habe ihn nie berührt. Ich erinnere mich an ein Ereignis aus meiner Vorschulzeit, als er mir einmal etwas Jod auf den Finger pinseln mußte. Er malte kleine Kreise mit dem Jod, so daß ich lauter rote Ringe an den Fingern hatte.

Einmal hatte meine Mutter eine Augenoperation. Sie verlor ihr Auge. Ich weiß noch, wie mein Vater und ich sie besuchten. Er ging hinein und sagte zu ihr: ›Mach dir keine Sorgen, ich werde dir alles vorlesen. Ich werde überall im Haus Taue für dich anbringen lassen.‹ Und es war das einzige Mal, daß ich meinen Vater weinen sah. Damals habe ich erkannt, wie völlig abhängig er von meiner Mutter war. Er hat dann nur noch wenige Jahre gelebt.

Als meine Mutter starb und sechs Monate später auch mein Mann, war ich völlig allein. Wenn man daran gewöhnt ist, jemand zu haben, macht es ein bißchen Angst, plötzlich selbst für sich verantwortlich zu sein. Meine Mutter hat nachts die Fenster geschlossen; sie hat mir immer gesagt: ›Dein Bus fährt in fünf Minuten.‹ Erst nachdem sie nicht mehr da war, ist mir bewußt geworden, daß ich selbst aufstehen muß, um die Fenster zu schließen, wenn es nachts regnet. Indem ich die Fenster bei Regen selbst schloß, den Bus auch ohne die Ermahnungen meiner Mutter erreichte und einkaufen ging, bevor wir keine Milch mehr hatten, habe ich allmählich erkannt, daß ich auch ohne sie zurechtkommen konnte.«

Der doppelte Verlust zwang Jo, sich eine Arbeit zu suchen, von der sie tatsächlich leben konnte. Sie fand eine Stellung bei einem Wissenschaftler, für den sie Forschungsberichte nach Phonodiktat tippen sollte. Durch ihre Blindheit war ihr Hörvermögen besonders gut ausgeprägt, und Maschineschreiben hatte sie in der Blindenschule gelernt. Noch immer benommen von dem erlittenen Verlust, war Jo sich nicht sicher, ob es die richtige Arbeit für sie wäre, doch sie fand den Professor von Anfang an sehr entgegenkommend; sie verwechselte ihn zunächst mit jemand anders: »Die Personalabteilung hatte mich eingestellt, und ich hatte bereits mit der Arbeit begonnen, als ich Bill zum ersten Mal traf. Ich ging die Straße hinunter zum Sekretariatsbüro, um etwas zu kopieren, was ich getippt hatte. Die Tür war verschlossen, und Bill kam durch die Halle, um mich hereinzulassen. Ich dachte, er wäre der Hausmeister.« Sie kicherte. »Ich hatte keine Ahnung, wer der Mann war. Ich sagte mir: ›Mein Gott, niemand fängt hier pünktlich mit der Arbeit an. Es ist schon 10 Uhr, und außer dem Hausmeister und mir ist noch kein Mensch da.‹ Erst viel später habe ich herausgefunden, daß *er* es war. Er fragte mich schließlich, ob ich in dem Gebäude arbeiten wollte, wo er sein Büro hätte. Er hat meine Arbeit für ihn wirklich zu schätzen gewußt. Nie versäumte er zu sagen: ›Jo, du bist phantastisch. Wie hast du es bloß geschafft, daß die ganzen Bänder schon getippt sind!‹«

Nachdem sie angefangen hatte, für Bill zu arbeiten, begann sie, »die Welt anders zu sehen. Es war eine Zeit, in der ich morgens aufwachte und mich aufs Aufstehen freute. Und ich entdeckte meine Freude an Farben – an leuchtenden Farben. Als ich jünger war, habe ich immer gedacht, daß es von einem oberflächlichen Charakter zeugt, wenn man helle, bunte Farben, falschen Schmuck oder billiges Parfum mag. Und heute liebe ich leuchtende Farben, ich kaufe gern eine Flasche Parfum, die drei statt zehn Dollar kostet. Und oh, wissen Sie, wie schön es ist, in einen billigen Krimskramsladen zu gehen, wenn Sie lange in keinem mehr gewesen sind? Alles ist voller leuchtender Farben. Und die Leute sind einfach unheimlich nett.«

Das Durcheinander, das sie in ihrer Identität angerichtet hatte, weil sie zu dem Schluß gekommen war, niemals so werden zu können, wie eine Frau sein sollte, wurde durch die Arbeit mit Bill und durch die Beziehung zu ihm allmählich aufgehoben. Tatsächlich war diese Beziehung von entscheidender Bedeutung für die Wiederherstellung eines Selbstgefühls, dem sie vor langer Zeit entfremdet worden war. Die Erfahrung hatte einen so transzendenten Charakter, daß Jo – wie Sophie – sie als eine Art Wiedergeburt empfand. Auch sie beschrieb die Auswirkungen in religiösen Begriffen: »Diese Phase begann, als Bill in mein Leben trat. Es bedeutet mir viel, daß er mich für die Stellung auswählte. Er akzeptierte mich mit all meinen Fehlern. Es schien ihn nicht zu kümmern, daß ich häßlich war. Es schien ihn nicht zu kümmern, daß ich kurzsichtig war. Übrigens gab er mir einen neuen Namen. Eigentlich heiße ich Joanne. Er konnte sich keine Namen merken, und als ich anfing, für ihn zu arbeiten, nannte er mich immer ›Jo‹. Mir gefiel, wie er das aussprach, und so habe ich mich einfach umbenannt. Heute nennt mich jeder Jo, außer Leuten, die mich von früher kennen. Es war wirklich eine Art Wiedergeburt. Ich erhielt einen neuen Namen und wurde neu geboren. Es war eine Reinkarnation.«

Bills Anerkennung stand im Widerspruch zu der sozialen Diskriminierung, der sie jahrelang ausgesetzt gewesen war. Dadurch, daß er sie akzeptierte, wurde die »Nicht-Ich«-Identität, die sie um ihre fehlende Attraktivität und der daraus gefolgerten Minderwertigkeit errichtet hatte, zum ersten Mal in Frage gestellt: »Die Erfahrung, von Bill akzeptiert zu werden, war einfach unbeschreiblich. Er nahm mich einfach so, wie ich bin. Meine Behinderung schien ihn nicht zu stören. Es schien ihn auch nicht zu stören, daß ich – so wie jetzt – mit der Nase übers Papier fahre, wenn ich lese. Es störte ihn nicht, daß ich die Blätter an einen alten Leseständer heften und ihn ganz nah heranschieben mußte, um etwas zu erkennen. Es war ihm egal, daß ich häßlich war, staksige Beine hatte und flachbrüstig war. Daß ich heute das Gefühl habe, von der Welt akzeptiert zu werden, hängt damit zusammen, daß er mich akzeptiert.«

Bills Anerkennung durchbrach das Muster jahrelanger Ablehnung, die sie seit ihrer Grundschulzeit erfahren hatte, und löste damit die positive Entwicklung aus, die Jo zu ihrer Identität zurückfinden ließ; doch von noch größerer Bedeutung für die Wiederherstellung ihrer Identität war die Möglichkeit, für Bill zu sorgen. Es ist viel darüber geschrieben worden, welch große Rolle Liebe und Fürsorge in der menschlichen Entwicklung spielen, doch Jos Bericht zeigt eine ganz neue Variante auf. Sie eröffnete eine neue Perspektive, als sie es als entscheidend für die eigene Entwicklung beschrieb, sich selbst aktiv und liebevoll um einen anderen Menschen zu kümmern:[1] »Nicht durch das, was *er* getan hat, ist diese Zeit zur glücklichsten und wichtigsten in meinem Leben geworden. Es liegt vielmehr daran, daß ich von Anfang an für ihn gesorgt habe. Ich meine damit, daß ich es war, die diese Liebe und Fürsorge geschaffen hat. Natürlich liebt er mich nicht im herkömmlichen Sinn, sondern auf andere Art.«

Jo konnte Bill ihre Zuneigung schenken, weil sie sicher war, daß die Beziehung zu ihm keinen sexuellen Charakter annehmen würde. Eine Beziehung zu haben, in der sie nicht als Sexualobjekt ausgebeutet werden würde, war entscheidend, um sich ihrer Gefühle bewußt werden und sie ausdrücken zu können. Diese wohltuende Sicherheit war die Voraussetzung dafür, daß die Beziehung eine so tiefgreifende Bedeutung gewinnen konnte: »Durch Bill erhielt ich die Möglichkeit, ganz in jemand anders aufzugehen, ohne daß ich mich sexuell verstricken mußte. Ich konnte für ihn sorgen und ihn bemuttern;

er läßt sich unheimlich gern bemuttern, er kann gar nicht genug davon bekommen. Ich konnte ihm so nah sein, wie ich wollte. Ich konnte mit ihm reden, zwar nicht über die allerintimsten Dinge, aber über Familienangelegenheiten – ohne Angst vor sexuellen Verwicklungen haben zu müssen. Ich konnte also so weit gehen, wie ich selbst es wollte.

Bevor ich anfing, dort zu arbeiten, habe ich nicht gewußt, daß Männer und Frauen auch Beziehungen haben können, ohne daß die Sexualität eine Rolle spielt. Leute mit niedrigem Einkommen, die in Fabriken arbeiten, haben keine kollegialen Beziehungen. Arbeiter haben Verwandte und Freunde, aber sie haben keine Kollegen. Deshalb war das etwas Neues für mich. Es war das erste Mal, daß ich eine so völlig freie Beziehung zu jemand hatte, ein glückliche, freie Beziehung. Bill ist ein wundervoller Mensch!«

Auch daß sie mit Bills Fehlern und Fehlschlägen vertraut war, spielte eine Rolle für Jos überschwengliche Gefühle: »Er ist jemand, den ich immer durchschauen konnte. Er gehörte mir, er war mein Boß. Sogar jetzt noch habe ich das Gefühl, daß er zu mir gehört – und zu seiner Frau natürlich. Ich muß ihn managen, er schwebt zu oft in den Wolken. Er stellt die unmöglichsten Sachen an. So wie einmal, als er sich mit seiner Frau treffen sollte, nachdem ihre Mutter gestorben war; sie wollten gemeinsam zur Beerdigung gehen. Ich paßte an dem Tag auf ihren Sohn auf. Und Bill brachte alles durcheinander und landete an einem völlig falschen Ort. Seine Frau wartete auf ihn, solange es möglich war, und sagte sich schließlich: ›Dann muß ich eben ohne ihn gehen, es läßt sich nicht ändern.‹ Und dann führte ihr Weg sie wie durch ein Wunder an der Straßenecke vorbei, wo er versehentlich auf sie wartete. So kam er also zur Beerdigung. Vielleicht verstehen Sie jetzt, warum ich mich wie eine Mutter fühle, wie die alte Frau in einem Harem«, gluckste sie.

Diese Beziehung und die Fürsorge, die Jo darin zum Ausdruck bringen konnte, waren so wichtig, weil sie einen wesentlichen Bestandteil von Jos Identität wiederherstellten und sie zu dem positiven Selbstverständnis als Frau, das sie vor langer Zeit verloren hatte, zurückfinden ließen. »Die Jahre, in denen ich für ihn gearbeitet habe, haben mich zur Frau gemacht. Ich empfinde mich jetzt als weiblich, und zwar auf eine Weise, wie ich sie zuletzt erlebt habe, als ich acht oder neun Jahre alt war. Ich bin gern eine Frau. Aber es hat lange gedauert. Ja, ich bin wirklich gern eine Frau. In jeder Beziehung.«

Diese Erkenntnis weckte eine Erinnerung in Jo, die ganz deutlich zum Ausdruck brachte, welch ungezwungenes Verhältnis sie zu ihrem eigenen Frausein gehabt hatte, bevor sie erkennen mußte, daß andere in ihr etwas Fremdes und Merkwürdiges sahen. »Als Kind war mir nicht bewußt, daß ich all diese Probleme hatte. Ich liebte Kleider. Ich erinnere mich daran, daß meine Mutter mir Kleider nähte, und ich weiß noch, daß ich gerne ein weißes Kleid haben wollte, mit zwei rosa Schleifen hier oben« – sie deutete mit beiden Händen auf das Oberteil des imaginären Kleides und dann auf den Rock – »und hier unten wollte ich auch zwei rosa Schleifen. Diese Schleifen waren mir sehr wichtig. Mir war nicht bewußt, daß ich irgendwie anders aussah als andere.«

Sie arbeitete ihre Erinnerung heraus und entdeckte einen Zusammenhang zwischen ihrer neuentdeckten Weiblichkeit und den Gefühlen für ihren Vater. Sie erinnerte sich an die Zuneigung, die sie verbunden hatte, als sie ein kleines Mädchen war. »Ich war sehr glücklich, wenn mein Vater mit mir ausging, als ich klein war. Ich habe meinen Vater wirklich geliebt. Ich wollte immer seine Hand halten. Ich wollte ihn umarmen. Doch damals zeigten Väter keine Zärtlichkeiten, mal ganz abgesehen davon, daß er aus einer deutschen Familie stammte.«

Als sie weitererzählte, fielen ihr noch andere Dinge über ihren Vater ein: »Als ich in dieser Blindenschule wohnte, mußte ich einmal ins Krankenhaus, um mich operieren zu lassen. Mein Vater holte mich immer fürs Wochenende von der Schule ab und brachte mich Sonntag abend wieder zurück. Bevor ich ins Krankenhaus kam, sagte er, daß er mich nach Hause bringen würde, wenn ich herauskäme. Aber sie haben ihn nicht benachrichtigt, als ich entlassen wurde, und haben mich in die Schule gebracht. Er ist noch in derselben Nacht zu mir gekommen, ein Freund hat ihn gefahren. Weil ich am Fuß operiert worden war, mußte er mich nach Hause tragen. Und ich weiß noch, daß ich Angst vor der körperlichen Berührung mit ihm hatte, als er mich auf den Arm nahm.

Als ich später ein Teenager war und am Wochenende ausging, wartete er am Fenster, bis er mich vom Bus nach Hause kommen sah. Dann ging er zu Bett, bevor ich hereinkam. Meine Mutter erzählte mir später, daß er sich nie schlafen legte, bis er überzeugt war, daß ich sicher nach Hause gekommen wäre. Ich wußte erst sehr viel später, was für ein guter Vater er gewesen war. Wenn ich ihn doch nur einmal hätte umarmen können, wenn ich doch nur einmal hätte zärtlich zu ihm sein können. Ich wollte ihn so gern liebhaben.«

Diese melancholische Erinnerung machte Jo bewußt, daß ihr weibliches Selbstverständnis und die damit verbundenen Gefühle, die sie durch die Fürsorge für Bill wiederentdeckt hatte, identisch mit dem Selbstverständnis ihrer Kindheit waren, identisch mit dem Mädchen, das ihr verlorengegangen war. »Ich war immer der Mensch, der ich jetzt bin, aber ich habe nicht erkannt, wer ich war. Ich war die ganze Zeit in mir selbst verborgen!«

Sie betonte, daß sie sich äußerlich in keiner Weise verändert hätte. Es war ihr Selbstverständnis, das sich gewandelt hatte, weil sie einen zentralen Bestandteil ihrer Identität wiederentdeckt hatte: »Ich sehe nicht anders aus als früher. Ich bin genauso groß, genauso häßlich. Ich habe noch immer diese hervortretenden Hüften, diese langen Beine, den häßlichen Hals und die flache Brust. Was man sieht, ist die Wahrheit: Ich bin jetzt kein bißchen attraktiver als damals. Äußerlich bin ich derselbe Mensch geblieben – es ist sogar noch schlimmer geworden, weil ich älter und plumper und grauhaarig und faltig bin. Der Unterschied liegt darin, daß ich heute anders darüber denke, es anders sehe. Ich bin *ich selbst*, und zwar auf eine Weise, die ich vorher nicht gekannt habe. Ich habe ein Gefühl für meinen Körper entwickelt. Wenn ich mir ein Kleid anziehe, ist das eine sinnliche Erfahrung. Ich bin mir meines Körpers bewußt. Und ich bin mir bewußt, daß es *Männer* gibt.«

Als ob sie mir versichern wollte, daß sie es wirklich so meinte, fügte sie hinzu: »Ich achte darauf, wie ich aussehe. Ich ziehe mich betont weiblich an, trage hübsche Kleider. Und ich kümmere mich um mein Haus, ich bin stolz auf meine Einrichtung. Ich bin stolz auf die Dinge, die ich für seine Verschönerung tue. Ich habe diese Vorhänge für die Küche genäht. Sie sollten das Licht nicht abhalten, aber die Fenster sollten eine Art weiche Umrahmung bekommen. Ich habe also diesen weißen Stoff benutzt und ihn oben zusammengerafft.« An mich gewandt, fügte sie hinzu: »Ein Fenster ohne Vorhänge ist wie Augen ohne Wimpern.«

8
Authentische Wege zum Mädchen im Innern: Carol und Ruth

Zwei Frauen in meiner Untersuchung hatten ihre Gefühle völlig unterdrückt und hielten ein ganzes Spektrum identitätsbildender Emotionen im Verborgenen, weil sie ein gestörtes Verhältnis zu ihren Müttern hatten. In dem verzweifelten Versuch, sich selbst zu schützen, haben sie das Mädchen in ihrem Innern verschlossen und begraben. Die Geschichten Carols und Ruths ähnelten derjenigen Jos: Beide fanden als erwachsene Frauen zu der ganzheitlichen, authentischen Identität zurück, die sie ihre ganze Mädchenzeit hindurch im Verborgenen hielten. Wie bei Jo war es die Erfahrung von Liebe und Bindung, die ihnen einen Weg bahnte, um zu dem authentischen Mädchen zurückkehren zu können. Allerdings waren die Beziehungen, durch die das Mädchen in Ruth und Carol befreit wurde, so intensiv und intim wie die von Jo zu ihrem Chef abstrakt und begrenzt. Für die eine hatte die Ehe, für die andere die Mutterschaft die Möglichkeit eröffnet, Liebe und Fürsorge aktiv ausdrücken zu können, und damit die entscheidende Voraussetzung geschaffen, um das Mädchen im Innern wiederentdecken und zurückgewinnen zu können. Die Erfahrungen dieser beiden Frauen unterstreichen die Bedeutung aktiver, erwachsener Fürsorge für die menschliche Entwicklung, was insbesondere dann gilt, wenn das Selbst in seiner Herausbildung schwer geschädigt wurde.

Carol, eine dreiundvierzigjährige Fotografin, war lange von ihrem ersten Mann geschieden und hatte vor kurzem wieder geheiratet. Sie und ihr zweiter Mann hatten sich ein Halbgeschoßhaus gebaut, das ungefähr eine Stunde von New York entfernt lag. Carol schwang sich ihre Kamera über die Schulter und schlenderte zum Atelier, das hinter einem Teich an der Rückseite des Hauses lag. Unter dem Oberlicht am Nordende der Galerie beugte sie sich über einige Fotos, die sie gerade in der Dunkelkammer entwickelt hatte – Bilder, die Kinder in Bewegung zeigten, statt sie in Standardposen festzuhalten. Aufgrund ihrer eigenen restriktiven Kindheit bedeuteten diese lebendigen Portraits Carol sehr viel. Sie wurde »als kleines Mädchen in den Untergrund gedrängt« und wuchs als einziges Kind wohlhabender Eltern auf einem ausgedehnten Besitz auf. Vor unserem ersten Gespräch hatte sie über ihre Neuengland-Familie geschrieben: »Mein Vater war sehr passiv, sanft und vergnügt. Mutter war explosiv, frustriert und furchteinflößend. Ich war ein ziemlich schüchternes Einzelkind, das von einem Kindermädchen aufgezogen wurde.«

Carol schilderte, wie sie sich von dem Selbst ihrer Mädchenzeit entfremdet hatte: »Mein wahres Ich ging mir verloren, weil meine Mutter Erwartungen an mich hatte, die ich einfach nicht erfüllen konnte. Ich konnte sie nie zufriedenstellen, weil ich einfach anders war als sie. Die ganze Zeit über habe ich mich immer nur bemüht, ihr zu gefallen. Aber ich hatte nie das Gefühl, daß sie mich liebt. Sie wollte, daß ich jemand war, der ich nicht sein konnte. Darunter habe ich sehr gelitten. Man will natürlich von seiner Mutter anerkannt werden, aber ich konnte ihren Ansprüchen nie genügen. Ich konnte ihr nie etwas recht machen. Es war schlimm.«

Carol hatte als Kind nicht nur das Gefühl, nicht liebenswert zu sein, sie glaubte auch, nicht genug Liebe geben zu können. Weil es ihr auch diesbezüglich nicht gelang, die Ansprüche ihrer Mutter zu erfüllen, verdrängte sie ihre Gefühle. »Ich hatte nie den Eindruck, daß meine Mutter mit mir zufrieden wäre«, meinte sie nachdenklich. »Es gab keine Zuneigung und Wärme zwischen uns. Sie bestrafte mich, weil ich nicht in der Lage war, die Art Gefühle an den Tag zu legen, die sie für angemessen hielt, wie zum Beispiel, wenn sie mir etwas zu Weihnachten oder zum Geburtstag schenkte. Also habe ich mich versteckt. Ich meine, ich habe mein wahres Ich versteckt.«

Carol unternahm einen mutigen, typisch weiblichen Versuch der Anpassung. Als Kind formte sie sich so, daß sie ihrer Mutter geben konnte, was sie brauchte, nämlich Aufmerksamkeit. »Ich dachte, um den Haß auf meine Mutter überwinden zu können, müßte ich versuchen, sie zu verstehen, damit ich ihren Angriffen nicht mehr hilflos ausgeliefert wäre. Als ich elf oder zwölf Jahre alt war, kam ich zu dem Schluß, daß ich am ehesten mit ihr auskommen könnte, wenn ich herauskriegen würde, nach welchem Muster sie funktionierte. Wenn ich ihre Motive verstehen würde, könnte ich damit umgehen, daß sie mich schlecht behandelte. Ich versuchte also, sie durch und durch kennenzulernen. Ich unterhielt mich mit ihr. Ich stellte ihr viele Fragen, und das hat tatsächlich geholfen.«

Carol ersetzte das Mädchen, das sie eigentlich war, durch »ein Kind, das sich schon sehr früh zu einer sehr verständnisvollen Person entwickelte«. Verständnis an sich wurde zum Organisationsprinzip ihrer Beziehungen und zum Dreh- und Angelpunkt ihrer Identität. Der Modus Operandi ersetzte darüber hinaus das ursprüngliche Selbst, das sie verborgen hielt, bis ihr schließlich bewußt wurde, daß ihr »Selbst auf völliger Selbstlosigkeit« basierte. Carol entfernte sich mehr und mehr von ihrem authentischen Selbst und den damit verbundenen Gefühlen, während das, was als Überlebenstaktik in der Beziehung zu ihrer Mutter begonnen hatte, sich allmählich völlig verselbständigte, ihre gesamte Persönlichkeit durchdrang und es ihr unmöglich machte, noch zu erkennen, wer und was sie eigentlich war. »Außer meinem Verständnis für alles und jeden hatte ich keine eigene Identität mehr. Ich spielte die Rolle der immer Hilfsbereiten, immer Gefälligen. Rückblickend betrachtet weiß ich, daß es mich davon abhielt, ich selbst zu sein. Die Vorstellung, jemanden vor den Kopf zu stoßen, war mir schrecklich, deshalb hörte ich auf, überhaupt etwas zu empfinden. Ich war niemals traurig, niemals launisch und niemals wütend. Alles zu verstehen machte es unmöglich, eigene Gefühle zuzulassen, mich selbst zuzulassen.«

Sie ersetzte ihre eigene Identität so vollständig durch das Verständnis für andere, daß ihr wahres Ich, das sie im Verborgenen gehalten hatte, allmählich sogar ihr selbst verlorenging.

Das falsche, gefällige Selbst, das sie angenommen hatte, bedeckte ihre authentische Identität mit einem Überzug, der den Ansprüchen ihrer Mutter entsprach. Gefühle von Wut, Frustration und Neid wie auch das Bedürfnis, sowohl zu lieben als auch geliebt zu werden, wurden unter der äußerlichen »Tünche eines wundervollen Menschen« verborgen.

Als Teenager wußte Carol nur, daß sie nicht sie selbst war: »Ich wollte akzeptiert werden und beliebt sein. Um das zu erreichen, war ich so nett, wie ich nur konnte. Insgeheim wünschte ich mir, einmal etwas ganz Besonderes zu werden. Ich hatte die verschiedensten Begabungen. Ich wollte nicht gerade an der Olympiade teilnehmen, aber doch etwas Außergewöhnliches leisten. Ich war eine gute Reiterin, eine gute Schwimmerin und eine gute Skiläuferin. Ich hatte Talent zum Fotografieren, war sehr musikalisch und literarisch begabt. Ich war ziemlich ehrgeizig, aber dann gewann diese äußere Passivität die Oberhand.« Sie verlor sich selbst in weiblicher Selbstlosigkeit und weiblichem Einfühlungsvermögen: »Die ganze Zeit über habe ich mich so angestrengt bemüht, immer für alles und jeden Verständnis aufzubringen, daß ich mich selbst verlor. Mein Selbst konstituierte sich darüber, daß ich etwas für andere tat. Ich wußte nicht, wer ich war. Ich war einfach ein verständnisvoller Mensch.«

Obwohl sie aufs Internat und hinterher auf eine Designerschule ging, fühlte Carol sich durch die Beziehung zu ihrer Mutter weiterhin belastet und unterdrückt. Wie viele junge Frauen in ihrer Lage entschloß sie sich, der Familie zu entfliehen, indem sie heiratete. Zwischen ihr und einem Mann, den sie auf einem nahe gelegenen College kennenlernte, entwickelte sich eine Art Vater-Tochter-Verhältnis. Sie heiratete ihn – vielleicht, weil sie in ihm die Entschiedenheit zu finden hoffte, die sie bei ihrem Vater vermißt hatte. Sie erwartete, daß er ihrem Leben eine Richtung geben und ihre Probleme lösen würde. Doch zu ihrem Entsetzen mußte sie schon bald feststellen, daß sie nicht den starken Vater, den sie sich wohl gewünscht, sondern einen Mann geheiratet hatte, der ihrer Mutter glich.

»Ich war innerlich völlig durcheinander. Ich war ein verwirrtes Kind, und er war so stark und gefestigt, so entschlossen und bestimmt in allem. Ich erwartete von ihm, daß er mir sagte: ›Dies und das mußt du machen.‹ Ich dachte, daß er mir einen Halt geben würde. Und ich glaubte, daß ich durch ihn von meiner Mutter loskommen würde. Doch ich kam sozusagen von einer Mutter zur anderen. Er war genauso wie meine Mutter.«

Als sie feststellte, daß sie ihre Abhängigkeit lediglich von einer Person auf eine andere übertragen hatte und diese Übertragung an ihrer inneren Abhängigkeit nichts änderte, entfernte Carol sich sogar noch mehr von sich selbst. In einem verzweifelten Versuch, sich aus den abhängigen Rollen der Mutter und Tochter zu lösen und eine eigenständige Identität zu artikulieren, beschloß Carol, ein Kind zu bekommen. »Durch die Ehe konnte ich mich von meinen Eltern trennen. Sie bot eine Fluchtmöglichkeit. Ich mußte nicht mehr länger mit Mommy und Daddy leben, ich mußte nicht länger von ihnen abhängig sein. Aber dann wurde ich von meinem Mann abhängig. Als wir heirateten, habe ich mich völlig verloren. Ich verlor meinen Namen, ich verlor meine Identität. Ich war nur noch die verständnisvolle Frau meines Mannes. Und deshalb bekam ich ein Baby, um mich von meinem Mann lösen zu können. Als es da war, hatte ich endlich etwas, das nur mir gehörte, etwas, mit dem ich erfolgreich war. Es war der Versuch, wieder ich selbst zu werden.«

Trotz ihrer Anstrengungen verschlimmerte sich die Situation. Tatsächlich häuften sich die Schwierigkeiten nach der Geburt des Babys – als Carols Mann und ihre Mutter sich sozusagen mit vereinten Kräften darum bemühten, ihr Selbstgefühl zu zerstören. Ihre Mutter blieb allgegenwärtig, bestimmte weiterhin Carols Denken und drängte sich allmählich auch in ihr Leben als Frau und Mutter.

»Nachdem ich verheiratet war, kämpften mein Mann und meine Mutter quasi gegeneinander. Sie konkurrierten darum, wer wie über mich verfügen würde. Am schlimmsten war es mit meiner Mutter in den ersten Jahren meiner Ehe, als die Kinder klein waren. Sie erzählte mir dauernd, was ich alles falsch machte. Sie erklärte mir, daß ich zu wirklich überhaupt nichts zu gebrauchen wäre. Ganz am Anfang sagte sie zu mir: ›Du kannst dem Baby unmöglich die Brust geben. Du hast gar keine Brustwarzen.‹ Später hieß es: ›Du kannst in dieser Wohnung kein Kind großziehen, hier ist ja nie frische Luft.‹ Wenn sie mich allein nicht umstimmen konnte, pflegte sie meinen Mann anzurufen und ihm zu erzählen: ›In so einer Umgebung kann man kein Kind großziehen.‹ Er hat mich nie verteidigt, aber die beiden waren immer verschiedener Meinung. Ich stand zwischen den beiden, eine völlig gefügige Person.«

Carol fühlte sich ihrem Mann ebenso untergeordnet wie vorher ihrer Mutter; er hatte die Oberhand in ihrem gemeinsamen Familienleben. Sie lebte weiter mit der Stimme ihrer Mutter im Kopf, einer Stimme, die, jetzt von der ihres Mannes verstärkt, immer lauter und schriller wurde und alles, was sie dachte, fühlte oder tat, herabsetzte: »Das Problem war, daß ich nicht von meiner Mutter loskam. Sie bestimmte mein Denken, bis ich um die Dreißig war und endlich den Mut faßte, mich ihr entgegenzustellen. Ganz egal, was ich tat, immer habe ich gedacht: ›Ich könnte wetten, daß Mutter dagegen ist oder daß es ihr nicht gefällt‹, zum Beispiel, wenn ich Kleider kaufte oder im Haus etwas veränderte. Aber es ging um viel mehr als das und hatte tiefere Ursachen.«

Carol erkannte, daß der Verlust – und die Wiederentdeckung – ihres Ichs und die Konfrontation mit ihrer Mutter in engem Zusammenhang standen, was ihr ermöglichte, den Weg zu dem verschütteten Mädchen in ihrem Innern zurückzuverfolgen. Die Konfrontation war von zentraler Bedeutung: Als sie sich nach zehn Jahren Ehe von ihrem Mann trennte, fuhr Carol mit ihren Kindern zu dem am Meer gelegenen Sommerhaus ihrer Eltern – der Besuch führte zu einer radikalen Änderung im Verhältnis zu ihrer Mutter und brachte die Stimme in ihrem Kopf endlich zum Schweigen.

»Anfangs glaubte ich, in dem Augenblick erwachsen zu sein, wo ich ein Kind hätte, für das ich verantwortlich wäre und für das ich sorgen müßte, aber ich fühlte mich nicht wirklich erwachsen, bis ich meiner Mutter die Meinung gesagt hatte. Und als ich das tat, war ich schon ziemlich alt. Ich glaube, ich war einunddreißig oder zweiunddreißig, als ich meiner Mutter zum ersten Mal in meinem Leben wirklich die Meinung sagte. Das bedeutete schon allerhand. Sie hatte hinter meinem Rücken etwas Bösartiges über mich gesagt, und ich habe davon erfahren. Als ich darüber nachdachte, habe ich einfach rot gesehen. Ich war zu meinen Eltern gekommen, weil ich auf Hilfe und Verständnis gehofft hatte. Alles, was ich von meiner Mutter hören wollte, war, daß sie einmal sagte: ›Ich hab dich lieb, du bist in Ordnung, du bist meine Tochter‹, statt dessen bekam ich diese Beleidigung zu hören. Ich wurde fuchsteufelswild. Ich sagte ihr, daß ich sie nie in meinem Leben wiedersehen wollte. Ich schrie sie an: ›Und spar dir deine Anrufe, ich will deine Stimme erst dann wieder hören, wenn ich es ertragen kann!‹ Und dann ging ich. Wir wollten eigentlich segeln, doch statt dessen rief ich die Kinder zusammen und erzählte ihnen, daß wir nach Hause fahren würden. Wir packten unsere Sachen und fuhren die dreihundert Meilen durch Gewitter und Regen. Als wir von der Ausfahrt auf die Straße abbogen, sah ich meine Mutter am Strand Steine sammeln – was sie immer macht, wenn sie aufgebracht ist –, obwohl es stürmte und dunkle Wolken aufgezogen waren.

Es war eine großartige Erfahrung für mich, weil ich vorher nie fähig gewesen war, ihr meine Wut offen zu zeigen. Innerlich habe ich zwar oft gegrollt, aber ich hatte immer Angst vor ihr. Bis zu jenem Zeitpunkt war ich von ihrer Meinung abhängig gewesen. Dadurch bleibt man ein Kind. Bei jedem Schritt habe ich überlegt, was sie wohl davon hält. Durch dieses Ereignis habe ich damit aufgehört. Ich habe sie abgeschüttelt. Ich hatte mich von meinem Mann befreit, den ich sowieso nie hätte heiraten dürfen, und durch diese Auseinandersetzung habe ich mich auch von meiner Mutter befreit. Damals bin ich wirklich erwachsen geworden.« Carol dachte daran zurück, was diese Erfahrung für die Wiederentdeckung ihrer Identität bedeutet hatte: »Es hat lange gedauert, bis ich zu mir selbst gefunden habe. Und das war der erste Schritt. Die Macht, die sie über mich gehabt hatte, war im selben Moment verschwunden.«

Daß Carol aus der verinnerlichten Beziehung zu ihrer Mutter ausbrach, war ein wichtiger Fortschritt für ihre Entwicklung, aber er reichte nicht aus, um das Selbst wieder in Besitz zu nehmen, das sie als Kind so tief verdrängt hatte. Das verständnisvolle, selbstlose Verhalten, das aus dem Verhältnis zur Mutter entstanden war und das Carol dann bei ihren Freunden und bei ihrem Mann weiter ausgebaut hatte, bildete auch weiterhin die Grundlage neuer Beziehungen.

Die Auseinandersetzung konnte sie nicht von der grundlegenden Eigendynamik, die diese Verhaltensmuster entwickelt hatten, befreien. Verständnisvoll zu sein, war zu einem tiefverwurzelten Wesensmerkmal geworden, das sich nur sehr schwer wieder entfernen ließ. Nach der Auseinandersetzung am Strand blieb Carol weiterhin einfühlsam und verständnisvoll, was in Verbindung mit den Einflüssen der Hippiezeit dazu führte, daß sie mehrere selbstverleugnende Affären einging. Jedesmal, wenn Carol eine neue Beziehung anfing, fühlte sie sich zuerst frei und stellte dann fest, daß sie das alte Muster wiederholte – ein Muster, durch das die Möglichkeit, ihre eigene Identität zurückzugewinnen und zu festigen, eingeschränkt und schließlich jedesmal ausgelöscht wurde. Die zehn Jahre nach ihrer Scheidung überschrieb sie mit »Wie Carol versucht, zu sich selbst zu finden, und dabei scheitert.«

»Nachdem mein Mann endlich ausgezogen war, fühlte ich mich wie neugeboren. Es war eine Zeit, in der ich mit jedem ins Bett ging, der mir gefiel. Damals waren alle ganz begeistert davon, daß man auf einmal die Gelegenheit dazu hatte, Sie wissen schon, freie Liebe und all das. Es hat mich wirklich fasziniert – die Freiheit daran. Ich wurde so eine Art Aussteiger aus der Gesellschaft – die ja ohnehin auseinanderzufallen schien. Wenn ich damals jemand auf der Straße kennenlernte, nahm ich ihn mit zu mir und schlief mit ihm. Manchmal blieb er die Nacht über, manchmal sechs Monate. Diese neue Art zu leben zog mich in ihren Bann, diese offene, ungezwungene Art. Ich schien alle möglichen verirrten Männer anzuziehen, liebenswerte und weniger liebenswerte. Einer von ihnen war sehr kinderlieb. Er drängte sich in mein

Leben und war mir ein Jahr lang sehr wichtig. Aber wer ich wirklich war, hat ihn nicht interessiert. Als wir Schluß machten, fühlte ich mich völlig isoliert. Dann heiratete mein ehemaliger Mann wieder, und er und seine neue Frau versuchten, die Kinder für sich zu gewinnen. Die beiden älteren waren schon fast Teenager, und das neue Paar konnte ihnen alles Erdenkliche bieten, um sie für sich einzunehmen. Die beiden Kinder zogen zu ihm, und ich verbrachte ein ganzes Jahr ohne sie, es war eine sehr unglückliche und leere Zeit für mich.«

Sie setzte ihre Hoffnungen auf einen neuen Partner: »Dann lernte ich Brian kennen; er war erheblich jünger als ich. Er akzeptierte mich so wie ich war, ohne das übliche Ich-wünschte-du-wärst-anders. Ich selbst bat ihn, zu mir zu ziehen, und er blieb fünf Jahre. Wir kauften uns ein Sommerhaus in den Bergen. Einen ganzen Sommer lang haben wir zusammen daran gearbeitet. Wir waren gleichberechtigt, er war mein Partner – bis er zu trinken begann. Im Lauf der letzten zwei oder drei Jahre, in denen wir zusammen waren, ist mir allmählich klar geworden, daß er wirklich abhängig war. Ich ging zu den Anonymen Alkoholikern und zu Al Anon. Ich habe alles versucht.«

Als Carol erzählte, wie sie die Zeit mit Brian erlebt hatte, nachdem er zum Alkoholiker geworden war, wurden die unterschwelligen Mechanismen deutlich, die sie an dieser auf den ersten Blick masochistisch anmutenden Beziehung festhalten ließen.[1] »Die Retterin für jemand anders zu spielen, sog mich völlig auf; es ist die traditionelle Rolle der Frau in unserer Gesellschaft, und ich war sehr vertraut damit. Meine Mutter hatte mich von klein auf darin geübt. Ich hatte vier Kinder, ich war daran gewöhnt, mir Sorgen um sie zu machen, Fahrgemeinschaften mit anderen Eltern zu bilden, zu den Lehrern zu gehen, schulische Probleme zu besprechen, für sie zu kochen, sie anzuziehen und alles, was sonst noch dazugehört. Mich um Brian zu kümmern, war fast so etwas wie die Fortsetzung dieser Tätigkeiten, obwohl er ein wundervoller Mensch war, als es ihm noch gutging. Ich erinnere mich, daß die Teilnehmerinnen in einer Frauengruppe zu mir sagten: ›Könnte es sein, daß du masochistisch bist? Gefällt es dir, so zu leben?‹ Aber ich habe weiter gehofft, daß er sein Alkoholproblem besiegen würde.«

In einer vielleicht spezifisch weiblichen Denkart konzentrierte sie sich nicht so sehr auf Brians Problemverhalten, sondern auf sein verborgenes Potential: »Im Grunde war Brian ein großartiger Mensch, und dieses Potential hat mich interessiert. Wir hatten so viel gemeinsam, Vorlieben und Abneigungen. Und er akzeptierte mich. Ich brauchte jemanden, der mich akzeptierte. Deshalb fiel es mir so schwer, die Hoffnung und den Glauben daran, daß er sich ändern würde, aufzugeben. Jedesmal, wenn er ein paar Tage nüchtern geblieben war, dachte ich, daß alles in Ordnung kommen würde. Dann sagte er: ›Ich fang wieder von vorn an, ich besorge mir Arbeit, und alles wird gut.‹ Wenn das passiert, sagst du dir: ›Oh, Mensch, könnte es nicht vielleicht wahr sein?‹«

Durch einen Akt disziplinierter Selbstreflektion gelang es Carol schließlich, sich aus dieser zerstörerischen Beziehung zu befreien: »Ich machte das wieder und wieder durch, bis zu dem Punkt, an dem ich schließlich anfing, Tagebuch zu schreiben. Ein Jahr habe ich es geführt. Dadurch habe ich schließlich eingesehen, daß sich alles nach demselben Muster wiederholte. Und ich gab die Hoffnung auf, daß es ihm je wieder besser gehen würde. Allen anderen war das längst klar gewesen, aber die anderen hatten auch nicht gewußt, welche Möglichkeiten in ihm steckten, hatten das Gute an ihm, das wirklich da ist, nicht gekannt. Als deutlich wurde, daß mein jüngster Sohn unter den betrunkenen Ausfällen zu leiden begann, habe ich Brian hinausgeworfen. Das war das Ende meiner Hilf-allen-Menschen-auf-dieser-Welt-Phase.«

Die Beschäftigung mit Brians Problemen hatte auch den merkwürdigen Effekt, daß Carol ein Gefühl der Überlegenheit entwickelte – ein Gefühl, das sie sowohl brauchte als auch verabscheute. Diese Haltung scheint den unterschwelligen Gefühlen der eigenen Wertlosigkeit zu widersprechen, doch sie ist häufig bei Menschen zu beobachten, die von ihrem ursprünglichen Selbst abgeschnitten sind und sich in den fürsorglichen, nährenden Verhaltensmustern eines falschen Selbst gefangen haben. »Wenn jemand sich um Hilfe an dich wendet und du dich seiner annimmst, gibt dir das automatisch eine gewisse Machtposition. Ich habe mich immer überlegen gefühlt, selbst als ich noch ein kleines Kind war und meine Mutter mich tyrannisierte. Ich war piepsig und schüchtern, aber ich habe mich trotzdem überlegen gefühlt. Ich habe es nie gezeigt, aber innerlich habe ich immer gedacht, daß ich viel klüger, viel besser wäre. Daß ich Verständnis für meine Mutter aufbrachte, überzeugte mich vollends davon. Bei meinem Mann ging es mir genauso. Ich wurde das Gefühl nicht los, daß Männer im Grunde dumm waren.«

Carol hatte die verständnisvolle und gleichzeitig überlegene Haltung, die sie ihrer Mutter gegenüber eingenommen hatte, einfach auf ihre Beziehungen zu Männern übertragen und beibehalten. Erst als dieses Überlegenheitsgefühl mit der Zuneigung zu Brian in Konflikt geriet, erkannte Carol die Feindseligkeit, die sich darin verbarg. Sie fing an, etwas Unnatürliches darin zu sehen: »Als dieses Gefühl in dem Verhältnis zu Brian auftauchte, wollte ich die Überlegenheit unbedingt loswerden. Ich fing an, meine überlegenen, feindseligen Gefühle, die mit Haß und Verachtung vermischt waren, abzulehnen. Ich verabscheute mein Überlegenheitsgefühl. Ich haßte mich selbst dafür. Es belastete mich. Es ließ mich nicht verletzlich, nicht ich selbst sein. Deshalb beschloß ich, nie wieder etwas mit einem Mann anzufangen. Ich beschloß mein Zölibat.«

Carol entschloß sich zu einer Zeit des Zölibats, um sich von persönlichen Verwicklungen – und ihrer selbstgefälligen Überlegenheit – zu befreien. In den folgenden zwei Jahren, in denen sie allein blieb, entdeckte sie, daß sie ihr Leben auch auf andere Grundlagen als die der Abhängigkeit, Selbstlosigkeit und Überlegenheit stellen konnte. »Zum ersten Mal in meinem Leben hatte ich das Gefühl, wirklich frei zu sein. Es gab niemanden, der mir sagte, was ich zu tun hätte, so daß ich es selbst herausfinden und erledigen konnte. Ich hatte immer schreckliche Angst davor gehabt, allein zu sein. Nach der Scheidung von meinem Mann war ich völlig ratlos. Er hatte sich immer um alle finanziellen Sachen gekümmert und mir das Geld zugeteilt. Ich hatte keine Ahnung, was es kostete, in diesem Haus zu leben. Ich wußte überhaupt nichts.

Nachdem ich mich entschieden hatte, ohne Mann zurechtzukommen, habe ich festgestellt, daß ich schon gelernt hatte, selbst für mich zu sorgen. Ich hatte gearbeitet, ich hatte gelernt, mit dem Geld zu haushalten. Ich erkannte, daß ich dieses Haus behalten und es allein bezahlen konnte, ohne irgendeinen Mann aufnehmen zu müssen. Tatsächlich hatte ich das schon die ganze Zeit über getan, aber irgendwelche Leute hatten mich immer an dieser Erkenntnis gehindert. Plötzlich wußte ich: ›Du kannst selbst für dich sorgen, du hast es geschafft.‹ Ich war selbständig geworden. Es war ein herrliches Gefühl. In jener Zeit ausgelassenen Zölibats habe ich zum ersten Mal wirklich positive Gefühle entwickelt – positive Gefühle für mich selbst, nur für mich selbst.«

Gegen Ende dieser zwei Jahre, als sie allmählich zu dem fand, was sie ihre »Selbstheit« nannte, lernte Carol einen Mann kennen, der genau diese Selbstheit an ihr zu schätzen schien, statt nach dem selbstlosen Verständnis zu suchen, von dem andere abhängig gewesen waren. Weil sie in ihm einen »ebenbürtigen Partner« sah, der ihre sich entwickelnde Persönlichkeit stärken statt bedrohen würde, entschloß sie sich, ihn zu heiraten: »Meine Entscheidung, wieder zu heiraten, basierte einzig auf der Grundlage, daß ich kein Stück der Selbstheit, die ich mir durch mein Alleinleben erobert hatte, wieder aufgeben müßte. Ich wollte meine Selbstachtung bewahren. Zu meiner eigenen Selbstheit zu finden, war wirklich schwer genug gewesen. Sie bedeutet: ›Ich bin so, wie ich bin.‹ Er schien das zu akzeptieren, statt es abzulehnen.«

Zum Teil schätzte sie an dieser neuen Beziehung, daß sie eine Abkehr von einer gefügigen Vergangenheit bedeutete: »Er gefiel mir auch deshalb so gut, weil wir von Anfang an miteinander stritten. Er griff mich an, und ich war in der Lage, mich zu behaupten. Wenn er mich anbrüllte, habe ich zurückgebrüllt. Wir haben es wirklich ausgefochten und hatten einige harte Auseinandersetzungen, wirkliche Kämpfe miteinander. Da ich vorher nie solche Kämpfe ausgetragen hatte, war es einfach wundervoll.«

Doch sie kehrte nicht ohne ein Gefühl des Verlustes zu ihrem natürlichen Selbst zurück. Diesmal gab sie nicht einen Teil ihrer ursprünglichen Identität auf, sondern eine Komponente ihres falschen Selbst, und zwar ihr Überlegenheitsgefühl. »Am Anfang war es wirklich schwer, meine überlegene Rolle, die Führungsposition, aufzugeben und nicht mehr der Boß zu sein. Ich habe dieses verhaßte Überlegenheitsgefühl heute nicht mehr. Wir sind gleichberechtigte Partner, wir können uns ebenbürtig streiten. Und wenn man ebenbürtig streiten kann, ist keiner von beiden der Boß.«

Carol überlegte, welchen Einfluß die Ehe auf ihre Entwicklung hatte: »Ich glaube, das Wichtigste ist, daß man sich geliebt fühlt. Es gibt jemanden, dem ich etwas bedeute und der mir das sagt und zeigt. Das habe ich vorher nie erlebt.«

Doch das Gefühl, geliebt zu werden, so wichtig es für Carol war, bildete letztlich nur den Kontext für die entscheidende Entwicklung, die Carol zu ihrer ursprünglichen Identität und den damit verbundenen authentischen Gefühlen zurückfinden ließ. Sie traf eine wichtige Unterscheidung, als sie den Schwerpunkt vom Geliebtwerden auf die eigene Liebesfähigkeit verlagerte: »Nein, geliebt zu werden, trifft es nicht ganz. Das Entscheidende ist, selbst zu lieben. Jemand anders wirklich zu lieben, ist noch wichtiger. Ich kann gar nicht beschreiben, was für ein wundervolles Gefühl es ist, ganz verrückt nach jemand zu sein, sich liebevoll verbunden zu fühlen. Es ist einfach ein großartiges Gefühl, den *Mut* zu haben, jemand zu lieben.«

Der Mut zur eigenen Liebesfähigkeit gab den letzten Anstoß, den Carol brauchte, um aus dem Gefängnis, in das sie sich in ihrer Kindheit selbst gesperrt hatte, auszubrechen. Die Kraft der eigenen Liebesfähigkeit – und nicht einfach das Gefühl, geliebt zu werden – brachte sie aus der Sackgasse, in die ihre Entwicklung geführt hatte, heraus. Sie verband den Mut zu lieben, einen Drang, der im Verhältnis zu ihrer Mutter unterdrückt worden war, mit der Freilegung ihrer ursprünglichen, authentischen Identität. Sie gewann ein enormes Maß an emotionaler Freiheit – an Freiheit von weiblicher Perfektion, Freiheit von Überlegenheit, Freiheit von selbstloser

Hingabe –, indem sie das Wagnis einging, ihren Mann zu lieben.

»Ich wurde nicht nur gelöster und fähig, mehr Liebe und Wärme zu geben, sondern ich konnte auch zu meinen Schwächen stehen, großzügiger mit mir selbst sein. Es hat mir die Möglichkeit gegeben, aus mir herauszukommen, mich mehr gehenzulassen, verletzlich zu sein, statt nach Perfektion zu streben. Ich habe meine Überlegenheit vollkommen abgelegt, bin von dem Sockel, auf den ich mich selbst in meiner Perfektion gestellt hatte, heruntergestiegen. Ich war nicht mehr dauernd auf der Hut. Ich habe ein gutes Gefühl zu mir selbst. Ich habe es geschafft, emotionaler zu werden, mich anders zu geben, auch sexuell, ich kann mich heute meiner eigenen Lust hingeben und sie genießen, statt immer nur zu denken, daß ich dem anderen Lust bereiten müßte. Und ich fühle, wie meine Kreativität ausströmt. Nachdem ich die Fotografie jahrelang vernachlässigt habe, bin ich jetzt selbstsüchtiger, was meine Zeit in der Dunkelkammer betrifft, ohne mich deshalb schuldig zu fühlen. Ich mußte immer stark sein. Früher war ich immer jemand, der alles, was er war, für jemand anders war, niemals nur für sich selbst. Als Kind konnte ich nie kindisch und unreif sein, wenn das gleichbedeutend mit Selbstsucht ist. Ich glaube, ich gehe wieder ein Stück auf die Kindheit zu, um erwachsen zu werden.«

Carol, die sich selbst so lange entfremdet gewesen war, machte deutlich, wie wichtig es ist, Schwächen zuzulassen, und sah eine enge Verbindung zwischen dem Eingeständnis eigener Verletzlichkeit und der Wiederherstellung einer authentischen Identität: »Ich habe mir selbst schließlich das Recht zugestanden, unsicher, *verletzlich* zu sein. Ich kann normalen Gefühlen nachgeben, die ich mir nie zuvor erlaubt habe, ich darf hin und wieder einen Fehler machen, ich darf mich schlecht fühlen oder weinen. Ich war früher immer das tapferste Kind. Ich habe nie geweint. Ich habe mich bemüht, nie krank zu sein. Wenn ich tatsächlich krank war, habe ich es meiner Mutter nicht gezeigt. Ich habe mich nicht einmal selbst gekannt. Ich habe es nicht zugelassen, daß ich mich selbst kenne.«

Die neue, gleichberechtigte Ehe befreite Carol aus dem selbsterrichteten Gefängnis und öffnete die Tür zu der Identität, die sie in ihrer Mädchenzeit in sich verschlossen hatte. Die Befreiung aus dem Gefängnis war das direkte Ergebnis der Heirat mit einem Mann, mit dem sie auf gleichem Fuß stand – mit dem sie eine Beziehung einging, die ihre Selbstheit nicht bedrohte, sondern förderte. Die Kraft, die aus einer gleichberechtigten Partnerschaft erwuchs, in der Geben und Nehmen – und die jeweilige Verletzlichkeit – in einem ausgeglichenen Verhältnis standen, stellte Carols ursprüngliches Selbst wieder her und schenkte ihr ein Maß an Freiheit, wie es durch die Konfrontation mit der Mutter nicht erreichbar gewesen war.[2] »Als ich mit Anfang Dreißig meiner Mutter die Meinung sagte, brach ich auch irgendwie aus jenem Gefängnis aus, aber aus einer Art allgemeinerem Gefängnis und nur vorübergehend. Ich hielt mich im Verborgenen, und ich glaube nicht, daß ich je zuvor herausgekommen war. Erst diese neue Ehe hat das möglich gemacht. Was ich meine, ist, daß ich tatsächlich gerade erst herausgekommen bin!«

Als Carol ihre verschüttete authentische Identität freilegte, änderte das all ihre Beziehungen. Sie unterstrich, daß diese Veränderung das Wesen ihrer Beziehungen betraf, und nicht den Abbruch alter oder die Aufnahme neuer Kontakte bedeutete: »Es ist nicht so, daß ich aufgehört hätte, mich um andere zu kümmern. Es ist ein Grundzug meiner Identität, daß ich Menschen liebe. Das ist mein Fundament. Also kann ich nicht einfach damit aufhören.« Der Unterschied war, daß Carol ihre Schwächen zeigte und Forderungen stellte: »Ich bin endlich fähig zu sagen: ›Das tut mir weh, das verletzt mich.‹ Ich kann ein Biest sein. Als Kind habe ich das niemals gekonnt. Ich hatte ja nicht einmal normale Gefühle. Ich hatte immer Angst. Man hat mich einfach zu einem kleinen Häufchen Nichts zermahlen. Ich konnte überhaupt keine Gefühle zulassen.«

Beziehungen erwiesen sich in Carols Fall sowohl als Gefahr als auch als Rettung für ihre Identität. Nachdem sie sich die ganze Bandbreite von Gefühlen zurückerobert hatte, wurde ihre Bindungsfähigkeit zur Quelle ihres Selbstwertgefühls. Die Selbstbefreiung resultierte nicht aus der Unabhängigkeit von Beziehungen, sondern auf einem darin integrierten Selbst. »Wenn man nicht gerade total intellektuell oder vielleicht ein Erfinder ist, also nicht zu den Menschen gehört, die allein für das Geistige leben, völlig in sich gekehrt, muß man sich mit anderen Menschen austauschen, und das muß einigermaßen gut funktionieren. Wenn es nicht funktioniert, wird man sich immer schlecht fühlen.«

Carol war nichts an totaler Selbstgenügsamkeit gelegen, obwohl es so scheint, daß für sie, wie für andere Frauen, die Einsamkeit eine große Rolle für die Freilegung ihrer wahren Identität spielte. Auf der Grundlage menschlicher Bezogenheit, die dennoch Freiraum läßt, wollte sie verstärkt sie selbst sein und zu einer Art wechselseitigem Geben und Nehmen gelangen. Neue Bindungen ließen ihre Liebesfähigkeit, die lange unterdrückt worden war, freiwerden. »Ich bin zufrieden mit mir. Ich glaube, daß ich anderen helfe, ohne viel mehr zu tun, als einfach mit ihnen zu reden. Ich genieße es, produktive Beziehungen zu anderen Menschen zu haben. Es ist einfach ein Grundzug meiner Persönlichkeit, daß ich Menschen liebe. Ich komme auf das Thema Verständnis zurück. Frauen sind mit der Fähigkeit ausgestattet, sowohl sich selbst als auch andere verstehen zu können. Männern scheint diese Fähigkeit zu fehlen. Sie können sich nicht einfühlen. Frauen können das. Frauen sind verständnisvoll, weil sie es sein müssen. Sie kümmern sich um die Kinder. Sie kümmern sich um die Männer, damit die Männer ihrem Beruf nachgehen können. Frauen sorgen dafür, daß alles funktioniert. Sie halten das Leben zusammen.«

Durch einen verwickelten Beziehungsprozeß hatte Carol ihre authentische Identität freigelegt: »Ich fange jetzt gerade erst an, eine wahre Identität zu haben. Ich bin jemand, ich bin jemand! Es bedeutet, daß ich – endlich! – ein ganzer Mensch sein kann. Mit dreiundvierzig Jahren! Es ist lächerlich, weil es schon viel früher hätte passieren müssen. Ich habe zum ersten Mal das Gefühl, eine eigene Persönlichkeit zu besitzen. Ich weiß, es ist ein Klischee, und es ist mir fast peinlich, es auszusprechen, aber es ist wahr: Ich habe gelernt, mich selbst zu lieben.«

Carol faßte ihre Lebensgeschichte zusammen, indem sie über ihr authentisches Selbst sagte: »Es war da, ich hatte es von Anfang an. Ich weiß nicht, wie es entstanden ist, aber ich hatte ein Selbst, das – in meinem Innern – um mich gekämpft hat. Anfangs war ich mir meiner selbst sehr bewußt. Doch dann wurde ich zu einer Gefangenen.[3] Das Selbst, das ich als kleines Kind hatte, wurde in meinem Innern verschlossen, und mit ihm auch jede Eigenwilligkeit oder Aggression. Ich war in mir eingesperrt und fühlte mich überlegen und minderwertig zugleich. Ich konnte nicht aus dem Gefängnis ausbrechen. Ich konnte nicht aus mir herauskommen. Aber es war die ganze Zeit über in mir. Es ist einfach überwältigend, jetzt herauskommen zu können. Ich habe tatsächlich das Gefühl, endlich draußen zu sein! Mein authentisches Selbst war von Anfang an da, und es ist endlich frei!«

Obwohl Carols Bericht über ein sich herausbildendes Ich, das in früher Kindheit eingekerkert wird, auf den ersten Blick einzigartig scheinen mag, wies Ruths Geschichte erstaunliche Ähnlichkeiten damit auf. Auch Ruth verbarg sich selbst als Kind in einer Festung, weil sie ein gestörtes Verhältnis zu ihrer Mutter hatte. Inzwischen eine vierzigjährige Collegedozentin, sah Ruth die übergreifende Aufgabe ihrer Entwicklung darin, das »zu erlangen, was einem zusteht«. Es war ein langer und mühsamer Prozeß gewesen, denn das Verhältnis, das sie als Kind zu ihren Eltern gehabt hatte, hatte schwere Schäden verursacht. Wie bei Carol hing das zentrale Ereignis, durch das Ruth ihre Identität freilegen konnte, mit einer kraftspendenden Beziehung zusammen, in der sie sich selbst frei und aktiv eines anderen Menschen annehmen konnte.[4]

Der Familienlegende zufolge war Ruth ein störrisches und schwieriges Mädchen. Sie war das zweite Kind jüdischer Eltern, die in der Bronx lebten, und hatte schon früh ihren eigenen Kopf, aber ihre Eltern hatten nur wenig Verständnis für sie: »Ich glaube, ich bin schon von Geburt an robust und kämpferisch gewesen. Aber ich habe früh gemerkt, was meine Mutter von mir hielt, was für ambivalente Gefühle sie mir gegenüber hatte. Ich spürte ihre Einstellung mir gegenüber einfach an ganz vielen Kleinigkeiten; wenn sie zum Beispiel anderen erzählte, wie intensiv sie sich um mich kümmerte, hörte ich genau heraus: ›Dieses Früchtchen gönnt mir nicht die Luft zum Atmen.‹« Ruths »Problem« war das genaue Gegenteil von demjenigen Carols: »Man setzte schon voraus, daß ich unmöglich war, zu Gefühlsausbrüchen neigte, alles umstieß oder einen Wutanfall bekam. Und ich hatte dauernd irgendwelche Unfälle. Als ich ungefähr zwei Jahre alt war, hatte ich mir die Lippen aufgeschlagen; ich setzte mich ins Wartezimmer meines Vaters und wartete, bis er seine Patienten abgefertigt hatte, damit er die Wunde nähen könnte. Mit zweieinhalb fiel ich hin und verletzte mich an der Hand. Mein Vater verpfuschte die Behandlung, aber die Schuld wurde mir in die Schuhe geschoben, weil ich den Zeigefinger angeblich nicht genug trainiert hatte. Nach meiner Theorie ist mein Bruder aus diesen Gründen Schönheitschirurg geworden. Er war acht, als ich all diese Unfälle hatte, und in seiner Erinnerung gab es immer nur Blut.«

Doch Ruth beklagte sich nie und hatte gute Gründe dafür: »Meine Mutter ist nicht die Frau, bei der man sich verwundbar zeigen möchte. Man konnte sich keine Blöße geben, ohne verletzt zu werden. Wenn man sich beklagte, sprang sie einem an die Kehle. Ich habe meine Verletzlichkeit früh überspielt, weil es einem Selbstmord gleichgekommen wäre, sie in ihrer Gegenwart zu zeigen.«

Um zu überleben, mußte Ruth sich in eine Festung zurückziehen, in der sie darum kämpfte, ihre Identität intakt zu halten. Sie erinnerte sich noch genau, was sie damals empfunden hatte und wie sie versucht hatte, ihre eigenen Gefühle abzuwehren. »Was ich als Kind empfand und meiner Mutter gegenüber noch immer empfinde, war, von einer anderen Person verschlungen zu werden; von ihren Wünschen, Bedürfnissen, ihren Macken und ihren Anschauungen aufgesogen zu werden. Es war, als ob ich mich in das Innere einer kleinen Festung zurückziehen würde. Ich hatte das Gefühl, immer wieder überrollt zu werden. Ich hatte den Eindruck, daß sie mich zum Weinen brachte, um sich dann darüber lustig zu machen. Ich fühlte mich wie ein von Feinden umzingeltes

Land. Sehr früh habe ich einen Schutzwall um mich errichtet, einen elektrischen Zaun, der meine Grenzen verteidigen sollte. Ich habe mir Raum geschaffen, indem ich meine Gefühle nahm und mich damit in mein Inneres, ins Verborgene, zurückzog.«

Um sich selbst zu schützen, zügelte sie ihr lebhaftes Temperament, einen Grundzug ihrer Identität, und wollte so den Groll ihrer Mutter, der offenbar mit ihrem ungestümen Wesen zusammenhing, beschwichtigen. »Ich sollte wie eine Puppe sein, still und passiv, der man hübsche Kleider anziehen konnte«, sagte sie. »Und wie eine Puppe sollte man mich weder sehen noch hören.«

Das Gefühl ständig lauernder Gefahr, das das Verhältnis zur Mutter kennzeichnete, vergiftete Ruths Einstellung zu sich selbst und zu anderen. »Ich wurde mißtrauisch gegenüber jeder Art von Gefühl, jedem Ausdruck von Gefühl, auch bei anderen. Ich wuchs mit einem Gefühl von Heimlichkeit und Scham auf.«

Bedeutete es einerseits eine Bedrohung, die Mutter in ihre Festung eindringen zu lassen, war Ruth doch auch dann in Gefahr, wenn sie von ihrer Mutter getrennt war. »Irgendwie hatte man mich glauben gemacht, daß die Welt ein schrecklicher Ort wäre und daß ich ohne meine Mutter darin umkommen würde. Mich nur auf mich selbst zu verlassen, war ein unglaublich mutiger Akt. Ich fühlte mich zweifellos einer doppelten Gefahr ausgesetzt.«

Daß sie es schaffte, verdankte Ruth der Beziehung zu ihrem Bruder, vor allem nachdem ihr Vater im Zweiten Weltkrieg von zu Hause fortgegangen war. »Obwohl er zurückgestellt worden war, meldete mein Vater sich freiwillig als Soldat und nahm in Pattons Armee an der Invasion der Normandie teil, als ich zwei und mein Bruder acht Jahre alt war. Dadurch war ich meiner Mutter schutzlos ausgeliefert. Daß ich überlebte, verdanke ich meinem Bruder. Er gab mir ungeheuer viel an Liebe und Fürsorge, obwohl er selbst nicht gerade viel davon erhielt. Für mich war er wirklich wie ein Vater, als ich klein war. Es gab keine Geschwisterrivalitäten zwischen uns, weil wir uns das gar nicht leisten konnten. Wir befanden uns am

Ende der Welt und hatten nur einander. Er hat sich wirklich immer rührend um mich gekümmert, auch später. Als meine Collegezeit begann und ich mich allein auf den Weg zum New Yorker Bahnhof machte, weil mein Vater – wie üblich – keine Zeit hatte, um mich hinzubringen, hat er auf dem Bahnsteig auf mich gewartet. Er hat mich fast jeden Abend angerufen, und einmal die Woche hat er mich zum Essen eingeladen. Es war sehr wichtig für mich. Er hat all das gemacht, was man eigentlich von seinem Vater erwartet.«

Das Verhältnis, das Ruth zu ihrem tatsächlichen Vater hatte, verstärkte nur ihre Unsicherheit. Als er aus dem Krieg zurückkam, war er nicht bereit, sie auf ihrem Weg ins Leben zu unterstützen, weil sie nur ein Mädchen war: »Als ich ungefähr elf oder zwölf war, ist er oft mit mir und meinem Bruder ins Konzert gegangen, und ich weiß noch, wie es war, wenn er einen Bekannten in der Halle traf. Er stellte dann meinen Bruder vor, mich stellte er nicht vor. So habe ich allmählich das Gefühl entwickelt, gar nicht vorhanden zu sein.«

Sie wurde von Anfang an niedriger eingestuft, weil sie ein Mädchen war: »Wenn meine Eltern Besuch hatten, saßen die Frauen alle in einem Raum und die Männer in einem anderen, und es war klar, daß die Männer sich über wichtige Sachen unterhielten. Die Rollen in meiner Familie waren streng nach Geschlechtern verteilt. Mein Vater stammte aus einer verarmten Einwandererfamilie und hatte sich seinen Weg durch das College und das Medizinstudium schwer erkämpft. Auch meine Mutter kam aus einer Einwandererfamilie, aber ihre Familie war recht wohlhabend gewesen. Sie durfte nicht aufs College gehen, weil Frauen ja keine Ausbildung brauchten. Sie brachte mir bei, daß gebildete Frauen keinen gesunden Menschenverstand hätten.«

Der Konflikt zwischen Bildung und Weiblichkeit war von zentraler Bedeutung: »Ich wuchs in einem wilden Durcheinander sich widersprechender Botschaften auf. Ich sollte klug sein, aber weder meinen Verstand noch meinen Ehrgeiz offen zeigen. Dauernd sagte man mir, daß, ganz gleichgültig, wie begabt eine Frau sei, sie niemals Medizin studieren dürfte – und das in einer Familie, in der außer dem Arztberuf überhaupt nichts zählte. Erst im Alter von ungefähr dreißig Jahren hörte ich auf zusammenzuzucken, wenn ich erfuhr, daß eine Frau Medizin studiert hatte, oder wenn ich eine Ärztin kennenlernte. Ich war viel intelligenter als mein Bruder, aber er ist der Chirurg. Ich habe drei Abschlüsse und weite Umwege gemacht, um den Beruf auszuüben, in dem ich heute arbeite. Hätten meine Eltern mich nicht daran gehindert, wäre ich bestimmt Psychologin geworden.

Für meine Mutter ist es zweifellos die Hölle gewesen, eine Tochter wie mich zu haben, die diese ganzen Ausbildungen machte. Als ich studieren wollte, beurteilte meine Mutter meine Ambitionen voller Geringschätzung mit: ›Als ich so alt war wie du, wollte ich die Welt auch in Brand setzen.‹ So als ob sie sagen wollte, daß ich diese fixe Idee irgendwann überwinden würde. Ich will die Welt noch immer in Brand setzen. Oder vielleicht eher zum Blühen bringen als in Brand setzen.«

Weil es unvereinbar schien, sowohl eine Frau als auch ehrgeizig zu sein, wäre Ruths wissenschaftliche Karriere beinah gescheitert: »Eine Frau zu sein erschwerte es mir, meine Ausbildung erfolgreich zu nutzen. Vor zehn Jahren stand ich kurz davor, meinen Doktor zu machen, aber ich lief gegen eine Mauer aus Beton. Die Mauer bestand aus dem deutlichen Gebot: ›Du sollst dich selbst nicht so wichtig nehmen und nicht so engagiert sein, und ganz bestimmt sollst du keinen Beruf als weiblicher Dr. phil. ausüben.‹ Andererseits hatte ich Schwierigkeiten mit meinem Selbstverständnis als Frau wegen meiner wissenschaftlichen Ausbildung. Das war das Revier meiner Mutter. Ich hielt mich selbst für merkwürdig und anormal, für eine Außenseiterin, weil ich eine wissenschaftliche Ausbildung machte und einen Beruf ausübte.«

Sie kämpfte sich mit diesem zerstörten Selbstbild durch zwei College-Abschlüsse, mehrere Lehrtätigkeiten und die Geburt zweier Kinder. Nach wie vor glaubte Ruth, daß Weiblichkeit und intellektuelle Ziele nicht in Einklang zu bringen wären. Die Kluft zwischen Denken und Fühlen wurde durch die patriarchalen Strukturen der höheren Bildungseinrichtungen, die sie besuchte, weiter verstärkt – bis sie auf ein Studienprogramm stieß, das bewußt auf eine Verbindung von

Erfahrung und Intellekt abzielte. »Erst als ich diesen letzten Abschluß machte, stellte ich fest, wie klug ich sein konnte, wie ich mein weibliches Wissen für mein Lernen nutzen konnte. Vorher auf dem College hatte ich kühl, analytisch und abstrahierend denken und handeln müssen – ohne Wenn und Aber. Dieser abschließende Studiengang war das genaue Gegenteil davon: Subjektive, praxisbezogene und qualitative Kriterien standen im Vordergrund. Abweichende Meinungen wurden akzeptiert, und Gefühle zu zeigen war auch in Ordnung. Von den achtundzwanzig Jahren formaler Ausbildung waren diese vier die einzigen, in denen ich wirklich etwas gelernt habe – in denen ich mich durch das, was ich lernte, veränderte.«

Für Ruth gab es vier Dinge, die sie am Leben erhalten hatten: »Zum einen war es meine Intelligenz, die mich gerettet hat. Weil ich Zusammenhänge durchschauen konnte, war ich in der Lage, mich vor meinen Eltern zu schützen.« Als sie ihren Verstand zum ersten Mal für sich selbst eingesetzt hatte, war sie neun oder zehn Jahre alt gewesen: »Ich erinnere mich, daß ich mir damals sagte: ›Ich werde meinen Eltern nie wieder etwas erzählen, das mir wichtig ist.‹ Damals war ich zweifellos sehr weitsichtig, was mich selbst betraf.

Meine Rettung hing außerdem damit zusammen, daß ich genau plante, wie ich meiner verrückten Familie entkommen könnte – nämlich durch die Ehe. Mit sechzehn hatte ich meinen zukünftigen Mann bereits ausgewählt: Als ich Michael eine Woche lang kannte, beschloß ich, ihn zu heiraten. Er war intelligent, und ich hatte mich in meiner Kindheit immer so komisch gefühlt, weil ich schlau war, daß ich jemand zumindest Ebenbürtigen haben wollte. Ich wollte jemanden, der ungefähr gleich alt war, jemanden, der freundlich, lieb und fürsorglich war. Michael stand in dem Ruf, ein ungewöhnlich schlauer Kopf zu sein. Und wir hatten Spaß miteinander! Wir konnten reden und reden und reden. Wenn zwei Leute sehr jung zusammenkommen, entwickeln sie sich natürlich oft nicht gleichmäßig weiter. Es war eine Art Springfroschprozeß, in dem der eine den anderen immer wieder eingeholt hat. Im großen und ganzen haben wir eine Beziehung, die sich mit uns weiter entwickelt und verändert und die mir Kraft und Sicherheit gibt.

Der dritte Grund war meine Psychotherapie. Mich therapeutisch behandeln zu lassen war ein verzweifelter Entschluß, der mich viel Überwindung gekostet hat. Mein Vater glaubte nicht, daß ein Mensch sich ändern könnte, und hielt Psychologen für Scharlatane. Aber ich bin überzeugt, daß ich heute nicht mehr leben würde, wenn ich nicht mit achtundzwanzig in eine Therapie gegangen wäre. Es hat die Lähmung aufgehoben, die Fesseln an meinen Füßen gelöst. Durch die Therapie habe ich Mut gewonnen und Verständnis für mich selbst entwickelt.«

Doch die bei weitem wichtigste Erfahrung für die Wiederherstellung ihrer wahren Natur war die Mutterschaft: »Die Kinder sind das Herzstück. Durch sie habe ich meinen Weg gefunden.«

Die revolutionäre Wandlung ihres Selbstbilds begann mit der Schwangerschaft. Wie Ruth diese Zeit erlebte, widersprach der von der Mutter vermittelten Fehleinschätzung ihrer Weiblichkeit – beziehungsweise Unweiblichkeit. »Ich war immer davon überzeugt gewesen, daß ich gar nicht fähig wäre, schwanger zu werden, und jedesmal hat es sofort geklappt.« Als sie sich diese Erfahrung wieder wachrief, fügte sie hinzu: »Und es gab nichts Schöneres, als schwanger zu sein. Ich war einfach begeistert davon. Und auch das war ein richtiger Schock. Ich gehöre zu den Frauen, denen eine Schwangerschaft richtig gut steht, und ich fühlte mich ausgezeichnet. Physisch ging es mir phantastisch. Ich spielte Tennis bis kurz vor der Geburt meiner Tochter. Ich fühlte mich so wohl in meiner Haut und konnte meinen Körper zum ersten Mal richtig genießen. Es war der erste Hinweis, daß die Unkenrufe meiner Mutter nicht der Realität entsprachen. Das galt vor allem für den Mythos, daß meine Klugheit mich unfähig machen würde, ein Baby zu stillen. Als ich dazu in der Lage war, habe ich erkannt, daß ich klug *und* weiblich sein konnte.«

Diese Erkenntnis kam für Ruth überraschend, weil Weiblichkeit und Intellekt in ihrer Kindheit zu unvereinbaren Gegensätzen erklärt worden waren und ihre Mutter stets ihre Klugheit betont hatte. Für Ruth bedeutete es, daß sie zu einem neuen weiblichen Selbstverständnis finden konnte. »Ich glaube, das Wichtigste an meiner ersten Schwangerschaft und Geburt war das Gefühl von ›Oh, ich muß doch wohl wirklich und wahrhaftig eine richtige Frau sein‹. Ich habe immer gedacht, ich wäre zu klug, um eine Frau zu sein, daß ich zuviel verlangte, daß ich meinen Platz nicht kannte, daß etwas an mir falsch sein müßte – daß ich nicht ganz richtig wäre.«

So machtvoll diese Erfahrung gewesen war, hätte Ruth sie sich doch beinah versagt. Sie hatte die Botschaften ihrer Kindheit derart verinnerlicht, daß sie überzeugt war, keine gute Mutter sein zu können: »Ich war immer die lausige Tochter gewesen, und ich hatte Angst, daß ich deshalb auch eine lausige Mutter abgeben würde. Ich fühlte mich in der Klemme, in einer schrecklichen Klemme. Ich fürchtete mich davor, Kinder zu haben, weil ich Angst hatte, daß sie mir gegenüber dieselben Gefühle haben könnten, die ich für meine Mutter hatte.«

Doch die damals herrschenden Konventionen überrollten ihre persönlichen Ängste: »Es war zu der Zeit unvorstellbar, daß jemand keine Kinder haben wollte. Du wurdest erwachsen, hast geheiratet und Kinder bekommen. Weil mein Bruder mir immer vorgezogen worden war, hat mich vor allem die Vorstellung, vielleicht eine Tochter zu bekommen, entsetzt. Und nach all der panischen Angst vor einer Tochter wurde mein erstes Kind ein Mädchen, und ich habe mich auf der Stelle in dieses unglaubliche Baby verliebt. Ich hatte nicht damit gerechnet, daß die Tatsache, Mutter einer Tochter zu sein, ein Akt der eigenen Wiederherstellung sein könnte. Tatsächlich hätte ich mich dagegen entschieden, wenn man mir eine Wahl gelassen hätte. Wenn ich heute Leute darüber debattieren höre, ob sie Kinder haben wollen oder nicht, ist mir das völlig unverständlich. Sie verhandeln darüber wie über den Kauf eines Autos. Wie wollen sie vorher wissen, wie es sein wird?«

Das Muttersein brachte ein unerwartetes Glück und weckte bestimmte Gefühle, die für das vernachlässigte Mädchen in ihrem Innern kennzeichnend gewesen waren, zu neuem Leben. »Als die Kinder noch kleine Babys waren, konnte ich sie stillen und im Arm halten. Ich weiß nicht, was das für die meisten anderen Leute bedeutet, weil ich nie so war wie die meisten Leute, aber ich glaube, ich werde immer eine Sehnsucht nach Berührung behalten. Für mich waren dieses Halten und diese Nähe eine Art Heilungsprozeß, der mich zu der Einsicht brachte, daß ich kein zerstörerisches menschliches Wesen war. Indem ich für meine Kinder sorgte, habe ich für mich selbst gesorgt. Ein Teil von mir wurde durch mein Muttersein wiederhergestellt, der Teil in mir, der für jemand sorgen möchte.«

Durch die Wiederherstellung dieses Teils ihrer Persönlichkeit wurden die Mauern der Festung, die Ruth als kleines Kind errichtet hatte, aufgehoben. Damals war die Festung, in der sie ihre eigenen Gefühle eingemauert hatte, lebenswichtig gewesen; jetzt erwiesen sich die Liebe und Fürsorge, die sie ihren Kindern entgegenbrachte, als entscheidend für die Wiederbelebung ihres authentischen Ichs. »Was den Prozeß der Selbstfindung betrifft, gibt es nichts Wichtigeres als die Beziehung zu meinen Kindern. Es gab Dinge, die ich tun wollte, weil ich sie liebte, bevor sie fähig waren, mich zu lieben. Sie haben es mir möglich gemacht, meine Seele zu heilen und die wirklich tiefe innere Verletzung zu überwinden.«

Ruth schilderte, wie das Muttersein sie wieder mit dem Selbst, das sie in jener Festung verborgen hatte, in Berührung brachte, und machte deutlich, welch starken positiven Einfluß die Mutterschaft für die Regeneration einer authentischen, unverwundeten Identität haben kann. »Mir fällt gerade eine erstaunliche Behauptung ein, die [D.W.] Winnicott in seinen Büchern aufstellt, er meint, daß ein Baby glaube, sich selbst zu sehen, wenn es seine Mutter anschaut. Ich denke, daß die Gesichter meiner Kinder wie ein Spiegel für mich waren. Das brachte mich mit einem Teil von mir selbst in Berührung, den ich aus bitterer Notwendigkeit beiseite geschoben hatte, es machte mir meine Verwundbarkeit bewußt.«

Weil Ruth sich ihren Kindern gegenüber verletzlich zeigen konnte – so wie Carol gegenüber ihrem Mann –, fand sie zu sich selbst zurück. Durch die tiefe Bindung und die Verwundbarkeit, die darin zum Ausdruck kam, konnte Ruth ins Zentrum ihrer verschütteten Identität vordringen. Daß Ruths Selbstverständnis durch die Gefühle für ihre Kinder in derart starkem Maß beeinflußt wurde, macht deutlich, welch große Rolle menschliche Bindungen nicht nur für die Entwicklung von Kindern, sondern auch für die von Erwachsenen spielen. Nachdem sie ihre Identität erst einmal wiederhergestellt hatte, überwand sie auch das von ihrer Mutter geprägte Selbstbild und entwickelte sich ganz anders, als die Mutter es erwartet hatte: »Ich bin eine weite Strecke durch kaltes, tiefes Wasser geschwommen, um zu mir zurückzukommen. Ich hatte immer das Gefühl, daß ich mit vierzig sterben und meine Mutter auf meinem Grab tanzen würde. Diese Vorstellung habe ich überwunden. Ungefähr 95 Prozent von dem, was ich mache, ist anders, als meine Mutter es prophezeit hätte. Ich bin eine ganz andere Mutter, ich habe einen Beruf, ich bin ein ganz anderer Mensch als sie. Ich sollte nicht stark, sondern zerbrechlich sein. Aber heute kann ich sechs oder sieben Meilen laufen. Ich habe das Vorurteil meiner Mutter, daß Frauen kein Interesse am Sex haben sollten, besiegt. In sexueller Hinsicht fühle ich mich lebendig und gesund und richtig. Ich genieße es, mich hübsch anzuziehen, weil ich dann das Gefühl habe, meinen Körper zu schmücken.

Daß ich glücklich bin, ist die beste Rache! Ich fühle mich zum Beispiel glücklich, wenn ich ein kleines Mädchen mit starkem Selbstbewußtsein sehe. Es erinnert mich daran, wie dickköpfig ich selbst gewesen bin. Ich bin so froh, daß ich einen solchen Dickkopf hatte. Ihm verdanke ich mein Überleben. Und ich bin wirklich eine Überlebenskünstlerin. Das gehört zu den Dingen, über die ich mich immer wieder freuen kann. Und ich hätte diese Überlebenskünstlerin in mir selbst niemals wiederfinden können, wenn meine Kinder nicht gewesen wären.«

Carol betonte zum Schluß ihres Berichts noch einmal die entscheidende Bedeutung, die die Mutterschaft für die Wiederherstellung ihrer inneren Authentizität gehabt hatte: »Seit unserem ersten Gespräch habe ich wieder und wieder darüber nachgedacht, wie unglaublich wichtig es ist, in die Gesichter deiner Kinder zu schauen und Freude, ja Liebe darin zu entdecken. Es ist schon merkwürdig. In den Büchern über Kindererziehung liest man so viel von dem Ärger und Kummer, den sie bereiten, und so wenig von dem, was Kinder einem geben. Wir haben über so viel gesprochen, aber das, was meine Kinder mir geschenkt haben, bleibt das Wichtigste von allem.«

9

Die Mutter-Tochter-Beziehung:
Die Neugestaltung einer wichtigen Bindung

Nicht alle Frauen werden Mütter, aber alle Frauen beginnen als Töchter. Jede von uns ist »von einer Frau geboren«.[1] Kein Buch über die Psychologie der Frau wäre vollständig, ohne zumindest einen Seitenblick auf die Mutter-Tochter-Beziehung zu werfen. Obwohl ich nicht speziell nach dieser Bindung fragte, sind die Frauen, die an dieser Untersuchung teilnahmen, ganz spontan auf ihre Bedeutung zu sprechen gekommen. Die Auseinandersetzung mit den Müttern hatte so großen Einfluß auf ihre erwachsene Identität, daß viele der Frauen Jahrzehnte später, als wir uns unterhielten, darin die zentrale Problematik ihrer Entwicklung sahen. Die Neuordnung dieses Verhältnisses hat offenbar eine Schlüsselbedeutung für die Etablierung der erwachsenen Identität – auch wenn die Frauen längst erwachsene Verpflichtungen wie Ehe, Mutterschaft oder Beruf eingegangen sind. Diese Neustrukturierung und radikale Umwandlung der Beziehung trat so gut wie nie ein, bevor die Tochter ihr Elternhaus verlassen und sich ein eigenes Leben aufgebaut hatte, und vollzog sich bei den von mir befragten Frauen auf ganz unterschiedliche Weise. Während sie für die einen durch einen plötzlichen, schmerzlichen Bruch ausgelöst wurde, erwies sie sich bei anderen als ein ganz subtiler psychischer Prozeß. Doch alle Erfahrungsberichte stimmten in einem wesentlichen Punkt überein: Die Bilanzierung dieser Frau-zu-Frau-Beziehung bildete einen Knotenpunkt der inneren Entwicklung, gleichgültig, wie unabhängig die Tochter inzwischen geworden war.

In Anbetracht des Alters, der Leistungen und der psychischen Reife der befragten Frauen mag die Bedeutung, die sie der Mutter-Tochter-Bindung beimaßen, unverhältnismäßig scheinen. Sich mit seiner Mutter zu beschäftigen, nachdem die Kindheit längst vorbei ist, widerspricht gesellschaftlichen Erwartungen. Von amerikanischen Frauen wird traditionell verlangt, daß sie eine nur oberflächliche Verbindung zu ihren Müttern aufrechterhalten und darin einen untergeordneten Aspekt eines umfassenderen Lebensplans sehen, der in erster Linie von Mann und Kindern bestimmt sein sollte. Diese Schablone wird der starken Mutterbindung vieler Frauen kaum gerecht. Nur in bestimmten ethnischen Gruppen wird eine fortbestehende, enge Bindung an die Mutter als »normal« angesehen oder einer näheren Betrachtung für wert erachtet.[2] Im Regelfall jedoch gelten Leute, die nach Abschluß der Adoleszenz noch Schwierigkeiten mit dieser Bindung haben, als verdächtig, wenn nicht gar als gestört – als Versager im notwendigen Trennungsprozeß. Wir gehen davon aus, daß Frauen, die heute erwachsen werden, von der Notwendigkeit überzeugt sind, sich von ihren Müttern zu lösen und sich einem Mann – oder einer Karriere – zu verpflichten. Da es eine ungewohnte Vorstellung für uns ist, daß eine erwachsene Tochter weiterhin Verbundenheit mit ihrer Mutter demonstriert, erwarten wir von erwachsenen Frauen, daß sie auf ausreichende psychische Distanz zu ihren Müttern gehen.[3] Erwachsen zu werden bedeutet in den USA auch, daß man seine Eltern zu »verbannen« hat.

Was die von mir befragten Frauen über ihre fortbestehende Mutterbindung berichteten, könnte fast als Bestätigung der offiziellen Standardauffassung gelten, daß Frauen in der Tat das entscheidende Reifekriterium der erfolgreichen Trennung nicht erfüllen können. »Aha«, wird der Anhänger Freuds vielleicht bemerken, »da sehen Sie es wieder, Frauen *sind* von Natur aus unreif, schlagen sich noch immer mit ihren Müttern herum, wenn sie längst erwachsen sein sollten.« Doch die Geschichten dieser Frauen deuten darauf hin, daß es hier um etwas sehr viel Komplizierteres geht als um eine simple Trennung. Die Töchter in meiner Untersuchung hatten zweifellos den Wunsch, sich aus der Abhängigkeit von ihren Eltern zu lösen. Doch was sie anstrebten, war nicht die Aufhebung der Beziehung, sondern die Umwandlung eines einseitig abhängigen in ein ausgewogenes Verhältnis, sie wollten aus ihrer untergeordneten Position herauskommen, um die hierarchische Struktur zu ändern. Diese Frauen wollten sich nicht aus der Abhängigkeit lösen, um allein und unabhängig zu leben, sondern weil sie dadurch die Möglichkeit hatten, die Beziehung zu ihren Müttern neu zu gestalten, und in eben dieser neugestalteten Verbindung spiegelte sich die erwachsene Identität dieser Frauen. Die von ihnen beschriebene Wiederannäherung hatte mit der Umformung ihrer Mutterbindung in ein wechselseitiges Verhältnis zu tun. Sie wollten die Mutter-Tochter-Bindung nicht auflösen; sie wollten sie verändern. In Anbetracht des kulturellen Ethos, das vom Erwachsenen die vollzogene Trennung verlangt, trug jede einzelne dieser Töchter ganz allein an der Last, die Bindung neu zu gestalten, ohne sie zu zerstören. In einer Kultur, die ganz wild auf Trennung ist, hatte dieses Unterfangen fast etwas Subversives.

Warum sollte diese Bindung, die unsere frühe Kindheit prägt, eine so machtvolle Bedeutung für die erwachsene Frau haben? Ihre Macht hängt zum Teil damit zusammen, daß die Mutter immer einen Teil der eigenen Identität repräsentiert, weil Mutter und Tochter eine lange, intime Vergangenheit miteinander teilen. Es ist die Haut unserer Mutter, an der wir die ersten Erfahrungen des Riechens und Schmeckens, all die grundlegenden Sinneserfahrungen unseres Lebens machen. Es sind die Brust und der Schoß unserer Mütter, wo wir zuerst Trost, Geborgenheit und Nahrung finden. Aus der Mimik unserer Mütter leiten wir unsere frühesten Vorstellungen von Freude und Glück ab. Das Gesicht der Mutter wird auch zum ersten Spiegel unseres eigenen Gesichts und unserer eigenen Gefühle. In ihren Armen erfahren wir, was es bedeutet, ein Mensch zu sein, und was es bedeutet, eine Frau zu sein. Doch aus den Händen unserer Mütter erfahren wir auch zum ersten Mal, was Enttäuschung, Frustration und Kummer heißt. Von klein auf tragen wir diese Gefühle – all diese Gefühle – in uns und verbinden sie ein Leben lang mit unseren Müttern.

Viele von uns erreichen das Erwachsenenalter mit gemischten Gefühlen, was ihre Mutter betrifft – und in großer Verwirrung, was ihr Frausein betrifft. Einige von uns führen als Erwachsene ein ganz anderes Leben als ihre Mütter. Viele von uns haben Töchter, die ein ganz anderes Leben führen werden als wir. Oft wissen wir nicht genau, was wir von unserem weiblichen Erbe bewahren und was wir zurückweisen sollen; was wir an unsere Töchter weitergeben und was wir am besten beiseite legen sollen. Sogar diejenigen von uns, deren Leben demjenigen ihrer Mütter ähnelt, können es nicht kopieren, weil wir in einer ganz anderen Zeit leben. Heute werden Frauen in der Tat dazu gedrängt, sich von den Fesseln zu befreien, die unsere Mütter daran hinderten, berufliche Ziele zu verwirklichen. Die Kultur verkündet die Botschaft laut und deutlich: Frauen sollen ihre traditionelle Rolle aufgeben und sich einen Platz in der Arbeitswelt erobern. Doch hinter vorgehaltener Hand wird gleichzeitig getuschelt, wenn der Haushalt einer Frau nicht reibungslos funktioniert.

Eine tiefe Bindung zwischen erwachsenen Frauen und ihren Müttern mag gerade in unserer Zeit besonders gefährlich scheinen, weil sie hart erkämpfte feministische Errungenschaften gefährden könnte. Die traditionellen Rollen der Ehefrau, Mutter und Tochter scheinen ein konventionelles weibliches Verhalten zu erfordern, durch das die Selbstbestimmung der Frau bedroht wird. Der herrschende Autonomiezwang unserer Kultur hat dazu geführt, daß Frauen sich von Beziehungen abwenden, die einen nährenden und fürsorglichen Charakter haben. Die Mutter-Tochter-Beziehung ist gerade für eine moderne Frau, die sich dem Leistungsprinzip verpflichtet hat, ein besonderes Problem. In ihrem Bestreben, ein vollwertiges Mitglied der »wirklichen Welt« zu werden, lehnt sie die Rollen, die ihre Mutter an das häusliche Reich gefesselt haben, ab. Sie sieht in der Lebensgeschichte ihrer Mutter eine Falle, die sie um jeden Preis vermeiden will. Entschlossen, nicht in dem Treibsand, auf den die Mutter ihr Leben gebaut hat, zu versinken, widersteht die Frau von heute dem Drang, diese Bindung aufrechtzuerhalten, wenn sie sich aufmacht, um ihren Platz in der Welt zu erobern.

Die Mutterrolle ist zur Zielscheibe sowohl populärwissenschaftlicher als auch wissenschaftlicher Abhandlungen geworden, da die Mütter für alle möglichen psychischen Krankheiten verantwortlich gemacht werden.[4] Eine Reihe feministischer Wissenschaftlerinnen – darunter Nancy Chodorow und Dorothy Dinnerstein – halten das Weiterbestehen traditioneller weiblicher Rollen für so gefährlich, daß sie die Forderung aufstellen, daß die Mütter ihre dominierende Rolle in der Kindererziehung aufgeben sollten. Sie wollen die Frauen von der Notwendigkeit überzeugen, die Bindung an die vorangegangene Generation aufzulösen, weil sie darin die Unterwerfung unter ein archaisches Weiblichkeitsbild sehen, das zu nichts anderem als einer »lähmenden Identifikation« – so eine der Autorinnen – mit dem mütterlichen Rollenmodell führe.[5] Durch solche Thesen werden Frauen dazu gedrängt, die Mutter-Tochter-Verbindung abzubrechen, statt sie neu zu gestalten. Sie fordern zur Isolation von jenen auf, die uns in die Abhängigkeit zurücklocken könnten, und stilisieren die Mütter zu Gestalten, die uns nur behindern können.

Doch die Verfechterinnen dieser Thesen übersehen die elementare Tatsache, daß die Abwertung der Mutterschaft mit der generellen Abwertung von Weiblichkeit und von Frauen – Müttern *und* Töchtern – zusammenhängt, ganz zu schweigen von der Abwertung liebevoller Bindung an sich. Frauen, die sich heute dafür entscheiden, sich der traditionellen Domäne von Heim und Herd zu widmen, wie so viele Mütter es vor ihnen getan haben, laufen Gefahr, beschuldigt zu werden, »überhaupt nichts zu tun« – und sie neigen dazu, diese Ansicht zu übernehmen. Und doch können sie den enormen Forderungen, die heute an die Frauen gestellt werden, nicht entgehen. Ob sie nur zu Hause arbeitet oder außerdem auch noch einen Beruf ausübt, von der Frau wird erwartet, daß sie ihre weibliche Rolle nach wie vor perfekt erfüllt. Sie ist dem Druck ausgesetzt, eine Superfrau und/oder eine Supermutti zu werden. In einer Werbeanzeige, die sich an arbeitende Mütter wendet, wird diesen Frauen ein umfassender Auftrag erteilt: »Mutter. Ernährerin. Spielgefährtin. Krankenschwester. Lehrerin. Kumpel. Chauffeuse. Küchenfee. Problemlöserin. Hauswirtschafterin. Trostspenderin. Kleinere-Wunder-Vollbringerin. Diplomatin. Oberaufseherin. Zeit-Hervorzauberin. (Haben Sie je genug für sich selbst?) Immer beschäftigte, oft nicht gewürdigte Frau. Mit einem Wort: *Sie!*«[6]

Eine andere Anzeige, die ähnliche Imperative aufstellt, zwingt die Aufmerksamkeit der Leser durch ein rosiges Babygesicht auf sich. Unter dem Bild steht: »KÖNNEN SIE DIESES GESICHT VERLASSEN?« Und dann, unter dieser Frage, folgender Text: »Es wird nicht leicht sein. Aber vieles wird nicht leicht sein, wenn Sie Ihren Beruf wieder aufnehmen, wie zum Beispiel jemand zu finden, dem Sie Ihr Baby anvertrauen können. Und es wird schwierig sein, Ihre Zeit gerecht auf die unterschiedlichen Bereiche Ihres neuen Lebens zu verteilen – Beruf, Kind, Ehemann, Heim.« Die Zeitschrift verspricht dann, daß sie »helfen wird, die passende Tagesmutter ausfindig zu machen. Wir werden Ihnen helfen, mit den Trennungsängsten (Ihren und denen Ihres Babys) fertigzuwerden. Wir sind Experten, was die Versorgung Ihres Babys betrifft... Wir werden Ihnen sagen, was gegen Koliken zu tun ist... wie Sie Ihr Baby zum Einschlafen bringen... warum Ihr Baby schreit. Und wir werden Ihnen helfen, die erste Zeit der Umstellung zu bewältigen. Wir werden Ihnen helfen, ins Berufsleben zurückzukehren, wieder in Form zu kommen und *trotzdem* das Essen auf den Tisch zu bringen.«[7]

Ob sie nun eine Karriere anstreben, sich selbst als Hausfrauen definieren oder ob sie sich in irgendeiner Kombination dieser beiden Bereiche versuchen, ob sie innerhalb der häuslichen Sphäre nach hervorragenden Leistungen streben oder ihren Ehrgeiz auf die Berufswelt richten, Frauen kommen heute einem unterschwelligen Anspruch nach, wie er sich in dem Bild des rosigen Babys und dem Wortschwall widerspiegelt, mit dem die ideale Mutter, die dieses Babygesicht zum Strahlen bringt, beschworen wird. Es ist ein Anspruch, der speziell für Frauen gilt, der Anspruch auf Perfektion. Frauen erstreben – weil die Kultur es von ihnen erwartet – das perfekte Gewicht, die perfekte Figur, die perfekte Frisur, das perfekte Make-up, den perfekten Orgasmus, die perfekte Geburt, perfekte Kinder.[*]

Dieses Ideal ist eng mit einem anderen, spezifisch weiblichen Ideal verbunden: dem Ideal nährender Fürsorge.[8] Das Bedürfnis, genährt und umhegt zu werden, ist allen Säugetieren gemeinsam. Die ganze Menschheitsgeschichte hindurch ist den Frauen aufgrund ihrer Biologie die Verantwortung für diese Aufgabe übertragen worden. Tatsächlich tauchen Frauen abgesehen von ihren reproduktiven oder nährenden Funktionen in unserer Geschichtsschreibung so gut wie überhaupt nicht auf. Frauen erfüllen das Bedürfnis nach Fürsorge jedoch nicht nur für ihren Nachwuchs, sondern auch für eine Unmenge als unabhängig geltender Erwachsener. Ehemänner, Kollegen, Chefs und sogar Väter, sie alle vertrauen darauf, daß Frauen aller Altersstufen sich ihrer Bedürfnisse nach physischem und emotionalem Beistand annehmen. Diese verausgesetzte weibliche Verpflichtung, die auf körperliche Bedürfnisse und Reaktionen zurückgeht, findet ihren extremsten Ausdruck in dem weitverbreiteten sexuellen Mißbrauch kleiner Mädchen durch ihre Väter, Onkel und Stiefväter und in der körperlichen Mißhandlung von Frauen durch ihre Ehemänner. Doch auch von Frauen, die nicht mißbraucht werden, erwartet man im allgemeinen, daß sie sich in ihren Rollen als Mütter, Töchter, Ehefrauen und Sekretärinnen für die Fürsorgebedürfnisse ihrer Kinder, Väter, Ehemänner und Chefs verantwortlich fühlen. Noch immer werden Mädchen zu Frauen erzogen, die ihre eigenen Bedürfnisse zurückstellen, um ihren Mitmenschen eine emotionale Stütze zu geben, und zwar einfach deshalb, *weil sie Frauen sind.*

---

[*] Perfektion als weibliche Norm ist nicht auf erwachsene Frauen beschränkt, sie gilt schon von einem zarten Alter an. Vor kurzem wurde in einer Fernsehshow, die Gespräche von Teenagern »belauscht« hatte, berichtet, daß sich die Unterhaltungen von weiblichen Jugendlichen fast ausschließlich um das Thema Perfektion drehen: um die ideale Figur, den makellosen Teint, den idealen Badeanzug, den perfekten Freund, das perfekte Dies und das ideale Das.

Vollkommenheitsanspruch und Fürsorgepflicht verbinden sich im Ideal der perfekten nährenden Fürsorge, das wir alle tief verinnerlicht haben. Viele Frauen wachsen heran, werden zu Müttern, kümmern sich um andere und werden alt, ohne je erkannt zu haben, daß dieses doppelte Ideal sich unmöglich erfüllen läßt, weil die Kultur genau die nährende Fürsorge abwertet, die sie sucht. So überträgt man den Frauen die Verantwortung für nährende und schützende Aufgaben und kreidet es ihnen gleichzeitig an, wenn diese Fürsorge nicht perfekt ausfällt. Frauen akzeptieren diese unmögliche Verantwortung und schlucken den unausweichlichen Tadel so bereitwillig wie Muttermilch.

Ein Grund, warum Mütter so empfänglich für Kritik sind, liegt darin, daß die von keiner Seite unterstützte Mütterlichkeit im Verborgenen bleibt. Unsere Gesellschaft trennt Arbeit und Liebe und verlagert das Arbeitsgeschehen in die Öffentlichkeit, während sie die Liebe in der privaten Sphäre isoliert. Der kulturellen Ideologie, wenn nicht auch Realität zufolge gehört dem Mann die Liebe zur Arbeit, während die Arbeit der Liebe der Frau zugerechnet wird. Während der Bereich der Arbeit mit öffentlicher Anerkennung und materiellen Vorteilen verbunden ist, wird der Bereich der Liebe dem Blick der Öffentlichkeit entzogen und abgewertet. Kindererziehung gehört in dieses Schattenreich. Obwohl Beziehungen eine Macht individueller Veränderung in sich bergen, die in der Arbeitswelt auf erschreckende Weise fehlt, belohnt die Kultur einzig die berufliche Arbeit. Der kulturellen Überbewertung von »männlichen« Werten – wie Unabhängigkeit, Rationalität, Erfolg und weltlicher Macht – entspricht die Abwertung der Frauenarbeit und des ganzen Bereichs von zwischenmenschlichen Beziehungen, Fürsorglichkeit, Emotinalität und der Arbeit der Liebe. Frauen werden als schwach und unterlegen abqualifiziert, einfach weil sie die als niedriger betrachteten Aufgaben der Kinderbetreuung erfüllen.[9] Diskreditiert, weil man sie mit der emotionalen Seite des Lebens identifiziert und der privaten Sphäre zuordnet, gelten Frauen als machtlos.

Soziale Arrangements und kulturelle Werte spielen zusammen und lassen eine paradoxe Situation entstehen, in der die Mutter-Kind-Beziehung verstärkt und gleichzeitig in ihrer Bedeutung geleugnet wird.[10] Eine Mutter übt einen machtvollen Einfluß auf die Persönlichkeitsentwicklung ihres Kindes aus, gesellschaftlich jedoch drängt man sie in eine völlig ohnmächtige Position. Das führt zwangsläufig dazu, daß sie diese kulturelle Abwertung alles Weiblichen an ihre Tochter weitergibt. Machtlosigkeit wird mit Weiblichkeit assoziiert und von der Mutter an die Tochter weitergereicht wie ein unerwünschtes Familienstück.[11] Und natürlich nehmen die Töchter diese unbrauchbare Erbschaft übel.

Mütter haben nicht die Absicht, ihre Töchter zu Opfern zu machen. Selbst Töchter, sind sie zu Bewahrerinnen der Machtlosigkeit geworden, die schon *ihre* Mütter übernommen und weitergegeben hatten. Jede Tochter in dieser Untersuchung reagiert – wie jede Frau in unserer Kultur – nicht nur auf die spezifische Beziehung zwischen sich und ihrer Mutter, sondern gleichzeitig auf den kulturellen Kontakt, von der diese Beziehung ein Teil ist. Dieser Kontext wertet alle Frauen ab – und diskreditiert Liebe und Bindung. Wenn eine Tochter ihre Mutter in diesem kulturellen Spiegel betrachtet, wird sie immer nur ein Bild der Abhängigkeit und Schwäche sehen, gleichgültig, über welche individuellen Stärken ihre Mutter verfügt. Um jener Machtlosigkeit zu entgehen, muß eine Tochter dieses Bild ignorieren. Ihr erster Impuls ist häufig, den Spiegel zu zerbrechen, um das Bild verschwinden zu lassen. Doch den Spiegel zu zerbrechen oder auch nur sein Glas zur Wand zu drehen, kann die grundsätzliche Situation, die sie mit ihrer Mutter teilt, nicht ändern.

Eine überlegtere und komplexere Reaktion müßte das Bedürfnis der Frau berücksichtigen, sowohl alte Bindungen zu bewahren als auch aus ihrer machtlosen Rolle auszubrechen. Wenn Mütter und Töchter erkennen, daß die Machtlosigkeit der Frauen nur im Rahmen patriarchaler Traditionen Form und Gestalt gewinnt, können sie das kulturelle Vorurteil weiblicher Schwäche und Abhängigkeit entlarven. Wenn die Tochter sich mit der verzweifelten Lage einer Frau solidarisiert, von der sowohl der Ehemann als auch die Kultur Vollkommenheit erwarten, kann sie den Zorn auf die Mutter, die ihrerseits Perfektion von der Tochter fordert, besänftigen. Wenn die Mutter sich die kulturellen Zwänge bewußt macht, die ihr Leben einengen, wird sie die Ansprüche an ihre Tochter mäßigen können. Gemeinsam können Mütter und Töchter die üblichen Schuldzuweisungen an die Mutter durchbrechen, wenn sie auf weibliche Stärken bauen – wenn sie auf ein Gefühl der Nähe und Verbundenheit mit anderen setzen, in dauerhafte Beziehungen, in gegenseitige Einfühlung investieren und sich der Zusammenarbeit und wechselseitigen Fürsorge verpflichten – das alles sind wichtige Eigenschaften, die von unserer Kultur oft trivialisiert und abgewertet werden.

Dieses wechselseitige Verhalten kann Frauen eine Macht zur Veränderung geben, die weit über die hinausreicht, die aus der Veränderung einer einzelnen Beziehung erwächst, gleichgültig, wie wichtig diese Beziehung im einzelnen sein mag. Mütter auf ihren Platz zu verweisen, ist der Versuch, die Machtlosigkeit auf ihren Platz zu verweisen, aber es ist ein Schritt in die falsche Richtung. Wenn wir uns in die Lage unserer Mütter versetzen, packen wir die Machtlosigkeit an ihrer Wurzel. Die Auseinandersetzung mit der Mutter-Tochter-Beziehung befreit Eigenschaften und Fähigkeiten von Frauen aus ihrer kulturellen Abwertung und bedeutet die Wiederentdeckung und Neubewertung einer eigenen weiblichen Tradition. Es ist von entscheidender Bedeutung, daß wir uns über die Mutter-Tochter-Beziehung und das, was sie repräsentiert, klar werden, damit wir einen Weg finden, die Beziehung neu zu gestalten, statt sie an der Schwelle zur Erwachsenenwelt abzuschütteln.

Doch kleine Mädchen sind kaum zu solch kritischer Betrachtung fähig. Sie wissen nur, daß ihre Mütter etwas verkörpern, von dem sie sich distanzieren müssen – auch wenn es vielleicht vieles an ihren Müttern gibt, das sie nachahmen möchten. Nach den Aussagen der von mir befragten Frauen begreifen Mädchen die Abwertung des Weiblichen sehr schnell, wenn sie sich damit beschäftigen, was sie als Frauen von ihrer Zukunft zu erwarten haben.

Rosabeths Bericht illustriert auf beispielhafte Weise, wie

verheerend sich die kulturelle Zweiteilung auf die neue Frau, die von den Fesseln der alten Geschlechtsrollen »befreit« ist, auswirken kann. Obwohl ihre Mutter eine erfolgreiche Frau war, scheute Rosabeth die Identifikation mit ihr. Nachdem sie die kulturelle Präferenz »männlicher« Werte tief verinnerlicht hatte und diesen Maßstab für die Beurteilung ihrer Eltern anwandte, kam sie als präadoleszentes Mädchen zu dem Ergebnis, daß das Maskuline dem Femininen überlegen sei, und hielt auch noch als Dreißigjährige an dieser Meinung fest: »Meine Mutter ist ein Modell für all das gewesen, was ich auf keinen Fall sein will«, erklärte sie. »Man kann sagen, daß sie keine besonders feminine Frau ist, aber das ist nicht der Grund, aus dem ich sie ablehne. Tatsächlich mag und schätze ich an ihr gerade ihre gelegentliche Dickköpfigkeit, Eigenwilligkeit und intellektuelle Aggressivität und habe etwas davon sogar übernommen, um einige Eigenschaften von meinem Vater abzurunden, in denen er irgendwie nicht stolz genug auf sich selbst ist. In gewisser Weise rundet sie also meine Vorstellungen von dem, was ich sein möchte, ab.«

Mit dieser Aussage definierte Rosabeth maskuline Eigenschaften als etwas Positives, das sie erstrebte, und feminine Eigenschaften als etwas Negatives, das sie zu vermeiden suchte. Da sie unbewußt die größere gesellschaftliche Macht des Mannes gespürt hatte, schätzte sie an ihrer Mutter nur noch die maskulinen Züge, die die Bedeutung ihres Vaters noch hätten verstärken können. Rosabeth war der kulturellen Abwertung von Weiblichkeit zum Opfer gefallen, was ganz deutlich wurde, als sie erklärte, daß in ihrem Selbstkonzept kein Raum für Weiblichkeit wäre, weil sie darin eine unerträgliche Einschränkung sähe. »Ich habe eine sehr klare Vorstellung davon, was Maskulinität bedeutet, bei Weiblichkeit weiß ich dagegen nur, was sie nicht ist. Ich habe ein sehr stereotypes Bild von Weiblichkeit und kann mit hilflosen Frauen, die alberne Gespräche führen und scheinbar nichts Vernünftiges tun, absolut nichts anfangen.«

Das negative Stereotyp von Weiblichkeit ist so übermächtig, daß es sich als stärker erwies als Rosabeths persönliche Erfahrung, stärker als der lebendige Gegenbeweis einer kompetenten Mutter, stärker als der tägliche Umgang mit einer Frau, der man kaum vorwerfen konnte, daß sie in alberne Konversation verfiel oder »nichts Vernünftiges« tat. »Es hängt zum großen Teil damit zusammen, daß ich Weiblichkeit als etwas Negatives sehe«, fuhr Rosabeth fort. »Ich denke, daß Frauen sich im allgemeinen weniger selbst verwirklichen; ich fürchte, daß ich nichts mit denen gemein habe. Ich habe die Frauenbewegung, Frauengruppen und all diese Dinge immer abgelehnt, weil ich wirklich nicht verstanden habe, was mich mit diesen Leuten verbinden sollte.« Rosabeths Abneigung gegen das weibliche Stereotyp war so extrem, daß sie von Frauen als »diesen Leuten« und »denen« sprach.

Trotz der Leistungen ihrer Mutter verbündete sie sich mit ihrem Vater: »Ich habe wirklich versucht, rationaler zu denken, Dinge erklären zu können, zu wissen, warum ich etwas tue, statt einfach irgendwie zu handeln oder zu fühlen. Ich möchte rational denken und Neues ausprobieren. Diese Einstellung habe ich von meinem Vater übernommen, nachdem ich meine Eltern miteinander verglichen hatte.«

Eine Frau hat oft das Gefühl, daß weibliche Rollen ihrer Entwicklung im Weg stehen, weil sie so viele menschliche Eigenschaften auszuschließen scheinen. Weibliche Stereotypen, die Frauen als weniger rational, stärker emotional und »weniger selbst-verwirklicht« definieren als Männer, vergiften die Identifikation eines Mädchens mit ihrer Mutter und mit dem Frausein an sich. Der unvereinbare Gegensatz von männlich und weiblich, Arbeit und Liebe, Rationalität und Emotionalität, den unsere Kultur postuliert, hat Rosabeth dazu gebracht, alles abzuwerten, was sie als weiblich verstand; das hat die Herausbildung ihrer Identität erschwert und nicht – wie sie angenommen hatte – erleichtert. Tatsächlich demonstriert ihre Geschichte, daß die Einforderung der eigenen Weiblichkeit, die einmal eine Sache der einfachen Identifikation mit der Mutter war, zu einem dornenreichen Weg geworden ist. Als Rosabeth diese Identifikation vermied, nahm sie an der erneuten kulturellen Abwertung von Weiblichkeit teil. Als sie ihre Mutter ablehnte, um der weiblichen Falle zu entgehen, diskreditierte sie nicht nur ihre Mutter, sondern entwertete auch eine weibliche Tradition von Eigenschaften in sich selbst.

Die umfassende Ablehnung alles Weiblichen – und der Mutter, die es verkörpert – hat dazu geführt, daß viele Frauen völlig hilflos vor der Frage stehen, worauf sie ihre Identität gründen sollen. Liz' Geschichte liefert ein gutes Beispiel. Als wir uns das erste Mal trafen, war die aus England stammende Liz neunundvierzig Jahre alt und arbeitete als Sekretärin. Sie war mit einem Geschäftsmann verheiratet, und ihre drei Söhne waren fast erwachsen. Als Mädchen hatte sie entschieden, daß sie dem Rollenmodell ihrer Mutter nicht folgen durfte: »Als wir klein waren, hat meine Mutter immer nur gejammert und war dauernd überarbeitet. Sie empfand den ganzen traditionellen Frauenkram – die Hausarbeit, das Kochen, die endlose Arbeit für die Kinder – als bedrückende Last. Nichts davon hat ihr wirklich Spaß gemacht. Ich wußte, daß man auch anders sein konnte, aber ich wußte nicht wie. Ich mußte meinen eigenen Weg finden, ich konnte meine Mutter nicht als Rollenmodell nehmen. Ich durfte nicht werden wie sie – unglücklich, mürrisch, unentfaltet, gefangen in einer Höhle weiblicher Tätigkeiten.« Als sie über die Abwertung von Weiblichkeit nachdachte, erinnerte Liz sich daran, wie quälend es gewesen war, den natürlichen Drang, sich mit der Mutter zu identifizieren, zu überwinden: »Ich wußte nur, daß ich nicht so werden durfte wie meine Mutter. Ich war besessen davon. Konnte ich denn überhaupt anders werden als sie?«

Ihre eigene problematische Beziehung zur Mutter verband sich mit Beobachtungen ihrer Mädchenzeit über den allgemein niedrigeren Status von Frauen: »Ich erinnere mich auch noch daran, daß ich als Acht- oder Neunjährige sehr wütend wurde, als mein Klassenlehrer über schlecht bezahlte Arbeit sprach, wobei es sich natürlich um die Arbeit von Frauen handelte. Ich weiß noch, daß ich mich umdrehte und all diese pickligen kleinen Jungen betrachtete und mich fragte, warum sie einmal doppelt soviel Geld verdienen würden wie ich.«

Liz fing an, diese doppelte Einschränkung zu überwinden,

als sie ihr inneres Reich erschloß: »In meinen Mädchenträumen habe ich darauf vertraut, daß alles einmal in Ordnung kommen würde. Irgendwie habe ich gespürt, daß es noch etwas anderes gibt, eine Art inneres Leben.« Doch letztlich waren es bestimmte Beziehungen, die Liz als Mädchen und später als Frau zu anderen Menschen knüpfte, durch die sie erkannte, daß das Leben einer Frau mehr bereithalten kann als Unglück und Ausbeutung. »Als ich noch nicht ganz zehn Jahre alt war, gab es da eine Nachbarin mit einer winzigen Küche, in der sie offenbar ihr Leben verbrachte. Ich war viel mit ihr zusammen. Sie hatte einen Papagei – einen riesigen Papagei. Diese Frau war glücklich. Durch sie wurde mir bewußt, daß man auch anders leben konnte. Doch erst mit vierzehn, als ich mit der Schule fertig war und anfing, als Dienstmädchen zu arbeiten, hat sich diese Überzeugung gefestigt. Die Frau, für die ich arbeitete, hat mich dauernd mit Büchern bombardiert, und ich weiß noch, daß ich sehr viel von Hardy gelesen habe. Dadurch wurde mir klar, daß man sich ein eigenes, inneres Reich schaffen kann, das einem Kraft gibt.«

Durch eine weitere Beziehung, die Liz in ihrer Jugend knüpfte, veränderte sich allmählich das Gefühl weiblicher Minderwertigkeit, das Liz als Mädchen verinnerlicht hatte: »Nachdem ich als Zehnjährige durch die Aufnahmeprüfung für das Gymnasium gefallen war, wurde ich zu einem verschüchterten, weinerlichen Kind. Daran änderte sich nicht viel, bis ich ungefähr achtzehn war und den Vater meines ältesten Sohnes kennenlernte. Wir hatten eine leidenschaftliche Affäre, und ich bekam das Baby. Ein Kind zu bekommen, ohne verheiratet zu sein, war in den fünfziger Jahren eine ziemlich vertrackte Sache. Aber Andrew war ein sehr aufgewecktes Kind. Er war nur eine Handvoll, aber er hat mir so viel Freude gemacht. Und ich begann allmählich zu denken, daß ich nicht ganz so dumm sein könnte, wenn er so klug war. Damals habe ich angefangen, meine Probleme aufzuarbeiten. Obwohl ich bei meiner Mutter lebte, gab Andrew mir das Gefühl, sehr erfolgreich in etwas gewesen zu sein. Er war wie ein heller Stern in meinem Leben.«

Als Liz vierundzwanzig war, begann das, was sie das »Auftauchen der wahren Persönlichkeit« nannte. Durch einen inneren Loslösungsprozeß befreite sie sich damals von dem belastenden Verhältnis zu ihrer Mutter. Die beiden Frauen lebten zusammen, und die Mutter war unsagbar depressiv. Ihr Gemütszustand begann sich allmählich auch auf Liz auszuwirken, schließlich kam sie sogar zu der Überzeugung, daß ihr Versagen als Tochter die eigentliche Ursache der mütterlichen Depressionen wäre. »Es war eine wirklich gräßliche Situation für mich. Ich lebte mit Andrew bei meiner Mutter, sie weckte Schuldgefühle in mir, war unglücklich und deprimiert wie eh und je. Ich wußte, daß meine Mutter mich lähmte, aber ich konnte den Gedanken, allein zu sein, nicht ertragen.«

Als Liz über dieses Problem nachdachte, während sie Andrew an einem völlig normalen Herbstnachmittag vom Kindergarten nach Hause brachte, kam sie zu einer überraschenden und befreienden Erkenntnis. Sie spielte alle Möglichkeiten durch, die einer Tochter zur Verfügung stehen, um ihre Mutter wieder glücklich zu machen, und ihr wurde schlagartig klar, daß es nichts gab, wodurch sie das Unglück ihrer Mutter aufheben könnte. »Plötzlich war ich von dieser Last befreit. Ich kam auf einmal dahinter, daß ich nicht für die Probleme meiner Mutter verantwortlich war und daß ich ihren Wunsch, sie für sie zu lösen, nicht erfüllen konnte – es war sehr traurig.« Die Einsicht, daß sie nichts tun konnte, um die Verzweiflung ihrer Mutter zu vertreiben, änderte alles.

Dieser Augenblick der Erkenntnis, den sie sich ein Vierteljahrhundert später wieder vergegenwärtigte, war fast so etwas wie eine Art göttliche Erleuchtung gewesen und hatte sich als entscheidender Wendepunkt für ihre Entwicklung erwiesen.

Bemerkenswert an dieser Erfahrung scheint ihre rein innere Natur. »Äußerlich hatte sich nichts geändert, nichts, was ich wirklich benennen könnte. Es war rein psychisch. Aber irgendwie hat es mich befreit. Beim Lesen zum Beispiel wurde ich viel kreativer; ich bestand auf einer vernünftigen Sonntagszeitung, statt weiter die albernen Käseblätter meiner Mutter zu lesen. Ich hatte das Gefühl, von einer gewaltigen Woge getragen zu werden. Alles, was in mir geschlummert

hatte, begann wieder aufzutauchen, zu erwachen und zu erblühen. Es brach einfach los.«

Liz hatte durch diesen Moment der Erkenntnis die Kraft in
sich geweckt, anders zu sein als ihre Mutter. Ihre Entfaltung
führte zu einer bleibenden Liebesbeziehung. Doch das Erwachen sollte nicht lange währen. Es war vorbei, als sie eine verheiratete Frau wurde – wie ihre Mutter: »Dieses Erwachen
und Erblühen war so stark, daß ich plötzlich das Gefühl hatte,
daß ich auch eine Ehe zum Funktionieren bringen könnte,
ohne so sein zu müssen wie meine Mutter. Doch als ich ein
Jahr später heiratete, wurde ich wieder von der Höhle weiblicher Tätigkeiten verschlungen. Es schlug alles über mir zusammen.«

Im Gegensatz zu dem Verstoß gegen die Konventionen,
den ein uneheliches Kind bedeutet hatte, wurde Liz durch das
Eingehen einer konventionellen Ehe weit zurückgeworfen,
oder wie sie es ausdrückte: »Ich fing mich wieder in der
schicksalhaften Schlinge, die ich gefürchtet hatte.« Schon bald
konnte sie keinen Unterschied mehr zwischen ihrem und dem
Leben ihrer Mutter erkennen und trauerte um das, was sie
scheinbar verloren hatte, eine gewisse Unabhängigkeit vom
mütterlichen Rollenmodell. Die Ehe, so meinte sie, beschwor
die Gefahr herauf, »wieder von der Mutter verschlungen zu
werden«.

Unfähig, dem Sog der mütterlichen Depressionen zu widerstehen, fühlte Liz, wie die Depression mehr und mehr zu
ihrer eigenen wurde: »Ich hätte Zeit für alle möglichen Dinge
gehabt, aber ich habe sie verweint«, erzählte sie. »Manchmal
habe ich vor Wut auf meinen Mann geweint, weil er nicht das
machte, was ich von ihm erwartete. Manchmal weinte ich vor
Zorn auf meine Mutter. Es war fast so, als ob das Weinen eine
Pflicht wäre, die ich zu erfüllen hätte.«

Auf der Suche nach einem weiblichen Rollenmodell, das
nicht von Melancholie durchdrungen war, freundete Liz sich
mit einer Frau an, die ganz anders war als ihre Mutter, sowohl
was ihre psychische Konstitution betraf als auch in jeder anderen Beziehung. Durch diese bemerkenswerte Frauen-
freundschaft fand sie allmählich einen Ausweg aus der

»Höhle weiblicher Tätigkeiten« – und damit einen Weg zu sich selbst.

»Doch dann lernte ich Lydia kennen«, erzählte sie. »Sie war das perfekte Rollenmodell für mich. Sie zeigte mir, wie man in einer traditionellen weiblichen Rolle glücklich sein kann. Sie war einfach umwerfend. Es machte sie glücklich, einen Haushalt zu führen. Wenn ihr der Kartoffelbrei herunterfiel, so daß die Hälfte des Abendessens auf dem Küchenfußboden lag, wischte sie ihn auf und brachte Brot auf den Tisch. So etwas löste bei ihr nur Heiterkeit aus. Für sie gab es keine traumatischen Ereignisse. In meinem Leben hatte es hin und wieder glückliche Momente gegeben, aber ich konnte sie nie andauern lassen. Lydia wußte, wie man es anstellt.«

Diese Freundschaft gab Liz die nötige Kraft, um den Entwicklungsprozeß zu vollenden, der mit der Einsicht begonnen hatte, daß sie nicht für das Unglück ihrer Mutter verantwortlich war. Lydia »befreite mich von dem Einfluß, den meine Mutter auf mein Denken und Fühlen hatte. Erst durch unsere Freundschaft konnte ich das Verhältnis zu meiner Mutter verarbeiten. Ohne jene Freundschaft wäre es vielleicht mein Schicksal geworden, das Leben meiner Mutter zu wiederholen.«

Es ist nicht ohne Ironie, daß die Beziehung zu Lydia zur Ablehnung der »weiblichen Eigenschaften« führte, die mit der Mutter assoziiert waren, und gleichzeitig weibliche Rollen positiv bestätigte. Die Bindung festigte Liz und ließ sie die nächste kritische Erfahrung – die Geburt ihres zweiten Kindes –, durch die sie leicht wieder in die Höhle hätte zurückgespült werden können, sicher durchschiffen. »Als mein zweiter Sohn geboren wurde und ich Lydia seit einem Jahr kannte, wußte ich genau, wie ich mit ihm umgehen mußte. Die Gefahr, durch meine Mutterbilder hinabgezogen zu werden, war gebannt. Er war ein sehr forderndes Kind, ein Schreihals, aber ich habe mir davon nichts anhaben lassen. Durch ihn bin ich endgültig erwachsen geworden.«

Die weiblichen Rollenaspekte der Zugehörigkeit, Fürsorge und Emotionalität, die in der Freundschaft zu Lydia und in der Mutterschaft enthalten waren, halfen Liz, die Beziehung zu ihrer Mutter zu verarbeiten und zu sich selbst zu finden. Durch diese Erfahrungen konnte sie das negative weibliche Vermächtnis besiegen: »Ich habe mich selbst neu geschaffen, mich dem Schicksal entgegengestellt«, bekräftigte Liz. »Ich habe mein Leben selbst in die Hand genommen, weil ich erkannt habe, daß niemand anders das für mich übernehmen konnte. Es gab zwei Wege, die ich hätte einschlagen können. Und ich habe mich gegen den Weg in die tiefe, dunkle Höhle entschieden. Der Weg, den ich gewählt habe, führte nach oben, auf einen Hügel hinauf, er lag versteckt unter Dornbüschen, unter allen möglichen Schlingpflanzen, die sich nach mir ausstreckten, um mich einzufangen. Entlang dieses Weges habe ich mein Leben allmählich abgestützt und ein Geländer gebaut. Ich habe mich nicht fangen lassen.«

Liz änderte das Verhältnis zu ihrer Mutter durch einen zweistufigen Prozeß: zum einen durch den inneren Loslösungsprozeß, zum anderen durch die Freundschaft. »Ich habe meine Mutter noch nicht ganz hinter mir gelassen«, vertraute sie mir an. »Manchmal habe ich das Gefühl, daß sie auf meiner Schulter sitzt und alles filtert, was ich sage. Aber eigentlich ist sie in den Hintergrund getreten. Das Muster, das von ihr auf mich übergegangen war, hat sich aufgelöst.«

Andere Frauen in meiner Untersuchung haben einen ausgetretenen, mit den Überresten böser Auseinandersetzungen übersäten Weg beschritten, um die Beziehungen zu ihren Müttern zu verändern. Einige mußten ihren Müttern gewaltsam klarmachen, daß sie keine Kinder mehr waren, um wirklich in die Erwachsenenwelt eintreten zu können. Diejenigen, die sich durch die Mutter-Tochter-Beziehung unterdrückt fühlten, mußten – in Carols Worten – »aus sich herauskommen«, um sie selbst zu werden. »Und spar dir deine Anrufe«, hatte sie ihre Mutter angeschrien. »Ich will deine Stimme erst wieder hören, wenn ich es ertragen kann!« Die Konfrontation half ihr, sich selbst wiederherzustellen. Sie führte auch dazu, daß Carol sich zum ersten Mal wahrhaft erwachsen fühlte. »Anfangs glaubte ich, in dem Augenblick erwachsen zu sein, wo ich ein Kind hätte, für das ich sorgen müßte und für das ich verantwortlich wäre«, erklärte sie. »Aber ich habe mich erst wirklich erwachsen gefühlt, nachdem ich meiner Mutter die Meinung gesagt hatte.« Auch Wendy mußte sich nach dem Tod ihres Mannes erst offen den kindischen Forderungen ihrer Mutter entgegenstellen, bevor sie zu einem stabilen Selbst zurückfinden konnte: »Ich mußte meiner Mutter offen gegenübertreten und ihr sagen: ›Hör auf damit! Überleg dir, wie alt ich bin, und behandle mich nicht länger wie eine Dreizehnjährige!‹« Sie war selbst überrascht, wie wichtig dieser Schritt für die Wiederherstellung ihrer natürlichen Autorität war: »Es war schwerer und hat mich mehr Zeit gekostet, als mich gut zu verheiraten oder ein Kind zu bekommen. Diese Konfrontation hat etwas Abschließendes in meinem Erwachsenwerden bewirkt.«

Doch einige Töchter, vor allem, wenn sie eine enge, liebevolle Beziehung zu ihren Müttern hatten, wurden erwachsen, als sie mit dem Tod der Mutter konfrontiert wurden. Ihre Erfahrungen und die jener Frauen, die eine offene Auseinandersetzung mit ihren Müttern suchten, weisen auf den positiven Aspekt, den Trennung im Reifeprozeß spielen kann. Eine Psychologin behauptete ohne zu zögern, daß sie erst durch den Tod ihrer Mutter erwachsen geworden wäre, obwohl sie sich selbst schon Jahre vorher vehement dagegen gewehrt haben würde, nicht als Erwachsene angesehen zu werden. Als sie mit Ende Zwanzig erfuhr, daß ihre Mutter unheilbar krank war, strukturierte sie die ohnehin sehr enge Beziehung neu, zum Teil dadurch, daß sie offener eingestand, wie sehr einige Meinungsunterschiede sie belasteten.

Der Wandel in der Beziehung der beiden Frauen begann kurz nach der Diagnose der unheilbaren Krebserkrankung der Mutter, als die beiden ihren wöchentlichen Einkauf gemeinsam erledigten. Am Obststand wollte ihre Mutter nach einer frischen Ananas greifen, überlegte es sich dann aber anders, »weil sie zu teuer war«. Sie hatte natürlich recht. Es war Winter in Neuengland, und die Ananas war aus Hawaii eingeflogen worden. Doch weil der Tochter bewußt war, daß ihre Mutter nur noch kurze Zeit zu leben hatte und nicht mehr oft Gelegenheit haben würde, verschwenderisch zu sein, schob sie den Einwand der Mutter beiseite und bestand darauf, daß das einzige, was im Leben zählte, der Kauf einer frischen Ananas wäre. Das wütende Wortgefecht im Supermarkt, eine erste Unstimmigkeit über einen banalen Anlaß, machte tiefere Konflikte deutlich, die die Tochter nie zuvor angesprochen hatte. In den folgenden Monaten trugen Mutter und Tochter Meinungsverschiedenheiten aus, die sie um der Harmonie willen immer zurückgehalten hatten, und vertieften dadurch ihre Beziehung. Das neue Maß an individueller und gegenseitiger Offenheit, zu dem diese beiden Frauen noch vor dem Tod der Mutter gelangten, war eine befreiende Erfahrung und gab der Tochter die Kraft, eine starke, selbständige Persönlichkeit zu entwickeln.

Jo befand sich in einer völlig anderen Situation, doch einige Jahre, bevor wir uns kennenlernten, hatte auch sie durch den Tod der Mutter neue Kräfte in sich geweckt. Durch eine Reihe körperlicher Handikaps war sie bis Anfang Dreißig von der Mutter abhängig geblieben. Selbst nachdem sie geheiratet und ein Kind bekommen hatte, lebte sie weiter bei ihrer Mutter. Durch den Tod der Mutter wurde sie schließlich gezwungen, die Verantwortung für sich selbst zu übernehmen, oder wie sie es formulierte: »Erst nachdem sie nicht mehr da war, ist mir bewußt geworden, daß ich selbst aufstehen muß, um die Fenster zu schließen, wenn es nachts regnet, weil es sonst niemand tut. Indem ich die Fenster bei Regen selbst schloß, den Bus auch ohne die Ermahnungen meiner Mutter erreichte und einkaufen ging, bevor wir keine Milch mehr hatten, habe ich allmählich erkannt, daß ich auch ohne sie zurechtkommen konnte.«

Andere Frauen bekamen ihr Leben auf völlig andere Weise in den Griff, die aber ebenfalls mit Beziehungen zusammenhängt: Sie konzentrierten sich auf das spezifisch weibliche Thema der Fürsorge. Helen war eine von ihnen. Obwohl sie an den verheerenden Auswirkungen ihrer Scheidung zerbrochen war, gab es einen Lichtblick in ihrem Leben: Ihre siebzehnjährige Tochter war eine ausgezeichnete Schülerin, die im Begriff stand, ein Studium an einer der Eliteuniversitäten im Osten der USA aufzunehmen. Und doch hätte Helen beinah auf ein Kind verzichtet. Wie Ruth hatte sie geglaubt, dieser Aufgabe nicht gewachsen zu sein. Diese Ansicht änderte sich, als Helen sich innerlich aus der Abhängigkeit von ihrer Mutter löste – diese Loslösung ermöglichte ihr, sich selbst als verläßliche, fürsorgliche Frau zu begreifen.

Helen hatte Erwachsensein definiert als »wenn du aufgehört hast, ein Kind zu sein – wenn du aus dem Nest geworfen wirst«. Wie andere Frauen machte sie jedoch einen Unterschied zwischen diesem Ereignis und dem Zeitpunkt, an dem sie selbst das Gefühl hatte, erwachsen zu sein. Anfangs eine Frau mit »pathologisch geringem Selbstvertrauen«, entwickelte Helen zwischen zwanzig und dreißig allmählich etwas Zutrauen in ihre Fähigkeit, ein erwachsenes Leben führen zu können, als sie das College absolvierte, heiratete und lernte, mit den unterschiedlichsten Menschen auszukommen. Doch wirklich erwachsen fühlte sie sich das erste Mal mit dreißig, als eine Freundin unerwartet auf ihre spontane, verantwortungsvolle Hilfe angewiesen war. »Damals hatte ich ein merkwürdiges Erlebnis. Ich war seit ungefähr zehn Jahren verheiratet und sah plötzlich alles von einer ganz anderen Warte aus. Eine enge Freundin von mir war schwanger, sie und ihr Mann waren das Wochenende über zu Besuch bei uns. Sie entschuldigte sich vom Abendessen und blieb eine ganze Weile verschwunden. Schließlich suchten wir nach ihr, um herauszufinden, was geschehen war, und fanden sie blutend auf dem Bett. Sie wohnte in einem anderen Staat, und ihr Arzt war meilenweit entfernt.

Das erste, was mir einfiel, war, daß ich meine Mutter anrufen müßte, damit sie mir sagen könnte, was ich tun sollte. Als nächstes dachte ich, in deinem Alter wirst du nicht deine Mutter anrufen, sondern selbst mit dieser Notsituation fertigwerden – was mir dann auch gelungen ist. Erst in diesem Moment habe ich angefangen, mich selbst als jemand zu begreifen, auf den man sich verlassen kann, statt immer nur diejenige zu sein, die sich auf andere verläßt.«

Dieses innere Zwiegespräch brachte Helen dazu, sich selbst auf so entscheidende Weise neu zu definieren, daß all ihre Beziehungen sich änderten. Die erfolgreiche Bewältigung dieser kritischen Situation und das neugewonnene Selbstverständnis, eine Frau zu sein, die ihre Fürsorge anderen schenken konnte, statt immer nur Fürsorge zu beanspruchen, führten dazu, daß Helen alle ihr nahestehenden Menschen aus einer anderen Perspektive betrachtete. Sie begann, sich Leuten gleichrangig zu fühlen, die sie vorher ehrfurchtsvoll bewundert hatte – es war eine Veränderung, die ihr das Gefühl vermittelte, wahrhaft erwachsen geworden zu sein: »Nachdem ich bis zu jenem Moment geglaubt hatte, absolut wertlos zu sein, entwickelte ich jetzt so etwas wie ein eigenes Selbstwertgefühl«, erzählte sie nachdenklich. »Nachdem ich mich meinem Mann und all seinen brillanten Kollegen, die zu unserem Freundeskreis gehörten, jahrelang unterlegen gefühlt hatte, entdeckte ich plötzlich, daß es eine Menge Dinge gab, zu denen ich fähig war und sie nicht. So habe ich ein gewisses Selbstvertrauen entwickelt. Ich habe erkannt, daß ich für mich selbst einstehen konnte, und war mir dessen bewußt. Es wurde mir *bewußt*, daß ich erwachsen war.«

Die neuentdeckte Fähigkeit zur Fürsorge erwies sich als entscheidender Wendepunkt in Helens Leben; sie gab Helen die Kraft, sich der größten Herausforderung zu stellen, nämlich ein eigenes Kind zu bekommen und dadurch gleichzeitig die negative Haltung ihrer Mutter zu dieser Frage zu überwinden. »Meine Mutter war absolut gegen Kinder, und ich hatte Angst vor ihnen«, erklärte sie. »Ich war immer überzeugt gewesen, daß ich völlig unfähig wäre, mit dieser Aufgabe fertigzuwerden, und ich hatte mich bewußt entschieden, keine Kinder zu bekommen.

Doch nachdem ich diesen Entschluß bereits gefaßt hatte, besuchte ich einmal einige Freunde, die drei Töchter hatten. Die jüngste war drei Jahre alt, und ich hatte wahnsinnig viel Spaß mit ihr. Sie war so aufgeweckt und hatte diese Art Kinderweisheit – sie sah alles mögliche aus einer ganz anderen, faszinierenden Perspektive. Ich dachte, daß dieses Kind wirklich eine richtige Freude wäre. Sie hat mich völlig für sich eingenommen. Also dachte ich, na gut, wenn ich so etwas ähnliches wie dies Kind zustandebringen würde, könnte ich wohl doch damit umgehen. Vielleicht war ich nicht für jedes Kind unbedingt ein Greuel. Das Ergebnis war, daß ich mit dreiunddreißig mein erstes, letztes und einziges Kind bekam, und ich muß sagen, daß ich viel Trost in ihm gefunden habe, daß es soviel Kraft und Mut in mir geweckt hat, wie ich nie für möglich gehalten hätte.«

Helen war nicht die einzige Frau in meiner Untersuchung, die durch ein Erlebnis, das mit weiblicher Fürsorge zu tun hatte, die Überzeugung entwickelte, »jemand zu sein, auf den man sich verlassen kann«. Andere Töchter formten die Beziehungen zu ihren Müttern neu, indem sie sich auf ganz konkrete Weise um sie kümmerten und dadurch die traditionelle Rollenkonstellation umkehrten. Eine der Frauen wurde früh erwachsen, weil sie ihre bettlägerige Mutter pflegen mußte, während sie noch zur Junior High School ging. Diese Verpflichtung zwang sie, schon früh ein erwachsenes Verhalten an den Tag zu legen. Daß sie in der Lage war, ihre Mutter gut zu versorgen, veränderte ihr Selbstbild und führte dazu, daß die beiden Frauen eine gleichberechtigte Beziehung führen konnten, nachdem die Mutter genesen war. Das Gefühl, erwachsen zu sein, wurde bei diesen Frauen durch äußere oder innere Umstände ausgelöst, die ihnen die Überzeugung gaben, genauso verläßlich und fürsorglich zu sein wie ihre Mütter. Als diese Frauen gezwungen waren, auf sich selbst zu vertrauen, um einem anderen Menschen die notwendige, verantwortungsbewußte Fürsorge zu gewähren, stärkte das letzten Endes ihr eigenes Selbstbewußtsein.

Die in diesem Zusammenhang vielleicht eindrucksvollste Geschichte ist diejenige Willas – der in Kapitel 6 vorgestellten zweiundsiebzigjährigen Schriftstellerin, der es gelungen war, das gespaltene Selbstbild ihrer Mädchenzeit zu integrieren. Sie begann sich selbst als erwachsen zu definieren, als sie als Sechsundzwanzigjährige ihr Elternhaus verließ, doch erst nachdem sie die Beziehung zu ihrer Mutter neu formuliert hatte – nach ihrer Heirat im Alter von vierzig Jahren –, wurde sie ein wirklich selbstbestimmter Mensch. Ihre früheren Erfolge als Schriftstellerin hatten ihr nicht das Gefühl vermitteln können, eine eigene Persönlichkeit zu besitzen, und noch Jahre nachdem sie sich beruflich etabliert hatte, empfand sie sich selbst als unreif. Sie bewertete Reife nicht nach konventionellen patriarchalen Maßstäben wie Autonomie und wirtschaftlicher Unabhängigkeit, sondern eher danach, inwieweit sie fähig war, im Rahmen persönlicher Beziehungen eigenständige Entscheidungen zu treffen. Solange sie dieses rational-beziehungsorientierte Kriterium nicht erfüllen konnte, hatte sie, obwohl erwachsen nach traditionellen Maßstäben, das Gefühl, unreif zu sein. Trotz ihrer offensichtlichen beruflichen Unabhängigkeit hatte sie diese Fähigkeit nicht entwickkelt.

»Soweit es darum ging, eine Arbeit zu bekommen, eine Arbeit zu behalten, eine bessere Arbeit zu bekommen und schließlich den routinemäßigen Achtstundentag überhaupt aufzugeben und den Punkt zu erreichen, von dem an ich eine selbständige Autorin sein konnte, war ich zweifellos nicht unreif«, versicherte Willa. »Doch bei allem, was Beziehungen zu anderen Menschen, vor allem zu Männern, betraf, zeigte ich eine enorme Unreife. Ich ließ mich leicht von anderen beeinflussen und war unfähig, meine eigenen Entscheidungen zu treffen. Ich war einfach nicht selbstbestimmt.«

Die Heirat im mittleren Alter und die anschließende Neugestaltung der Beziehung zu ihrer Mutter – zwei eng verbundene Beziehungsaspekte – lösten die Veränderung aus, durch die Willa sich schließlich erwachsen fühlte. Sie war der Meinung, daß sie erst »durch die Ehe wirklich erwachsen« geworden war; die entscheidende Wende in ihrem Reifungsprozeß wäre drei Jahre nach der Heirat eingetreten, als sie mit ihrem Mann ein Haus in der Vorstadt bezogen und ihre Mutter gebeten hätten, zu ihnen zu ziehen.

Es war nicht das erste Mal, daß Willa mit ihrer Mutter zusammenlebte, seit sie ihr Elternhaus verlassen hatte. Als Willa nach Boston gezogen war und sich bewiesen hatte, daß sie auf eigenen Füßen stehen konnte, hatte sie ihre Mutter nachkommen lassen, die dann ungefähr zehn Jahre bei ihr wohnte. Doch erst nachdem Willa als verheiratete Frau die Mutter in den eigenen Haushalt integriert hatte, fing die Phase ihres Lebens an, die sie mit »Der selbstgemachte Hut« überschrieben hatte. Die Neugestaltung der Beziehung verlieh Willa die Fähigkeit, ihre Bindung aufrechtzuerhalten und eigenständige

Entscheidungen zu treffen. Dadurch hatte sie ihren eigenen Reifemaßstab erfüllt: »Erwachsen zu werden bedeutete, mein Mutterbild zurechtzurücken. Das hieß nicht, daß ich sie weniger liebte, sondern daß ich mich selbst als erwachsenen Menschen begriff, der das Recht auf ein eigenes Leben hat. Die Fähigkeit, für sie zu sorgen, die Erkenntnis, daß es ihr gut ging und sie sich wohl fühlte, gab mir zum ersten Mal in meinem Leben das Gefühl, daß ich unbeeinflußt von den Gefühlen anderer eine eigenständige Entscheidung treffen konnte.«

Paradoxerweise hatte Willa vor der Ehe ein Leben geführt, das man im allgemeinen als sehr eigenständig bezeichnen würde, und hatte ihre Autonomie zu einem großen Teil aufgegeben, als sie heiratete. Doch das Gefühl, ein Leben für sich allein zu haben, stellte sich bei Willa erst ein, nachdem sie die Beziehung zu ihrer Mutter neu gestaltet und ihr »Mutterbild zurechtgerückt« hatte. Willa hatte ihr Leben lang »versucht, anderen zu gefallen« und, wie sie meinte, versäumt, ihre »eigene Show abzuziehen«; die fürsorgliche Betreuung ihrer Mutter im Zusammenhang mit der eingegangenen Ehe gaben ihr schließlich das Gefühl, Anspruch auf ihr eigenes Leben zu haben. Dieses fürsorgliche Verhalten versetzte sie darüber hinaus in die Lage, eigenständige Entscheidungen zu treffen.

Das Verlassen das Elternhauses war für Willa – wie für viele andere Frauen in dieser Studie – eines der Merkmale des Erwachsenseins. Doch das Gefühl, erwachsen zu sein, hing davon ab, daß Willa das Verhältnis zur Mutter änderte – und zwar nicht, indem sie sich von ihr distanzierte, sondern indem sie in ihrer unmittelbaren Nähe lebte. Die Erringung ihrer Autonomie war das Ergebnis der Fürsorge für eben den Menschen, von dessen Fürsorge sie selbst abhängig gewesen war. Bei dieser Veränderung, die vielleicht ohne die von der Ehe geschaffenen Voraussetzungen nicht möglich gewesen wäre, ging es nicht um Trennung, sondern um ein neues Gleichgewicht in einem gegenseitigen Fürsorgeverhältnis.

Alle von mir befragten Töchter haben mir bestätigt, von welch entscheidender Bedeutung eine tiefgreifende emotionale Auseinandersetzung mit der Mutter sei. Die einen führten sie, indem sie ihren Zorn herausließen. Die anderen, indem sie sich fürsorglich um ihre Mütter kümmerten. In jedem Fall bedeutete die Umformung der Beziehung durch aktiv ausgedrückte Gefühle einen Durchbruch im Reifeprozeß. Die Berichte dieser Frauen deuten darauf hin, daß der stets stark betonten Prägung des Kindes durch die Mutter die Beeinflussung der Mutter durch das Kind gegenübersteht. Eine »ausreichend gute Bemutterung«[12] findet vielleicht ihre direkte Entsprechung in einer »ausreichend guten Betochterung«[13]. Im Gegensatz zu unzähligen Abhandlungen, in denen die Ansicht vertreten wird, daß die Beziehung einer Tochter zu ihrem Vater über ihre Leistungsbereitschaft entscheidet, legen die Berichte dieser Frauen nahe, daß es die Wiederannäherung an die Mutter ist, durch die Motivation und Tatkraft der Tochter gesteigert werden. Durch die Erfahrung, daß sie die frustrierenden Aspekte in der Beziehung zu ihrer Mutter verändern konnten, so daß die Beziehung ihre Entwicklung nicht länger behinderte, haben viele Frauen das Vertrauen in ihre eigenen Fähigkeiten zurückgewonnen und Liebe und Arbeit harmonisch miteinander verbinden können.[14]

Statt sich von ihren Müttern zu trennen, haben diese Töchter sich von der abgenutzten Vorstellung getrennt, noch immer kleine Mädchen zu sein. Sie haben das Gewicht von Abhängigkeit und Fürsorge verlagert, um die Beziehungen zu ihren Müttern in einer ausgewogeneren, auf mehr Gegenseitigkeit gerichteten Form erhalten zu können. Sie erstrebten keine simple Unabhängigkeit, sondern eine Interdependenz – eine Beziehung, die von einem gleichberechtigten Geben und Nehmen gekennzeichnet ist.[15] Nachdem sie dieses Band neu geknüpft hatten, begannen die Frauen, solche Beziehungsformen – die auf reifer, wechselseitiger Abhängigkeit[16] beruhen – zu suchen, zu erkennen und selbst zu schaffen, mit ihren Partnern, Freunden und Kollegen.

Die Berichte dieser Frauen stellen die Gültigkeit und Brauchbarkeit eines psychologischen Standards, der auf Trennung basiert, in Frage und lassen ein Modell, das die Trennung von den Eltern zum Reifemaßstab macht, mehr als zweifelhaft erscheinen. Tatsächlich scheint die Trennung eine sehr unausgereifte »Lösung« für ein »Problem« zu sein, das die Kultur selbst geschaffen hat. Obwohl Trennungen in den Lebensgeschichten der Frauen durchaus eine Rolle spielten, hieße es, völlig falsche Akzente zu setzen, wollte man ihre Erlebnisse einfach als Trennungserfahrungen charakterisieren. Indem die Frauen das Band neu knüpften, ohne es zu zerreißen, indem sie es stärker machten, statt es zu schwächen, indem sie sich mit einer weiblichen Tradition auseinandersetzten, ohne die Beziehung abzulehnen oder die Mutter selbst zu verleugnen, waren diese Frauen in der Lage, ihre Beziehungen auf eine Weise neu zu gestalten, die ihrer erwachsenen Persönlichkeit entsprach. Trennung zum zentralen Aspekt dieses Prozesses zu machen wäre ein fatales Mißverständnis des Wesens und der Ziele dieses Vorgangs.

Die Erfahrungen dieser Frauen stehen im Widerspruch zu der These, daß die bloße Tatsache der engen Bindung einer erwachsenen Tochter an ihre Mutter bereits ein Indiz für abhängiges oder pathologisches Verhalten wäre; sie weisen vielmehr darauf hin, daß diese Bindung, *wenn sie formbar ist*, die Entwicklung einer Frau fördert. Ihre Berichte legen nahe, daß wir davon profitieren könnten, genau zu untersuchen, wie die Mutter-Tochter-Beziehung das Leben von Frauen beeinflußt und welche Bedeutung sie für beide Seiten hat. Die Art und Weise, wie diese Bindung neu gestaltet wird, gewährt einen weit umfassenderen Reifeindex als die simple Einteilung in vollzogene oder nicht vollzogene Trennungen. Tatsächlich scheint das Fehlen einer kontinuierlichen Bindung eher auf eine gestörte Entwicklung hinzuweisen; das gilt vor allem für die Mutter-Tochter-Beziehung, weil es sich dabei um eben jene Bindung handelt, durch die ein Mädchen ihre grundlegenden Vorstellungen davon gewinnt, wer und was sie ist. Nur durch die Aufrechterhaltung *und* Neugestaltung dieser Bindung kann eine heranreifende Frau ihre Identität sowohl bewahren als auch Veränderungen integrieren.

Was Frauen in Beziehung zu ihren Müttern wollen, wird vielleicht am ehesten durch den Begriff des *Bilanzziehens* in seinen vielen verschiedenen Auslegungsmöglichkeiten deutlich: Frauen wollen das Konto ausgleichen und die Last abtragen, die sie zu Schuldnerinnen gemacht hat. Sie wollen alte Forderungen begleichen, den Wert der Beziehung neu kalkulieren. Sie wollen, daß die Rechnung aufgeht, indem sie ihr Erwachsensein zu einem vollwertigen Faktor in der Gleichung machen. Sie wollen auf die Bindung zählen, sich darauf verlassen, nicht als abhängige Kinder, sondern als gleichrangige Partner in einer gegen- und wechselseitigen Beziehung. Sie wollen das Verhältnis in Ordnung bringen und berichtigen, damit das Ergebnis stimmt. Sie wollen eine dauerhafte, starke und substantielle Beziehung schaffen. Anhand dieser Beziehung wollen sie Bilanz ziehen und neu berechnen, welchen Weg sie einschlagen müssen, um ihren Platz im Leben zu finden.

Die Erringung weiblicher Selbstbestimmung hängt nicht davon ab, daß Frauen ihre Mutterbindung zerstören, sondern davon, daß sie das Wesen dieser Beziehung verändern. Bei dem vielschichtigen Prozeß, den diese Frauen beschrieben haben, geht es nicht um Trennung, sondern um die Neugestaltung einer wichtigen Bindung.

10

Die Suche nach meinem eigenen Mädchen im Innern

Wie steht es mit meinem eigenen Mädchen im Innern? Es war nicht leicht, den Weg zu ihr zurückzufinden. Ich habe sie nicht dadurch freigelegt, daß ich die Beziehung zu meiner Mutter bilanzierte. Ich war ein Adoptivkind und eine Vatertochter. Von frühester Kindheit an hing ich sehr an meinem Vater, und diese Identifikation hielt sich bis zu seinem Tod; er starb, als dieses Buch gerade in Druck ging. Um zu einer selbstbestimmten Frau zu werden, mußte ich mich mit den patriarchalen Normen, wie sie von meinem Vater und seiner alten, angesehenen Familie repräsentiert wurden, auseinandersetzen. Als mein Großvater starb, brachten die Zeitungen sein Bild auf den Titelseiten, unter der Schlagzeile »Mr. Syracuse tot«. Es gab viel aufrechtzuerhalten in dieser Familie, eine bedeutende Tradition, die bis zur Unabhängigkeitserklärung und zur *Mayflower* zurückreicht. John Hancock war allgegenwärtig; Autonomie und Unabhängigkeit waren in dieser Familie alles andere als abstrakte Begriffe, und jedes Mitglied dieses patriarchalen Klans war davon geprägt.

Weil mir schon als Kind bewußt war, daß es in einer solchen Familie hohe Ansprüche zu erfüllen galt, habe ich mich früh auf meine intellektuellen Fähigkeiten verlassen[1] und hatte schließlich statt meiner Persönlichkeit mein Wissen ausgebildet. Mein Vater wollte mir unbedingt eine gute Ausbildung geben, und er fing früh damit an. Schon als ich gerade zwei Jahre alt war, gab er mir jeden Tag, wenn er von der Arbeit nach Hause kam, Unterricht im Alphabet; ich mußte mich neben ihn aufs Sofa setzen, und er buchstabierte die Schlagzeilen der Abendzeitung. Pflichtbewußt brachte ich dann

245

später jedes Jahr meine Einsernoten nach Hause. Meine Grundschullehrer bezeichneten mich als vernünftiges, ausgeglichenes Kind. Doch unter dieser äußeren Robustheit war ich ebenso schutzlos wie Ruth. Eine selbstbestimmte Frau und Autorin zu werden war ein schmerzlicher Prozeß für mich. Wie Megan mußte ich erst einen absoluten Tiefpunkt erreichen, um zu dem Mädchen in meinem Innern und damit zu den Wurzeln meiner Identität zurückfinden zu können.

Meine Entwicklungsgeschichte als Frau wurde auch stark von den Einflüssen der vorfeministischen und feministischen Bewegung geprägt, die mich zwischen alten Werten und einem neuen Bewußtsein schwanken ließen. Ich heiratete 1965, kurz bevor die Pille auf den Markt kam, der Vietnamkrieg ausbrach und die Unruhen der 60er Jahre die geordnete Marschroute von Liebe, Ehe, Sex und Elternschaft, die unsere Gesellschaft strukturiert hatte, für immer außer Kraft setzten. Ich war neunzehn Jahre alt, kaum daran gewöhnt, mich als selbständige Persönlichkeit zu betrachten, und ganz froh, meine Energien für die Karriere meines Mannes einspannen und seine Ziele zu meinen eigenen machen zu können. Als junge Ehefrau habe ich seine künstlerischen Ambitionen aus vollem Herzen unterstützt – bis die Ehefrau einer der Berühmtheiten auf seinem Gebiet eine Bemerkung machte, die mich innehalten ließ. Auf einer Museumsgala raunte sie mir mit gedämpfter Stimme zu, daß eine Frau völlig unsichtbar hinter ihrem Mann stehen sollte, um seine Karriere zu fördern. Ganz plötzlich wurde mir bewußt, daß so ein Verhalten eine Form der Selbstverneinung bedeutete, die ich nicht gewillt war zu akzeptieren.

Glücklicherweise bestärkte mein Mann mich trotz dieses kulturellen Ethos darin, meine eigenen Ziele zu verwirklichen. Ich belegte Autorenkurse an der örtlichen Universität, sah darin allerdings die ganze Zeit über eher eine Art Hobby, das irgendwann einmal durch meine wirkliche Lebensaufgabe, nämlich Familie und Kinder, ersetzt werden würde. Ich wollte mit dieser Aufgabe warten, bis ich mir unserer Ehe sicher war. Es war nicht ohne Ironie, daß sie fast im selben Moment zerbrach, als unser Sohn Tad geboren wurde. Wenige Monate vor seiner Geburt hatten wir unsere Stadtwohnung aufgegeben und waren in ein abgelegenes Haus auf dem Land gezogen, damit mein Mann ein spezielles künstlerisches Vorhaben durchführen konnte. Herausgerissen aus meiner vertrauten Umgebung, fühlte ich mich psychisch und physisch ebenso verletzlich wie Megan mit ihrem neugeborenen Kind.

In dem ersten Winter dort war ich so einsam, daß ich es fast nicht ertragen konnte. Unser nächster Nachbar wohnte ungefähr eine Meile entfernt, so daß ich die Stinktiere im Holzhaufen, die Eulen im Schuppen und die Spitzmaus, die gelegentlich vom Badezimmerabfluß zu mir hochsah, fast schon freudig begrüßte. Ich tolerierte sogar die Eichhörnchen, die im Dachstuhl hausten und sich einmal ein Festmahl aus meinem selbstgemachten Preiselbeerbrot machten – die verstreuten Überreste auf dem runden Eichentisch in unserer Delfter Küche legten ein deutliches Zeugnis davon ab. Doch mit dem namenlosen Ungeheuer, das Einzug in den Keller unseres winzigen Hauses gehalten hatte, mochte ich mich nicht abfinden. An einem späten Februarmorgen, als ich seine Anwesenheit nicht länger ignorieren konnte, nahm ich einen defekten Durchlauferhitzer zum Vorwand, um einen Handwerker zu bestellen – weil ich einfach Angst hatte, etwas Großes, Lebendiges allein anzugehen. Das Dorf war sehr klein, und der Mann kannte meine Verhältnisse. Von der untersten Stufe der Kellertreppe rief er zu mir hoch, daß die Sonne schon wieder hoch am Himmel stünde und alles bald freundlicher aussehen lassen würde. Er verscheuchte das Murmeltier, und ich klammerte mich an seine Bemerkung wie an einen glücksbringenden Talisman, aber der späte Winterschnee fiel so hoch, daß der Zaun vom Haus zur Straße unter ihm begraben wurde, und als es schließlich Frühling wurde, entwickelte sich das Unkraut um unser Haus zu einer regelrechten Wildnis.

Erst zum Heldengedenktag im Mai konnte ich schließlich etwa neunzig Meilen entfernt wieder eine eigene kleine Wohnung in Besitz nehmen. Mit einem Baby, das versorgt werden wollte, und ohne die Mittel dazu vertraute ich auf die Hilfe von Freunden, um Arbeit zu finden. In jenem Sommer arbeitete ich vier Tage in der Woche in einem Museum, das eine Stunde Fahrzeit von meiner Wohnung entfernt lag, und brachte mir für die anderen drei Tage Arbeit von dort mit nach Hause. Ich fand ein junges Mädchen als Babysitterin für Tad, aber er war zu schwierig für sie. Wenn sie versuchte, ihn zu füttern, preßte er seine kleinen Lippen fest zusammen, und wenn sie mit ihm spielen wollte, schenkte er ihr nicht die geringste Beachtung. Nur wenn die beiden Zwillingsbrüder – enge Freunde von mir, die als Konzertpianisten arbeiteten und unter uns wohnten – heraufkamen, um ihn auf den Arm zu nehmen und zu trösten, zeigte er schließlich ein Lächeln und aß seine Mahlzeiten. Der Grad meines Schuldbewußtseins wuchs täglich.

Nachdem ich eines Abends mit diesem Duo gegessen und wie üblich die Teller nach oben gebracht hatte, um sie in meine Geschirrspülmaschine zu stecken, machte ich es mir auf der Couch meiner Freunde gemütlich; ich war schläfrig von dem Wein, den wir zum Essen getrunken hatten – von meinem ermüdenden Leben mal ganz abgesehen. Während ich dem gewohnten Surren meiner Geschirrspülmaschine lauschte, fiel mein Blick zufällig in die Küche meiner Freunde, die direkt unter meiner eigenen lag, und auf einen Wasserfall, der sich von der Decke auf den Boden ergoß. Wir rannten nach oben, und während wir das Wasser aufwischten, das aus der kaputten Maschine lief, begann eine der endlosen Diskussionen darüber, was ich mit meinem Leben anfangen sollte. Jeder für sich und dann gemeinsam bestanden die beiden Brüder darauf, daß ich einen bemerkenswerten Verstand hätte und meine College-Ausbildung da wieder aufnehmen sollte, wo ich sie nach meinem ersten Studienjahr aufgegeben hatte, um zu heiraten. Ich erwiderte, daß das völlig unmöglich wäre, da ich noch nicht einmal glatt über die Runden käme, wenn ich sieben Tage die Woche arbeitete. Wenn das alles wäre, verkündeten sie, gäbe es absolut nichts, was mich aufhalten könnte. Wenn ich ohnehin kein Geld hätte, könnte ich nichts verlieren, wenn ich mein Studium wieder aufnähme. Ich konnte ihrer Logik nichts entgegensetzen. Der Sommer war zwar schon halb vorüber, aber ich durfte mich wieder einschreiben, erhielt ein Stipendium und verschaffte mir auf Schleichwegen Einlaß in ein Studentenheim für Verheiratete.

Als ich noch keine zwei Monate studierte, wurde Tad schwer krank, ohne daß sich die Ursachen feststellen ließen. Alles, was ich (oder jeder andere) wußte, war, daß er gefährlich hohes Fieber hatte, ein Auge und eine Wange angeschwollen waren, daß seine weißen Blutkörperchen sich auf alarmierende Weise vermehrt hatten – und daß er ständig beobachtet werden mußte. Der Arzt warnte mich davor, ihn von irgend jemand anders betreuen zu lassen. Der Direktor, der so hart um mein Stipendium gekämpft hatte, wies mich deutlich darauf hin, wie viele Stunden ein Student höchstenfalls versäumen dürfte, um nicht automatisch bei einem Kurs durchzufallen; er meinte, daß ich gar keine andere Wahl hätte, als mein Studium an den Nagel zu hängen – und die Studentenwohnung aufzugeben. Wütend und verzweifelt rief ich jeden einzelnen meiner Lehrer an. Glücklicherweise waren sie bereit, meine Referate zu akzeptieren, auch wenn ich nicht am Unterricht teilnähme. Sie erlaubten mir, während der Krankheit meines Sohnes, die sich lange hinziehen sollte, am College zu bleiben.

Die dünnen Teppiche hoben buchstäblich vom Boden ab, als die kalten Winterwinde durch die schäbigen Baracken pfiffen, die man im Zweiten Weltkrieg als Notunterkünfte errichtet hatte. Nachts wickelte ich mich in einen wunderschönen schottischen Mohairumhang, ein Hochzeitsgeschenk der Tante, nach der ich benannt worden war, und büffelte meinen Stoff neben dem Heizlüfter im Wohnzimmer. Das Wasser in unserer Metallduschwanne war von November bis März eingefroren. Da wir keine Badewanne hatten, badete ich das Baby im Küchenausguß. An dem Tag, als er krank wurde, gegen Ende Oktober, und ich vom Arzt nach Hause kam, war die Hintertür aufgeweht, und der Küchenfußboden lag voller Schnee. Wochen bevor ich eingezogen war, hatte ich Handwerker beauftragt, Reparaturen durchzuführen, weil es im ganzen Haus keine Tür und kein Fenster gab, die sich ordnungsgemäß öffnen oder schließen ließen. Man sagte mir, daß die Wartezeit zwei Jahre betragen würde – außer in einem

Notfall. An jenem Nachmittag erschien ein Tischler und arbeitete bis sieben. Er kam am nächsten Morgen wieder und arbeitete bis zum Einbruch der Dunkelheit, um Türen und Fenster so abzudichten, daß sie nicht bei jedem Luftzug von allein aufflogen.

Als ich zwei Jahre später schließlich meine Abschlußprüfung bestanden hatte, zog ich nach Boston in der Hoffnung, einen neuen Anfang machen zu können. Die einzige Arbeit, die ich mit einem einfachen Collegeabschluß bekommen konnte, reichte kaum zum Lebensunterhalt und trennte mich auf lange Stunden von meinem damals zweijährigen Sohn. Tad jeden Morgen verlassen zu müssen hat mich fast umgebracht. Trotz der großen Mühe, die sich eine mittelalte Erzieherin namens Harriet gab, schluchzte er jeden Morgen herzzerreißend, wenn ich ihn im Kindergarten abgab. Selbst sein fasziniertes Interesse an einer spanischen Spielgefährtin konnte die Kluft nicht überbrücken. Nach den obligatorischen Morgentränen schwangen er und Veronika, die kein Wort Englisch sprach, sich auf ihre Dreiräder und rasten in wilder Verfolgungsjagd um den Hof des Kindergartens. Doch am nächsten Morgen war es wieder das alte Lied. Ich fragte mich, was so großartig an der »wirklichen Welt« sein sollte, wenn ich am Ende eines langen, anstrengenden Arbeitstages Tad abholte, ihn nach Hause brachte und kaum genug Zeit fand, Essen zu kochen, ihn zu baden und ihm eine Einschlafgeschichte vorzulesen. Einkaufen, Wäsche und das, was ich als »Administration unseres Lebens« bezeichnete, war auf die Samstage konzentriert. Soziale Kontakte, in welcher Form auch immer, beschnitten das spärliche Maß an Zeit, das ich für Tad erübrigen konnte. Wenn damals bereits jemand von Lebensqualität geredet hätte, hätte ich mir wahrscheinlich die Kehle durchgeschnitten.

Nach einem Jahr war ich völlig erschöpft von diesem Leben, ich kündigte zwei Wochen zum Monatsende, borgte mir genug Geld, um einen gebrauchten Wohnwagen zu kaufen, saugte meine Wohnung, schloß die Wohnungstür hinter mir ab und machte mich mit meinem Sohn auf den Weg nach Westen – ganz bis zur Küste. Die Reise war ein Geschenk des

Himmels. Endlich fand ich zu einem natürlichen Lebensrhythmus: Wir gingen schlafen, wenn es dunkel wurde, und standen bei Tagesanbruch auf, spielten »Kriegen«, erzählten uns selbstausgedachte Geschichten und fuhren weiter, wenn wir genug von einem Ort hatten. Tads dreijährige Phantasie verwandelte Gewitterwolken in drohend aufragende Drachen, die den flachen Himmel des Mittelwestens bevölkerten, und überall, wo wir kampierten, schloß er schnell neue Freundschaften.

Doch nach diesem Sommer ging es zurück ins College – ich belegte einen Diplomstudiengang in klinischer Sozialarbeit, in der Hoffnung, den scheinbar unentrinnbaren Aushilfsjobs ohne Aufstiegschancen entgehen zu können. Nach der Abschlußprüfung war ich froh, eine Anstellung in dem Kinderkrankenhaus zu finden, in dem ich ausgebildet worden war, das heißt, einerseits froh und andererseits auch wieder nicht: Als angestellte Sozialarbeterin hatte ich keine andere Wahl, als Vollzeit zu arbeiten und im Wechsel mit den anderen auch Bereitschaftsdienst zu übernehmen. Nachts und an Wochenenden trug ich einen Pieper bei mir – und mußte innerhalb von zwanzig Minuten persönlich zur Stelle sein, wenn ich angefordert wurde. Das bedeutete, daß ich eine Gegensprechanlage zwischen Tads Zimmer und den über uns wohnenden Nachbarn installieren lassen mußte. Ich hatte einen höherqualifizierten Abschluß gemacht, um der Plackerei zu entgehen, und mußte nun feststellen, daß ich lediglich eine Form der Plackerei gegen eine andere ausgetauscht hatte. Damals konnte eine festangestellte Mitarbeiterin nicht einmal riskieren, sich freizunehmen, wenn ihr Kind krank wurde.

In meiner Verzweiflung suchte ich erneut nach einer Fluchtmöglichkeit: Wieder war es ein Studium, das zumindest vorübergehend Freiheit von einigen dieser Restriktionen versprach. Abgesehen von dem geistigen Gewinn, dachte ich, daß eine Promotion mir ermöglichen würde, meine Zeit selbst einzuteilen und zu Hause bleiben zu können, wenn Tad mich brauchte. Reif für eine Veränderung und überreif für eine weniger institutionalisierte Atmosphäre als Boston, bewarb ich mich um eine Reihe von Stipendien im ganzen Land.

Harvard war die einzige Universität, die mich aufnehmen wollte. Abgesehen von dem unbestreitbaren wissenschaftlichen Reiz, lag es genau um die Ecke. Ich ging also nach Harvard.

Durch eine Begebenheit, die sich in meinem ersten Semester ereignete, wurde meine Aufmerksamkeit auf die Probleme gelenkt, mit denen Frauen konfrontiert werden – vor allem auf den Konflikt zwischen Autonomie und Bindung. Als eine meiner Professorinnen mit vierzig Jahren an einem Herzinfarkt starb, wurde mir allmählich die Aussichtslosigkeit des Kampfes bewußt, den Frauen führen – den ich selbst geführt hatte –, um sowohl kleine Kinder zu versorgen als auch eigene Ziele zu verfolgen. Marcia Guttentag war eine alleinerziehende Mutter gewesen, sie brach auf dem Flughafen zusammen, als sie gerade auf dem Weg zu einem der vielen Vorträge war, die ihr Beruf mit sich brachte. Ich war bestürzt über die Anonymität ihres Todes, das unpersönliche Begräbnis – und konnte mich des Gefühls nicht erwehren, daß ihr frühes Sterben auf die Belastung zurückzuführen war, die es bedeutete, als alleinstehende Frau Kinder aufzuziehen und sich gleichzeitig im Berufsleben zu behaupten. Angesichts dieses unlösbaren Dilemmas hatte sie für die ihr aufgezwungenen Entscheidungen den höchsten Preis bezahlt.

In demselben Herbst erfuhr ich, daß Charlotte Perkins Gilman ihr Kind weggegeben hatte, weil sie davon überzeugt war, daß die Anforderungen, die die Erziehung eines Kindes an sie stellen würde, sich nicht mit ihrem Engagement für feministische Ziele vereinbaren ließen. Auch Margaret Sanger hatte ihr Kind hinter sich gelassen, um für das Recht der Frau auf Geburtenkontrolle zu kämpfen – ihr Kind erkrankte und starb. Als ich von diesen Frauen, die feministische Pionierarbeit geleistet haben, erfuhr, fing ich an, Entschlossenheit und Ehrgeiz als etwas Gefährliches und, was die Mutterschaft betrifft, sogar Tödliches zu betrachten. Ich war wie gelähmt in meiner Arbeit.

Gegen Ende jenes ersten Semesters wußte ich nur, daß frauenspezifische Konflikte, vor allem der Konflikt zwischen Kindererziehung und beruflichen Ambitionen, meine Lebensarbeit bestimmen würden, obwohl ich noch nicht die geringste Vorstellung davon hatte, wie diese Arbeit konkret aussehen sollte. Daß dieser Ansatz schließlich zu den in diesem Buch vorgestellten Lebensgeschichten führte, war das Ergebnis sowohl zufälliger als auch schicksalhafter Umstände, die damit zusammenhingen, daß ich am Anfang des zweiten Semesters in den Norden New Yorks fuhr, um den 65. Geburtstag meines Vaters zu feiern. Als ich aufbrach, um mit meinem neunjährigen Sohn die 300 Meilen nach Cambridge zurückzufahren, wußte ich nicht, daß uns ein gefährlicher Schneesturm bevorstand. Auf halbem Weg, als die Windstöße und Regengüsse sich in dicke Ladungen feuchten, schweren Schnees verwandelten, fragte ich eine Schlagbaumkontrolleurin an einer gebührenpflichtigen Straße, was wir auf der vor uns liegenden Strecke zu erwarten hätten. Sie mußte zu mir herüberschreien, um gegen den Wind anzukommen, und meinte, daß der eigentliche Schneesturm uns dicht auf den Fersen wäre, und fügte hinzu, daß er wahrscheinlich die Straßen blockieren würde. Da ich nur ein paar Dollar im Portemonnaie hatte, konnte ich mir kein Hotelzimmer leisten. Ich fuhr also so schnell ich konnte weiter, aber der Sturm holte uns ein. Einmal hielten wir an, um zu tanken und den neuesten Wetterbericht zu hören. Es war hoffnungslos: Die Tankstelle war übersät von Lastwagen, sie dröhnten im Leerlauf, um die Kabinen warm zu halten, und umlagerten die Zapfsäulen wie eine Viehherde, die sich um die Tränke gebettet hat.

Vorbei an Dutzenden parkender Autos fuhr ich weiter, entschlossen, es bis nach Hause zu schaffen, doch als wir Stunden später in Cambridge ankamen, war alles nur noch eine einzige große, weiße Fläche. Ich konnte nicht mehr erkennen, was Straße und was Gehweg war, der Fluß war mein einziger Orientierungspunkt, um nach Hause zu finden. Doch die Auffahrt – wo war die Auffahrt? Ich konnte nur darauf vertrauen, daß sie immer noch ungefähr an der Stelle lag, an der sie sich bei unserer Abfahrt befunden hatte, denn der Zaun, der sie eingesäumt hatte, war in den Schneewehen völlig verschwunden. Ich ließ den Motor aufheulen, legte den ersten

Gang ein und schleuderte in das hinein, von dem ich hoffte, daß es mein gewohnter Weg wäre. Wir hatten es gerade noch rechtzeitig geschafft; es schneite weiter, bis nur noch die Dächer der liegengebliebenen Autos zu erkennen waren; die Straße, in der wir wohnten, blieb eine Woche lang unpassierbar, bis eine Planierraupe sie freischob.

Während dieses Sturms und seines Nachspiels wurde die Harvard-Universität zum ersten Mal in ihrer 350jährigen Geschichte geschlossen. Banken, Geschäfte und Lebensmittelläden waren zu, aber Cambridge wäre nicht Cambridge, wenn die Buchläden nicht trotzdem offen gehabt hätten. Nachdem ich über die Naturgewalten triumphiert hatte, wollte ich unbedingt aus dem Haus, nachdem es aufgehört hatte zu schneien. Mit dem Auto zu fahren, war verboten; ich legte meine Langlaufski an, um zum Marktplatz in Harvard zu gelangen, der ungefähr eine Meile entfernt war. Unter meinen Weggefährten herrschte eine ausgelassene Stimmung, und der Buchladen nahm entgegen seiner sonstigen Gepflogenheiten auch Schecks an. Ich fand zwei Bücher, die ich in meinem Rucksack nach Hause transportieren konnte. Das eine, *Working it out*, herausgegeben von Sara Ruddick und Pamela Daniels, war eine Essaysammlung, in der Wissenschaftlerinnen und Künstlerinnen darlegten, welche Bedeutung die berufliche Arbeit für ihr Leben gehabt hatte. Das andere war Jean Miller Bakers *Die Stärke weiblicher Schwäche*.* Diese beiden Bücher haben mein Leben verändert.

Es stellte sich heraus, daß sowohl Jean Miller als auch Pamela Daniels in Boston lebten und arbeiteten. Als ich im folgenden Jahr Mitglied im Veranstaltungskomitee meines Fachbereiches wurde, hatte ich die Möglichkeit, beide zum jährlich stattfindenden Askwith Symposium einzuladen, das sich vorher immer nur aus den üblichen wissenschaftlichen Koryphäen – Männern selbstverständlich – zusammengesetzt hatte.

Entschlossen, diese eingefahrene, elitäre Zusammenset-

---

* Die Erscheinungsdaten der in diesem Kapitel angeführten Bücher finden sich in der Bibliographie.

zung zu »verweiblichen« und neue Perspektiven einzubringen, brachen wir mit der Tradition und luden die Autorinnen dieser Bücher wie auch viele andere Wissenschaftlerinnen ein, um mehrere Wochen lang Kolloquien zum Thema »Kompetenz und Leistung im Leben von Frauen« zu veranstalten. Jede der Vortragenden wählte ihren Schwerpunkt im Rahmen dieser Thematik selbst aus, bestimmte die Tageszeit für ihren Vortrag, die am besten in ihren Terminkalender paßte, und entschied selbst über die Zahl der Zuhörer, die Umgebung (Klassenzimmer, Vortragssaal, Aufenthaltsraum) und das angemessene Maß an Formalität. Am wichtigsten war vielleicht, daß die Frauen ihre Arbeit so vorstellen konnten, wie sie selbst es wollten: in Form eines Entwurfs, einer Diskussion am runden Tisch oder anhand einer abgeschlossenen Arbeit – alles war gleichermaßen willkommen. Die Presse der »wirklichen« Welt widmete dieser Veranstaltungsreihe große Aufmerksamkeit; Studenten erklärten, es wäre die beste Veranstaltung, die sie in Harvard je besucht hätten. Wenn ich Zweifel daran gehabt hätte, daß hier meine Berufung lag, spätestens zu jenem Zeitpunkt wurden sie zerstreut.

Kurz darauf brachte die *Harvard Educational Review* eine spezielle Ausgabe zu Frauenfragen heraus und veröffentlichte unter anderem einen Artikel von Carol Gilligan, der die Grundlage ihres inzwischen berühmten Buches *Die andere Stimme* bildete. In jener Ausgabe erschien auch ein bemerkenswerter Beitrag von Marcia Westkott mit dem Titel »Feminist Criticism of the Social Sciences«. Westkotts Artikel kritisierte die Methoden einer sogenannten objektiven Wissenschaft und forderte statt dessen eine dialektische Vorgehensweise, die den impliziten gegenseitigen Abhängigkeiten von Subjekt und Objekt Rechnung tragen sollte.

Dieser wichtige neue Theorieansatz wurde genau zu dem Zeitpunkt bekannt, als George Vaillant (mit *Werdegänge*) und Daniel Levinson (mit *Das Leben des Mannes*) die Lebenslaufforschung zu einem anerkannten wissenschaftlichen Untersuchungszweig gemacht hatten. Gail Sheehy hatte diesen männerorientierten Studienergebnissen in ihrem Buch *In der Mitte des Lebens* die Lebenswege von Frauen entgegengestellt. Maggie Scarf machte kurz darauf mit *Wege aus der Depression* auf weibliche Lebenserfahrungen aufmerksam. So fielen die Zutaten meiner Dissertation mir praktisch in den Schoß: Da ich im Grunde meines Herzens immer eine Entwicklungspsychologin gewesen war, baute ich auf dieser kollektiven Grundlage auf und wollte eine biographisch orientierte Untersuchung durchführen, bei der es ganz unmittelbar darum gehen sollte, wie Frauen selbst ihre allmähliche innere Entwicklung und die ihr zugrundeliegenden Prozesse beurteilten.

Obwohl ich das Mädchen im Innern erst Jahre später entdeckte, habe ich mich unbewußt auf jenes Mädchen gestützt, als ich zu diesem akademischen Endspurt ansetzte. Ohne die Geschäftigkeit der Acht- oder Neunjährigen hätte ich niemals zu der konzentrierten Willenskraft finden können, die mir in Harvard den Namen »Fleck am Horizont« einbrachte, eine Reaktion auf die unbeirrbare Entschlossenheit, mit der ich mir zuerst meinen B. A. und dann meinen M. A.-Titel erkämpft hatte. Doch diese Art von Zielgerichtetheit war nichts im Vergleich zu der fest begründeten Identität, zu der die Frauen in meiner Untersuchung gefunden hatten – sie half mir nicht bei der Freilegung des Mädchens in meinem Innern. Nach Beendigung der Dissertation verfolgte ich meine Ziele weiter mit einem Übermaß an Energie – wenn man einmal davon absieht, daß ich nicht genau wußte, worin meine Ziele eigentlich bestanden. Alles, was ich wußte, war, daß es längst überfällig war, daß ich Cambridge und seine patriarchalen Strukturen hinter mir ließ.

Während meines letzten Winters in Harvard entdeckte ich eine Anzeige für ein Post-Doktorandenstipendium an der Berkeley-Universität in Kalifornien und entschied, daß man das Inserat wahrscheinlich für mich aufgegeben hätte. Gleich nach der Abschlußprüfung vermietete ich meine Wohnung in Cambridge, packte sechs Koffer und meinen zwölfjährigen Sohn Tad ins Auto und fuhr nach Kalifornien. Als frischgebackene Doktorin war ich ganz wild darauf, auch andere in den Genuß meiner Dissertationsergebnisse kommen zu lassen, und erbot mich, Vorträge für alle möglichen Fachrichtungen zu halten. Doch die Mitglieder des Lehrkörpers und die Kolloquiumsausschüsse schlugen meine Angebote gleichermaßen aus und forderten mich statt dessen wiederholt auf, mit »etwas Interessanterem« aufzuwarten. Frauenfragen, so versicherten sie mir, wären passé.

Ich schätze, diese Reaktionen hatten auch ihre positiven Aspekte, weil meine Studie in erster Linie das dynamische Spannungsverhältnis zwischen Bindung und Autonomie betonte; die Arbeit war aus meinem langjährigen Interesse an diesem Konflikt entstanden und stützte sich ganz konkret auf die Forschungsarbeit von Jean Baker Miller und Carol Gilligan, die meine Untersuchung betreut hatten.* Ich wollte eigentlich nur meinen eigenen Standpunkt zu dieser Thematik und dem gesammelten Material darstellen. Doch was immer ich an eigener Stimme mit in diese Arbeit eingebracht hatte, wurde durch jenes Desinteresse, das mir entgegenschlug, zum Schweigen gebracht; mein Drang zu sprechen wurde erstickt, ich verlor das Vertrauen in meine Forschungsergebnisse; so entschlossen ich gewesen sein mochte, ich konnte die einzigartige Entdeckung, die sich in meiner Untersuchung verbarg, nicht erkennen. Als das Stipendiatsjahr sich seinem Ende zuneigte und ich noch immer Schulden aus der Promotionszeit zu bezahlen hatte, gab ich meine Forschungsarbeit auf und tüftelte einen Plan aus, um meine Finanzen wieder in Ordnung zu bringen: Ich wollte mich für jede qualifizierte Arbeit bewerben und alles annehmen, was sich mir bot, vorausgesetzt, ich war der Ansicht, es erfolgreich erledigen zu können. Gegen Ende August, innerhalb einer einzigen Woche, ergaben sich vier Arbeitsmöglichkeiten: zwei Halbtagsstellen und zwei Jobs mit einem Viertel der üblichen Arbeitszeit. Ich nahm sie alle.

Letzten Endes waren es ganz zufällige Ereignisse, die es mir möglich machten, die Kluft zwischen der Amazone, die ich geworden war, und dem verletzlichen Mädchen, das ich ursprünglich einmal gewesen war, zu überbrücken, doch auch

---

* Auch Courtney Cazden, George Goethals, Robert Kegan und Harry Lasker haben mich bei meiner Doktorarbeit ungeheuer unterstützt.

diese Zufälle hätten mich nicht zu dem Mädchen zurückgeführt, wenn ich weiterhin diese unmenschliche Arbeitswoche abgeleistet hätte, während ich mich gleichzeitig ganz auf mich gestellt bemühte, meinem Sohn so etwas wie ein harmonisches Familienleben zu gewährleisten. Erst als Tad mit fünfzehn Jahren auf der Intensivstation landete, weil es aufgrund eines unerkannten Magengeschwürs zu schweren inneren Blutungen gekommen war, ist mir klar geworden, daß ich eine Pause in dieser heroischen Anstrengung machen mußte, die mein Leben inzwischen bestimmte. Wieder trug ich einen Pieper bei mir, aber dieses Mal während meiner Arbeitszeit in den vier Jobs an vier verschiedenen Orten, um den Notruf meines eigenen Kindes empfangen zu können.

Kurz nachdem Tad ins Krankenhaus gekommen war, fand die ungleiche Zusammenkunft jener Damen der gehobenen Gesellschaft statt, die ich in Kapitel 1 beschrieben habe und die mich auf die tiefe Wahrheit stoßen ließ, die sich in meinem Material verbarg. Obwohl dieses Seniorinnentreffen sich als entscheidender Wendepunkt für mich erwies, wäre dieses Buch vielleicht niemals geschrieben worden, hätte es da nicht noch jenen Kurs gegeben, den ich im Rahmen eines winzigen Doktorandenprogramms abhielt, er lief an einer Schule, die eine Art Alternative zu alternativen Schulen bot. Viele der Dinge, die sich dort ereigneten, lagen außerhalb des Gewöhnlichen. Als ich eines Morgens dort ankam, fand ich den Schuldirektor dabei, wie er gerade hartgekochte Wachteleier mit Dijonsenf servierte. Bei den Studenten handelte es sich um gestandene Berufstätige, die obendrein noch schillernde Persönlichkeiten waren. Mein Kurs umfaßte sieben Teilnehmer und bestand unter anderem aus einem asiatischen Minister, einem schwarzen Unternehmer, einem kalifornischen Hypnotiseur und einem ehemaligen Topmanager.

Der Topmanager, ein Mann in mittleren Jahren, befriedigte unser Bedürfnis nach Gastlichkeit und amüsanter Unterhaltung. Wenn der Unterricht begann, kümmerte er sich wie eine Glucke um die anderen und schenkte Kaffee aus; dann ließ er sich in einen dickgepolsterten Stuhl plumpsen und fächerte sich in der späten Nachmittagssonne Kühlung zu, während er uns in seiner zirpenden Stimme mit kleinen Geschichten ergötzte. Er erzählte von den Reaktionen seiner Frau und seiner erwachsenen Tochter auf die Ideen, die er aus »jenem verrückten Kurs« mit nach Hause brachte. Bis zu dem Zeitpunkt, da dieser Mann mit seinen wöchentlichen Anekdoten aufwartete, hatte ich geglaubt, daß die »neue Frau«, befreit von traditionell weiblichen Werten, von meinem Material nicht betroffen wäre. Die laufende Berichterstattung dieses Mannes über die Reaktionen seiner Tochter und ihrer Freundinnen befreiten mich von jener Fehleinschätzung. Dieser Mann wurde später mein Sponsor: Weil er überzeugt war, daß es hier um etwas ging, was für moderne Frauen von Bedeutung wäre, gewährte er mir ein privates Darlehen.

Durch die praktische Unterstützung meines Wohltäters und meines Vaters konnte ich endlich eine Atempause bei meinem Kampf ums tägliche Überleben einlegen; ich kündigte erst einen und dann einen zweiten meiner Teilzeitjobs und fand zu der Arbeit an diesem Buch zurück.* Zum ersten Mal seit jener Reise, die wir unternommen hatten, als Tad drei Jahre alt gewesen war, kehrten wir zu einem natürlichen Lebensrhythmus zurück. Jetzt konnte ich für ihn da sein und mich so um ihn kümmern, wie es in der dazwischenliegenden Zeit unmöglich gewesen war. Endlich fühlte ich mich wie eine richtige Mutter. Wir haben sogar einen Hund adoptiert. Ihre Mutter war ein Deutscher Schäferhund, aber sie muß – wie ich – eine Vatertochter gewesen sein, denn sie sah eher nach einem Jagdhund als nach einem Schäferhund aus und trug ihren Schwanz hocherhoben wie eine Flagge. Artig und mädchenhaft schlug sie ihre Pfoten übereinander, wenn sie es sich auf der Couch bequem machte; morgens strich sie in einem stummen Versuch, meine Aufmerksamkeit zu erregen, mit ihrer samtigen Schnauze an der Kante meines Bettes entlang,

---

* Feministische Forschung hängt immer noch sehr häufig von patriarchaler Unterstützung in der einen oder anderen Form ab. Es ist nicht ohne Ironie, daß dieses Buch, das das Patriarchat in Frage stellt, durch die materielle Unterstützung zweier Männer ermöglicht wurde.

so als ob zarte Damenhände über eine Klaviertastatur strichen, um die Tonleiter anzustimmen. Die Zeichnung ihres Fells machte sie zu einer bemerkenswerten Schönheit: ihre Ohren, Augen und ihr Maul wirkten, als ob sie in einer schwarzen Maske steckten, wodurch ihr scheckiges Gesicht ein bißchen wie das einer ägyptischen Prinzessin aussah. Doch diese Kleopatra in Tiergestalt hatte weit mehr zu bieten als dunkle Kulleraugen. Sie war zäh und klug und besaß ein gewisses Selbstbewußtsein, das ich bewunderte. Sie zweifelte nicht an ihrer eigenen Stärke und konnte sich vor Freude winden, wenn sie einen Freund begrüßte – und war doch andererseits eine entschlossene Wächterin, die wütend an dem Bambusvorhang vor der Eingangstür zerrte, wenn ein Fremder sich näherte. Sie wußte, wie man gleichzeitig mit dem Schwanz wedelt und die Zähne bleckt.

Während dieser langersehnten Ruhepause nahm mein Selbstverständnis als Schriftstellerin allmählich Gestalt an. Ich folgte den Anleitungen, die Dorothea Brande in ihrem (vor ungefähr 50 Jahren erschienenen) Buch *On Becoming a Writer* aufgestellt hatte, und fing den Tag damit an, meine Gedanken aufzuschreiben, und zwar, wie das Buch es vorgab, bevor ich mit jemand gesprochen hatte oder mein Blick auf ein gedrucktes Wort gefallen war. Indem ich diese Disziplin *unter allen Umständen* einhielt, entdeckte ich schließlich meine eigene Stimme. Doch mein Mädchen im Innern entdeckte ich noch immer nicht. Statt dessen stellte ich fest, daß jene Seiten durch eine erbärmliche Orthographie entstellt waren. Das war ein wirklicher Schock für mich: ich war immer besonders stolz auf meine Rechtschreibkenntnisse gewesen. In der vierten Klasse hatte ich sogar einen Preis – ein Buch über eine Maus – gewonnen, weil ich Klassenbeste im Buchstabieren war. Seither war ich längst zu der Überzeugung gekommen, daß diese Begabung angeboren war, und hatte sogar Tads Orthographieschwächen auf einen Erbfehler zurückgeführt, für den ich seinen Vater verantwortlich machte. Jetzt fiel mir keine andere Erklärung ein, als daß meine natürliche Vollkommenheit durch einen Gehirnschaden bedroht sein müßte. Diese Amateurdiagnose verstärkte noch meinen Verdruß, hinter dem sich die Enttäuschung verbarg, daß ich mein eigenes Mädchen im Innern nicht erreichen konnte – dabei tanzte sie mir aus den Fingerspitzen, als ich beschrieb, wie andere Frauen zu ihr zurückgefunden hatten.

Nachdem ich einige Kapitel dieses Buches fertiggestellt hatte, machte ich einen dreitägigen Weihnachtsurlaub in einem ländlichen Langlaufskigebiet der Sierra Nevada. Das führte zum ersten emotionalen Durchbruch, was mein eigenes Mädchen im Innern betraf. Die Gäste sammelten sich am Ende der Piste und wurden mit Schlitten zur Skihütte gebracht. Nachdem wir uns aus einem Berg von Hirschfelldekken herausgewunden hatten, servierten Skilehrer in blau-roten Anzügen uns englischen Tee und Weihnachtsgebäck vor einem großen Steinkamin. Ich hatte das Gefühl, in den besten Händen zu sein, und wollte gerade auf mein Zimmer gehen, als ich ganz oben auf dem Bücherschrank ein Buch entdeckte – es trug den Titel *Emily*.* Als ich es aufschlug, stieß ich auf die Geschichte eines kleinen Mädchens, das zur Waise wurde. Nachdem sie ihre Mutter schon früh verloren hatte, war sie, wie ich, zu einer Vatertochter geworden. Sie lebte mit ihm und einer Haushälterin in einem kleinen Haus auf dem Land, ihre Freunde waren zwei Katzen, die großen Pinien und die »Windfrau«, die in den Bäumen rauschte. Sie benutzte ein Rechenheft, um ihre »Beschraibunken« aufzuzeichnen, wenn »das Leuchten« ihr bestimmte Figuren und Muster in den Bäumen und Tapeten zeigte, Figuren und Muster, die sich unter dem versteckten, was die meisten Leute nur als normale Realität wahrnehmen konnten. Sie war niemals zur Schule gegangen, fühlte sich jedoch ganz im Einklang mit sich selbst, während sie ein Leben führte, das andere isoliert nennen würden. Sie besaß eine gewisse Unabhängigkeit, die aus der Einsamkeit erwuchs. Die Geschichte zog mich völlig in ihren Bann.

---

* Der volle Titel des Buches von L. M. Montgomery (die u. a. auch *Anne auf Green Gables* verfaßte) lautete *Emily of New Moon*. Erst Monate später wurde mir bewußt, daß es sich um ein Kinderbuch handelte.

Ich sah mich selbst in dieser anderen Emily, denn auch ich hatte mich mutterlos gefühlt. Obwohl ich genaugenommen kein Waisenkind war, hatte ich meine biologische Mutter und meine Adoptivmutter verloren, bevor ich adoptiert worden war. Mein Vater war mein Hauptanhaltspunkt. Ich gehörte einer patriarchalen Familie an, die Adoptionen als etwas Zwielichtiges betrachtete, und identifizierte mich daher mit dieser fiktiven Emily, als sie nach dem Tod ihres Vaters von unzähligen Verwandten, die sie nie zuvor gesehen hatte, »taxiert« wurde. Sie sprachen über Emily, während sie danebenstand, redeten die ganze Zeit, als ob sie gar nicht vorhanden oder ein lebloser Gegenstand wäre, und ich fand es bewundernswert, wie sie angesichts dieser Situation indigniert ausrief: »Ihr gebt mir das Gefühl, als ob ich nichts als ein Haufen Flicken und Fetzen wäre!«[2] Ich litt mit ihr, als sie am Sarg des Vaters stand, um ihm ganz allein Lebwohl zu sagen, und dabei von all ihren Onkeln und Tanten überrascht wurde. Die Verwandten versammelten sich unerwartet in eben diesem Zimmer, um darüber zu beratschlagen, was aus »dem Kind« werden sollte. Emily versteckte sich unter dem Eßzimmertisch und mußte erfahren, daß man ihr Verhalten völlig mißverstanden hatte: ihre tapfere Bemühung um Selbstkontrolle war als Gefühlskälte mißverstanden worden, der Mangel an klebriger Abhängigkeit hatte sie »schwierig« erscheinen lassen. Ihr intuitives Gespür für die Ablehnung der Verwandten und ihre offenen und unerschrockenen Antworten auf die heuchlerischen Kommentare waren als schlechte Manieren ausgelegt worden, als ein Erbfehler, der »auskuriert« werden mußte. Als die Verwandten ihren tapferen Charakter auf diese Weise verleumdeten, während sie sich die ganze Zeit in ihrer Mitte befand, grollte Emily erbittert und schweigend. Erst als die Verwandtschaft ihren Vater als einen Versager zu kritisieren begann, gab sie ihr Versteck preis – was den anderen sofort wieder als Bestätigung ihrer schlechten Meinung galt. Doch Emilys Wut war stärker als ihre Angst vor weiterem Tadel: sie stellte sich den Erwachsenen durch ein herausforderndes Benehmen tapfer entgegen, was ihr half, den unsagbaren Schmerz zu überwinden.

Wie Emily war auch ich ein mutterloses Kälbchen gewesen, und wie Emily hatte auch ich mich wie ein Häufchen Flicken und Fetzen gefühlt, illegitim in meinem Status als Waise und als adoptiertes Kind. Mit der gleichen unerbittlichen Klarsicht ausgestattet, habe auch ich als Mädchen meine Verwandten mit der nackten Wahrheit vor den Kopf gestoßen, sie durch meine Offenheit verblüfft. Und auch ich war ein einsames Kind gewesen, das die meiste Zeit außerhalb der Schule verbrachte, nicht weil ich im wörtlichen Sinn allein mit meinem Vater in den Wäldern lebte, sondern weil ich mich vor der schulischen Routine und Monotonie zurückzog. Als Neunjährige mochte ich am liebsten im Schneidersitz auf dem Fußboden sitzen und auf der Schreibmaschine Briefe an eine Tante schreiben, die unheilbar an Kehlkopfkrebs erkrankt war. »Dieses Bild zeigt eine Dame mit einem Hut«, würde ich gnädig unter die abstrakten Zeichnungen tippen, die ich ihr schickte. Jene Briefe sind verlorengegangen oder vielleicht in irgendeinem vergessenen Ordner begraben, aber indem ich mich an sie erinnerte, bin ich der Wahrheit über mein Mädchen im Innern ein Stück nähergekommen.

Doch daß mir das Emily-Buch in die Hände fiel, brachte das Mädchen, das ich so lange vernachlässigt hatte, noch nicht völlig zu mir zurück. Ich bemühte mich umsonst, sie in der Psychotherapie und im Leben zu entdecken; was ich auch versuchte, sie ließ sich nicht aus ihrem Versteck herauszwingen. Schließlich begann ich mich zu fragen, ob sie – in meinem Fall – überhaupt jemals existiert hatte. In dieser sich hinziehenden Phase, in der ich keine Verbindung zu ihr hatte, fand ich mich schließlich damit ab, daß ich sie nicht fassen konnte, daß sie in meinem Leben einfach nicht auftauchte. Doch diese Resignation verlangte ihren Preis: ich konnte nur schubweise schreiben; mit meiner fehlerhaften Orthographie ging es weiter bergab; ich wurde negativ und gereizt. Ich hätte erkennen müssen, daß das Auftauchen des Mädchens sich nicht erzwingen ließ, daß die Erinnerung an sie nicht durch eine bewußte Willensanstrengung zu wecken war.

Es war das Reich des Unbewußten, das mir half, den Weg zu ihr und meiner authentischen Identität zurückzuverfolgen. Nachdem ich schon monatelang an diesem Buch geschrieben und schon jahrelang in einem kleinen Häuschen mit einem inzwischen riesengroßen Sohn gelebt hatte, träumte ich, daß ich eine neue Wohnung suchte. Man führte mich durch ein Haus, in dem jeder Raum eine doppelte Funktion erfüllte: Das Wohnzimmer diente gleichzeitig als Schlafzimmer, die Küche als Nähzimmer, sogar das Bad wurde gleichzeitig als Dunkelkammer genutzt. Ich wollte gerade wieder gehen, ohne die Wohnung zu mieten, als die Bewohner mir einen Raum hinter der Küche zeigten, den sie fast vergessen hätten. Da er weder Heizung noch elektrisches Licht hatte, wurde er nur von der fahlen Spätwintersonne erhellt und war kühler als der Rest des Hauses. Er hatte schräge Wände mit Dachfenstern, so daß das Licht von oben hereinfiel. Bis auf einen einzigen Einrichtungsgegenstand – einen Schreibtisch – war es kahl und leer. Ich nahm es. Erst durch diesen Traum habe ich erkannt, wie wichtig es ist, ein Zimmer für mich allein zu haben – in meinem Fall ein Zimmer nur zum Schreiben. Es verging fast ein Jahr, bevor es mir, mit vierzig Jahren, gelang, ein solches Zimmer zu bekommen.

Erst als im Herbst jenes Jahres mein Geburtstag heranrückte, ein Ereignis, das immer nachdenklich stimmt, vor allem, wenn man ein Adoptivkind ist, traten die Flicken und Fetzen meines Kindheitsselbst deutlicher hervor und begannen allmählich, einen gewissen Zusammenhang zu zeigen. Der späte Sonnenaufgang im Herbst hob meine morgendliche Schreibpraxis immer häufiger auf; ich verfiel in eine melancholische Stimmung. Ich las wieder Agnes Smiths *An Edge of the Forest*, eine allegorische Geschichte über ein mutterloses schwarzes Lamm, das von einer jungen schwarzen Leopardin adoptiert wird, die selbst als Waise aufgewachsen ist. In einer besonders rührenden Szene rekrutiert das Lamm eine Eule, damit sie einem Leoparden einen Stachel aus dem Augenlid entfernt – und einen aus seinem Herzen, weil er sich vor Sehnsucht nach der unerreichbaren Leopardin verzehrt. Die Eule entscheidet, daß ein Kolibri besser für die Aufgabe geeignet wäre, aber es erweist sich als unmöglich, einen zu fangen. Die Leopardin, die über die Bergkette herrscht und noch nie mit etwas gescheitert ist, wird mit der Aufgabe betraut; sie macht sich im Wald auf die Suche und fühlt sich gedemütigt, als auch sie keinen Erfolg hat. Erst jetzt meldet sich freiwillig ein Kolibri, um den Stachel des Leoparden zu entfernen. Ich hatte dieses Buch zum ersten Mal fast drei Jahre vorher gelesen, kurz bevor ich das Konzept für das Mädchen im Innern entwickelt hatte. Meine Mutter war gerade auf Besuch gewesen, und ich hatte eine Psychoanalyse gemacht. Jetzt fragte ich mich, ob die frühere Konstellation – das Lesen des Buches über verwaiste Kreaturen, der Besuch meiner Mutter und der mütterliche Schutz der Analyse – wie eine Art Matrix funktioniert hatte, aus der die Idee dieses Mädchens erwachsen konnte.

Eines Morgens, als ich mich hingesetzt hatte, um meine wachen Gedanken aufzuschreiben, schwebte ein Kolibri vor meinem Fenster auf und ab, obwohl ich keinen konkreten Leoparden mit einem Stachel im Auge in meiner Obhut hatte. Der winzige grüne Vogel – nicht viel größer als ein Blatt oder viel schwerer als ein Briefumschlag – schwang sich von einem Fuchsienstrauß zum nächsten und steckte seinen Schnabel in die Blüten, die ganz zerzaust vom Regen waren. Das Bild dieses grauen Morgens, der von diesem schillernden Wunder belebt wurde, brachte mir eine wichtige Erinnerung zurück: die Erinnerung an eine Glasmenagerie, die ich als Kind heiß geliebt hatte, eines der Glastiere war ein Vogel gewesen. Diese Glasfigürchen hatten mich so fasziniert, daß ich mich einmal entschieden geweigert hatte, zur Schule zu gehen, weil ich sie aus dem Schrank stehlen und von dem Seidenpapier befreien wollte, in das sie eingewickelt waren. Ich wurde nicht müde, sie immer wieder auf- und umzustellen, geordnet nach Tierart, Familie, Farbe, Verhalten oder Größe. Nur ganz wenige widerstanden diesen Kategorisierungen, wie zum Beispiel ein Glasschiff, das ich von einem Cousin bekommen hatte, und eine Ballerina, aber auch diese beiden wundervollen Figuren liebte ich heiß und innig und stellte sie immer dicht neben den anderen auf.

Als diese Erinnerung von jenseits eines breiten Grabens zu mir herüberfloß, erkannte ich, daß es einer bestimmten Disposition bedurft hatte, meine Kindheit mit diesen Beschäftigungen zu verbringen und mir die Einsamkeit zu erobern, die dazu nötig war. Ich wußte plötzlich, wie unabhängig und eigenwillig ich gewesen war. Und mir wurde endlich klar, daß das Mädchen in meinem Innern ganz anders war als das fröhliche Mädchen, das Rosabeth (in Kapitel 1) beschrieben hatte, daß ich eher ein einsames und ernstes Kind gewesen war. Ich habe lange gebraucht, um zu dieser Erkenntnis zu kommen: Die kleine Emily war ein Mädchen, die ich vor langer Zeit fest in mir verschlossen hatte, weil sie dem üblichen weiblichen Stereotyp nicht entsprach. Obwohl dieses widerspenstige Mädchen seine Existenz immer wieder unter Beweis gestellt hatte, hatte ich mich stets dagegen gewehrt, sie zu akzeptieren. Jetzt, wo ich sie und ihre Bedeutung erkannte, konnte ich sie als die Bewahrerin meiner authentischen Identität willkommen heißen. Die Erinnerung an sie gab mir neue Kraft: Ich konnte die Arbeit an diesem Buch fortsetzen.

Endgültig zurückgewonnen habe ich das Mädchen in meinem Innern auf ungewöhnliche Art und in unerwarteter Form, und zwar durch ein Geschenk, das mich einen Tag vor meinem vierzigsten Geburtstag erreichte. Eine ältere Tante, die ich selten sah, rief mich an und teilte mir mit, daß sie einen Brief gefunden hätte, den ich ihr als Kind geschrieben hatte. Der Brief glich denjenigen, die ich als Achtjährige an ihre kranke Schwester geschickt hatte; wie nicht anders zu erwarten, war er getippt; das Briefpapier gehörte meinem Großvater und stammte von seinem Landsitz, genannt ›Das Kopfsteinhaus‹, wo seine vier Töchter und unzähligen Enkel sich im Sommer zusammenzufinden pflegten. Obwohl der Brief kein Datum trug, enthielt er Hinweise auf das Mädchen meiner Kindheit – und einen Hinweis darauf, wie alt ich gewesen war, als ich den Brief geschrieben hatte. Ohne jede Einleitung fing er sofort mit dem Wesentlichen an, strotzend von genau den Orthographiefehlern, die ich immer geleugnet hatte; ich hatte den Brief geschrieben, weil ich mich bei Perry, dem Sohn meiner Tante (der Cousin, der mir das Glasschiff geschenkt hatte), mit einem Gegengeschenk, dem Glasvogel aus meiner Sammlung, bedanken wollte.

Liebe Char:
Mag Perry den Vogel? Ist er zerbroochen, bevor er ankam?
Wenn ja, sag Perry es tut mir leid. Ich habe wirklich nicht viel
zu sagen aber hier ist jedenfalls alles, was mir einfällt. Wir
haben einen Mauersegler im Schornstein des Kopfsteinhauses
gefunden. Die Mutter des Vogels hat das Nest ganz oben in
den Schornstein gebaut. Der Wind blies so heftig, daß das Nest
durch den Schornstein nach unten geweht ist, die Vogelkinder
und alles andere. Also, 1 Vogel fiel aus dem Nest. Er fing sich
in einer Spalte des Schornsteins. Schließlich fiel er aus dem
Schornstein und wir haben ihn aufgefangen. Wir haben ihn
3 Tage lang behalten und gefüttert. Dann starb er. Wir haben
ihn auf dem Tierfriedhoff neben Gaby bekraben.
Weißt du was? Twoie, meinem Cousin, hat man den Blind-
darm herausgenommen. Es fing alles an dem Abend an, als
wir im Park spazieren gingen. als wir wieder zuhause anka-
men, hatte er ein bißchen Bauchweh. Dann wurde er 7 Mal
krank. Wir dachten es wäre einfach der 24 Stunden Bazillus.
in der nächsten Nacht hielten wir es für besser, ihn zum Dok-
tor zu bringen. Der Doc sagte, er glaubte nicht, daß es etwas
Schlimmes wäre, aber man sollte ihn lieber nach Syr. bringen,
um ihn gründlich untersuchen zu lassen. dann haben sie fest-
gestellt, daß er eine Blinddarmendsündung hat. Er kam ins
Memorial Krankenhaus. Sie haben ihn in der Nacht zu Don-
ners Tag herausgenommen und er ist heute, heute ist Montag,
immer noch im Krankenhaus. Der Doktor sagte, er könnte
wenn nötich heute nach Hause kommen, aber wir dachten, es
wäre besser, wenn er bis MITTWOCH dabliebe. Das ist dann
alles, was mir im Moment einfällt.

Und dann eine sorgfältig plazierte Grußformel mitten auf
der Seite, mit roten Großbuchstaben diagonal getippt:

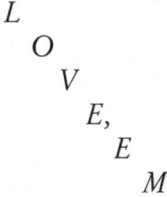

In diesem Brief trat das Mädchen in meinem Innern endlich ganz deutlich hervor, hier wurden Kindheitsthemen angesprochen, die eine direkte Beziehung zu der Frau hatten, die ich geworden war: hier war das unbändige Bedürfnis, meine Gedanken zu Papier zu bringen; meine Ursprünge; das Landhaus des Patriarchen, die Liebe zur Natur; die feste Überzeugung, sich um Verletzte kümmern zu müssen. Wie im Emily-Buch gab es sogar eine Windfrau, die durch den Schornstein wirbelte. Die unverblümte Darstellungsform, der Drang, dem Ästhetischen Rechnung zu tragen, wie er in jenen diagonalen roten Buchstaben, der Leerzeile und selbst in den Orthographiefehlern, die ich schon als neuropathologisch eingeordnet hatte, zum Ausdruck kam – das alles war jetzt willkommen, weil es unverhofft die Rückkehr des Mädchens in meinem Innern verkündete. Nachdem ich mit Twoies Mutter das Datum der Blinddarmentzündung abgeklärt hatte, stellte sich heraus, daß ich den Brief in jenem Sommer, als ich neun Jahre alt war, geschrieben hatte – und das war fast das Schönste daran. Die Wurzeln meiner Identität als Worteschmiedin und Schriftstellerin lagen in dem Kind, das von seinem Vater die Buchstaben lernte, aus denen sich die Schlagzeilen der Zeitung zusammensetzten, und in der Acht- und Neunjährigen, die Briefe an ihre Tanten tippte. Das Mädchen in meinem Innern gehörte mir.

11

Theorien von Männern,
Erfahrungen von Frauen

»Michael und Alan Post nahmen Platz und setzten die angeregte Unterhaltung fort, die sie beim Essen und danach oben im Arbeitszimmer geführt hatten.« Der Satz stammt aus Doris Lessings *Der Sommer vor der Dunkelheit* und beschreibt eine englische Frau, die mit ihrem Mann und seinem Arbeitskollegen zu Mittag ißt. »Sie goß den Kaffee in die hübschen Plastiktassen, die sie immer im Freien benutzte, seit der Hund ihrer Nachbarn, als er quer durch den Garten einem anderen Hund nachrannte, ein ganzes Tablett mit ihrem besten Porzellan zertrümmert hatte. Nachdem sie den Kaffee eingegossen und einige Schokoladenwaffeln angeboten hatte, setzte sie, wie eine Wächterin, ein aufmerksames Lächeln auf, hinter dem sie ihren eigenen Gedanken nachhängen konnte. Sie hatte an diesem Lächeln beziehungsweise an den Gefühlen, die es ausdrückte, ›gearbeitet‹, wie man sagt.« [1]

Manch amerikanische Frau, die von den weltlichen Angelegenheiten der Männergespräche ausgeschlossen wird, zieht sich wie Doris Lessings Romanfigur mit dem, was sie wirklich denkt, hinter ein abwesendes Lächeln zurück. So schützt sie sich vor genau den gesellschaftlichen Konventionen, die ihr verbieten, ihre innere Welt zu offenbaren, und macht sie damit allmählich noch mehr zu ihrer eigentlichen.

Diese innere Welt ist mehr als bloße Spielerei, sie gibt der Frau Kraft und Halt: Die Figuren, die sich darin bewegen, sind das Ergebnis ihrer eigenen, unverwechselbaren Schöpfungskraft und lassen sich bereitwillig auf sie ein. Die Bewohner dieser Welt beziehen die Frau in ihre intimen Gespräche über Privates, über konkrete Erfahrungen, mit ein. Unbemerkt vom Räderwerk gesellschaftlicher Konventionen, spinnt sie mit ihnen gemeinsam eine menschliche Intrige, in der es um konkrete, private Dinge und ihre individuellen Folgen geht. Und wie bei einem Spiel im Spiel sind sowohl die äußere Rahmenhandlung als auch die »Subebene«, die sich darin verbirgt, »real«. Die Funktionsweise dieses inneren Reichs und seine Koexistenz mit der äußeren Realität bilden die zentrale Thematik zahlreicher Bücher von feministischen Schriftstellerinnen wie Doris Lessing oder Virginia Woolf, Schriftstellerinnen, die darüber geschrieben haben, daß Frauen ihre innere Welt hinter einer angepaßten äußeren Fassade verbergen müssen.

Wissenschaftlerinnen, die sich mit der Psychologie der Frau beschäftigen, sehen dieses innere Reich zunehmend als *das* Forschungsgebiet überhaupt. Die Analytikerin Jean Baker Miller, die Pionierarbeit auf dem Gebiet einer feministischen Psychologie geleistet hat, vertritt die Ansicht, daß nur die Erforschung dieses inneren Reichs weibliche Erfahrungen verständlich mache, weil in einer Kultur, die nicht von Frauen geprägt werde, nur das Innenleben Gültigkeit haben könne. In den Sozialwissenschaften setzt sich allmählich die Einsicht durch, daß individualpsychologische Erkenntnisse über Angehörige von gesellschaftlich benachteiligten Gruppen nicht gewonnen werden können, wenn man ihr manifestes Verhalten untersucht. Neuere Forschungsansätze wenden sich von dieser Methode ab und konzentrieren sich bei der Untersuchung weiblicher Entwicklung auf den Bereich, der sich als weiblicher Freiraum erweist: das Innere.[2] Wenn es Überreste weiblicher Authentizität gibt, dann sind sie hier verborgen.

Oft fällt es einer Frau schwer, Zugang zu diesem authentischen Innenreich, das frei ist von patriarchalen Weiblichkeitsentwürfen, zu finden. Um diese Welt überhaupt erreichen zu können, muß die Frau eine Mauer von mit dem Weiblichen assoziierten Negativbewertungen durchbrechen. Diese Wertungen üben auch auf das Selbstverständnis moderner, gebildeter Frauen einen starken, zerstörerischen Einfluß aus. Doch wenn eine Frau sich dieses innere Reich erschließt, kann sie sich zum Subjekt ihrer Erfahrungen machen. Nur weil ich mich mit genau diesem Bereich intensiv beschäftigte, konnte ich die Erfahrungen von Frauen nachvollziehen und allmählich erkennen, welch ungewöhnlichem Muster die weibliche Identitätsentwicklung folgt.

Das Thema Identität ist natürlich nicht neu. Erik Erikson rückte es in den 50er Jahren ins allgemeine Interesse und stellte damals die Theorie auf, daß die Herausbildung eines gesicherten Identitätsgefühls die Hauptaufgabe der Adoleszenz sei. Er meinte, daß eine erfolgreiche Lösung der Identitätskrise im Jugendalter davon abhängig sei, daß das Individuum seine eigenen Erfahrungen machen könne, unabhängig werde und sich individuellen Idealen verpflichte, deren Auswahl ihn von anderen unterscheide. Die erfolgreiche Bewältigung dieser Krise zwischen Kindheit und Mannesalter sei die unabdingbare Voraussetzung, um die Anforderungen des Erwachsenseins zu meistern: Die Fähigkeit zur Intimität basiert Erikson zufolge auf der Herausbildung und Bewahrung einer stabilen, autonomen Ich-Identität.[3]

Es ist kaum bekannt, daß Eriksons bahnbrechende Arbeit über die Identität, wie auch die Suche von Doris Lessings Protagonistin und der Frauen dieses Buches, das Ergebnis persönlicher Konflikte war. Erikson war selbst ein Opfer unklarer Familienverhältnisse und erfuhr in seiner Jugend, daß ein Mann, den er für seinen Vater gehalten hatte, in Wirklichkeit sein Stiefvater war. Da er keine Möglichkeit hatte, seinen biologischen Vater ausfindig zu machen, begab er sich auf eine Identitätssuche, die weit über ihre ursprünglichen Ziele hinausführen sollte. Kurz vor Ausbruch des Zweiten Weltkrieges kam es zu einer Zusammenarbeit mit Anna Freud, als der Künstler Erikson Europa bereiste. Ein zentrales Thema dieses Krieges war die Erblehre, wodurch Eriksons persönliches Interesse an der biologischen Abstammung zu einem Thema von allgemeiner Bedeutung erhoben wurde. Nachdem aus dem Künstler der Psychotherapeut geworden war, legte Erikson den vom Stiefvater übernommenen Nachnamen ab. Er übernahm den Wortstamm seines Vornamens und ersetzte den *Familien*namen durch Erikson. Als er sich einen neuen Namen gab, machte er sich quasi zu seinem eigenen

Vater.[4] Seine ausgedehnte persönliche Suche ist zur Grundlage einer umfassenden Identitätstheorie geworden – einer Theorie, die man sowohl auf Männer als auch auf Frauen angewandt hat.

Als Erikson die individuelle männliche Erfahrung zum Gegenstand seiner Untersuchung machte und seinen Ergebnissen generelle Gültigkeit unterstellte, folgte er einer seit Sigmund Freud bestehenden Tradition. Freuds psychologisches Schema basierte ebenfalls auf dem dynamischen Spannungsverhältnis zwischen Vater und Sohn: er stützte seine Persönlichkeitstheorie auf den Ödipuskonflikt – die Quintessenz des männlichen Dramas. Freud selbst gab einmal zu, daß er die Psychologie des Mannes beschriebe, dessen Entwicklung durch die Trennung von der Mutter bestimmt werde.[5] Der Junge erwerbe seine Unabhängigkeit, indem er sich mit dem Vater identifiziere und das patriarchale Prinzip der Kultur verinnerliche. Obwohl Freuds monumentale Theorie sich in erster Linie auf die Berichte weiblicher Patientinnen stützte, gestand er offen ein, daß die Frauen ihm ein Rätsel blieben – »was, oh was will das Weib?«

Doch Freud ließ sich durch sein Unverständnis durchaus nicht davon abhalten, die Psychologie der Frau aus derjenigen des Mannes zu abstrahieren. In offensichtlicher Unkenntnis der Tatsache, daß zumindest auf embryonaler Stufe die menschliche Entwicklung mit der Frau beginnt, kam Freud zu dem Schluß, daß die Aufgabe des Mädchens in der ödipalen Phase – deren spektakuläre Fehlbenennung noch nicht einmal ihrem Geschlecht Rechnung trägt – darin bestehe, die aktive Maskulinität zu überwinden, die nach Freud zunächst Neugeborene beiderlei Geschlechts kennzeichne. Er hielt diese Aufgabe offenbar für so anstrengend, daß die Frau sich darin erschöpfen mußte. Freud konzeptualisierte also menschliche Entwicklung auf der Basis männlicher Normen und weiblicher Unzulänglichkeiten – und leitete daraus eine verminderte Reifefähigkeit der Frau ab.[6]

Diese einseitige Konzeption menschlicher Entwicklung, die von den Vätern der Psychologie entworfen wurde, gilt in der westlichen Kultur auch heute noch – ebenso wie das damit verbundene regressive Frauenbild. Freuds Ansicht, daß Frauen von Natur aus unreif seien, spiegelt sich in unserer Gesellschaft und manifestiert sich in zahllosen Erscheinungen, die von der Frauenbewegung zu Recht angegriffen werden. Auch Eriksons männlicher Einzelgängertyp ist in den zahllosen Darstellungen modernen Heldentums allgegenwärtig. Da es keinen augenscheinlichen Beweis spezifisch weiblicher Erfahrungen gibt, hält sich beharrlich die Ansicht, daß Männer von Natur aus zur Reife fähig, Frauen dagegen irgendwie Mängelwesen seien.

Zeitgenössische Entwicklungspsychologen sind selten frei von dem von Freud und Erikson begründeten Vorurteil. Viele betrachten das Leben von Frauen als zu unbedeutend, als daß es einer ernsthaften Untersuchung wert wäre, oder sehen in der weiblichen Entwicklung einfach eine minderwertigere Variation der männlichen. Carol Gilligan hat darauf hingewiesen, daß Eriksons Beitrag zur Lebenslaufforschung sich aus Psychobiographien berühmter Männer – wie George Bernard Shaw, William James, Martin Luther und Mahatma Gandhi – zusammensetzt, denen er eine Analyse der Beziehung zwischen Freud und Jung folgen läßt.[7] Viele andere Wissenschaftler sind in ihren Entwürfen menschlicher Entwicklung dem Beispiel Freuds und Eriksons gefolgt und haben ihre Untersuchungen ebenfalls ausschließlich auf Männer beschränkt. Daniel Levinsons *Das Leben des Mannes*, das in den 70er Jahren Aufsehen erregte, stützt sich auf Eriksons Raster und macht Arbeit und Alter zu den Koordinaten der männlichen Persönlichkeitsentwicklung. Diese und ähnliche Auslegungen (wie zum Beispiel George Vaillants *Werdegänge*) werden zu allgemeingültigen Modellen menschlicher Entwicklung erhoben, trotz der Tatsache, daß sie die Hälfte der Menschheit ausschließen. Diese Wissenschaftler gehen offenbar von dem Grundsatz aus, daß Mann gleichbedeutend mit Mensch und Frau gleichbedeutend mit irgend etwas anderem ist.[8] Ihre heimtückische Unterstellung, daß die Frau über den Mann zu verstehen sei, bewirkt zwangsläufig, daß Frauen sich immer weiter von einem wirklichen Verständnis ihrer selbst und ihrer Erfahrungen entfernen.

Die Anpassung an herrschende Lehren, so die Schlußfolgerung einiger Wissenschaftlerinnen, wird uns einem solchen Verständnis denn auch kaum näherbringen. Einige (wie zum Beispiel Marcia Westkott, Evelyn Keller und Marilyn Steele) vertreten die radikale Ansicht, daß gerade die sogenannte wissenschaftliche Objektivität diesem Ziel entgegenwirke, weil sie nichts als das Hirngespinst eines veralteten Wissenschaftsverständnisses sei. Diese Wissenschaftlerinnen sind davon überzeugt, daß die traditionelle Praxis der künstlichen Unterscheidung zwischen Subjekt und Objekt die problematische Definition der Frau als »das Andere«, als Objekt in einer Kultur, die den Mann zum Subjekt bestimmt, weiter verschärfe. Mary Brown Parlee hat in einem trocken-ironischen Kommentar, der auf Freuds Theorie des weiblichen Penisneids anspielt, die Vermutung geäußert, daß die heutige Psychologie offenbar an »Wissenschaftsneid« leide, einem Komplex, der die Fakultät dazu treibe, nach »immer ›härteren‹ Daten und immer ›festerer‹ Kontrolle« zu streben.[9] Sie behauptet, daß die Psychologie ihre Manipulationssucht aufgeben müsse, wenn sie weibliche Erfahrung verstehen und erklären wolle, weil die Erforschung einer »neuen« Bevölkerungsgruppe, wie die Frauen sie darstellten, mit einer Wissenschaft, die ihr oberstes Ziel in der Objektivität sehe, unmöglich sei. Der Anbruch einer neuen Zeit verlange nach neuen Weltbildern, was auch in den sogenannten ernsten Wissenschaften dazu geführt habe, daß der Mythos der Objektivität allmählich aufgegeben werde.[10] Doch nichtsdestotrotz tendieren die offiziellen Konzepte dem Trennungsprinzip zu und entwerfen einen linearen Entwicklungsweg, der auf einen einzigen Endpunkt, die Unabhängigkeit, zusteuert, wobei kein Zweifel daran gelassen wird, daß man Unabhängigkeit nur allein und auf sich gestellt erreichen kann.

Obwohl ich Grund zur Skepsis hatte, daß diese extrem phallozentrischen Modelle der Identitätsentwicklung auf Frauen übertragbar wären, als ich mit meiner Untersuchung begann, hatte ich doch auch kein alternatives Schema zur Verfügung. Erikson stellt die Identitätskrise der Adoleszenz in Form einer aufwärts laufenden Diagonale dar, worin eine gewisse einfache Logik zu liegen scheint. Erweiterungen dieser Bahn haben zu dem Schluß geführt, daß die menschliche Identität sich linear und progressiv zumindest bis ins mittlere Erwachsenenalter weiterentwickelt.[11] Ich habe vielleicht unbewußt die Auffassung geteilt, daß die Identität eines Menschen, rudimentär und amorph zu Beginn des Lebens, in der Adoleszenz in schmerzlichen Aufruhr gerät, durch Trennungsprozesse im jungen Erwachsenenalter beruhigt wird und dann durch Alter und Erfahrung linear wächst und sich weiterentwickelt. Jedenfalls hatte ich keine konkrete Vorstellung davon, wie Identität sich sonst herausbilden und festigen könnte. Erst als ich Frauen selbst zu ihrer Entwicklung befragte und sie mir schilderten, wie sie ein Selbst »bekommen« hätten, stieß ich auf das erstaunliche Muster, das diese Theorie in Frage stellt.

Das Muster der Identitätsentwicklung, das diese Frauen aufgedeckt haben, steht in deutlichem Gegensatz zu vereinfachenden psychologischen Theorien. Der kreisförmige Charakter, der sich bei diesen Frauen für den Prozeß der Selbstfindung als typisch erwies, widerspricht dem von Erikson aufgestellten linearen Stufenplan. Frauen bilden ihre Identität nicht in der Adoleszenz heraus, sie greifen vielmehr als Erwachsene auf ihre Mädchenzeit zurück, um zu ihrem authentischen Selbst zu finden. Jede der befragten Frauen hatte bereits im frühesten Lebensstadium eine Identität entwickelt, die sie als authentisch, wahr und echt empfunden hatte, die ihr aber in den nachfolgenden Jahren verlorengegangen war. Wenn die Einzelheiten auch unterschiedlich waren und die Diskontinuität variierte, jede der Frauen, die ich zu ihrer Identitätsentwicklung befragte, hat von dem erstaunlichen Phänomen gesprochen, daß sie ihr Selbst verloren und wiederentdeckt hatte.

Wenn Frauen auf ihre Mädchenzeit zurückgreifen, um zu einer authentischen Identität zu finden, wirft das die wichtige Frage auf, ob es ihnen an Entwicklungsfähigkeit mangelt, denn nach gängiger Praxis wird als »unreif« betrachtet, wer nicht auf linearem Weg zu einer Identität gefunden hat, bevor er das Erwachsenenalter erreicht, was impliziert, daß jeder,

der diese Aufgabe nicht »erfolgreich« meistert, ebenfalls als unreif gilt. Da jedoch eines der Hauptkriterien, nach denen ich die Frauen für meine Untersuchung auswählte, das der psychischen Reife war, ist diese Erklärung sehr unwahrscheinlich. Wie läßt es sich also erklären, daß ihre Erfahrungen den anerkannten Theorien zuwiderlaufen?

Als die Frauen erzählten, wie sie darum gekämpft hatten, »der Mensch zu werden, der du wirklich bist« (wie Willa in Kapitel 6 es ausdrückte), machten sie die Ursachen deutlich, die diese scheinbar leichte Aufgabe zu einem so dornenreichen Weg werden ließen und offenbarten damit gleichzeitig die begrenzte Gültigkeit der offiziellen Theorie. Einige Ursachen liegen auf der Hand: Frauen, die das Erwachsenenalter erreichten, bevor die zweite Welle der Fauenbewegung einsetzte, hatten ihre eigene Entwicklung der ihrer Ehemänner untergeordnet. Die Beschränkung auf nährende und fürsorgliche Rollen in der privaten, häuslichen Sphäre hatte zur Folge (wenn nicht die Absicht), daß die Frauen ihre eigene Identität verloren, wie das Beispiel Sophies (Kapitel 6) nur allzu deutlich zeigt. Eine Frau, die sich »selbstlosen«, nährenden Rollen verschreibt, wird in der Lebensmitte feststellen müssen, daß sich ihre Nützlichkeit in einer Kultur, die für die zweite Lebenshälfte keine Rollen zur Verfügung stellt, erschöpft hat. Da sie ihr Leben um das, was Jean Baker Miller die Reproduktionsfähigkeit der Gebärmutter nennt, angeordnet hat, ist sie verloren.[12]

Abgesehen von diesen augenfälligen Erklärungen enthielten die Lebensgeschichten der Frauen auch andere, weniger offensichtliche Gründe für die Auslöschung weiblicher Identität. Viele der befragten Frauen meinten, daß die frühe Anpassung an gesellschaftliche Rollenbilder sie dazu verleitet hätte, ihr eigentliches Leben aufzugeben. Vor allem die Erwartung, daß Frauen beziehungsorientiert und zuständig für die Bedürfnisse anderer sein sollten, machte es schwer, sich selbst weiter als Subjekt zu begreifen. Häufig war es der Versuch, einem unerreichbaren, vom Patriarchat vorgegebenen Idealbild zu entsprechen, der mit dem Prozeß der Selbstverwirklichung in Konflikt geriet. Während ihrer Mädchenzeit versuchten viele der Frauen lange Zeit, ihre Identität so umzuformen, daß sie äußeren Erwartungen entsprach.[13] Andere, denen es nicht gelang, sich anderen vollständig anzupassen, »versteckten« bewußt ihr »wahres Selbst«.

Die wichtige Rolle von Beziehungen im Leben der Frauen barg sowohl positive Entwicklungsmöglichkeiten als auch Gefahren. Bedeuteten Beziehungen einerseits eine Bedrohung der Identität, erwiesen sie sich andererseits häufig als Mittel ihrer Wiederherstellung. Einige der Frauen, deren Identität früh Schaden nahm, weil sie sich den Vorstellungen und Bedürfnissen einer mächtigeren Umwelt anpaßten, entdeckten das verlorene Selbst später wieder, weil sie eine ganz besondere Art von Beziehungen eingingen: Beziehungen, die nicht auf Herrschaft basierten und in denen die Frauen als gleichwertige und gleichberechtigte Partner agieren konnten. Solche Beziehungen eröffneten unerwartete Möglichkeiten persönlicher Entfaltung. Diese Frauen haben deutlich gemacht, daß Beziehungen sowohl Gefahren als auch das Potential weiterer Reifung in sich bergen; sie haben damit dem spezifischen Verlauf weiblicher Identitätsentwicklung, der sonst vielleicht als »verschlungener weiblicher Entwicklungsprozeß«[14] erscheinen könnte, eine klare Gestalt gegeben.

Doch merkwürdigerweise tauchen Beziehungen in dem psychologischen Entwurf, der sich auf einen winzigen entwicklungsmäßigen Endpunkt, nämlich die Trennung, konzentriert, überhaupt nicht auf. Die eine offizielle Landkarte, die wir benutzen, um den allgemein gültigen menschlichen Entwicklungsweg nachzuvollziehen, skizziert die einsame Reise eines Mannes; Unabhängigkeit heißt das Ziel, dem er allein entgegenstrebt. Sich anderen gegenüber abzugrenzen, ist zu einem Ziel in sich geworden, statt als Übergangsphase zwischen der kindlichen Abhängigkeit und der reifen Fähigkeit zur Intimität und Bindung zu gelten, wie sie Erikson vielleicht vorgeschwebt hat. Das männliche Vorurteil, das dieses psychologische Konzept durchzieht, hemmt noch immer die Entstehung neuer psychologischer Theorien – ein Handikap, das nicht nur dazu geführt hat, daß Frauen als

Mängelwesen gelten, sondern auch einseitige psychologische Konzepte menschlicher Entwicklung zur Folge gehabt hat.[15]

Diese wissenschaftlichen Konzepte haben ihre Parallelen im Frauenalltag der »wirklichen Welt«, wo sie einer naiven, aber gefährlichen weiblichen Seelenkunde entsprechen. Nur indem ich den traditionellen Ansatz durchbrach und die Frauen selbst danach befragte, wie sie ihr Leben beurteilen, konnte ich überhaupt herausfinden, wie allumfassend – und zerstörerisch – der Einfluß sein kann, der von der kulturellen Aufspaltung menschlicher Eigenschaften und der damit verbundenen Abwertung alles Weiblichen ausgeht. Die Auswertung der Erfahrungsberichte legt den Schluß nahe, daß die weibliche Entwicklung sich von der des Mannes in wichtigen Punkten unterscheidet. Eine kritische Hinterfragung von Eriksons Konzept der kumulativen, stufenweisen Identitätsentwicklung deutet in der Tat darauf hin, daß nur die männliche Identität sich in einer linearen Form herausbilden kann, denn nur der Junge wächst in Übereinstimmung mit einer patriarchalen Kultur auf und nur der Junge wird von ihren Institutionen darin gefördert, ein unabhängiges und dauerhaftes Identitätsgefühl herauszubilden.

Diese Einschätzung ist das Ergebnis meiner intensiven Untersuchungsgespräche mit selbst-reflektiven, psychisch reifen Frauen. Ich habe die Frauen, deren Befragung die Grundlage meiner Studie bildet, gefunden, indem ich Kollegen, Bekannte und Freunde bat, mir Frauen zu nennen, die aus ganz unterschiedlichen Verhältnissen stammen sollten. Die rege Reaktion auf das Kontaktnetz, das ich geknüpft hatte, war vielversprechend: über zweihundert Frauen waren für die Untersuchung benannt worden. Unter Verwendung des Loevinger Satzvervollständigungstests wurden aus den zweihundert Probandinnen zwanzig Frauen mit ausgeprägter Persönlichkeit ausgewählt.

Ich benutzte diesen Reifetest von Loevinger – der auf empirischen Untersuchungen basiert, bei denen buchstäblich Tausende von Frauen mit dem unterschiedlichsten sozialen, wirtschaftlichen, kulturellen und bildungsmäßigen Hintergrund getestet wurden –, weil ich auf der Suche nach dem war, was

Leon Edel »die Gestalt unter dem Teppich« genannt hat, das grundlegende Muster, das die Lebenserfahrungen einer Frau erklärt und ihnen Sinn gibt.[16] Ich dachte, daß Frauen, die einen »höheren« Entwicklungsstand erreicht hätten, am besten geeignet wären, um meine Untersuchungsfragen nach den unterschwelligen Reifungsmechanismen zu beantworten, und daß selbstreflexive Frauen wahrscheinlich besonders stark auf die mit diesem Prozeß einhergehenden psychischen Veränderungen achten würden. Obwohl Selbstreflexion bei Loevinger kein Kriterium bildet, habe ich diese Eigenschaft später nicht nur als die Quintessenz einer erwachsenen Persönlichkeit gesehen, sondern sie auch als den Schlüssel menschlicher Entwicklung überhaupt begriffen, denn Selbstreflexion führt dazu, daß wir divergierende Aspekte unserer Erfahrung miteinander vergleichen; und die Harmonisierung dieser Widersprüche – die Piaget als Akkomodation bezeichnet hat – ist ein Prozeß, der schon für sich genommen komplexere und umfassendere Wege der Sinnfindung und Lebensgestaltung eröffnet.

Ich wählte zwanzig von den fünfzig Frauen aus, die aufgrund ihrer Angaben für die Untersuchung qualifiziert waren; sie waren zwischen dreißig und fünfundsiebzig Jahre alt und kamen aus den verschiedensten sozialen Verhältnissen. Die Frauen, die an dieser Studie teilnahmen, teilten einen gewissen Pioniergeist mit mir: Wir standen im Begriff, unbekanntes Gebiet zu betreten, und würden dieses Gebiet gemeinsam erkunden und ausmessen.

Abgesehen von den allgemeinen Anforderungen der Selbstreflexion und psychischen Reife waren die Frauen sehr verschieden voneinander, vor allem in Anbetracht der Tatsache, daß sie eine relativ kleine Gruppe bildeten. Obwohl es sich in erster Linie um Mittelschichtsfrauen mit guter Ausbildung handelte, gab es starke Unterschiede was das Alter, den gesellschaftlichen Hintergrund, Erziehung und soziale Verhältnisse betraf. Zehn von den Frauen waren zwischen dreißig und neunundvierzig; zehn zwischen neunundvierzig und fünfundsiebzig. Einige waren in der Zeit der Weltwirtschaftskrise großgeworden, andere im Zweiten Weltkrieg; einige waren Kinder der fünfziger Jahre, andere Blumenkinder der Sechziger. Viele hatten sich selbst als Ehefrau und Mutter definiert, bevor die Frauenbewegung es möglich machte, andere Entscheidungen zu treffen. Einige der Frauen waren mit dem, was sie erreichten, ihrer Zeit weit voraus gewesen. Viele der Frauen aus ärmeren Familien hatten einen Ausbildungsstand und Positionen erreicht, die für ihre Eltern noch unmöglich gewesen wären.

Erziehung und Ausbildung der Frauen waren breit gefächert und erstreckten sich vom Hauptschulabschluß über höhere Schulen bis hin zur Promotion und anderen wissenschaftlichen Ausbildungen. Von den zwanzig Frauen hatten zwei keinen High-School-Abschluß, zwei hatten eine Kunstschule besucht, drei hatten einen B. A.-Titel, sieben hatten ein Magisterstudium absolviert, vier hatten promoviert und zwei waren Ärztinnen. Einige, deren Eltern Ärzte, Grundstücksmakler, Lehrer und Architekten waren, blieben diesen beruflichen Ursprüngen eng verbunden, entfernten sich jedoch von ihrem familiären Hintergrund, was Wertmaßstäbe und Lebensweise anging. Beispielsweise hatte es keinen Fall von Scheidung bei den Eltern der Untersuchungspersonen gegeben, obwohl sieben der Frauen geschieden waren (von denen eine wieder geheiratet hatte).

Von den neun verheirateten Frauen hatten drei ihre Ehemänner schon als Schulmädchen kennengelernt, sechs später. Zwei von ihnen waren zum zweiten Mal verheiratet; eine war geschieden, die andere verwitwet. Zu den elf alleinstehenden Frauen gehörten eine verlobte dreißigjährige Geschäftsfrau und eine siebenunddreißigjährige Kinderärztin, die gern heiraten wollte, bevor sie zu alt wäre, um Kinder zu bekommen. Fünfzehn von den zwanzig Frauen waren Mütter. Zwei kinderlose Frauen hatten spät geheiratet; die anderen drei waren nie verheiratet gewesen. Sechs waren geschieden, zwei waren verwitwet und eine gab ihren Familienstand mit lesbisch an. Ich war der Meinung, daß ein Buch über weibliche Identität unbedingt auch die Ansichten von Frauen enthalten sollte, die sich selbst als lesbisch definierten. Als die Frau, die diese Perspektive eingebracht hatte, ihre Geschichte später zurückzog, habe ich, um diese Lücke zu füllen, erneut mein Kontaktnetz benutzt, um andere lesbische Frauen kennenzulernen. Ich interviewte vier Frauen, die den Kriterien des ursprünglichen Untersuchungsansatzes entsprachen, also die Voraussetzungen der Selbstreflexion und psychischen Reife erfüllten. Kapitel 7 enthält den ungekürzten Bericht einer dieser Frauen.

Viele Frauen gaben zwei oder drei Berufe an – vor allem die Ehefrauen und / oder Mütter. Fünf waren Hausfrauen; eine dieser Frauen, eine frisch wiederverheiratete Mutter von Kindern im Jugendalter, arbeitete als Fotografin. Eine Hausfrau, die hoffte, als Lehrerin arbeiten zu können, wenn ihre Kinder größer geworden wären, studierte Musik. Eine Wissenschaftlerin, die ihren Beruf aus gesundheitlichen Gründen früh aufgeben mußte, unterstützte ihren Mann in seinem wissenschaftlichen Beruf. Eine Frau über siebzig, die eine erfolgreiche Karriere als Schriftstellerin gemacht hatte, widmete sich gelegentlich immer noch einzelnen schriftstellerischen Projekten. Eine Frau Ende Sechzig half bei der Leitung einer Kunstgalerie, die von einer Frauengilde geführt wurde, während sie außerdem in Fortbildungskursen an der Universität einen höherqualifizierten akademischen Abschluß anstrebte. Die anderen fünfzehn widmeten sich vielfältigen privaten oder beruflichen Interessen, die unter anderem so völlig verschiedene Gebiete wie Kunstverwaltung, die Geschichte des Mittelalters, Theologie, Bewegungstherapie und medizinische Versorgung umfaßten.

Der familiäre Hintergrund der Frauen wies bemerkenswerte Kontraste auf; ihre Familien repräsentierten eine Vielzahl europäischer Wurzeln. Eine Harvardstudentin im mittleren Alter war in Mittelengland aufgewachsen, wo ihr Vater als Graveur arbeitete. Eine ältere Arztehefrau, die in einem stattlichen Haus in einem Vorort von Boston lebte, war in den Elendsvierteln der Stadt aufgewachsen, wo ihr Vater, ein polnischer Immigrant, als Schneider kaum das Nötigste zum Leben verdiente. Eine Frau Mitte Vierzig, deren Vater zur Pflanzeraristokratie gehörte, hatte ihre Kindheit auf einem herrschaftlichen Landsitz verbracht und war von einem Kindermädchen großgezogen worden. Eine Schriftstellerin Anfang Siebzig wuchs als Tochter eines Kaufmanns und einer Portraitfotografin in den Südstaaten der USA auf. Eine Sekretärin Ende Fünfzig erinnerte sich, wie ihr Vater, der als Anstreicher arbeitete, ihre Socken mit schwarzer Schuhcreme einrieb, als die Spitzen ihre Schuhe durchlöchert waren. Ihre Erfahrungen als Heranwachsende stehen in diametralem Gegensatz zu denen einer Kinderärztin Mitte Dreißig, die ihre Kindheit in den feinsten Kreisen New York Citys verbrachte, wo ihre Großmutter elegante musikalische Nachmittagssalons veranstaltete. Die meisten der Frauen habe ich in ihren Privatwohnungen interviewt, wobei ich mich wechselweise an einem Tisch mit Wachsdecke in einer kleinen, einfachen Küche und zwischen Leder und Brokat in der Bibliothek eines imposanten viktorianischen Herrschaftshauses wiederfand.

Die Unterschiede zwischen diesen Frauen lassen es um so bemerkenswerter erscheinen, daß sie ihre Kraft alle aus der gleichen Quelle – dem Mädchen in ihrem Innern – schöpften.

Um den ursprünglich ausgewählten zwanzig Frauen ihre Lebensgeschichten zu entlocken, entwickelte ich eine »Landkarte« von Themen, die ich mit ihnen besprechen wollte. Die einzige »Standard«-Frage, die ich stellte, war diejenige, mit der ich die Befragung eröffnete: »Wie würden Sie ihr Erwachsensein beschreiben, wenn wir Ihre Biographie verfassen würden?« Dieser Satz war das Ergebnis langen, angestrengten Nachdenkens über eine Frage, die frei von Vorurteilen sein sollte. Und doch erwies sich gerade diese Frage als extrem vorurteilsvoll, was diese Untersuchung tiefgreifend beeinflussen sollte.

Die Frauen reagierten häufig bestürzt auf diese Frage; viele antworteten darauf mit der Gegenfrage: »Erwachsensein? Wann fängt das an?« Woraufhin ich zu erwidern pflegte: »Wann fängt es *Ihrer Meinung nach* an?« – womit wir die Frage erledigt hatten! Als ich, von echter Neugier getrieben, wissen wollte, wie und wann die Frauen selbst das Gefühl entwickelt hätten, erwachsen zu sein, haben die Antworten eine tiefgreifende Diskrepanz zwischen dem Selbstverständnis dieser Frauen und den kulturellen Reifemaßstäben offenbart und letztlich – wie die Lebensgeschichten deutlich illustrieren – zu einem Reifekonzept geführt, das völlig verschieden von der offiziellen Definition ist.

Ich fragte meine Probandinnen auch, ob ihre Erfahrungen sich in Phasen oder Stufen einteilen ließen und, wenn ja, nach welchen Kriterien. Ich vermutete, daß die Übergänge von einer Phase zur anderen eher mit Veränderungen in zwischenmenschlichen Beziehungen zu tun hätten, wie z. B. mit Heirat, Mutterschaft oder dem Alter der Kinder – als daß sie der chronologischen Unterteilung nach Lebensdekaden entsprechen würden, wie sie in vielen Untersuchungen über Männer entworfen wird.[17]

Ich fragte die Frauen auch, wodurch sie das Gefühl bekommen hätten, erwachsen zu sein, und sah mich durch ihre Antworten gezwungen, mein eigenes Reifekonzept zu überdenken, und zwar auf so radikale Weise, daß der Begriff der *Reife*, der ja in seiner gegenwärtigen Form auch eine gewisse Statik impliziert, seine Gültigkeit verlor. Als ich die Frauen aufforderte, einen bildlichen Vergleich für ihre Entwicklung zu wählen, zeichneten diese Vergleiche sich durch organische, dynamische und bewegliche Symbole aus. Standardtheorien, die entwicklungsmäßige Fortschritte als statische Zielmarken definieren, verblaßten vor diesen reichen Metaphern.

Als ich vier Frauen befragte, die erst zu der Untersuchung stießen, nachdem ich meine Theorie entwickelt hatte, verzichtete ich auf die »Landkarte«, die Fragen nach dem Erwachsensein, nach Phasen und Reife umfaßt hatte, und konzentrierte mich statt dessen auf den Prozeß der Identitätsentwicklung. Ich stellte den Frauen eine Reihe von Fragen dazu, wie sie ein Selbst »bekommen« hätten und fragte auch danach, ob sie sich an Aspekte der Selbstverwirklichung aus ihrer Mädchenzeit erinnern könnten. Ich fragte, ob es einen Punkt gegeben hätte, an dem sie erkannt hätten, daß sie sich nicht in das »übliche« Weiblichkeitsmuster einpassen würden. Vor allem fragte ich sie, zu welcher Zeit ihres Lebens sie sich am meisten als sie selbst gefühlt hätten. Ich bedauerte sehr, daß ich bei der ersten Untersuchungsgruppe nicht auf diese Frage gekommen war, weil sie ganz direkt zu der zentralen Thematik führte.

Ich habe mit jeder der Frauen drei oder vier sehr intensive Gespräche geführt, weil ich hinter die Erklärungshülsen vordringen wollte, die wir alle immer parat halten. Diese Art von Erzählhülse ist diejenige, auf die man bei einer wissenschaftlichen Untersuchung im ersten Gespräch stößt, gleichgültig wie lange man sich bei diesem ersten Mal unterhält. Obwohl dieses anfängliche Erklärungsmuster weder erlogen noch zwangsläufig oberflächlich ist, läßt es doch einfach die schwerer zu erklärenden Aspekte des in Frage stehenden Lebens aus – und damit genau jene Elemente, die einen Psychologen besonders interessieren.

Außerdem ging ich davon aus, daß die Entwicklungsgeschichte einer Frau so komplex ist, daß sie kaum in einer einzigen Sitzung geklärt werden kann. Ein nachdenklicher Mensch findet oft ganz verschiedene Ausdrucksformen und Perspektiven für chronologische Ereignisse. Viele Frauen in meiner Untersuchung hatten das Gefühl, in der ersten Sitzung nicht viel mehr getan zu haben, als die Bruchstücke ihres Lebens grob zusammenzufügen. Nachdem die Frauen ihre Geschichte von einer Perspektive erzählt hatten, hatten sie offenbar den Wunsch, sie noch einmal von einem anderen Blickwinkel aus darzustellen – was durch ein zweites und drittes Gespräch möglich wurde. Es ging mir vor allem darum, von jeder der Frauen einen vollständigen Erfahrungsbericht zu erhalten, um so das Ziel der Untersuchung zu erreichen: ein Konzept zu finden, das »frei« vom patriarchalen Vorurteil der Standardliteratur sein sollte; wieviel Zeit das kosten würde, war mir nicht so wichtig. Ich verzichtete auf Protokolle, die zur Bestätigung vorgefertigter Theorien einem festgesetzten Fragenkatalog folgen und hielt mich nur an die eine Bedingung, daß ich jede Frau so lange befragen wollte, bis mir klar würde, nach welchen Maßstäben sie selbst ihre Welt strukturierte und wie sie ihre eigene Rolle darin sah.

Je mehr Gespräche ich führte, desto klarer wurde mir, daß die produktivste Frage, die ich stellen konnte, die nach dem »Wie« war. Obwohl ich nicht genau erklären kann, warum, löste diese Frage die Neugier der Frauen aus und brachte sie dazu, ihre Lebensgeschichte zu hinterfragen. Ich begann die Fragen zu bedauern, die ich mit einem anderen Fragewort eingeleitet hatte. »Warum?«, eine Frage, die sich an die Motivation richtet, erwies sich als besonders problematisch. Sie hinderte Frauen mehr, als daß sie es ihnen erleichtert hätte, die Bedeutung ihrer gegenwärtigen und vergangenen Erfahrungen zu erforschen. Fragen nach dem »Wie« halfen uns dabei, bei der Entwicklungsthematik zu bleiben, sie weckte das Interesse der Frauen und brachte sie dazu, Veränderungen in ihrem Selbstverständnis oder Weltbild aufzuspüren und die Beziehung zwischen den beiden zu untersuchen. Durch diese »dichten Schilderungen«, d. h. indem Frauen ihre Wahrnehmungen, Gefühle und Interpretationen in ihre Berichte einbezogen, stießen sie schließlich auf das Mädchen in ihrem Innern.[18]

Ich habe diese Berichte nicht nur einschränkungslos als faktisch akzeptiert, sondern auch bestätigt gefunden, was Marcia Westkott in ihrem Artikel »Feminist Criticism of the Social Sciences«[19] erläutert hat, daß nämlich authentische Konzepte weiblicher Entwicklung nur dadurch zu erreichen sind, daß der methodische Ansatz fallengelassen wird, der normalerweise Wissenschaftler und Untersuchungspersonen voneinander trennt. Westkott stellte die These auf, daß der konventionelle Ansatz, dem man in der offiziellen sozialwissenschaftlichen Forschung weitgehend Folge leistet, die zu untersuchenden menschlichen Phänomene verzerrt. Sie war der Ansicht, daß die Abspaltung sozialwissenschaftlicher Daten von dem Kontext, aus dem sie entstanden sind, zwangsläufig zu einem künstlichen Gegensatz führe. Westkott schlug vor, derartige Abstraktionen, mit denen die sogenannten subjektiven Fragen kaschiert werden sollen, die die eigentliche Grundlage sozialwissenschaftlicher Forschung bilden, durch eine dialektische Methode zu ersetzen, durch einen Dialog, in dem Forscher und Erforschte gemeinsam neue Theorien entwickeln. Hätte ich die Rolle der »psychologischen Expertin« übernommen, wäre das entstehende Mädchen im Innern nie zum Leben erwacht. Nur indem ich die

Frauen selbst als Schöpferinnen ihrer Biographien akzeptierte und gemeinsam mit ihnen daran arbeitete, die Bedeutung ihrer Erfahrungen zu verstehen, konnte ich überhaupt auf das Mädchen im Innern stoßen.

Der zwangsläufig retrospektive Ansatz meiner Untersuchung warf die Frage auf, inwiefern die individuelle Erinnerung durch selektive Mechanismen verzerrt sein würde, denn – wie George Vaillant es formuliert – »das Erreichen der Reife macht Lügner aus uns allen«.[20] Wir sehen die Vergangenheit gebrochen im Spiegel der Gegenwart. Doch für eine Entwicklungsanalyse sind nicht die sogenannten objektiven »Tatsachen« im Leben einer Frau von Bedeutung, von Bedeutung ist vielmehr die Art und Weise, in der diese »Tatsachen« in einen Zusammenhang gestellt werden. Die einzelnen Bestandteile einer Lebensgeschichte so zusammenzufügen, daß sie ein Ganzes ergeben, ist eine innere, konstruktive Aufgabe.* Durch diese Aktivität erfährt der Zuhörer, wie die jeweilige Frau ihre Erfahrungen strukturiert, und *das* – die Strukturierung von Erfahrung, der Prozeß der Sinngebung – war das Thema dieser Untersuchung. *Wie* Frauen ihr Leben beurteilen und ihren Lebenserfahrungen Sinn geben, ist die »Wahrheit«, auf die es einem Entwicklungspsychologen ankommt. Oder in den Worten einer Frau, die den Rückblick auf ihre Lebenserfahrungen folgendermaßen zusammenfaßte: »Es ist, als ob man sich ein Flachrelief, eine topographische Karte anschauen würde, auf der die Berge ganz flach aussehen, bevor man sie anmalt. Die Flachheit von Erfahrung gewinnt Höhen und Tiefen, wenn du sie mit Farbe überziehst. Dann heben sich die Landschaftsformen ganz herrlich voneinander ab. Ich habe meine Vergangenheit zurückgewonnen, indem ich sie mit dem, was ich heute weiß, ausgemalt habe.«

Um die einzelnen Lebensgeschichten zu analysieren, fragte

---

* Diese Beurteilung stützt sich auf den entwicklungspsychologischen Ansatz der Konstruktivität, der von Psychologen wie Herbert Fingarette, Jane Loevinger, George Kelly, Robert Kegan und Lawrence Kohlberg vertreten wird.

ich mich, wie die Frauen ihren Bericht strukturiert hatten. Was war das Hauptthema der jeweiligen Geschichte? Nach welchen Kriterien hatte eine Frau die »Kapitel« geordnet? Womit fing die Erzählung an und welchen Verlauf nahm sie? Welches Muster ergab sich? Was trat in den Hintergrund, oder fiel ganz aus dem Rahmen? Welche Ereignisse schienen einer Frau so selbstverständlich, daß sie »kein Wort darüber verlor«? Was war das strukturierende Prinzip ihrer Geschichte, das Thema, das ihrer Biographie Gestalt verlieh? Wie ließen sich die Tatsachen ihres Lebens erklären?

Indem ich mich genau an diese wesentlichen Analysefragen hielt, gründete ich die wissenschaftlichen Konzeptualisierungen auf mein vorhandenes Material und machte das tatsächliche Leben dieser Frauen zur Grundlage der Konzeptualisierungen, statt ihr Leben an »Standardtheorien« anzupassen, die sich letzten Endes als unbrauchbar erwiesen.[21] Nur durch diese Vorgehensweise konnte ich sicherstellen, daß ich die Art und Weise, in der die Geschichte erzählt worden war, zum Wesentlichen machte. Wie die Botschaft vermittelt wurde, war – jedenfalls für meine Absichten – die Botschaft selbst.

Als ich mein Material auswertete, wurde zunehmend deutlich, daß die authentische Identität der Mädchenzeit, die diese Frauen beschrieben hatten – und der Verlust dieses Selbst an ein künstliches Selbst –, genau dem entsprach, was D.W. Winnicott in seiner Arbeit als Analytiker entdeckt hatte; er fand heraus, daß seine erwachsenen Patienten durch eine emotionale Kränkung in ihrer Kindheit dazu gebracht worden waren, ihr »wahres« Selbst auf Eis zu legen und ein Als-ob-Verhalten anzunehmen, das ihnen ermöglichte, von einem, in Winnicotts Worten, »falschen Selbst« aus zu operieren, abgetrennt von ihren authentischen Gefühlen.[22] Obwohl dieses Phänomen in der psychiatrischen Fachliteratur seit langem bekannt ist (also in einer Literatur, bei der es um pathologische Phänomene geht), ist es nie zuvor bei der nicht-klinischen, psychisch reifen Bevölkerung bemerkt worden. Durch die Freilegung des Mädchens im Innern haben die Frauen, die an dieser Untersuchung teilgenommen haben, diese Dynamik in einen normativen Bereich verlagert.

Die Entwicklung, durch die die von mir befragten Frauen dazu gebracht wurden, die Autorität ihres natürlichen Selbst zu mißachten, ist ähnlich auch von Alice Miller beschrieben worden.[23] Doch während Miller die Einengung des kindlichen Selbst als geschlechtsunabhängig sah, haben die Frauen in meiner Untersuchung gezeigt, wie das von Miller erkannte Phänomen vor allem Frauen bedroht. Ihre Erfahrungsberichte haben die Zusammenhänge deutlich gemacht, durch die ein Mädchen dazu verleitet wird, ihre wahre Identität hinter der femininen Fassade zu verbergen, die sie in ihrer Jugend errichten muß. In dieser Hinsicht unterstreicht mein Material die Arbeit Karen Horneys – insbesondere in der Interpretation Marcia Westkotts.[24] Horneys Untersuchungen zeigen die Ursachen auf, die dazu führen, daß eine Frau ihr Selbstverständnis auf ein weibliches Idealbild stützt, statt auf die authentische Identität ihrer Kindheit zu vertrauen.

Die von mir gesammelten Lebensgeschichten legen auch nahe, daß die von Miller empfohlene Therapie, nämlich um das verlorene Selbst zu trauern, ungenügend sein könnte, um dieses kindliche Selbstverständnis wiederherzustellen. Eine Frau muß nicht nur Trauerarbeit leisten, sie muß, wie die Erfahrungsberichte demonstrieren, die Macht des falschen Selbst durchbrechen, oft, indem sie Aggressionen freisetzt, um das in der Kindheit verschüttete Mädchen zu neuem Leben zu erwecken. Die Frauen haben die Krise, die durch diesen Durchbruch ausgelöst wird, detailliert beschrieben und damit auch Winnicotts, Millers und Horneys Werk um eine wichtige Erkenntnis erweitert, weil sie eine *Vielzahl* authentischer Wege der spontanen Wiederherstellung beschrieben und dokumentiert haben, Möglichkeiten und Wege, die um so bemerkenswerter sind, weil sie mit bestimmten Bindungsformen zusammenhängen.

Die Erfahrungsberichte unterstreichen die Bedeutung von mitmenschlicher Bindung als Mittel der Wiederherstellung und rufen damit Sullivans interpersonale Psychiatrie und Heinz Kohuts These des empathischen Selbst-Objektes wach.[25] Die Schilderungen bestätigen die Meinung von Wissenschaftlerinnen, die sich mit ›weiblichem Empirismus‹ beschäftigen und zu dem Schluß gekommen sind, daß die Identität einer Frau als »in-Beziehung-gesetztes-Selbst« zu verstehen sei.[26] Diese Wissenschaftlerinnen, wie z. B. Carol Gilligan, stellen die These auf, daß das weibliche Selbst sich innerhalb eines verzweigten Beziehungsnetzes definiere. Vor allem jedoch stimmen die von mir befragten Frauen in einem entscheidenden Punkt mit Jean Baker Miller überein, die die Auffassung vertritt, daß weibliche Authentizität, d. h. das eigentliche Ziel der Entwicklung, aus bestimmten Beziehungsformen resultiere – aus Beziehungen frei von Herrschaft und Unterwerfung.[27]

Die in diesem Buch zusammengestellten Lebensberichte haben die Theorien dieser Wissenschaftlerinnen nicht nur miteinander verbunden und sie mit Leben erfüllt, indem sie deutlich gezeigt haben, wie eine Frau von ihrem ursprünglichen Selbst entfremdet wird, sie haben diese wissenschaftlichen Erkenntnisse auch erweitert, indem sie die dynamischen Prozesse, die mit der Wiedergewinnung dieses Selbst zusammenhängen, erhellt haben: Die Befreiung aus Beziehungen, die auf Unterwerfung gründeten, und die Vergegenwärtigung der eigenen Geschichte, die das lang verdrängte Selbst der Mädchenzeit freilegte, hat diesen Frauen ermöglicht, ihre erwachsene Persönlichkeit voll zu entfalten. Indem sie diesen Prozeß ausführlich schilderten, haben sie sowohl das »Wie« weiblicher Entwicklung offengelegt, als auch aufs neue den ambivalenten Charakter von Krisen illustriert.[28] Daß sie erkannt haben, durch welche spezifischen Erfahrungen authentische Identität zerstört und durch welche sie wiederhergestellt wird, macht diese Frauen, denen es gelungen ist, zu dem Mädchen in ihrem Innern und damit zu ihrer ursprünglichen Identität zurückzufinden, quasi zu ›natürlichen Entwicklungsexpertinnen‹.[29] Sie bringen die vielleicht allerbeste Voraussetzung mit, um das wechselhafte Schicksal des Selbst zu erklären.

12

Weibliche Selbstbilder
und Entwicklungsentwürfe

Dieses Buch stellt eine kühne Theorie auf: daß nämlich die wahre Befruchtung der Frau nicht so viel mit der männlichen Penetration, sondern vielmehr damit zu tun hat, daß die Frau zu dem Mädchen zurückfindet, das sie ursprünglich gewesen ist. Die Fähigkeit einer Frau, ihr authentisches Selbst zu bewahren, ohne die Essenz ihrer Mädchenzeit vorgegebenen Weiblichkeitsmustern zu opfern, hängt von ihrer Fähigkeit ab, märchenähnliche Vorstellungen abzuwehren, denen zufolge junge Mädchen auf der Schwelle zum Erwachsensein in Ohnmacht fallen, nur um sich von einem Prinzen wachküssen zu lassen. Um die authentische Identität der Mädchenzeit zu bewahren und sie in ein Erwachsenenleben auszuweiten, ist es auch erforderlich, daß Frauen sich gegen die Ausbeutung wappnen, die sich hinter sogenannten »weiblichen« Pflichten verbirgt, daß sie die Selbstlosigkeit bekämpfen, die jede Entwicklung verhindert, weil sie den Verzicht auf ein eigenes Selbst verlangt. Der Schutz eines authentischen Selbst und die Bewahrung einer inneren Autorität schließt auch ein, daß Frauen sich weigern, entwürdigende und untergeordnete Aufgaben zu übernehmen, die ihre Identität als Frau entstellen.

Die folgende Geschichte aus einer fremden Kultur illustriert vielleicht besonders deutlich, wie selbstverständlich und automatisch von Frauen erwartet wird, daß sie niedere Arbeiten übernehmen und wie schmerzlich die mit diesen Aufgaben verbundene Abwertung sein kann:

Die Weisheit eines Kindes

Vor langer Zeit, als Brahmadatta König von Banaras war, lebte in einem Dorf seines Reiches ein alter Mann mit seinem einzigen Sohn. Der Name des Sohnes war Vassitthako. Vassitthako stand jeden Morgen sehr früh auf und erledigte die Arbeiten, die normalerweise den Frauen übertragen sind, so sorgte er beispielsweise für Wasser und Zahnstocher, damit sein Vater sich den Mund reinigen konnte. Dann verrichtete der Sohn den ganzen Tag über schwere körperliche Arbeit, kehrte abends mit Nahrungsmitteln nach Hause zurück und bereitete das Essen für seinen Vater. Schließlich sagte sein alter Vater: »Sohn, du mußt zu hart arbeiten. Ich werde dir eine Frau suchen, die die Hausarbeit verrichten kann, dann brauchst du nur noch draußen zu arbeiten.«

»Bitte tu das nicht«, erwiderte der Sohn, »denn wenn wir eine Frau in unser Haus lassen, werden wir keinen Frieden mehr haben.« Doch der Vater hörte nicht auf seinen Sohn. Er kaufte eine Frau, die bald darauf einzog, um bei ihnen zu leben.

Zuerst lief alles gut, die Frau verrichtete ihre Arbeit, und der Sohn war von seiner doppelten Verantwortung befreit. Dann wurde die Frau es leid, den alten Mann von vorn bis hinten zu bedienen. Absichtlich provozierte sie seinen Zorn und beklagte sich dann bei ihrem Mann darüber. Nachdem sie den Alten mehrere Male dazu gebracht hatte, die Beherrschung zu verlieren, konfrontierte sie ihren Mann mit dem Problem und sagte: »Schau dir bloß an, was für eine Unordnung dein Vater hier anrichtet, und dauernd brüllt er mich an. Mann, dein Vater ist ein jähzorniger alter Mann. Ich kann nicht länger mit ihm zusammenleben. Er ist alt und gebrechlich und stirbt sowieso bald, also schaff ihn auf den Friedhof, schaufle ein Grab, leg ihn hinein, schlag ihm mit dem Spaten über den Kopf und begrabe den alten Mann.«

Nachdem es wiederholt zu solchen Auseinandersetzungen gekommen war, willigte der Sohn schließlich ein, den Vater zu beseitigen, aber er sagte: »Frau, es ist ein schweres Verbrechen, wenn man seinen Vater tötet. Wie soll ich es anfangen?«

»Ich habe einen Plan«, entgegnete sie. »Als erstes gehst du früh am Morgen zu ihm und sprichst so laut mit ihm, daß die Nachbarn es hören können. Du sagst, daß du ihn am nächsten Tag in ein anderes Dorf bringen willst, um Geld von jemand einzutreiben, der ihm noch etwas schuldet. Wenn du dann aus der Stadt heraus bist, grab das Loch und beerdige ihn, dann komm zurück und tu so, als ob du von Straßenräubern überfallen worden wärst.« Der Mann willigte in diesen Plan ein, und alles lief gut, außer daß ihr kleiner Sohn sie belauscht hatte und einen eigenen Plan ersann, um seinen geliebten Großvater zu retten.

Als der Mann unter dem Vorwand, in eine andere Stadt zu fahren, den Großvater auf den Wagen hob, kletterte der Sohn mit auf den Karren. Als sie den Friedhof erreichten, und der Mann anfing, ein Loch zu schaufeln, fragte der Junge: »Vater, wir haben gar keine Zwiebeln oder Kräuter zum Einpflanzen, keinen Grund, ein Loch zu schaufeln, warum graben wir hier?« Der Vater offenbarte seinem Sohn den grausamen Plan, tat aber so, als ob er den Großvater aus Barmherzigkeit töten wollte, weil er alt und gebrechlich wäre.

Der Enkel ließ sich jedoch nicht so leicht irreführen und verurteilte die Tat als Verbrechen und als Sünde. Dann nahm er einen Spaten und fing an, ganz in der Nähe seines Vaters ein weiteres Loch zu schaufeln. »Was tust du da?« fragte der Vater erstaunt. Der Junge antwortete: »Ich werde meinen Vater auch begraben, wenn er alt ist, weil das eine Familientradition ist, ich kann genausogut jetzt damit anfangen, das Loch zu schaufeln!«

»Wie kannst du so etwas Scheußliches zu deinem eigenen Vater sagen«, klagte der Mann. »Du bist ein vorlauter Junge.«

»Ich bin weder vorlaut noch grausam, Vater, aber ich muß sagen, was ich denke, bevor es zu spät ist. Wenn ein Mann seinen unschuldigen Vater oder seine unschuldige Mutter tötet, wird er sein nächstes Leben gewiß in der Hölle verbringen. Doch wenn ein Mensch seine alten Eltern ernährt und für sie sorgt, wird er ebenso gewiß zu ewiger Seligkeit wiedergeboren.«

Als der Mann diese weisen Worte seines Sohnes vernahm,

änderte er seine Meinung und entschuldigte sich bei seinem Sohn. »Es war deine Mutter, die mir diesen Plan eingegeben hat.«

»Diese deine Frau, die mich geboren hat, ist eine schlechte Frau. Du solltest sie aus dem Haus jagen, bevor sie eine weitere böse Tat aussheckt«, warnte der Junge. Sein Vater befolgte den Rat. Er kehrte mit dem Großvater nach Hause zurück und prügelte seine entsetzte Frau aus dem Haus.

Der Frau lebte einige Jahre bei einer Nachbarin, bis der inzwischen fast erwachsene Sohn sie glauben machte, daß ihr Ehemann wieder heiraten wollte. Reuevoll und besorgt um ihr Auskommen bat die Frau darum, wieder aufgenommen zu werden. Sie hielt ihr Versprechen und blieb für den Rest ihres Lebens eine gute Hausfrau. Die Familie folgte den Ratschlägen des weisen jungen Sohnes, gab Almosen und vollbrachte gute Taten, und schließlich wurden sie alle im Himmel belohnt.

Die Autoren dieser Geschichte sind der Ansicht, daß »das Hauptgewicht der Erzählung darauf liegt, daß ein Mann verpflichtet ist, sich um seinen alten Vater zu kümmern, doch auch die Pflichten einer Frau werden deutlich«. In der darauffolgenden Geschichte wird eine Stelle aus dem *Laws of Manu*-Text zitiert: »Eine Frau ist zur Unabhängigkeit unfähig.«[1]

Ich würde eine andere Interpretation der Geschichte anbieten. Erstens würde ich sie »Die Unterwürfigkeit der Frau und die schlimmen Folgen ihrer Verunglimpfung« nennen. Ich würde die Geschichte einer Frau erzählen, die gezwungen wird, niedere Arbeiten zu verrichten, damit ihr Mann davon befreit wird. Diese Aufgaben, die typisch für jeden Haushalt sind, bekümmern den Vater, wenn sie seinem erwachsenen Sohn zufallen, erregen aber keine weitere Aufmerksamkeit, wenn sie der Frau aufgebürdet werden. Die Arbeit muß getan werden, und dazu brauchen die Männer die Frau. Als eigenrechtliche Persönlichkeit mißachtet, kann die Frau ihre Unterwürfigkeit schließlich nicht länger ertragen. Zum Äußersten – dem Mord – getrieben, kann sie als Frau nicht einmal

unmittelbar selbst handeln, sondern muß ihre Überredungs-
künste einsetzen, um ihren Mann dazu zu bringen, an ihrer
Stelle zu handeln. Ohne die Macht, ihre Situation selbst zu
ändern, benutzt sie die Mittel, die Frauen auf der ganzen Welt
anwenden, um eine Auseinandersetzung zu provozieren: sie
löst eine emotionale Krise bei denen aus, die zählen – bei den
Männern.

Der Ehemann wird als moralischer Handlanger einer unmoralischen Handlung charakterisiert, obwohl er es war, der
sich unfähig gezeigt hat, seine Frau vor den endlosen Forderungen des Patriarchen zu schützen. Er überläßt es dem
Opfer, ein Gegenmittel für ihre Not und Verzweiflung zu finden, er willigt passiv in den Plan ein, bis er durch das Eingreifen eines weiteren »geringeren Wesens« – des Kindes – davon
abgehalten wird. Vielleicht weil das Kind ein Junge ist,
schämt sich der Mann für seine Worte. Als der Sohn zum
Spiegel seiner unmoralischen Tat wird, ist der rückgratlose
Ehemann entsetzt. Unfähig einzugestehen, daß er selbst
falsch gehandelt hat, schiebt er die Schuld auf seine Frau –
obwohl seine Nachlässigkeit die eigentliche Ursache des Ge-
schehens ist. Der Sohn stimmt in diese Schuldzuweisung ein,
bestärkt die Projektion des Bösen auf die Frau. Nach der Ver-
bannung der Frau – dem Schlimmsten, was man einem sozial
orientierten Wesen zufügen kann – bereut sie ihre Tat und
fügt sich in ihre unterwürfige Rolle. Da ihr irdisches Leben
kaum greulicher sein konnte, muß sie ihre Belohnung wohl
zwangsläufig in einer anderen Welt finden.

Unter den zahllosen Legenden, in denen die Frau als unter-
würfig, gefügig, passiv oder bewußtlos dargestellt wird, bildet die Geschichte Atalantas einen erfreulichen Kontrast.
Atalanta ist ein selbstbestimmtes Mädchen, das ihr Leben
selbst in die Hand nimmt, ein Mädchen, das sich seiner eigenen Fähigkeiten bewußt wird und dadurch schließlich über
die patriarchale Unterwerfung der Frau triumphiert. Sie
kommt als Tochter eines Mannes zur Welt, der sich nur Söhne
gewünscht hatte; der enttäuschte Vater setzte sie in einem
wilden Gebirgsgebiet aus und überläßt sie ihrem Schicksal.
Doch sie wird von einer Bärin gesäugt, bis eine Gruppe von

Jägern sie findet und aufzieht. Artemis, die Göttin der Jagd, unterweist sie in der Kunst, Tiere zu erlegen; Atalanta wächst zu einem mutigen Mädchen heran, die das Abenteuer liebt. Als zwei Zentauren versuchen, sie im Wald zu vergewaltigen, legt sie geübt und furchtlos ihren Bogen auf sie an und tötet sie. Vielleicht weil sie sich der Jagd verpflichtet hat, vielleicht weil ein Orakel ihr weissagte, daß die Ehe ihr Unglück heraufbeschwören würde, scheut sie die Gesellschaft von Männern und beschließt, niemals zu heiraten.

Gemeinsam mit den tapfersten Helden begibt Atalanta sich auf die große Jagd nach dem kaledonischen Eber, der den Wald bedroht. Sie ist es, die in diesem Männerbund den Pfeil schießt, der dem Untier die erste Verletzung beibringt. Erlegt wird der Eber schließlich von Meleager, aber Atalanta wird mit dem Fell und den Hauern des Tieres belohnt, weil das erste Blut durch ihren Schuß geflossen ist.

Als ihr Vater von dem Ruhm seiner Tochter hört, kehrt Atalanta in sein Haus zurück und wird wie ein Sohn willkommen geheißen. In der Hoffnung, daß Atalanta ihm Enkel schenken wird, beschließt der Vater, sie zu verheiraten. Unfähig, sich dem Patriarchen zu widersetzen, doch entschlossen, unverheiratet zu bleiben, heckt die mannbare Atalanta einen schlauen Plan aus: sie wird nur den Mann heiraten, der in der Lage ist, sie in einem Wettrennen zu besiegen. Atalanta weiß um ihr athletisches Können und ihre Stärke; sie gibt jedem Bewerber einen Vorsprung in dem Rennen. Wenn sie aber ihren Herausforderer schnellfüßig eingeholt hat, durchbohrt sie ihn mit dem Speer, den sie bei sich trägt.

Ein Neuankömmling im Königreich, ein Mann, der Atalantas jungenhafte Fraulichkeit bewundert und ihre innere Natur erkennt, gibt dieser Herausforderung eine neue Richtung. Er hebt die phallische Macht ihres langen, spitzen Speers durch ein harmloses »weibliches« Fruchtbarkeitssymbol auf: durch einige goldene Äpfel, die er von Aphrodite erhalten hat. Jedesmal, wenn Atalanta ihn einholt, wirft er ihr die Äpfel vor die Füße. Aus natürlicher Neugier (oder vielleicht, weil die wählerische Atalanta diesem Bewerber freundlicher gesonnen ist und ihn als jemanden erkannt hat, der sie versteht) legt sie ihr kämpferisches Verhalten ab und bleibt stehen, um die Äpfel aufzuheben. Der Jüngling gewinnt den Wettlauf und damit Atalanta. Ihre Hochzeit wird in einem großen Freudenfest gefeiert.

Die Sagengestalt der Atalanta repräsentiert die eigenwillige Selbstbestimmung der zeitgenössischen Acht- und Neunjährigen, des standhaften, entschlossenen Mädchens, die sich der Norm weiblicher Gefügigkeit noch nicht gebeugt hat. So ein lebensechtes Mädchen, das noch frei, noch nicht durch patriarchale Strukturen gebändigt ist, hält den Schlüssel zur wahren Identität einer Frau in der Hand. Wenn es einer Frau gelingt, dieses Kind zu bewahren und es in ihr erwachsenes Leben hinüberzutragen, oder wenn sie es schafft, sich dieses Mädchen zurückzuerobern, kann das selbstbestimmte Mädchen zur Grundlage genau der Beziehungen werden, die die Frauen in diesem Buch als konstruktiv für ihre Entwicklung erkannt haben – zur Basis wechselseitiger Beziehungen von der Art, wie Atalanta sie zu ihrem erfolgreichen Verehrer entwickelte.

Frauen, die zu diesem Mädchen zurückfinden – durch einfache Lebenserfahrung, durch Studiengruppen und Workshops, mit Hilfe von Fotos, von Erinnerungsarbeit und gezielter Meditation, durch Befragungen zu ihrer Entwicklung oder durch eine Psychotherapie – erliegen keinen Märchenträumen, in denen ein Prinz zum Retter wird. Sie gewinnen vielmehr eine unabhängige Artemis zurück, die sich allein im Wald zurechtfindet und sich auch sonst in der Natur behaupten kann. Eine der Frauen fand zu diesem autonomen Mädchen zurück, indem sie die folgende zeitlose wie hochaktuelle Mädchen-im-Innern-Geschichte erzählte:

Eine Goldene Harfe

Vor langer Zeit wurden junge Frauen von edler Herkunft nur in den sogenannten weiblichen Tugenden unterrichtet und zu liebenswerten Geschöpfen ausgebildet, zu Geschöpfen, die die Männer erfreuen sollten, indem sie für sie malten und nähten und ihnen wundervolle Balladen vortrugen. Damals lebte ein Mädchen namens Janeece, die über all diese Fertigkeiten verfügte, sie aber nicht ausübte.

Janeece war eine begeisterte Jägerin, die meisterhaft mit Pfeil und Bogen umgehen konnte, sie lebte mit ihrer tauben und blinden Mutter am Rande eines Waldes. Ihr Vater, der ein Bediensteter des Königs gewesen war, starb, als sie noch ganz klein gewesen war, und Janeece und ihre Mutter mußten allein in der Welt zurechtkommen.

Janeece jagte Hirsche und wilde Eber und Fasane im Wald, damit sie und ihre Mutter überleben konnten. Im Gegensatz zu anderen jungen Frauen ihrer Zeit trug sie eine grüne Wolltunika, grüne Strümpfe und Stiefel aus braunem Rehfell. Janeece war ein Kind des Waldes. Ihr Leben wurde von ihm bestimmt und sie brauchte ihn wie die Luft zum Atmen. Wenn sie sich an das Wild heranpirschte, war es, als ob sie in die Seele eines Tieres schlüpfen würde. Sie wußte, welche Flüsse trinkbares Quellwasser führten, welche wilden Pflanzen sie essen konnte, wo heiße Quellen und wo weiche Mooslager zu finden waren, um sich nach einer erfolgreichen Jagd auszuruhen.

Als Janeece eines Abends auf dem Heimweg von der Jagd war, machte sie Rast an einem Teich, um sich zu erfrischen. Sie beugte sich über den Rand, um ihr Gesicht zu benetzen, und erblickte das Spiegelbild einer majestätischen Schneeule, die sich auf dem Baum über ihr niedergelassen hatte. Ihr Gefieder glitzerte im Licht des aufgegangenen Mondes. Was für ein wundervolles, edles Geschöpf, dachte Janeece bewundernd. Sie hatte Angst, den wunderschönen Vogel durch eine Bewegung zu erschrecken oder zu verscheuchen. Sie schaute seinem Spiegelbild direkt in die Augen und im selben Moment breitete der Vogel seine Flügel aus, ließ alles in hellem, blendendem Licht erstrahlen und sprach zu ihr: »Janeece, du mußt einen jungen Hirsch erlegen, bevor der Winter anbricht.« Janeece wußte genau, daß Hirsche im Frühling zur Welt kommen, und dachte, daß es eine sinnlose Vergeudung jungen Lebens wäre, einen Hirsch vor seinem ersten Winter zu töten. Weder für das Fleisch noch für das Geweih würde diese Jagd sich lohnen und der Hirsch hätte sich noch nicht einmal paaren können.

»Aber das wäre ein sinnloses Töten«, protestierte Janeece. »Ich kann es nicht tun.«

»Du kannst den Sinn noch nicht verstehen«, sagte die Eule. »Aber du mußt den Auftrag erfüllen. Du mußt den Hirsch erlegen, und zwar indem du mit einem einzigen Pfeil direkt ins Herz triffst. Dann mußt du das Herz herausschneiden und es zu Nedra bringen, die in einem fernen Königreich auf der anderen Seite des Waldes lebt. Sie erwartet dich. Zögere nicht.«

»So eine weite Reise kann ich nicht unternehmen«, erwiderte Janeece. »Wer soll sich um meine Mutter kümmern?«

»Deine Mutter ist tot«, antwortete die Eule. »Du wirst sie so in ihrem Stuhl finden, wie du sie verlassen hast, aber ihre Seele hat sich auf eine weite Reise gemacht. Geh nach Haus, um deine Mutter zu begraben, und dann erfülle deinen Auftrag.«

Und so tat Janeece, wie ihr geheißen wurde, denn die Schnee-Eule ist ein weises, magisches Wesen, dessen Macht und Wissen über jeden Zweifel erhaben sind. Nachdem sie ihre Mutter beerdigt hatte, ruhte Janeece sich einen Tag lang aus. Sie packte Vorräte für ihre lange Reise in eine kleine Tasche und steckte auch ein Stückchen Stoff des grünen Seidenkleids mit ein, in dem sie ihre Mutter begraben hatte. Schweren Herzens machte sie sich auf den Weg, um einen Hirsch aufzuspüren und zu töten. Denn obwohl sie eine gute Jägerin war, war sie dabei doch immer auch gütig und verantwortungsvoll gewesen. Sie jagte nur, was sie zum Leben brauchte, und tötete das Wild schnell und schmerzlos.

Es währte nicht lange, da entdeckte Janeece eine Hirschkuh und ihr Kitz an einem Fluß. Ruhig und geübt zog Janeece einen Pfeil aus ihrem Köcher und zielte auf das Herz des Kitzes. Die Hirschkuh hatte ihre Anwesenheit nicht bemerkt und trank ruhig weiter. Im selben Moment, als Janeece ihren Pfeil abschoß, schaute das Kitz ihr direkt in die Augen; in seinem Blick blitzten Erkenntnis und Ergebenheit auf. Janeece schnitt sein Herz heraus und wickelte es in den Seidenstoff vom Kleid ihrer Mutter. Sie begrub das Kitz tief genug, damit die Wölfe es nicht ausscharren konnten, und legte Farnkräuter auf das frische Grab.

Janeece machte sich auf den Weg zum Königreich auf der anderen Seite des Waldes, um Nedra, die Tochter des Königs, aufzusuchen. Die Prinzessin war eine wundervolle Sängerin gewesen, doch seit vielen Jahren hatte sie kein Wort mehr gesprochen. Es stellte sich heraus, daß es unmöglich war, sie zu sehen. Ihr Vater und ihre Brüder erlaubten es nicht; Nedra wurde von der Gesellschaft anderer Menschen abgeschirmt. Unter den Leuten in der Stadt lief das Gerücht, daß Nedra ihre Zeit umgeben von Vögeln und Blumen in einem wundervollen Garten verbrachte, der von einer hohen Mauer umgeben war. Sie erzählten, daß Tiere ihre einzigen Gefährten wären. Einige behaupteten, daß sie besessen wäre und sich in einem einsamen Tanz endlos im Garten drehte. Doch von denen, die sie wirklich kennengelernt hatten, war niemand mehr am Leben; jeder, der die Einsamkeit des Gartens gestört und Nedra gesehen hatte, war sofort getötet worden.

Janeece fühlte sich hilflos und allein und bereute es, den jungen Hirsch getötet zu haben, weil sie sich außerstande sah, ihren Auftrag zu erfüllen. Sie zweifelte an der Autorität der Eule.

In derselben Nacht erschien ihr die Eule im Traum. Doch diesmal sprach sie nicht. Sie schwebte mit ausgebreiteten Flügeln über Janeece, es war eine machtvolle und herrliche Vision. Als Janeece am nächsten Tag erwachte, hatte sie neuen Mut gefaßt und war entschlossen, Nedra zu finden und ihr das Herz des Hirsches zu übergeben.

Sie verzichtete darauf, mit den Dienern am Tor des Palastes zu verhandeln. Statt dessen suchte sie auf der Rückseite, wo der Hof und die Gärten lagen, nach einem anderen Eingang. Von der anderen Seite einer hohen Mauer hörte sie einen Kanarienvogel singen. Janeece band ein langes Tau an einen ihrer Pfeile und schoß es in die Krone eines hohen Baumes. Sie kletterte am Seil in den Baum hinauf und schwang sich über die Mauer in den Garten, wo sie genau vor Nedras Füßen landete.

Janeece erblickte eine wunderschöne, strahlende Frau, die ein Kleid in den Farben der Morgenröte trug. Nedra war zunächst verwirrt und erschrocken; sie hielt Janeece in ihrem Jägeranzug für einen Mann. Doch als ihre Blicke sich trafen, erkannten beide sofort die tiefe Verbundenheit, die zwischen ihnen bestand.

Doch wie wir wissen, konnte Nedra nicht sprechen. Sie faßte Janeece am Arm und bedeutete ihr, sich neben sie zu setzen. Janeece erinnerte sich an die Anweisungen der Eule und zeigte der Prinzessin das Päckchen mit dem Hirschherzen. Als sie es Nedra übergab, bemerkte sie, daß der Stoff nicht mehr von Blut durchtränkt war.

Nedra faltete die Seide auseinander und beide Frauen blickten ehrfurchtsvoll auf den Inhalt – das blutige Herz war verschwunden, an seiner Stelle lag eine goldene handgroße Harfe. Nedra begann eine Melodie darauf zu spielen, die alt und neu, fröhlich und bittersüß zugleich war. Sie schloß die Augen, und nach und nach formte ihre Stimme fremde, wundervolle Töne in einer Sprache, die Janeece noch nie gehört hatte. Nedras Stimme wurde lauter und kräftiger. Obwohl Janeece die Worte des Liedes nicht verstehen konnte, brachte es sie zum Weinen. Plötzlich öffneten sich die Fenster zum Garten und Nedras Vater und ihre Brüder riefen heraus: »Sie singt! Nedra hat ihre Stimme wiedergefunden.«

Nedra nahm Janeeces Hand, und gemeinsam saßen sie in der wärmenden Sonne, während Nedra auf der Harfe spielte. Janeece lehnte ihren Kopf sanft gegen Nedras Schulter, und Nedra spielte weiter und sang ihr sanftes, süßes Lied. Und die Vögel und Eichhörnchen und die anderen Tiere des Gartens versammelten sich um sie.

Doch damit ist die Geschichte noch nicht zu Ende. Janeece verließ Nedras Garten nur noch, um in den Wäldern der Umgebung auf die Jagd zu gehen. Der König starb bald nach ihrer Ankunft im Palast, und Nedras Brüder wurden bei einem sportlichen Wettkampf getötet.

Nedra und Janeece lebten im Palast und regierten das Volk in friedlicher, liebevoller Harmonie. Die Menschen verbinden mit ihnen die Erinnerung an eine glückliche Zeit, in der das Land fruchtbar war, in der der Reichtum gerecht verteilt wurde und in der die Welt von Gesang, Lachen und Frohsinn erfüllt war. Jeden Morgen begrüßte Nedra die Sonne im Garten mit einem Lied auf der goldenen Harfe. Janeece ging weiterhin auf die Jagd, doch nie schoß sie auf ein wildes Hirschkitz. Die Schnee-Eule erschien ihr nie wieder, doch die Erinnerung an die Weisheit, Schönheit und Majestät des Vogels leitete sie und gab ihr Kraft, solange sie lebte.

Die Autorin von Janeeces Geschichte löscht das Patriarchat und die Männer, die es verkörpern könnten, zugunsten einer weiblichen Welt aus, die viel Ähnlichkeit mit der Mädchenwelt einer Acht- oder Neunjährigen hat. Doch reale Frauen können nicht für immer in der kindlichen Mädchen-Welt verharren, denn im wirklichen Leben müssen wir erwachsen werden und die Welt mit den Männern teilen. Wenn wir jedoch das unberührte Mädchen in unser Leben als Frau hinübertragen und uns selbst als Subjekte unserer Erfahrung begreifen, können wir von den weiblichen Stärken zehren, die dieses Mädchen birgt, denn sie verkörpert zweifellos die Artemis in uns allen.

Wenn eine Frau nicht länger ein jungfräuliches Mädchen ist, wenn sie mit ihrer eigenen Stimme ebenso selbstverständlich spricht, wie sie die Sprache des Patriarchats beherrscht, wenn sie darauf stößt, wer und was sie in ihrem tiefsten Innern wahrhaft ist und ihre Geschichte ganz und ganzheitlich erkennen kann, wenn sie das Mädchen, das sie ursprünglich gewesen ist, wiederfindet, eröffnet ihr das eine Welt, die so reich und fruchtbar ist wie Nedras Garten. Die Frauen, die an dieser Untersuchung teilgenommen und ihr inneres Reich erschlossen haben, die in die Sphäre der Bilder und der Phantasie eingedrungen sind, in der sie von patriarchalen Weiblichkeitsentwürfen frei waren, haben sich eine fruchtbare Schöpfungskraft zurückerobert. Diese Frauen haben ihr Selbstverständnis und ihre Entwicklung in Bildern und Vergleichen dargestellt, die unmittelbar aus diesem inneren Reservoir flossen, und keineswegs durch den Kuß eines Prinzen zum Leben erweckt wurden.

Anita, eine Tanztherapeutin Anfang Fünfzig, sagte zum Beispiel: »Meine Entwicklung ähnelt einem Blatt, das auf einem Teich treibt. An der Oberfläche ist alles ganz ruhig: keine Wellen, nichts geschieht, einfach graues, graues Wasser. Und plötzlich ist da ein Geysir. Ein großer Geysir schießt aus einer Quelle empor und das kleine Blatt tanzt auf seiner Spitze und wird ganz hoch nach oben gewirbelt!« Für Anita waren die langen Jahrzehnte, die zwischen ihrer Kindheit und ihrem vierzigsten Lebensjahr lagen, etwas Statisches – »latente, schlafende Jahre«. Die Welle des Femininismus in den sechziger Jahren gab ihrer Entwicklung endlich einen fruchtbaren Boden: »Und dann las ich Betty Friedans *Der Weiblichkeitswahn* und wurde von der Bewegung mitgerissen. Als das Klima besser wurde, fing ich an zu wachsen, wie ein Keimling, der vorher im Eis gefangen war.« Nachdem sie jahrelang durch eine unglückliche Ehe eingeengt gewesen war, half die neu erwachte Frauenbewegung ihr dabei, »ein Gewirr von Ketten abzuwerfen«.

Katherine fand zu ihrer schöpferischen Kraft, indem sie sich der Kultivierung des Potentials zuwandte, das in ihren Kindern steckte. »Die Persönlichkeit ist wie ein Garten. Du hast Blumen und du hast Unkraut«, hatte sie gesagt. »Meine Aufgabe als Mutter sehe ich darin, die Blumen in der Persönlichkeit eines Kindes zum Blühen zu bringen… Und du willst das Potential, das du findest, hegen und pflegen und das Beste daraus machen.«

Miriam, eine Beraterin Mitte Fünfzig, verglich ihre Entwicklung mit einer »knospenden und sich entfaltenden Blüte«. Sie hob ein wichtiges Merkmal dieser Blume hervor: »Es gibt einige Blumen, wie zum Beispiel Begonien und Kamelien, deren Blütenblätter sich nur ganz langsam und allmählich öffnen. Die Blütenblätter sind das Wichtigste – die Entfaltung der Blütenblätter. Sie entfalten sich wie in einer Spirale, Schicht für Schicht.« Die gleichmäßige Entfaltung der vielschichtigen Blüte wurde bei Miriam durch die Kraft ihres individuellen Potentials und durch die Aufarbeitung der Beziehung zu ihrer Tochter ausgelöst.

Liz bot eine Blumenanalogie an, in der sich ihr Sieg als Frau widerspiegelte. Ihre Jugend war von der Furcht durchzogen gewesen, dem Elend weiblicher Rollen, in dem ihre Mutter sich gefangen hatte, nicht entgehen zu können, doch sie befreite sich schließlich aus der »Höhle weiblicher Tätigkeiten«, als die Gefahr davon aufgesogen zu werden am größten war: als sie heiratete und hochschwanger war. Als sie in einer Freundin ein alternatives weibliches Rollenmodell fand, konnte sie die erstickende Lebensweise ihrer Mutter für sich selbst abwenden. Indem sie den Optimismus der Freundin übernahm, entkam sie Unterdrückungsmechanismen, die sie im »Keim zu ersticken« drohten. Von den fünfzehn Jahren, die seit dem Zeitpunkt vergangen waren, als sie sich selbst neu geschaffen hatte, meinte sie: »Es ist ein Erwachen und ein Erblühen gewesen, kein Ersticken im Keim.« Aus sicherer Entfernung von dem Sog, der ihre Mutter bezwungen hatte und der sie selbst in die Falle zu ziehen drohte, hatte Liz im Alter von neunundvierzig Jahren das Gefühl, »zu voller Blüte auszubrechen«. Sie schloß ihre metaphorische Selbstbeschreibung mit dem Ausruf: »Es ist schon fast ein Garten!«

Das vielleicht bemerkenswerteste dieser weiblichen Bilder war vielleicht das von Rosabeth – bemerkenswert, weil es eine Tiefe Aussage darüber birgt, wie eine Frau den organischen Stoff ihres Lebens immer wieder, jeden Augenblick aufs neue, zusammenfügen und formen muß, indem sie sich auf ihre innere Kraft, Flexibilität und Selbstbestimmung verläßt. »Eine Küstenlinie ist eine Landschaftsform des gegenseitigen Ausgleichs, der beständigen Neuformung, die auch für mich typisch ist.« Der unaufhörliche Anprall des Meeres gegen die »harten Kanten« ihrer ursprünglichen Gestalt schuf diese sich wandelnde Landschaftsform, die ein bißchen wie die Küste Maines auszusehen begann, als Rosabeth sie mit ihrem goldenen Füllfederhalter in Form einer Linie auf ein leeres Stück Papier zeichnete. »Sie ist felsig. Für mich treffen hier blaues Wasser und grünes Land aufeinander. Das Meer ist von einem wundervollen Blau und das Land besteht aus braun-grünen Bergen und Felsen – mit Tälern dazwischen. Die Küste ist zerklüftet. Das repräsentiert alle möglichen Erfahrungen, die beunruhigend oder aufregend oder depremierend waren oder Ereignisse, auf die ich stolz war.«

Der Küstenstrich bildete eher eine Naht zwischen Selbst- und Lebenserfahrung, als daß er eine Trennungslinie darstellte. Er stand für ein sich stetig wandelndes Zusammenspiel von Elementen, fast so wie der Zaun, an dem Megan entlangspaziert war, und er versinnbildlichte die Entwicklungsstufen von Rosabeths Selbst.[2] »Was Sie hier sehen, ist das Aufeinandertreffen von Kräften. Und mein Leben ist der Weg, der dazwischen verläuft.«

Während die Linie Gestalt annahm, deutete Rosabeth auf eine kleine Bodensenke in dem Weg, eine Stolperstelle, über die sie als Jugendliche gefallen war. »An dieser zerklüfteten Stelle ist es zu dem kleinen Einbruch gekommen«, erklärte Rosabeth, denn selbst bei ihr, dem Renaissance-Kind, hatte es Einbrüche auf dem Weg zu ihrer Identität gegeben. Während sie die Küstenlinie an einigen Stellen austuschte, schilderte sie den drängenden Konflikt, in dem sie sich momentan befand, weil sie sich zwischen einer neuen Karriere und einer Heirat entscheiden sollte. »In diesem Moment würde ich sagen, daß die eine Seite, das Meer, für den Wunsch steht, ruhig und entspannt zu bleiben, ein harmonisches Leben zu genießen, mich einfach treiben zu lassen, kreativ zu sein, während die Dinge einen irgendwie normalen Gang gehen. Die Landseite verkörpert mein Bedürfnis, Bedeutung in meinem Beruf zu erlangen, mein Schicksal genau zu formen und zu planen, auf mich aufmerksam zu machen, auch wenn ich dadurch etwas aus dem Gleichgewicht komme. So stellt sich mir das Wirken dieser Kräfte momentan dar.« Sie deutete mit dem Füller auf ein Tüpfelchen des Küstenstrichs: »Und mein augenblicklicher Standort wäre dieser winzigkleine Küstenfleck. Und was vor mir liegt, ist Terra incoknita.«

Rosabeths Küstenlinie, die ein bißchen wie diejenige Maines aussieht, hat sich aus der zielstrebigen Autonomie des Mädchens in ihrem Innern entwickelt. In der Fähigkeit jenes Mädchens, ein Gleichgewicht zu schaffen zwischen dem Bekannten und dem Unbekannten, zwischen Fels und Meer, Kompetenz und Fürsorge, Bewußtem und Unbewußtem, maskulin und feminin und in ihrer bewußten Auseinandersetzung mit dem dynamischen Spannungsverhältnis von Autonomie und Bindung, Mann und Frau, Arbeit und Liebe liegt die Versöhnung der Dichotomien, die zur Selbstspaltung führen.

Bilder von Frauen zeugen von einer ungeheuren Kreativität und schöpferischen Kraft. Es ist Aufgabe der Kultur, Frauen dieser Kraft nicht zu berauben, nicht länger von ihnen zu verlangen, daß sie ihr weibliches Potential dem Patriarchat opfern. Wenn wir diesen kreativen Bildern unsere Aufmerksamkeit schenken und das essentiell Weibliche, das sie offenbaren, neu bewerten, wenn wir die gegenseitige Abhängigkeit von Selbst und Welt in ein ausgewogenes Gleichgewicht bringen und respektieren, können wir zu einem intersubjektiven »Ich-Sein« zurückfinden und unsere Kultur wieder fruchtbar machen – die Art von Produktivität wiederherstellen, die in der Sterilität patriarchaler Werte verlorengegangen ist.

Eine Frau in meiner Untersuchung verglich diese grundlegende Interdependenz mit Mao Tse-tungs Metapher von dem Ei und dem Stein. »Nach dieser Metapher gibt es eine innere Grundlage für Wachstum, für Veränderung, aber auch die äußeren Bedingungen müssen günstig sein«, erklärte sie. »Ein Ei, selbst wenn es befruchtet ist, kann in einer feindlichen, kalten Umgebung ewig liegenbleiben, ohne daß jemals ein Küken daraus hervorkriecht. Andererseits kann ein Stein für immer und ewig in einer förderlichen Umgebung liegen, ohne daß sich jemals irgend etwas aus ihm entwickelt, weil ihm die innere Grundlage fehlt, um jemals ein Küken zu werden.«

Wenn Frauen sich selbst wieder als Subjekt begreifen, wie sie es in ihrer Mädchenzeit getan haben, wenn sie sich der Definition der Fau als Objekt entgegenstellen, können sie dem schöpferischen Potential der fruchtbaren, weiblichen Welt treu bleiben, die unabhängig von der partriarchalen Abwertung der Frau existiert. So wie der Küstenstrich, den Rosabeth entworfen hat, nur zwischen den Kräften von Land und Meer bestehen kann, hängt auch die Fruchtbarkeit der menschlichen Rasse davon ab, daß beide Geschlechter sich ihre spezifische Schöpfungskraft und Integrität bewahren, und davon, daß die beiden Hälften sich fruchtbar ergänzen. Nur wenn die Kultur die menschliche Schöpfungskraft neu bewertet und wenn Männer, Frauen und gesellschaftliche Institutionen es zu ihrer Aufgabe machen, dem Individuum einen fruchtbaren Boden für seine Entwicklung und sein Wachstum zu gewähren, können Frauen (und Männer) den Garten des menschlichen Potentials kultivieren. Die organischen Bilder, die Frauen heute entwerfen, weisen auf die grundsätzliche Veränderung hin, die nötig ist, damit wir unsere Menschlichkeit voll entfalten können: Objekte müssen sich zu Subjekten wandeln und einen fruchtbaren Boden für ihre Entwicklung bekommen.

Das acht- oder neunjährige Mädchen kann der Frau viel beibringen, was ihr Subjektsein und damit die Quelle ihrer schöpferischen Kraft betrifft. In ihrer Androgynität fügt das Mädchen die männlich-weibliche Dualität ganz selbstverständlich zusammen, vereint Arbeit und Spiel in ihrem zielbewußten Handeln, verbindet Liebe und Haß in ihrem von Widersprüchen freien Wesen; sie nutzt Abhängigkeit und Unabhängigkeit für die zähe Verfolgung ihrer Interessen. Ihre Kompetenz hat zwei Seiten, sie umfaßt die Fähigkeit zu sozialer und zwischenmenschlicher Bindung ebenso wie die Meisterung ganz konkreter Leistungen. Für sich und doch nicht allein, ist sie sowohl autonom als auch auf andere Menschen bezogen. Übersprudelnd vor Tatendrang ist sie doch auch empfänglich für andere, ihr Ehrgeiz hält das richtige Maß: Sie will hervorragende Leistungen erbringen – nicht um Macht *über* andere zu erringen oder sie zu beherrschen, sondern um hinter die Geheimnisse und Herausforderungen der Welt zu kommen. Sie verkörpert eine Form von Partnerschaft, wie sie in dem von Riane Eisler beschriebenen Zeitalter des Kelches bestanden hat – das heute in Vergessenheit geraten ist, weil es vom Zeitalter des Schwertes und den hierarchischen Strukturen, die es symbolisiert, verdrängt wurde.[3]

Vieles hat sich verändert und ändert sich noch für das acht- oder neunjährige Mädchen. Doch die wichtigste Veränderung steht noch aus: Die Wiedergewinnung einer solchen Form von Partnerschaft – frei von Herrschaft – zwischen Männern und Frauen, zwischen Völkern verschiedener Nationalität. Die Veränderungen in unserer Kultur, die angeblich feministischen Zielen Rechnung tragen, haben uns zu oft dazu verleitet, Frauen Beifall zu spenden und zu fördern, wenn sie sich »maskulin« geben oder einfach genauso wie die Männer werden wollen. Doch wie die Männer zu sein, bedeutet der patriarchalen Pervertierung sozialer Werte zum Opfer zu fallen, Wettbewerb *über* Zusammenarbeit zu stellen, Rationalität *über* Emotionalität, Macht *über* Liebe, Aggressivität *über* Einfühlung. Das acht- oder neunjährige Mädchen ist eine Gestalt, die elementare *menschliche* Werte wie Zusammenarbeit, Fürsorge und Kompetenz vereint, ohne sie zu verfälschen. Wie in Rosabeths Küstenlinie werden diese Elemente der menschlichen Natur von dem Mädchen zusammengeführt, statt voneinander getrennt.

In dem Bündnis des Mädchens im Innern mit der reifen Frau, der Verbindung von kindlicher Initiative und erwachsener Schöpfungskraft, liegt die kreative Kraft, die wir brauchen, um ganz wir selbst zu werden und diese Kultur so zu formen, wie sie es bitter nötig hat. Nur wenn wir die Autonomie der Mädchenzeit mit der Fruchtbarkeit der Frau vermählen und wieder-anerkennen, daß Keim und Erde zusammengehören, werden wir als Kultur in der Lage sein, unsere Produktivität zurückzugewinnen.

Frauen haben lange Zeit die Gärten anderer gepflegt. Während sie die Grundlage für das Wachstum anderer geschaffen haben, haben sie historisch gesehen ihre eigene Entwicklung vernachlässigt. Die volle Entfaltung der Frau hängt davon ab, daß sie zu dem Mädchen in ihrem Innern zurückfindet und sie in ihr erwachsenes Frausein integriert.

Nie hat uns jemand gesagt, wir müßten unser Leben erlernen,
aus unserem Leben einen Lernstoff machen, als sei es
    Naturgeschichte
oder Musik, daß wir mit einfachen Übungen anfangen
    sollten,
langsam zu den schwierigen übergehen und solange üben,
bis sich Kraft und Genauigkeit vereinigten
und wir den Sprung in die Transzendenz wagen,
das Risiko eingehen könnten,
im wilden Arpeggio zusammenzubrechen
oder die Fuge von Anfang bis Ende zu verpatzen.
– Und so können wir tatsächlich nicht leben.
  Wir übernehmen
uns sofort mit allem, bevor wir überhaupt angefangen haben
den Takt abzulesen oder vorzuschlagen, wir sind gezwungen,
mitten im schwierigsten Satz zu beginnen,
dem einen, der schon bei unserer Geburt erklang.
Im Höchstfall haben wir einige Monate Zeit,
in denen wir bloß lauschen: auf die einfache Melodie,
mit der eine Frauenstimme ein Kind
an ihrem Herzen besingt. Alles andere ist zu früh,
zu plötzlich, so schmerzhaft auseinandergerissen zu werden,
und von da an den Herzschlag dieser Frau nur noch
aus der Ferne zu vernehmen,
immer hallt der Verlust des Grundtons als Echo wider,
ob wir glücklich sind oder verzweifelt.

    ADRIENNE RICH
    aus »Transzendentale Etüde«
    in: *Der Traum einer gemeinsamen Sprache*

Anmerkungen

1 Die Wiederentdeckung des Mädchens im Innern

1 Emily Hancock, »Women's Development in Adult Life« (Unveröffentlichte Dissertation, Harvard. Universität, 1981).

2 Gail Sheehy kommt zu der Feststellung, daß sich im Innern jeder Frau Mitte Dreißig ein Mädchen verbirgt, das eine Meisterin des Wortspiels war. *In der Mitte des Lebens* (München 1976).

3 D. W. Winnicott identifizierte diesen »Zwischenraum« in seinem Buch *Reifungsprozesse und fördernde Umwelt* als eine Zone der Psyche (München 1975).

4 Robert Bly erörtert die Bedeutung dieses Alters und des goldenen Balls in einem Gespräch mit Keith Thompson, »What Men Really Want: A New Age Interview with Robert Bly«, *New Age*, Mai 1982, 30–37, 50–51.

5 Sheldon White vom Department of Psychology and Social Relations der Harvard-Universität bezeichnet dieses von Piaget beschriebene Phänomen als die große Wende in der kognitiven Entwicklung. Vgl. »Some General Outlines of the Matrix of Development Changes between Five and Seven Years«, *Bulletin of the Orton Society*, 20, 41–57.

6 Eine Formulierung von Robert Kegan, der die charakteristischen Merkmale dieser Phase eindrucksvoll beschreibt; *Die Entwicklungsstufen des Selbst: Fortschritte und Krisen im menschlichen Leben* (München 1986).

7 Louise Fitzhugh, *Harriet the Spy* (New York 1964).

8 Astrid Lindgren, *Pippi Langstrumpf* (Hamburg 1967).

9 E. L. Konigsburg, *From the Mixed-up Files of Mrs. Basil E. Frankweiler* (New York 1967).

10 Ruth Sawyer, *Roller Skates* (New York 1936).

11 Carol R. Brink, *Caddie Woodlawn* (New York 1935).

12 Elizabeth Enright, *Thimble Summer* (New York 1938).

13 Lois Lenski, *Strawberry Girl* (Philadelphia 1945).

14 Eudora Welty, *Eine Stimme finden* (Stuttgart 1990), 48, 49, 151.

15 Annie Dillard, *An American Childhood* (New York 1987), 11.

16 Frances H. Burnett, *Der geheime Garten* (Hildesheim 1990).
17 Die Formulierung »Pseudo-Ausbildung« stammt von Nancy Chodorow. In: *Women, Culture and Society*, Hrsg. M. Z. Rosaldo u. Louise Lamphere (Stanford 1974), 43–66, und *Das Erbe der Mütter: Psychologie und Soziologie der Geschlechter* (München 1985).
18 H. S. Sullivan bezeichnete Konkurrenz und Kompromiß als die beiden Hauptkategorien kindlichen Lernens, *Die interpersonale Theorie der Psychiatrie* (Frankfurt a. M. 1980), 262.
19 Diese Wirkung der Kompetenz, die schon vor Jahrzehnten Margaret Mead festgestellt hat, scheint heute immer noch genauso zu funktionieren. Auf einem Titel der Zeitschrift *Savvy* von 1987 wird verkündet, der Erfolg mache eine Frau sexy, aber der dazugehörige Artikel zieht den Schluß, daß Kompetenz und Macht bei Frauen auf das männliche Interesse dämpfend wirken würden. Der Autor, ein Psychologe, der sich auf die menschliche Sexualität spezialisiert hat, rät den Frauen, ihre Fähigkeiten herunterzuspielen und »Unterwerfung« vorzutäuschen, wenn sie eine befriedigende sexuelle Beziehung suchen.
20 Fernsehwerbung, Wir feiern Miß Amerika, 19. September 1987.
21 Simone de Beauvoir, *Das andere Geschlecht* (Reinbek b. Hamburg 1951).
22 Jane Wheelwright, *The Ranch Papers* (San Franzisko 1988), 139.
23 Diese Geschichte findet sich in Nancy Petersons, *Our Lives for Ourselves* (New York 1981).
24 Lynne Sharon Schwartz, *Feldstörungen* (Reinbek b. Hamburg 1986).
25 Der Artikel trug den Titel: »Woman's Root Identity: The Girl Within«, *San Francisco Jung Institute Library Journal 7*, Nr. 1 (1987): 15–18.
26 Gloria Steinem, »If Marilyn Had Lived... Who Would She Be Today?« *Ms*, August 1986, 40–45 *passim*.
27 Karl Kerenyi, *Die Mythologie der Griechen* (München 1987).

2 Die Frau auf der Suche nach sich selbst

1 Marcia Westkott hat in *The Female Legacy of Karen Horney* (New Haven 1986) erklärt, warum dieses Verhalten so fest verwurzelt ist. Westkott wies darauf hin, daß Frauen historisch gesehen einem »nährenden Imperativ« gehorcht hätten, der selbstlose Hingabe von ihnen verlangte. In einer Interpretation

Horneys folgert Westkott, daß Frauen eine Charakterstruktur entwickelten, die sich auf ein ideales Selbst gründe, das sich inhaltlich aus den Erwartungen anderer zusammensetze. Dazu gedrängt, männlichen Wünschen zu entsprechen, mißverstünden Frauen diese willfährige Anpassung als ihre wahre Identität. In diesen selbstlosen Rollen, ob innerlich oder äußerlich, sei es für eine Frau unmöglich, die Autorität ihres natürlichen Selbst zu erkennen und darauf zu vertrauen.

2 Die Studie fand heraus, daß ungefähr die Hälfte aller berufstätigen Frauen in Bereichen arbeitet, in denen der Frauenanteil überproportional ist, und kommt zu dem Ergebnis, daß geschlechtsspezifisch aufgeteilte Beschäftigungen »wahrscheinlich stärker ansteigen werden als solche, die ein relativ ausgewogenes Verhältnis zwischen männlichen und weiblichen Beschäftigten aufweisen«. Die Untersuchung berichtet, daß die Reagan-Administration »Umkehrungen der Wirtschafts- und Gesellschaftspolitik« ausgelöst hätte, durch die »die zukünftigen Beschäftigungsmöglichkeiten von Frauen voraussichtlich negativ beeinflußt werden«. Zitiert nach *San Francisco Chronicle*, 13. Dezember 1985.

3 Robert Seidenberg, »Is Anatomy Destiny«, in: *Psychoanalysis and Women*, Hrsg. J. B. Miller (New York 1973), 327.

4 Diese Formulierung ist eine Anleihe bei Margery Davies' Buchtitel *Women's Place Is at the Typewriter: Office Work and Office Workers, 1870–1930* (Philadelphia 1984).

5 Eine Äußerung Jean Baker Millers anläßlich des Askwith Symposiums an der Harvard-Universität, Graduate School of Education, April 1979.

6 Dianne Burden u. Bradley Googins, Boston University School of Social Work, »Balancing Job and Home Life Study: Managing Work and Family Stress Incorporations«, Boston University Monograph, 1987. Hinzu kommt, daß Männer, die im Haushalt oder bei der Kindererziehung »helfen«, mit einem Mitgefühl und einer Lobhudelei bedacht werden, die Frauen »im Rahmen ihrer Pflichterfüllung« nur selten erwarten können.

7 Ein Ergebnis des »Becoming a Family«-Projekts, das von Philip u. Carolyn Cowan an der Universität von Berkeley durchgeführt wurde. Die Ergebnisse dieser Untersuchung werden in Kürze unter dem Titel *The Delicate Balance: Partners Becoming Parents* in Buchform erscheinen.

8 Anzeige im *San Francisco Chronicle* im Dezember 1985.

9 Seidenberg, »Is Anatomy Destiny?«, op. cit., 313.

10 Suzanne Gordon, »Natural Childbirth: Who Needs It?« *San Francisco Chronicle*, 7. Nov. 1985, 25.

11 Vgl. Mary Daly, *Jenseits von Gottvater, Sohn & Co. Aufbruch zu einer Philosophie der Frauenbewegung* (München 1986).

12 Die Formulierung stammt aus dem Abdruck eines Vortrags von June Singer: »For the Woman Who Has Everything and Still Is Not Happy«, den sie anläßlich eines Symposiums über die Gaben des Alters hielt. U. C. Extension, San Francisco, Cal., Juni 1987.

13 Vgl. Lillian Rubin, *Worlds of Pain* (New York 1976).

14 Barbara Ehrenreich, *Hearts of Men* (Garden City, NY 1984).

15 Vgl. Talcott Parsons u. Robert F. Bales, *Family, Socialization and Interaction Process* (Glencoe, Ill., 1955).

16 Vgl. David Bakan, *Mensch im Zwiespalt: psychoanalytische, soziologische und religiöse Aspekte d. Anthropologie* (München 1976), der die Dualität menschlicher Existenz beschreibt.

17 Vgl. David C. McClelland, *Macht als Motiv: Entwicklungswandel und Ausdrucksformen* (Stuttgart 1978).

18 Zum Thema der Interdependenz in der japanischen Kultur vgl. Thomas Rohlen, »The Promise of Adulthood in Japanese Spiritualism«, in *Adulthood*, Hrsg. Erik Erikson (New York 1976). Die symbolische Einheit von Mutter und Kind beschreibt Robert Lifton, »Woman as Knower: Some Psychohistorical Perspectives«, in *The Woman in America*.

19 Seidenberg, »Is Anatomy Destiny?«, op. cit., 310.

20 Ibid., 326.

21 Ein Titel von Sylvia Hewlett, *A Lesser Life: The Myth of Women's Liberation in America* (New York 1987).

22 Vgl. z. B. Levinsons *Das Leben des Mannes* und Vaillants *Werdegänge – Erkenntnisse der Lebenslauf-Forschung*.

23 Vgl. Phyllis Chesler, *Frauen – das verrückte Geschlecht?* (Reinbek b. Hamburg 1977). Der Film *Eine Frau unter Einfluß* beleuchtet diese Thematik aus einer ironischen Perspektive.

24 Die zeitgenössische Analytikerin Jean Baker Miller greift dieses Problem in *Die Stärke weiblicher Schwäche* auf. Auch Karen Horney hat sich mit dieser Thematik befaßt.

25 »Falsches Selbst« ist eine Formulierung von D. W. Winnicott. Vgl. *Reifungsprozesse und fördernde Umwelt* (München 1974).

3 Erwachsen sein heißt, ein Mann sein

1 Eine interessante Diskussion des Vermächtnisses, das Frauen durch Generationen weitergegeben haben, findet sich in Naomi Ruth Lowinskys »All the Days of Her Life« (Diss., Center for Psychological Studies, Albany, Cal., 1985).

2 Vgl. Pamela Daniels, »Dream vs. Drift in Women's Careers: The Question of Generativity«, in: *Outsiders on the Inside: Women and Organizations*, Hrsg. B. Goldman u. B. Forisha (Englewood Cliffs, N. J. 1981), 285–302.

3 Daniel Levinson, *Das Leben des Mannes*, op. cit.

4 In Anbetracht dieses einsamen Opfers, das eine ärztliche Karriere nach sich zieht, ist es kaum überraschend, daß die Frauen in Matina Horners Untersuchung Angst vor dem Erfolg zeigten, als sie eine Geschichte vervollständigen sollten, die mit dem folgenden Satz begann: »Nach den Abschlußprüfungen des ersten Medizinsemesters ist Anne unter den Besten ihrer Klasse.« – Wer könnte angesichts der Aussichten, die Katherine beschreibt, mit Freude oder sogar mit Gleichmut reagieren? Vgl. Matina Horner »Toward an Understanding of Achievement-related Conflicts in Women«, *Journal of Social Issues* 8, Nr. 2 (1972): 157–74.

5 Nach dem von Carol Gilligan entworfenen Entwicklungsmodell ist die Vermeidung selbstsüchtigen Verhaltens ein typischer moralischer Konflikt von Frauen. Vgl. *Die andere Stimme: Lebenskonflikte und Moral der Frau* (München 1984).

6 Katherines Aussage weckt Assoziationen mit Virginia Woolfs »Engel im Hause« aus ihrem Essay »Professions for Women«, *Collected Essays*, Vol. 2, Hrsg. Leonard Woolf. Sie erinnert auch an eine Formulierung von Adrienne Rich, die beschreibt, wie die mütterliche Fürsorge für andere sich für Frauen mit »Millionen von winzigen Stichen« verbindet, vgl. Vorwort zu *Working It Out*, Hrsg. Sara Ruddick u. Pamela Daniels (New York 1977), XVI.

7 Sigmund Freud, *Abriß der Psychoanalyse / Das Unbehagen in der Kultur* (Frankfurt a. M. 1953), S. 78.

8 Inge Broverman, Susan Vogel, Donald Broverman, Frank Clarkson u. Paul Rosenkrantz, »Sex-Role Stereotypes: A Current Appraisal«, *Journal of Social Issues* 28, (1972): 59–78.

9 Ibid., 75

10 Carol Gilligan vertritt diese These in *Die andere Stimme* (München 1984), 9–35.

11 Ein ›Netz von Beziehungen‹ ist eine Metapher von Gilligan in *Die andere Stimme*, 75.

12 Gilligan (*Die andere Stimme*, 54–55) hat darauf hingewiesen, daß Frauen Situationen, in denen sie sich isoliert fühlen, als bedrohlich erleben (im Gegensatz zu Männern, die Gefahren eher in Beziehungen zu anderen wahrnehmen).

13 Nancy Chodorow vertritt die Ansicht, daß »die Persönlichkeit der Frau sich über Beziehungen und Bindungen definiert«; vgl. »Family Structure and Feminine Personality«, in: *Woman, Culture and Society*, Hrsg. M. Z. Rosaldo u. Louise Lamphere (Stanford 1974), 43–66. Wissenschaftler des Stone Center, Wellesley College, prägten den Ausdruck eines »in-Beziehung-gesetzten-Selbst«.

14 Sylvia Perera beschreibt in *Descent to the Goddess* (Toronto 1981), wie wichtig es für die Persönlichkeitsbildung sei, in Kontakt mit anderen zu stehen und Aggressionen herauslassen zu können. Auch Jean Baker Miller, *Die Stärke weiblicher Schwäche* (Boston 1976), kommt zu diesem Schluß.

15 Marilyn Steele, »Life in the Round: A Model of Adult Female Development« (Diss., Wright Institute, Berkeley, Cal., 1985).

4 Die Ehe – Feuerprobe der erwachsenen Frau

1 Nach Daniel Levinsons *Das Leben des Mannes* (Köln 1979).

5 Eine Wahl für sich allein

1 Sara Ruddick prägte den Ausdruck »Weiblicher Lebensplan« in ihrem Essay »A Work of One's Own«, in: *Working It Out*, Hrsg. Sara Ruddick u. Pamela Daniels (New York 1977), 130.

2 Es geht hierbei u. a. um den Prozeß der Assimilation und Akkomodation, der die Grundlage von Jean Piagets Theorie und von Robert Kegans *Die Entwicklungsstufen des Selbst* bildet.

6 Eigene Ziele versus selbstlose Fürsorge

1 Sara Ruddicks Formulierung; vgl. Anm. 1 in Kapitel 5.
2 Maggie Scarf bespricht dieses Problem in ihrem Buch *Wege aus der Depression: Krisenstationen im Leben von Frauen. Fallgeschichten und Analysen* (gekürzte Fassung, München und Hamburg 1986).
3 Dieser Ansatz geht auf Robert Kegan zurück, er beschreibt ihn in dem letzten Kapitel seines Buches *Die Entwicklungsstufen des Selbst* (München 1986).

7 Die Macht der Weiblichkeitsideale

1 W. R. D. Fairbairn hat darauf hingewiesen, daß die Möglichkeit, selbst Liebe geben zu können, für die Ich-Entwicklung ebenso bedeutsam sei, wie geliebt zu werden. Vgl. *An Object Relations Theory of Personality* (New York 1952).

8 Authentische Wege zum Mädchen im Innern

1 Vgl. Paula Caplan, *The Myth of Women's Masochism* (New York 1986).
2 Diese Art von Beziehung – der gegenseitigen Abhängigkeit – scheint die persönliche Entwicklung zu fördern statt einzuengen. Zu den wenigen Psychoanalytikern, die diese Beziehungsform in ihren Entwicklungsmodellen berücksichtig haben, statt Unabhängigkeit und Autonomie als Endpunkt von Entwicklung zu postulieren, gehört W. R. D. Fairbairn, ein Vertreter der englischen Schule der Objektbeziehungen. In *An Object Relations Theory of Personality* (New York 1952) entwickelt Fairbairn ein Entwicklungsmodell, das mit der Stufe kindlicher Abhängigkeit beginnt und sich statt auf Unabhängigkeit auf eine Form erwachsener Abhängigkeit zubewegt. Margaret Mahler, *Die psychische Geburt des Menschen* (Frankfurt a. M. 1978), vertritt ebenfalls die Ansicht, daß der Entwicklungsprozeß nicht das Ziel des Getrenntseins, sondern vielmehr eine Wiederannäherung anstrebe und damit einen Zustand, in dem eigenständige Individuen sich aktiv miteinander verbänden. Jean Baker Miller betont, wie notwendig Beziehungsformen, die sich

durch ein ausgeglichenes Geben und Nehmen auszeichneten, gerade für die Entwicklung von Frauen seien: *Die Stärke weiblicher Schwäche* (Frankfurt 1979). Diese Theorien sehen das Ziel von Entwicklung letztlich in einer gegenseitigen Abhängigkeit und nicht in einer absoluten Unabhängigkeit.

3 Vgl. Alice Miller, *Das Drama des begabten Kindes und die Suche nach dem wahren Selbst* (Frankfurt a. M. 1979).

4 Siehe Fußnote 1, Kapitel 7.

9 Die Mutter-Tochter-Beziehung: Die Neugestaltung einer wichtigen Bindung

1 Adrienne Richs Titel, *Von Frauen geboren: Mutterschaft als Erfahrung und Institution* (München 1979). Vgl. insbesondere Kapitel IX, »Motherhood and Daughterhood«, 218–59.

2 Vgl. Bert Cohler u. Henry Grunebaum, *Mothers, Grandmothers, and Daughters* (New York 1981).

3 Vgl. Natalie Low, »The Relationship of Adult Daughters to Their Mothers« (Abdruck eines Vortrags, Massachusetts Psychological Association, Wellesley, Mass., Mai 1978), 9.

4 Vgl. Paula Caplan, *Don't Blame Mother* (New York 1989).

5 Low, »Relationship of Adult Daughters«, 12.

6 Anzeige in: *Working Mothers*, April 1987, 53.

7 Ibid., Mai 1987, 61.

8 Marcia Westkott beschreibt den nährenden Imperativ in ihrem Buch *The Feminist Legacy of Karen Horney* (New Haven 1986).

9 Jean Baker Miller, *Die Stärke weiblicher Schwäche* (Frankfurt a. M. 1979).

10 Vgl. Rich, *Von Frauen geboren*.

11 Die Metapher stammt von Marcia Westkott, »Mothers and Daughters in the World of the Father«, *Frontiers* 3, Nr. 2 (1978): 16–22.

12 D. W. Winnicott prägte die Formulierung »ausreichend gute Bemutterung« in seinem Buch *Reifungsprozesse und fördernde Umwelt* (München 1974), 231. Janet Surrey kommt zu demselben Schluß in ihrem Referat »Self-in-Relation: A Theory of Women's Development«, Stone Center Working Papers, Nr. 13, Wellesley College, 1985, in dem sie dieses Phänomen als einen Ausdruck von Kompetenz in Beziehungen beschreibt.

13 »Ausreichend gute Betochterung« ist ein Ausdruck von Ronnie

Levine. Vgl. »Clinical Implications of the Mother-Child Relationship: Good Enough Daughtering«, Thesenpapier anläßlich eines Vortrags auf der 8. nationalen Jahreskonferenz zu Fragen einer feministischen Psychologie der Association of Women in Psychology, Boston, Massachusetts, März 1981.

14 Ronnie Levine meint, daß dieser Prozeß, auch wenn er von der Tochter initiiert werde, die Mutter in ihrem Gefühl emotionaler Kompetenz bestärken könne. Wenn die Mutter die emotionalen Botschaften der Tochter wahrnehme und akzeptiere, eröffne ihr das die Möglichkeit eigener emotionaler Reifung. Die erfolgreiche emotionale Beeinflussung der Mutter führe bei der Tochter zu einem Gefühl emotionaler Kompetenz in sich selbst. Levines klinische Arbeit impliziert, daß Hemmungen im Bereich von Liebe, Arbeit und Spiel aufgehoben werden, wenn das Gefühl, keinen emotionalen Einfluß zu haben, sich umkehrt.

15 »Wiederannäherung« (Rapprochment) ist eine Formulierung Margaret Mahlers. Vgl. *Die psychische Geburt des Menschen* (Frankfurt a. M. 1978).

16 Das Konzept einer »reifen, gegenseitigen Abhängigkeit« geht auf W. R. D. Fairbairn zurück, vgl. *An Object Relations Theory of Personality* (New York 1952), 39.

10 Die Suche nach meinem eigenen Mädchen im Innern

1 Was Alice Miller in ihrem Buch *Das Drama des begabten Kindes und die Suche nach dem wahren Selbst* (Frankfurt a. M. 1979) beschreibt, entspricht genau meinen Erfahrungen.

2 L. M. Montgomery, *Emily of New Moon* (1923; Neuveröffentlichung New York 1983), 29.

11 Theorien von Männern, Erfahrungen von Frauen

1 Doris Lessing, *Der Sommer vor der Dunkelheit* (Reinbek b. Hamburg 1975), 15–16.

2 Marcia Westkott, »Feminist Criticism of the Social Sciences«, *Harvard Educational Review* 49 (1979): 429.

3 Erik Erikson, *Identität und Lebenszyklus.* Drei Aufsätze (Frankfurt 1973).

4 George W. Goethals vom Department of Psychology and Social

Relations der Harvard-Universität machte in einem Seminar über den Lebenszyklus – das von Erikson selbst ins Leben gerufen wurde – auf diesen Aspekt aufmerksam. Auch Justin Kaplan vertritt diese Ansicht in seinem Aufsatz »The Naked Self and Other Problems«, in: *Telling Lives: The Biographer's Art*, Hrsg. Marc Pachter (Philadelphia 1981), 38.

5 Sigmund Freud, »Einige psychische Folgen des anatomischen Geschlechtsunterschieds«, *Internationale Zeitschrift für Psychoanalyse* 11 (1925): 401–410.

6 Vgl. Carol Gilligan, *Die andere Stimme: Lebenskonflikte und Moral der Frau* (München 1984), die das männliche Vorurteil im Werk Freuds und Eriksons erörtert und darlegt, welche überlegenen Werte ihrer Meinung nach mit der weiblichen Entwicklung verbunden sind.

7 Carol Gilligan, »Woman's Place in Man's Life Cycle«, *Harvard Educational Review* 49, Nr. 1 (1979): 437.

8 Mary Brown Parlee, »Psychology«, in: *Signs: Journal of Women in Culture and Society* 1, Nr. 1 (1975): 127.

9 Mary Brown Parlee, »Psychology and Women«, in: *Signs: Journal of Women in Culture and Society* 5, Nr. 1 (1979): 130.

10 Fritjof Capra, *Das Tao der Physik* (Bern u. a. 1988).

11 Daniel Levinson, *Das Leben des Mannes* (Köln 1979), und George Vaillant, *Werdegänge – Erkenntnisse der Lebenslauf-Forschung* (Reinbek b. Hamburg 1980).

12 Jean Baker Miller, in *Psychoanalysis and Women*, Hrsg. J. B. Miller (New York 1973), 403.

13 Vgl. Kapitel 10 von Marcia Westkotts *The Feminist Legacy of Karen Horney* (New Haven 1986), in dem diese Dynamik näher erläutert wird.

14 Der Ausdruck stammt von Naomi Ruth Lowinsky, »All the Days of Her Life« (Dissertation, Center for Psychological Studies, Albany, Cal. 1985).

15 Vgl. Gilligan, *Die andere Stimme*, op. cit.

16 Leon Edel, »The Figure under the Carpet«, in: *Telling Lives: The Biographer's Art*, Hrsg. Marc Pachter (Philadelphia 1981), 16–35.

17 Vgl. Daniel Levinson, *Das Leben des Mannes* (Köln 1979), und George Vaillant, *Werdegänge – Erkenntnisse der Lebenslauf-Forschung* (Reinbek b. Hamburg 1980).

18 »Dichte Beschreibungen« ist eine Formulierung von Clifford

Geertz. Vgl. sein Buch *Dichte Beschreibung. Beiträge zum Verstehen kultureller Systeme* (Frankfurt a. M. 1983).

19 Marcia Westkott, »Feminist Criticism of the Social Sciences«, *Harvard Educational Review* 49 (1979): 422–30.

20 Vaillant, *Werdegänge – Erkenntnisse der Lebenslauf-Forschung*, 256.

21 Dieser Ansatz wird von Barney Glaser und Anselm Strauss in *The Discovery of Grounded Theory: Strategies for Qualitative Research* (Chicago 1967) beschrieben.

22 D. W. Winnicott, *Reifungsprozesse und fördernde Umwelt* (München 1974).

23 Alice Miller, *Das Drama des begabten Kindes und die Suche nach dem wahren Selbst* (Frankfurt a. M. 1979).

24 Marcia Westkott, *The Feminist Legacy of Karen Horney* (New Haven 1986).

25 Harry Stack Sullivan, *Die interpersonale Theorie der Psychiatrie* (Frankfurt 1980), und Heinz Kohut, *Die Heilung des Selbst* (Frankfurt a. M. 1979).

26 »Weiblicher Empirismus« ist eine Formulierung Naomi Ruth Lowinskys. Der Ausdruck »in-Beziehung-gesetztes-Selbst« ist von Wissenschaftlerinnen des Stone Center im Wellesley College geprägt worden.

27 Jean Baker Miller, *Die Stärke weiblicher Schwäche* (Frankfurt a. M. 1979).

28 Erik Erikson betont den dualen Charakter von Krisen in seiner Theorie der Entwicklungskrise in *Kindheit und Gesellschaft* (Stuttgart 1968).

29 »Natürliche Entwicklungsexpertinnen« ist eine Formulierung Jean Baker Millers (in einem persönlichen Gespräch).

12 Weibliche Selbstbilder und Entwicklungsentwürfe

1 Amore, Roy C. und Larry D. Sinn, *Lustful Maidens and Ascetic Kings: Buddhist and Hindu Stories of Life* (New York 1981).

2 Robert Kegans Titel, *Die Entwicklungsstufen des Selbst* (München 1986).

3 Vgl. die hervorragende kulturgeschichtliche Untersuchung von Riane Eisler, *Von der Herrschaft zur Partnerschaft* (München 1989).

Bibliographie

Amore, Roy C. und Larry D. Sinn. *Lustful Maidens and Ascetic Kings: Buddhist and Hindu Stories of Life.* New York 1981.

Bakan, David. *Mensch im Zwiespalt: psychonalytische, soziologische und religiöse Aspekte d. Anthropologie.* München 1976.

Bly, Robert. »What Men Really Want: A New Age Interview with Robert Bly.« Interview von Keith Thompson, 30–37, 50–51. *New Age*, Mai 1982.

Brande Dorothea. *On Becoming a Writer.* Boston 1934 / 1981.

Brink, Carol R. *Caddie Woodlawn.* New York 1935. Neudruck, 1973.

Broverman, Inge, Susan Vogel, Donald Broverman, Frank Clarkson u. Paul Rosenkrantz. »Sex-Role Stereotypes: A Current Appraisal.« *Journal of Social Issues* 28 (1972): 59–78.

Burden, Dianne und Bradley Googins. »Balancing Job and Homelife Study: Managing Work and Family Stress Incorporations.« Boston University Monograph, 1987.

Burnett, Frances H. *Der geheime Garten.* Hildesheim 1990.

Caplan, Paul. *The Myth of Women's Masochism.* New York 1986.

Caplan, Paula. *Don't Blame Mother.* New York 1989.

Capra, Fritjof. *Das Tao der Physik: die Konvergenz von westlichem Wissen und östlicher Philosophie.* Bern u. a. 1988.

–. *Wendezeit: Bausteine für ein neues Weltbild.* Bern u. a. 1986.

Chesler, Phyllis. *Frauen – das verrückte Geschlecht?* Reinbek b. Hamburg 1977.

Chodorow, Nancy. »Family Structure and Feminine Personality.« In: *Woman, Culture and Society*, Hrsg. M. Z. Rosaldo u. Louise Lamphere, 43–66. Stanford 1974.

–. *Das Erbe der Mütter: Psychoanalyse und Soziologie der Geschlechter.* München 1985.

Cohler, Bertram u. Henry Grunebaum. *Mothers, Grandmothers, and Daughters.* New York 1981.

Cowan, Carolyn Pape u. Philip A. Cowan. *The Delicate Balance: Partners Becoming Parents.* New York, in Vorbereitung.

Daly, Mary. *Jenseits von Gottvater, Sohn & Co. Aufbruch zu einer Philosophie der Frauenbewegung.* München 1986.

–. *Gyn / Ökologie. Die Metaethik des radikalen Feminismus.* München 1981.

Daniels, Pamela. »Dream vs. Drift in Women's Careers: The Question of Generativity.« In: *Outsiders on the Inside: Women and Organizations,* Hrsg. B. Goldman u. B. Forisha, 285–302. Englewood Cliffs, New Jersey 1981.

Davies, Margery. *Women's Place Is at the Typewriter: Office Work and Office Workers, 1870–1930.* Philadelphia 1984.

de Beauvoir, Simone. *Das andere Geschlecht.* Reinbek 1951.

Dillard, Annie. *An American Childhood.* New York 1987.

Dinnerstein, Dorothy. *The Mermaid and the Minotaur.* New York 1976.

Edel, Leon. »The Figure under the Carpet.« In: *Telling Lives: The Biographer's Art,* Hrsg. Marc Pachter, 1–35. Philadelphia 1981.

Ehrenreich, Barbara. *Hearts of Men.* Garden City, New York 1984.

Eisler, Riane. *The Chalice and the Blade: Our History, Our Future.* New York 1987.

Enright, Elizabeth. *Thimble Summer.* New York 1938.

Erikson, Erik. *Kindheit und Gesellschaft.* Stuttgart 1968.

–. »Identität und Lebenszyklus«. 3 Aufsätze. Frankfurt a. M. 1973.

Fairbairn, W. R. D. *An Object Relations Theory of Personality.* New York 1952.

Fingarette, Herbert. *The Self in Transformation.* New York 1985.

Fitzhugh, Louise. *Harriet the Spy.* New York 1964.

Freud, Sigmund. »Die Weiblichkeit«, *Vorlesungen zur Einführung in die Psychoanalyse Und Neue Folge.* Studienausgabe Bd. I, S. 544–565. Frankfurt a. M. 1987.

–. »Einige psychische Folgen des anatomischen Geschlechtsunterschieds«, *Internationale Zeitschrift für Psychoanalyse* 11 (1925): 401–410.

Friedan, Betty. *Der Weiblichkeitswahn.* Reinbek b. Hamburg 1966.

Geertz, Clifford. *Dichte Beschreibung. Beiträge zum Verstehen kultureller Systeme.* Frankfurt a. M. 1983.

Gilligan, Carol. *Die andere Stimme: Lebenskonflikte und Moral der Frau.* München 1984.

–. »Woman's Place in Man's Life Cycle.« *Harvard Educational Review* 49, Nr. 1 (1979): 431–46.

Glaser, Barney u. Anselm Strauss. *The Discovery of Grounded Theory: Strategies for Qualitative Research.* Chicago 1967.

Hancock, Emily. »Women's Development in Adult Life.« Unveröffentl. Diss., Harvard University, 1981.

–. »Women's Root Identity: The Girl Within.« *San Francisco Jung Institute Library Journal* 7, Nr. 1 (1987): 15–18.

Hewlett, Sylvia. *A Lesser Life: The Myth of Women's Liberation in America*. New York 1987.

Hochschildt, A. *Working Parents and the Revolution at Home*. New York 1989.

Horner, Matina. »Toward an Understanding of Achievementrelated Conflicts in Women.« *Journal of Social Issues* 8, Nr. 2 (1972): 157–74.

Horney, Karen. *Unsere Inneren Konflikte. Neurose in unserer Zeit. Entstehung, Entwicklung und Lösung*. München 1973.

–. *Neue Wege in der Psychoanalyse*. Stuttgart 1951.

Kaplan, Justin. »The Naked Self and Other Problems.« In: *Telling Lives: The Biographer's Art*, Hrsg. Marc Pachter, 36–55. Philadelphia 1981.

Kegan, Robert. *Die Entwicklungsstufen des Selbst: Fortschritte und Krisen im menschlichen Leben*. München 1986.

Keller, Evelyn Fox. *Liebe, Macht und Erkenntnis: männliches oder weibliches Wissen?* München 1986.

Kelly, George. *Die Psychologie der persönlichen Konstrukte*. Paderborn 1986.

Kohut, Heinz. *Die Heilung des Selbst*. Frankfurt a. M. 1979.

Konigsburg, E. L. *From the Mixed-Up Files of Mrs. Basil E. Frankweiler*. New York 1967.

Lensky, Lois. *Strawberry Girl*. Philadelphia 1945.

Lessing, Doris. *Der Sommer vor der Dunkelheit*. Reinbek b. Hamburg 1978.

Levine, R. »Clinical Implications of the Mother-Child Relationship: Good Enough Daughtering.« Thesenpapier anläßlich der 8. Nationalen Jahreskonferenz zu Fragen feministischer Psychologie; Association for Women in Psychology, Boston, Mass., März 1981.

Levinson, Daniel. *Das Leben des Mannes: Werdenskrisen, Wendepunkte, Entwicklungschancen...* Köln 1979.

Lifton, Robert. »Woman as Knower: Some Psychohistorical Perspectives.« In: *The Woman in America*, 27–51. Boston 1965.

Lindgren, Astrid. *Pippi Langstrumpf*. Hamburg 1967.

Loevinger, Jane. *Ego Development: Conceptions and Theories*. San Francisco 1976.

Low, Natalie. »The Relationship of Adult Daughters to Their Mothers.« Thesenpapier anläßlich der Massachusetts Psychological Association, Wellesley, Mass., Mai 1978.

Lowinsky, Naomi Ruth. »All the Days of Her Life.« Diss., Center for Psychological Studies, Albany, Cal., 1985.

–. »Why Can't a man Be More Like a Woman?« *San Francisco Jung Institute Library Journal* 5, Nr. 1 (1984): 20–30.

Mahler, Margaret. *Die psychische Geburt des Menschen: Symbiose und Individuation*. Frankfurt a. M. 1978.

McClelland, David D. *Macht als Motiv: Entwicklungswandel und Ausdrucksformen*. Stuttgart 1978.

Miller, Alice. *Das Drama des begabten Kindes und die Suche nach dem wahren Selbst*. Frankfurt a. M. 1979.

Miller, Jean Baker. *Psychoanalysis and Women*. New York 1973.

–. *Die Stärke weiblicher Schwäche*. Frankfurt a. M. 1979.

Montgomery, L. M. *Emily of New Moon*. 1923. Neuausgabe New York 1983.

Parlee, Mary Brown. »Psychology.« *Signs: Journal of Women in Culture and Society* 1, Nr. 1 (1975): 119–38.

–. »Psychology and Women.« *Signs: Journal of Women in Culture and Society* 5, Nr. 1 (1979): 121–33.

Parsons, Talcott u. Robert F. Bales. *Family, Socialization and Interaction Process*, Glencoe, Ill. 1955.

Perera, Sylvia. *Descent to the Goddess*. Toronto 1981.

Peterson, Nancy. *Our Lives for Ourselves*. New York 1981.

Piaget, Jean. *Der Aufbau der Wirklichkeit beim Kinde*. Stuttgart 1974.

Rich, Adrienne. »Conditions for Work: The Common World of Women.« Vorwort zu *Working It Out*, Hrsg. Sara Ruddick u. Pamela Daniels. New York 1977.

–. *Von Frauen geboren: Mutterschaft als Erfahrung und Institution*. München 1979.

Rohlen, Thomas. »The Promise of Adulthood in Japanese Spiritualism«, in: *Adulthood*, Hrsg. Erik Erikson, New York 1977.

Rubin, Lillian. *Worlds of Pain*. New York 1976.

Ruddick, Sara. »A Work of One's Own.« In: *Working It Out*. New York 1977.

Ruddick, Sara und Pamela Daniels (Hrsg.). *Working It Out*. New York 1977.

Sawyer, Ruth. *Roller Skates*. New York 1936.

Scarf, Maggie. *Wege aus der Depression: Krisenstationen im Leben von Frauen. Fallgeschichten und Analysen.* Brigitte-Buch. München und Hamburg 1986.

Schwartz, Lynne Sharon. *Feldstörungen.* Reinbek b. Hamburg 1986.

Seidenberg, Robert. »Is Anatomy Destiny?« In: *Psychoanalysis and Women,* Hrsg. J. B. Miller, 305–29. New York 1973.

Sheehy, Gail. *In der Mitte des Lebens: die Bewältigung vorhersehbarer Krisen.* München 1976.

Singer, June. »For the Woman Who Has Everything and Still Is Not Happy.« Abdruck eines Vortrages anläßlich eines Symposiums über die Gaben des Alters, U. C. Extension, San Francisco, Juni 1987.

Smith, Agnes. *An Edge of the Forest.* Farmington, WV 1974.

Steele, Marilyn. »Life in the Round: A Model of Adult Female Development.« Diss. Wright Institute, Berkeley, Cal., 1985.

Steinem, Gloria. »If Marilyn Had Lived... Who Would She Be Today?« *Ms,* August 1986, 40–45 *passim.*

Sullivan, Harry Stack. *Die interpersonale Theorie der Psychiatrie.* Frankfurt a. M. 1980.

Surrey, Janet. »Self-in-Relation: A Theory of Women's Development.« Stone Center Working Papers, Nr. 13, Wellesley College, 1985.

Vaillant, George. *Werdegänge – Erkenntnisse der Lebenslauf-Forschung.* Reinbek b. Hamburg 1980.

Welty, Eudora. *Eine Stimme finden.* Stuttgart 1990.

Westkott, Marcia. »Feminist Criticism of the Social Sciences.« *Harvard Educational Review* 49 (1979): 422–30.

–. *The Feminist Legacy of Karen Horney.* New Haven 1986.

–. »Mothers and Daughters in the World of the Father«. *Frontiers* 3, Nr. 2 (1978): 16–22.

Wheelwright, Jane. *The Ranch Papers.* San Francisco 1988.

White, Robert. »Competence and the Psychosexual Stages.« *Nebraska Symposium* 8 (1960): 97–144.

–. *Lives in Progress.* New York 1975.

White, Sheldon. »Some General Outlines of the Matrix of Developmental Changes Between Five and Seven Years.« *Bulletin of the Orton Society* 20 (1970): 41–57.

Winnicott, D. W. *Reifungsprozesse und fördernde Umwelt.* München 1974.

Woolf, Virginia. *Ein Zimmer für sich allein.* Frankfurt a. M. 1981.

Register